Mémoires d'outres-vies

Tome I :

Je me retourne, sidéré...

Du même auteur

Droit dans le mur ! De nos erreurs et du refus de les reconnaître, Plon, 2020.

M la Maudite, Tallandier, 2018.

L'Invention des Français, vol. 2. La Tragédie de l'Occident, Fayard, 2014, Pluriel, 2015.

Marine Le Pen vous dit merci !, Plon, 2014.

L'Horreur médiatique, Plon, 2014.

Comment s'en sortir, Plon, 2013.

L'Invention des Français, vol. 1. Du temps de nos folies gauloises, Fayard, 2013, Pluriel, 2014.

Philosophie de la réalité. Critique du réalisme, Fayard, 2011.

L'Alternative. Oui, c'est possible !, Fayard, 2009.

Où va-ton ? Comment on y va... Théorie du changement par recomposition des invariances, Fayard, 2008.

Les Bullocrates, Fayard, 2006.

Comme deux frères. Mémoire et visions croisées (avec Axel Kahn), Stock, 2006.

Le Camp de la guerre. Critique de la déraison impure, Fayard, 2004.

Les Rebelles. Ceux et celles qui ont dit non, Plon, 2001.

Moi, l'autre et le loup. Esquisse d'une phénoménologie de l'altérité, Fayard, 2001.

Victor Hugo. Un révolutionnaire suivi de *L'Extraordinaire Métamorphose*, Fayard, 2001, Pluriel, 2018.

De la révolution, Flammarion, 1999.

Tout était faux, Fayard, 1998.

Suite en fin d'ouvrage (p. 655)

Jean-François Kahn

Mémoires d'outres-vies

Tome I :

Je me retourne, sidéré...

Éditions de L'Observatoire

ISBN : 979-10-329-1922-4
Dépôt légal : 2021, mai

170 *bis*, boulevard du Montparnasse, 75014 Paris

Introduction

Je file (allègrement, se sent-on obligé d'ajouter) vers mes 83 ans. Je me suis activement ouvert à la vie publique en 1955, à 17 ans, en militant en faveur du « front républicain » qui se réclamait de Pierre Mendès France. J'ai fait mes premiers pas dans le journalisme – tout en enseignant l'histoire – à la fin de l'année 1959.

Je pourrais donc résumer ce parcours en le comparant à celui d'un individu qui serait né à la fin du règne de Louis XV, se serait mêlé, jeune, à la foule qui marchait le 14 juillet 1789 vers la prison de la Bastille, aurait écrit son premier article sous la Ire République au temps de Robespierre, aurait parcouru le monde sous le Premier Empire, aurait dirigé une rédaction sous Louis XVIII, créé des journaux sous Louis-Philippe, se serait présenté aux élections sous la Seconde République et continuerait de sévir, plume à la main, sous Napoléon III.

En l'occurrence, étant né sous la IIIe République, l'année des déshonorants accords de Munich, j'ai connu l'État français pétainiste, peut-être chanté « Maréchal nous voilà ! », été bercé jeune par les souvenirs de la guerre 14-18, je me suis éveillé « politiquement » sous la IVe République, traumatisé, d'emblée, par une « trahison » social-démocrate, j'ai traversé avec passion les soubresauts qui ont débouché sur l'instauration d'une Ve République, « couvert » les événements de Mai 68, accompagné, en 1981, l'élection d'un président de gauche, vécu le dynamitage du clivage gauche/droite, assisté à la montée du national populisme et connu en tout dix présidents.

C'est la traversée de ces plus de trois quarts de siècle que j'entends retracer en témoin, en observateur, parfois en acteur. Non pas ma vie dans ce siècle – je n'ai pas cette outrecuidance –, que le siècle dans ma vie, c'est-à-dire la façon dont j'ai ressenti, exploré, capté, vécu l'écoulement de toutes ces années.

En quoi il ne s'agit pas d'une autobiographie, mais d'une « séculographie ». Je ne crois pas que ma première communion, ma première boîte photographique Kodak, mes notes au baccalauréat, mes premières amours ou mes vacances aux Sables-d'Olonne intéressent spécialement le lecteur. Le sujet n'est pas « je », c'est ce rapport de moi au monde qui dessine tout un pan de l'Histoire, de la petite et de la grande, que je restitue, et moi avec, pour l'avoir enregistré. (Quand je l'ai enregistré ?) Il se trouve que, à partir de 1955, j'ai vécu de l'intérieur, en France et à l'étranger, pratiquement tous les événements qui ont bouleversé le monde d'hier et façonné le monde d'aujourd'hui.

Ce premier volume s'arrête en 1983, moment où, constatant la quasi-impossibilité de l'expression de ce que je tente de faire entendre, je décide (et Dieu sait que cela ne correspondait à aucune de mes vocations) de créer successivement deux journaux et, plus important encore à mes yeux, de théoriser, dans des ouvrages, le substrat idéologique de la direction que j'assume.

Cette première partie accompagne donc mes itinéraires qui, certes, furent traversés de personnages mythiques, Nasser ou Che Guevara, Albert Camus ou André Malraux, de Gaulle ou Mitterrand, Hubert Beuve-Méry ou Françoise Giroud, papa Girard ou ma concierge

Zoé, d'occupations et de libérations, de révolutions et de coups d'État, de guerres extérieures et intestines, d'humanisme et de terreur, de misères et de servitudes, de rages et d'amours, de drolatiques extravagances et de jouissives dingueries, bref de bruit et de fureur, de rires et de larmes ; mais ce sont peut-être les soubresauts qui rythmèrent nos existences collectives ordinaires qui en diront le plus long sur l'absolue irréductibilité et singularité de la période, inouïe à la recontempler avec recul, que nous avons vécue (habitée ?)...

Je me retourne et je me dis : « Mon Dieu, j'ai vécu ça ! »

Chapitre 1

Ces souvenirs dont je ne me souviens pas

Il y en a qui aimeraient voir Syracuse.

Moi, j'aimerais voir Viroflay.

Je ne connais pas Viroflay.

Ces huit lettres sont pourtant celles que j'ai le plus souvent tracées et accolées au cours de mon existence.

Pas une fiche remplie sans qu'elles y figurent.

Je suis né, en effet, je ne sais par quel hasard, à Viroflay dans les Yvelines, alors Seine-et-Oise. Mais, comme je ne marchais pas encore quand j'ai quitté cette ville, dont j'ai décidé qu'elle était charmante, forcément, je n'y ai jamais mis les pieds.

Verrai-je un jour l'île de Pâques, Kairouan, Syracuse et Viroflay ?!

****

Mon premier souvenir, je ne m'en souviens pas.

Il m'a rattrapé inopinément.

Juin 1940 : nos grands chefs militaires, Gamelin, Weygand, Pétain ont ouvert le pays à l'envahisseur. Pour les deux derniers, de toute façon, ce n'était plus l'ennemi principal.

Le Prussien arrive. La France du Nord et de l'Est se déverse sur les routes, anarchiquement, irrationnellement. Un pouvoir fuit, une population fuit. Un pouvoir lâche, une population lâche.

Un beau matin – on devrait dire un laid matin –, ma mère et ma grand-mère paternelle, qui se sont repliées sur le berceau familial à Mussy-sur-Seine, dans l'Aube, entassent tout ce qui leur tombe sous la main, matelas, table, chaises, ustensiles de cuisine, dans un véhicule brinquebalant, embarquent par-dessus l'enfant de 2 ans que je suis et s'en vont au hasard, droit devant, pour fuir le « boche », le « schleu », le « teuton ».

Elles arrivent le soir dans une petite ville, serrées de près par le conquérant. Elles avisent un vaste local couvert et vide. Plus d'une centaine d'errants s'y précipitent. Les Allemands surgissent. Entourent le lieu. La marmaille affamée hurle. Le bruit des bombardements me terrifie. Il faudrait au moins trouver du lait. Mais personne n'ose sortir. Il paraît qu'« ils » n'épargnent même pas les enfants. Ma mère parle un peu allemand. Ce pourquoi on la regarde de travers. Elle se dévoue. Elle sort, part au-devant d'une patrouille, interpelle un gradé « c'est vrai que vous allez tous nous tuer ? » Il se marre. Ils sont « corrects » en ce temps-là. Il l'accompagne à une crémerie qu'il fait ouvrir.

L'épisode n'a laissé aucune trace dans ma très juvénile cervelle. C'est évidemment ma mère qui m'a raconté.

Soixante-cinq ans plus tard, elle me rend visite dans l'ancien moulin où je me retire pour travailler près de L'Isle-sur-Serein dans l'Yonne. C'est un samedi. Je l'emmène faire des courses au marché couvert d'Avallon. Elle rentre. Elle s'arrête. Elle se tourne vers moi et me lance : « C'était là ! »

****

Mon père se trouvait, lui, dans un régiment de chars en compagnie d'une majorité de volontaires polonais. Ayant pris connaissance du contenu du discours du 18 Juin (je ne sais comment et m'en veux de ne lui avoir jamais demandé), il émet le souhait, bien qu'étant de sensibilité communiste à cette époque, de rallier Londres. Il est dénoncé par son colonel, arrêté et emmené par des gendarmes (français) au camp d'Argelès dans l'Hérault où se trouvent surtout les réfugiés républicains espagnols. Il s'en évadera et rejoindra Paris.

****

Pourquoi revois-je encore ce soldat allemand qui me prend la main pour me faire traverser une rue enneigée ?

Premier flash rétrospectif. Le second : un kiosque à musique au milieu d'un parc. Le jardin du Luxembourg peut-être. Des musiciens en uniforme. Allemands, eux aussi.

Pourquoi cette scène s'est-elle imprimée dans ma mémoire ? S'y est-elle agrippée ? L'image et le son. Que jouaient-ils ? Une marche militaire. De Schubert. J'avais 3 ans. Ou 4. Or, c'est impossible. Je ne savais pas ce qu'était une marche militaire. Je n'avais jamais entendu parler de Schubert. Et, cependant, c'est la première trace, inoubliée donc inoubliable, que ma mémoire ait laissée dans sa mémoire. La première (cela se situe en 1941-1942) qu'elle n'ait pas effacée. Qu'elle se soit conservée à elle-même.

Associée à un son, l'image s'est-elle, après coup, autolégendée ? Le bruitage est-il *a posteriori* comme, parfois, la musique que l'on pose sur un film ? Ai-je accroché un air, cette marche militaire de Schubert, entendue plus tard, à une reprojection en moi d'un hors de moi préembobiné dans ma tête ? Peut-être est-ce cela, parfois, une mémoire : le sous-titrage après coup d'un souvenir aphone. Un rhabillage, avec le temps, pour que ce souvenir reste à notre taille. Que serait l'empreinte laissée par une image muette sans la sonorisation qui la revitalise ? Seul Schubert, ici, a fait revivre une sonorité morte ou, plutôt, a rempli une sonorité vide.

De quoi se souvient-on ? D'un fait ? De la façon dont il fut perçu et entendu ? Vécu ? Non, d'un souvenir. Pas de ligne directe. La mémoire nécessite des relais qui sont des souvenirs de souvenirs. Dont l'entretien nécessite des ravalements, des nettoiements, des restaurations. Et des effacements : car on ne se souvient de « ça », que parce qu'on ne se souvient pas de « tout ça ». Le « ça », dont on se souvient, est toujours le produit d'une sélection. On ne se souvient que grâce à ce dont on ne se souvient pas.

De ce tri suis-je le seul maître ?

Il n'y a pas, c'est toute la difficulté d'un tel livre, enregistrement passif de réminiscences (sauf, ce qui sera souvent le cas, quand le compte rendu d'un événement est relevé sur l'instant et sur le vif), mais revivification et recomposition des anciens dépôts laissés par ces réminiscences.

Le souvenir est un héritage. Que l'on peut dilapider ou faire fructifier. On se souvient en creux ou en relief. En confiné ou portes ouvertes. Sécheresse ou fertilité. Tout est vrai. Tout. Mais s'en souvenir n'est pas qu'un débobinage et un rembobinage du vrai, c'est aussi un retournage du vrai.

Et puis, nous ne sommes pas seuls, ici et maintenant, face à nos souvenirs. Jamais. Le temps interfère, le lieu interfère, l'histoire interfère, la société interfère, le monde interfère. Une infinité de facteurs s'ingénient à déranger le face-à-face. Facteurs qui, d'une certaine manière, se souviennent en même temps que nous. Presque à notre place.

La mémoire est une guerre dont les souvenirs sont les batailles.

****

En décembre 1966, j'effectuais, à Saint-Pétersbourg, alors Leningrad, une enquête préparatoire à l'anniversaire de la révolution d'octobre 1917. Un putsch en réalité. J'y rencontrai des témoins qui, ayant entre 18 et 30 ans à l'époque, en avaient de 68 à 80. Des témoins ordinaires et basiques, militants sans grade car, s'agissant des leaders ou des responsables issus du camp vainqueur, les bolcheviks, tous, absolument tous, avaient été liquidés pendant la période stalinienne. Paradoxe : je n'eus aucun mal, en revanche, à retrouver et à rencontrer, un peu partout, y compris sur place ou à Moscou, d'anciens acteurs ayant joué un petit rôle dans le camp tsariste ou libéral. Par exemple l'officier qui avait reçu l'avis d'abdication du tsar.

Or aucun, absolument aucun des témoins qui avaient activement participé aux événements du côté bolchevique ne se souvenait, fût-ce de façon discrète ou fugace, avoir aperçu, entendu ou même entendu parler d'un certain Trotski. Des décennies d'occultation et de propagande l'avaient comme effacé, purgé des mémoires. Les souvenirs mêmes avaient été épurés.

Qui sait si les nôtres, parfois, ne l'ont pas été ? Si les circonvolutions de notre cerveau ne dissimulent pas un censeur ?

C'est à cette occasion que je recueillis le témoignage, en banlieue parisienne, du prince Youssoupov, celui qui était censé avoir assassiné Raspoutine. Pièce plongée dans le noir. Lunettes noires. Masque spectral. Emballage adéquat. Roman d'horreur de série B. Il raconte d'une voix sourde. Réenregistrée. Sépulcrale. La bête Raspoutine ne veut pas mourir. Le poison, le re-poison, la matraque, le revolver et « le canard était toujours vivant ». Plongé dans la Neva, il exhale encore des bulles.

Donc il me raconta. Quoi ? Ce qu'il avait initié et vécu ? Non, j'en suis convaincu, mais ce qu'il avait mille fois lu de ce qui avait été mille fois écrit à partir de ce qu'il avait mille fois raconté à propos de ce qu'il avait initié et vécu. Pas la scène, mais la recomposition, sans cesse remise sur le chantier, de la scène. Récit - au sens presque de récitation - de récits. En fait, celui qui avait commis l'acte libérateur, l'un des deux complices du prince, lié à la famille impériale, ne pouvant assumer publiquement son geste, Youssoupov l'avait repris à son compte et s'était imprégné, jusqu'à le revivre en le racontant, de la reconstruction que ce glissement dans la répartition des rôles impliquait.

En 1968 - j'avais 30 ans –, je couvris pour *L'Express* les « événements » de mai du premier au dernier jour (à l'exception d'une parenthèse tchèque). Je fus blessé lors de la nuit des barricades rue Gay-Lussac. Je connaissais la plupart des acteurs.

Cinquante ans plus tard, je fus abasourdi à la réception d'un déferlement de témoignages qui n'avaient, souvent, plus aucun rapport avec ce que j'avais de si près vécu, parfois de l'intérieur. L'événement avait été recomposé de façon à se modeler sur la mythification, qui avait peu à peu recouvert de son habit de lumière le réel ambigu, contradictoire, qui en avait constitué la substance : un peuple quasi unanime s'était, d'un même élan, soulevé dans l'enthousiasme et dans la joie. L'humour, l'inventivité, dont témoignaient les slogans et affiches d'époque, avaient cannibalisé, « bisounoursisé » toutes les effervescences browniennes d'un événement qui charria tout, le meilleur et le pire, ce que charrient toujours les torrentielles bifurcations, fussent-elles régénératrices.

La mémoire de la révolution bolchevique avait été totalement reconstruite sur ordre. Celle des événements de Mai 68 s'était reconstruite spontanément comme chacun à tendance, s'il n'interpelle pas ses propres souvenirs, quitte, parfois, à les brutaliser, à reconstruire sa jeunesse.

Pourquoi cette grande marée contestatrice de Mai 68 déboucha-t-elle sur un triomphe électoral de la droite ? La mémoire collective, repensée, rapiécée, revernie était parvenue à évacuer totalement cette dimension-là.

****

Pourquoi n'ai-je imprimé de ces deux années 1941-1942 que j'ai passées à Paris, rue Bonaparte, avant d'être évacué en province, que ces deux images où interviennent des soldats allemands ? À l'époque, je n'ai sans doute nullement conscience de ce que représente vraiment le soldat allemand. Alors pourquoi ? Peut-on imaginer une sorte de placage d'un signifiant après coup ? En fait j'avais entendu dire, à propos des Allemands, « Les vaches ! » - et il m'arriva - dixit ma mère - de les désigner comme « Les vaches qui ne donnent pas de lait ! »

Au fond, rien mieux que la mémoire ne permet que l'après révèle l'avant à lui-même.

Le second flash me renvoie à l'école maternelle, que je n'ai localisée que lorsque, cinquante et un ans plus tard, mon dernier fils, Julien, y fut admis. Pourquoi ai-je toujours revu cette cour d'école en me revoyant la traverser en courant ? Pourquoi cette réminiscence visuelle qui ne réveille rien d'autre, aucune signification, que l'automaticité de sa redondance ?

L'autre souvenir, en revanche, est presque trop parlant. Je suis inscrit à la cantine. Entre autres, qu'y sert-on ? Du pâté de poisson. Plus tard, sous le nom de terrine, cela deviendra presque un must culinaire. Mais, à l'époque, cela symbolise la déchéance alimentaire que l'on doit à l'Occupation. Or – mon souvenir est là-dessus très précis et c'est même ce qui l'a ancré à ma mémoire –, de cette pâte informe dépassait des morceaux d'arêtes. Personne n'en voulait. Moi, je ne détestais pas. Et comme, régulièrement, il en restait, j'en ramenais à mes parents.

Ainsi se présente, très exactement, ce confetti mémoriel. Est-ce crédible ? Pouvait-on réellement servir, dans une école maternelle, des pâtés de poisson dont dépassaient des arêtes ? Pouvait-on laisser un enfant de quatre ans en ramener à la maison ?

Le thème, tant martelé ensuite, des privations sous l'Occupation a-t-il subrepticement investi ce dérisoire morceau de mémoire ? Je ne crois pas. Mais qui sait ? (Notons que ne m'est restée, en revanche, aucune trace effective de la saveur d'un rutabaga ou d'un topinambour.)

Chapitre 2

Ma deuxième naissance ou bref rendez-vous avec la guerre

Après Paris, il y eut l'Indre-et-Loire, le village du Petit-Pressigny très exactement, vers où l'on m'évacua pour me mettre à l'abri. J'avais été baptisé, mais sait-on jamais ?

Entre les deux, un trou. Paris puis Le Petit-Pressigny. Entre les deux, rien. Comment suis-je parti d'ici, comment suis-je arrivé là, pas la moindre idée. Or, il y eut un entre-deux. C'est ma mère qui me l'a, à plusieurs reprises, rapporté.

Elle m'avait confié à une première famille. Où, dans quelles circonstances, qui était-elle ? Le trou noir, donc. Il paraît que j'y fus battu comme plâtre. Que ma mère m'en retira après avoir constaté que j'étais couvert de bleus et d'ecchymoses. Pourquoi, de ce cas précis, dont on imaginerait qu'il fut traumatisant, ma mémoire ne garda-t-elle aucune empreinte ? Ne conserva aucune cicatrice ? Simplement, jusqu'à l'âge de 10 ans, j'ai régulièrement rêvé d'une méchante vieille femme qui me battait.

Le Petit-Pressigny, en 1942, c'était la « zone libre ». C'est-à-dire placée sous l'autorité du pouvoir pétainiste. La guerre : quelle guerre ? L'Occupation : quelle occupation ? Jusqu'en juin 1944, la seule guerre qui pesa lourdement sur mes épaules d'enfant, ce fut l'autre - moi, mon colon, celle que je préfère - celle de 14-18. Elle était omniprésente sous la forme du portrait encadré qui trônait sur la commode, celui, en grand uniforme, du mari, tué en 1918, de la veuve Moreau qui m'avait accueilli.

Qui nous avait accueillis, car mon frère Olivier advint en ce foyer, et Axel le suivit en 1944.

De quoi entendais-je parler régulièrement par d'honorables personnages de passage, dans la cinquantaine, qui me paraissaient des vieillards ? De celle-là : de celle de 14-18. L'autre ? Pas d'autre. Jamais.

En vérité, jusqu'au début des années 1950, c'est Verdun, qu'avaient fait mes deux grands-pères, qui me poursuivit. Mon grand-père paternel (du moins était-ce son récit à lui), petit industriel mais famille de cafetiers, était un jour, une fois de plus, sorti de sa tranchée pour monter à l'assaut des lignes allemandes. Non sans avoir ingurgité plus de rasades de gnôle que ne le permettait le règlement. Au bout de deux cents mètres de course baïonnette au canon, il tomba ivre mort. Quand il revint à lui, il était entouré de cadavres. Sain et sauf, mais les deux jambes cassées. Je crus, en fait, qu'il n'avait alors plus de jambes. Et qu'elles avaient repoussé.

Tout souvenir est souvenir d'un souvenir.

Là, en prime, c'est le souvenir du souvenir que je garde du récit d'un souvenir qui était devenu souvenir d'un récit.

Ce sont ces millions d'imbroglios qui constituent la substance de l'histoire mémorielle.

L'évocation de mon grand-père paternel, André, nous renvoie au cas inverse. Un jour, c'était dans les années 1970, mon oncle m'apporta trois boîtes à chaussures et me dit : « J'ai retrouvé ça, je suis sûr que ça t'intéressera. » Y étaient entassées, en effet, des lettres, toutes les lettres, que ce grand-père, qui avait été incorporé dans l'armée en août 1914 et ne fut rendu à la vie civile qu'en décembre 1918, avait envoyées chaque jour, parfois deux fois par jour, à sa maîtresse. Maîtresse avec qui il se maria ensuite et qui devint donc ma grand-mère. Laquelle – horreur ! – attendait un enfant qui se trouva être mon père.

André rapportait scrupuleusement, dans cette correspondance, tous les événements auxquels il avait été confronté. Après l'avoir allégé de sa dimension privée, je l'ai publié plus tard sous le titre *Journal de guerre d'un juif patriote*. Car, juif d'origine alsacienne (sa famille avait quitté l'Alsace pour fuir les Allemands après 1870), mon grand-père avait évolué vers un républicanisme clemenciste (Clemenceau était en effet son idole) nettoyé de toute forme de communautarisme juif. Dans une de ses lettres, il fait même allusion à l'augmentation du prix de la farine provoqué par un marché spéculatif conclu sur la récolte de blé et il note au passage : « Naturellement, les spéculateurs sont des Dreyfus ! »

Au début de la guerre, son nationalisme avait été mis à rude épreuve : il faisait partie du corps d'armée qui, au début de 1914, avait pénétré en Alsace occupée et « libéré » provisoirement Mulhouse, berceau de sa famille. Et, c'est avec consternation qu'il note, dans ses lettres, que les soldats français sont accueillis avec hostilité, comme des envahisseurs, par la population.

Verdun ? Précisément, alors qu'il y fut lui aussi précipité, c'est le seul épisode qu'il ne décrit pas, parce que, précise-t-il à sa dulcinée, c'est tout simplement indicible et que, confronté à l'horreur absolue, ce bourgeois cultivé, qui a commis des recueils de vers, avocat de métier (il avait défendu des mutins, des déserteurs ou des autoestropiés devant les conseils de guerre), ne trouve pas les mots.

La guerre de 1940, elle aurait pu être présente chez Madame Moreau, dont j'ignorais même qu'elle se prénommait Léontine, car son deuxième mari avait été tué cette année-là. Mais, justement, le portrait de celui-là ne figurait nulle part, comme si la première guerre écrasait la seconde. Simplement elle avait accroché aux deux poids réglant le balancier d'une horloge à l'ancienne les médailles de l'un et de l'autre. (C'est mon frère Axel qui me l'a rappelé.)

Cependant, la guerre occultée fit soudainement irruption au Petit-Pressigny après juin 1944. Jusqu'alors nul, dans le village, n'avait aperçu l'ombre de l'occupant et je ne sache pas qu'on y ait signalé la moindre présence de milicien. Et voilà qu'un beau matin - beau, effectivement -, en provenance de Preuilly ou du Grand-Pressigny, on nous annonce l'approche d'un convoi allemand en route vers le front de Normandie. On ne le vit jamais arriver. La chasse britannique l'attaqua en piqué et le détruisit intégralement au sol. Je vécus l'événement quasiment en direct. On avait hissé des chaises sur le toit de la maison et on avait assisté au spectacle comme au cinéma. Mieux qu'au cinéma. Le lendemain, des jeunes se précipitèrent sur les lieux de l'attaque pour récupérer, y compris sur les cadavres, ce qui pouvait l'être. Scène inoubliable dont ma mémoire a gardé l'empreinte profonde.

Quand je me retourne, cependant, je revois le toit de la maison de Léontine Moreau, de notre maison. Pas une terrasse, mais un vrai toit, doublement pentu, et, je dois en convenir : il était impossible d'y disposer des chaises. Ma mémoire a-t-elle fait un croche-pied à ma mémoire ? De toute façon, la maison était située en hauteur et il était possible d'apercevoir, sinon le convoi allemand, au moins des avions qui le harcelaient.

Rien n'empêche, en revanche, que le second épisode qui s'arrima à mes souvenirs ait pu y faire son trou. Notre maison donnait, en surplomb, sur une route départementale. Ce jour-là, nous vîmes surgir six soldats allemands (du moins je crois qu'ils étaient six, mais c'était peut-être quatre). Pas ces jeunes guerriers fringants de 1940 à la démarche altière, mais de pauvres bougres, en vérité, qui semblaient avoir passé la quarantaine, dépenaillés, traînant la patte et supportant leurs armes plus qu'ils ne les portaient. Comme on m'avait confectionné un fusil de bois que je brandissais innocemment, on me sauta sur le paletot et on me désarma en prétendant que j'allais me faire fusiller. Il y avait quelque chose de très décalé à prêter de telles intentions à nos six troufions errants.

Une heure après leur passage, firent irruption plusieurs voitures bondées de FFI, bardés non de vieux fusils comme les boches en perdition mais de mitraillettes. On nous rapporta, ensuite, qu'ils avaient rattrapé nos Allemands, les avaient fait prisonniers, ramenés au Petit-Pressigny et enfermés dans la mairie.

Or, ce qui était idiot, ils s'en évadèrent pendant la nuit en violentant leurs gardiens. D'où le repassage, devant la maison, de notre cohorte de maquisards grossie de quelques ajouts qui rattrapèrent les fugitifs, les contraignirent de nouveau à se rendre après, disait-on, un échange de coups de feu.

Et après ?

On nous affirma que, ramenés au village, ils furent passés par les armes. On n'en parla plus en effet. A-t-on pu commettre ainsi impunément ce crime de guerre ? Les horreurs accumulées par la division Das Reich lors de sa remontée ont-elles comme effacé les traces de ce malheureux « incident » ?

Le passage de ces soldats allemands en détresse, minables, et le contraste avec l'ardeur affichée de ces jeunes maquisards qui les poursuivirent, je le revois encore. Elles ont impacté ma vision de la guerre : je n'ai vu l'armée allemande que vaincue ou jouant de la musique.

Toutes les questions ici se bousculent : la mémoire se remodèle-t-elle sur ce que projette sur elle l'expression des mémoires d'autrui, surtout quand elles fusionnent en une mémoire collective ?

Combien d'Allemands se sont-ils inconsciemment reforgé, après guerre, le souvenir d'avoir été - en fait - antinazis ? Combien ai-je rencontré de quarantenaires qui avaient investi leur mémoire de « parents » (de pères surtout) résistants (des millions de résistants ?) ?

Il arrive - il m'est arrivé - qu'on se souvienne de ce qu'on a imaginé. Rêvé parfois. Et aussi de ce qu'on a intériorisé comme digue permettant de refouler ce dont on ne veut pas se souvenir. Ou ce dont il ne convient pas qu'on se souvienne. Mémoire comme tamis qui rejette l'indésiré.

Des événements de cette époque, deux derniers souvenirs me restent.

L'effervescence, apparemment joviale, provoquée par le fait (mais je ne l'ai pas vu) qu'on avait tondu une femme à l'autre bout du village. Et l'émotion suscitée par l'arrivée, par cars, des premiers prisonniers libérés d'Allemagne.

À quoi j'ajouterai ma joie personnelle, lorsqu'on apprit, le 8 mai, les cloches de l'église sonnant à toute volée, la capitulation de l'Allemagne. Joie que motivait beaucoup moins cette capitulation que l'annonce qu'il n'y aurait pas d'école.

C'est un peu après la libération de Paris, à laquelle il avait ardemment et maladroitement participé, que je revis mon père. Il m'offrit son brassard FFI. Comme je le trouvais moche, je lui en substituai un autre plus fringant... et j'eus ensuite l'impression d'avoir commis un blasphème.

Ce que je retins de son récit des combats parisiens, ce fut la façon dont on projetait des bouteilles remplies d'essence sous les chars allemands. Je l'imaginais s'adonnant à cet acte héroïque bien qu'en vérité, s'il s'y était essayé, il se serait enflammé lui-même. Et j'appris également qu'il s'était porté au secours de prisonniers allemands, que des Parisiens prenaient violemment à partie. Je finis par considérer que son véritable acte d'héroïsme fut celui-là.

Chapitre 3

Le monde d'avant

Un autre événement, outre l'apparition des soldats allemands, se vrilla dans ma mémoire. Comme une illumination. Ce que ce fut, en vérité.

La petite maison de Madame Moreau, que je considérais bizarrement comme « ma nourrice » (mon frère, Axel, la considéra comme sa mère) était dépourvue et d'éclairage électrique et d'eau courante. Et aussi de W.-C. intérieurs. L'eau, recueillie à une pompe très proche, devait être rapportée par seaux et c'est dans un édicule en planches situé au fond du jardin que nous déposions nos besoins. On utilisait pour s'éclairer des lampes à pétrole.

Or, un jour, le miracle se produisit. Au-dessus de la table à manger pendait un long ruban couvert d'un produit mielleux sur lequel les mouches, nombreuses et omniprésentes, prenaient plaisir, les connes, à venir se faire piéger. C'est à la place de ce tue-mouches que, ce jour-là, se balança un fil, un misérable fil. On le relia à une chose étrange, qui me paraissait ressembler à un verre à ventouse et qui se révéla être une ampoule. À quelle manipulation étrange se livra-t-on ? Je ne sais. Mais soudain, miracle, inoubliable, la lumière fut !

J'imagine, avec le recul, quelle devait être pâlotte cette lumière. Mais elle me parut éclatante, presque éblouissante.

Peut-être ai-je eu là, pour la première fois, l'intuition de ce qu'était une révolution. Car, pour moi au moins, c'en était une. Ce qui se provoquait en allumant une mèche trempée dans le pétrole advenait spontanément, soudain, sans mèche et sans pétrole. Comment ? Mystère. La lumière surgissait d'une sorte de ficelle, de cordon qui, me demandais-je, l'avait prise où ? La transportait comment ?

Ma première confrontation avec ce que l'on devait à l'optimisation du rationnel m'apparut, d'abord, totalement irrationnelle.

Se rend-on compte, quand on est né avant guerre et qu'on a vécu une partie de sa jeunesse dans un bourg de la France profonde, de la radicalité et de la généralité des transformations auxquelles on a assisté ? Un passage du XVIIe siècle au XXe siècle. D'un coup. Car, oui, cette France qui était censée me voir m'ouvrir au monde était encore celle du XVIIe siècle.

Avant l'irruption motorisée des maquisards locaux, je crois n'avoir pas eu l'occasion de prendre conscience de ce qu'était une automobile. Nous descendions en ville dans une carriole attelée à un cheval, ce qui, quand je me retourne, là encore, me laisse quelque peu perplexe, car nous ne disposions ni de carriole ni de cheval.

Les foins étaient transportés dans des charrettes traînées par des bœufs dont la progression, lourde et lente, sous le joug, constituait comme un condensé des « mobilités » qui rythmaient les quotidiennetés environnantes. (Mais que sont devenus les bœufs ?)

Je n'avais aucune idée de ce que pouvait être un tracteur et n'imaginais pas qu'on pût labourer autrement qu'en attelant un gros bourrin à un soc de charrue. La seule modernité, à mes yeux, était représentée par la moissonneuse-batteuse dont le principe avait été inventé et conçu... par les Gaulois. Lors de vendanges, on pressurait le raisin avec les pieds. Exercice qui me ravissait.

Oublierais-je jamais l'odeur de ces cours de ferme - nous en étions cernés - dominées en leur centre par un tas de fumier dans lequel se roulaient des petits cochons, tandis que coquetaient tout autour, barbotant également dans le purin, des cohortes de volailles éclectiques ?

Quand un voisin n'avait pas saigné le cochon, on dépiautait un lapin comme on désenfile un pull-over, spectacle dont je ne me lassais pas, ou bien on déplumait un poulet, avant de le passer à la bougie, ce qui constituait le seul rituel avec la messe qui ne m'a laissé, elle, en revanche, celle du Petit-Pressigny s'entend, aucune image de sa ritualisation.

Quelle technique, quelle tradition, quel geste, quel rythme même avaient-ils profondément évolué depuis le XVIIe siècle ?

Madame Moreau, une sainte femme, bien que je me la représente aujourd'hui presque sous les traits d'une Madame de Maintenon sur le tard, avait « vécu », comme on dit. Entre ses deux maris, tous les deux tombés non dans l'oreille d'un sourd mais au champ d'honneur, pères d'un de ses enfants chacun, elle en avait conçu deux autres, hors mariage, dont Pierrette, accorte jeune fille de 22 ans environ qui attisait, apparemment, de juvéniles concupiscences. En fonction de quoi, rituellement là encore, un jeune homme bien mis, c'est-à-dire revêtu de ses habits du dimanche, ganté, venait solennellement « demander sa main ». Et se faisait régulièrement recaler par la maman, sans que, autant que je m'en souvienne, la fille, restée timidement derrière elle, ait tellement eu l'occasion de faire valoir son propre point de vue. Elle épousera finalement le fils d'un mineur polonais nommé Procharska.

Monde immuable. Effectivement séquencé par l'angélus. Du moins chacun en acceptait l'illusion.

Un accroc, cependant : l'enfant que Léontine Moreau avait eu avec son second mari s'appelait Michel.

Ce que, rapidement, je sus de lui, c'est qu'il était homosexuel. Devenu tailleur de métier, il se mit plus tard en couple avec un officier de police. Or, l'homosexualité était, à l'époque et dans cette France profonde, un non-dit total. Une spécificité radicalement inassumable et inenvisageable. Hors de lourdes blagues que j'avais peut-être entendues - peut-être - j'ignorais même totalement de quoi il s'agissait. Comment, alors que j'ai quitté la maison Moreau à l'âge de 7 ans et n'ayant pratiquement pas eu de contacts ensuite, sauf une visite à Argenteuil où Léontine, Pierrette et son mari s'étaient finalement installés, comment, donc, ai-je pu, soit « savoir », soit m'être convaincu que je savais ?

Ou bien il y eut comme le refoulement d'un malaise vécu en compagnie de Michel, qui ne prit sens qu'*a posteriori*, ou bien il arrive que la mémoire subvertisse la mémoire. (Je penche pour la première hypothèse.)

En outre, à l'époque, n'ayant pratiquement jamais entendu prononcer le mot (ce qui, je l'admets, en plein régime fascisto-vichyste est un comble) et portant le nom de Ferriot, celui de mon grand-père maternel, je n'avais aucune idée non plus de ce qu'était un juif. Et, donc, de ce qu'était l'antisémitisme.

Qu'était-ce qu'un « gay » ? Qu'était-ce qu'un « goy » ? Ces mots-là étaient inconnus de ce monde d'avant. Lequel était comme figé dans un semblant d'éternité dont, paradoxalement, même la guerre, la défaite, l'Occupation, la Libération n'avaient pas déstabilisé les fondamentaux. On était de gauche ou de droite comme avant. Le rouge et le blanc. Ceux du bistrot, ceux de la sacristie Don Camillo-Peppone. Ledru-Rollin, Guizot ou Mac-Mahon s'y seraient reconnus.

L'ampoule magique représenta mon premier contact avec le monde d'après. À Paris, où je fus rapatrié après 1945, nous disposions d'une glacière. Régulièrement le glacier passait en bas de la rue, juché sur une manière de gros chariot tiré par un percheron. Et on descendait chercher les blocs de glace. Qu'il fallait remonter jusqu'au 8e étage.

Or, soudain, un second engin miraculeux fit irruption. On appelait ça du nom de la marque, un « Frigidaire ». Cela faisait de la glace tout seul. Plus de chariot, de percheron, plus de glacier, plus besoin même de ce garde-manger qui donnait régulièrement sur une cour intérieure. Puis arrivée du gaz. Au Petit-Pressigny, on faisait bouillir les marmites sur une cuisinière à charbon et à bois. Et, soudain, un bouton, une flamme ! J'en fus ébahi mais considérai longtemps qu'on ne pouvait pas faire ainsi de la vraie cuisine. Je fus moins stupéfait, cependant, que lorsque j'allais passer trois jours chez une certaine madame Gandhi, enseignante au collège privé que dirigeait mon père. Là, ce fut de l'hyper-magie, du super-miracle. Son mari, d'origine indienne, et qui devait être ingénieur, avait bricolé une grosse chose étrange, carrée, comme une radio géante munie d'une vitrine qui n'était même pas transparente. Il appuya sur un bouton et apparut tout à coup, sur ce qui se révéla être un écran, des personnages qui se mirent à deviser bien qu'ils ne fussent pas dans la pièce ni ne se donnassent en spectacle à la fenêtre d'en face. On pouvait être là tout en étant ailleurs. S'inviter dans les foyers en chevauchant des courants d'air. Ce mystère me turlupina plus encore que, plus tard, celui de la Trinité, d'où il résultait qu'un père pouvait être son propre fils et *vice et versa*.

Quand je rendis compte, en rentrant à la maison, de ce phénomène extraordinaire, je le fis sans doute dans les mêmes termes que si la sainte Vierge Marie m'était apparue.

En fait, nous étions en attente de cette télévision, puisque nous écoutions la radio, posée sur un napperon lui-même posé sur une commode, en la regardant fixement. Nous étions également en espérance d'un téléphone. L'obtenir relevait de l'attendu du Messie... Enfin, il arriva : il ne fut pas question de refuser de reconnaître ce Messie-là dont les voix impénétrables nous venaient de loin.

Plus tard, une autre première innovatrice me marqua, bien qu'elle fut moins radicale, quand mon père, un soir, sortit de sa serviette un disque microsillon, dont je compris tout de suite qu'il nous éviterait, désormais, de rester bêtement en arrêt devant un électrophone, parce que, pour entendre *La Symphonie pastorale* de Beethoven (une œuvre qui me transportait), il fallait tourner et changer le disque au moins huit fois de suite. Ce n'était pas un concert, c'était une course d'obstacles.

Cette irruption du 33-tours me saisit au point que je n'ai jamais oublié l'œuvre qui était enregistrée sur ce premier microsillon : il s'agissait de deux concertos brandebourgeois dirigés par Münchinger.

Chez Madame Moreau, au Petit-Pressigny, trônait en bonne place un ustensile qui faisait en quelque sorte le lien entre le monde d'après et le monde d'avant. Il s'agissait d'un vieil électrophone semblable, avec son énorme cornet acoustique, à celui illustrant les disques « La Voix de son maître », qu'il fallait sans cesse, comme le téléphone - allô, mademoiselle ? -, remonter avec une manivelle.

Y avait-il au Petit-Pressigny une radio ? Je n'en ai pas souvenance. Mais le tourne-disque me fascinait. Comme nous disposions de très peu de disques, nous écoutions continuellement les mêmes, si bien que se sont comme éternellement gravés dans ma tête l'air du *Beau Danube bleu*, *Dans la rue de notre amour* par Damia et *La Romance de*

Paris par Charles Trenet, sans, au demeurant, que les noms de Damia ou de Charles Trenet me disent quoi que ce soit.

C'était déjà le monde nouveau. L'autre, l'ancien, au-delà des sempiternelles *Credo du paysan* et *Angélus de la mer*, dont bizarrement je n'étais pas sans vaguement subodorer leur côté kitsch, se résumait à deux sublimes âneries qui ne cessèrent de musicalement me hanter, une chanson exotico-colonialiste qui disait « Sous le soleil marocain je pense à toi, à toi ô ma jolie » et un cantique, le plus stupide de tous, alors qu'il y avait forte concurrence (mais à la mélodie efficacement putassière) : « J'irai la voir un jour... là-haut, là-haut, là-haut, oui j'irai voir Marie dans ses plus beaux atours. »

Pourquoi aucun de ces deux douteux chefs-d'œuvre n'est-il jamais sorti de ma mémoire ?

Chapitre 4
Les déchirures

Quand ai-je quitté Le Petit-Pressigny pour revenir à Paris ? Je suis incapable de me le remémorer. J'étais ici, puis je fus là, c'est tout. Je me souviens seulement que mon père me hissa sur ses épaules pour voir le général de Gaulle et Winston Churchill descendre les Champs-Élysées un 11 novembre.

Ici intervient un phénomène étrange. Je me suis longtemps vu figurer dans des moments ou en des lieux bien qu'à l'évidence, les dates me démontrassent ensuite que je m'étais, en réalité, projeté dans des scènes dont le récit, tant de fois entendu par la bouche de ma mère, m'avait en quelque sorte transformé en protagoniste.

Ainsi, rue des Plantes, où mes parents avaient emménagé, cette rencontre avec notre voisine du dessous, madame Legros qui, dans l'ascenseur, le visage inondé de larmes, hoquetait de douleur. « Ça ne va pas, madame Legros ? » demanda ma mère. Et elle de murmurer, entre deux sanglots : « Ils ont fusillé mon fils ce matin ! »

Son fils, élève au lycée Buffon, ayant adhéré aux Jeunesses communistes clandestines, avait été renvoyé de l'établissement par le proviseur et dénoncé pour avoir distribué des tracts anti-Allemands. Condamné à mort par un tribunal des forces occupantes, il avait été passé par les armes, ainsi que ses camarades du même groupe de jeunes résistants.

Cette scène, que je revoyais, je ne pouvais, cependant, pas l'avoir vécue, puisque le drame se produisit à la fin 1943, alors que j'étais toujours au Petit-Pressigny. Mais, maintes fois racontée, elle m'avait tellement bouleversée que j'avais fini, d'autres rencontres avec madame Legros aidant, par m'y insérer.

Plus tard, après la Libération, un hommage solennel fut rendu, dans l'établissement dont ils avaient été exclus, aux « martyrs du lycée Buffon ». Ma mère en était revenue toute retournée. C'était le même proviseur, m'avait-elle affirmé, qui avait fait le discours officiel, ce que voyant monsieur Legros s'était précipité vers la tribune pour lui mettre son poing dans la figure.

Lorsque les Allemands contre-attaquèrent dans les Ardennes, ma mère réagit étrangement. Elle ressortit une lourde statue de femme nue en bronze et la posa ostensiblement sur la table de la salle à manger pour être en mesure de leur résister s'ils réenvahissaient Paris : ça aussi, j'ai cru le vivre, alors que ce sont mes parents qui me l'ont raconté.

****

De retour à Paris, donc, j'avais rejoint mes parents dans un appartement conçu comme un atelier d'artiste situé 26, rue des Plantes dans le XIVe. Il était l'un des très rares, à Paris, à cette époque, à être doté de onze étages. Nous habitions au huitième. Un certain Jean Moulin avait trouvé là refuge mais, évidemment, nous l'ignorions (en fait, je ne l'ai découvert que récemment).

La structure de l'immeuble rappelait celle de celui qui sert de décor au film d'Hitchcock *Fenêtre sur cour*. Et, d'ailleurs, comme dans le film (cela aussi m'avait traumatisé), un crime crapuleux fut commis dans l'un des appartements d'en face. Une femme fut agressée à coup de « pince-monseigneur ». J'ignorais ce qu'était une « pince-monseigneur » et ce mot, comme je n'arrivais pas à m'imaginer ce qu'il recouvrait, prit dans mon esprit une signification et une sonorité épouvantables.

Nous eûmes droit également (et là, c'était presque un voisin d'à-côté) à l'arrestation d'un individu qui se révéla être l'un des chefs du fameux « gang des Tractions Avant ». Il avait un gros chien. Il était affable et tout le monde, après coup, broda autour du constat, qu'en apparence, c'était un type charmant !

Mais ce qui pesait sur cet immeuble, comme sur beaucoup d'autres, c'était le poids de l'Occupation, du vichysme et des déchirures, souvent intestines, dont témoignaient certains face-à-face des deux côtés de la cour.

Nous étions en excellents termes avec des voisins du dessous, moi surtout qui étais devenu très ami avec les deux enfants de la famille. Je me réfugiais chez eux pour lire des « illustrés » comme *Tarzan*, ce que mon père n'eût jamais toléré.

Les parents, lui était industriel ou financier, je ne sais – du moins je le percevais ainsi –, discret, digne et très notable d'apparence ; elle, artiste, jouait du piano. Le fils aîné, musicien dans l'âme, accro au jazz (il m'y initia), ne rêvait que d'une seule chose, devenir clown. Peut-être l'est-il devenu ? Le couple avait également une fille, plus âgée. Elle habitait un appartement en face. Les deux fenêtres sur cour se faisaient en quelque sorte de l'œil. Or lui, le mari, avait été fort convenablement pétainiste pendant l'Occupation (bientôt on devait dire « sous l'Occupation »). Elle, la fille, relieuse, avait activement participé à la Résistance et je suis convaincu que ses parents n'en savaient rien. Elle avait été arrêtée, torturée. Elle était muette. Je m'étais convaincu que c'étaient les tortures subies qui l'avaient rendue muette, ce qui est peu vraisemblable.

Ce face-à-face, ce fenêtre-à-fenêtre, était infiniment troublant. Comme un reproche vivant. La confrontation spatiale de deux choix : d'une révolte et d'une acceptation. Je l'avais intériorisé sans en être vraiment conscient.

Une large fraction de la bourgeoisie était restée, en fait, pétainiste, dût-elle un temps se rallier au RPF gaulliste (ou même au MRP centriste) par peur du communisme.

Encore, dans les années 1948-1949, dans le cours privé prestigieux que dirigeait mon père avenue de La Bourdonnais (situé presque sous la tour Eiffel), que fréquentaient des enfants en difficulté de la grande bourgeoisie, quand ils évoquaient les maquisards FFI, ils disaient le plus souvent, comme ils l'avaient entendu dire par leurs parents : « les bandits ».

Bien plus tard encore, au début des années 1970, je fis, pour le supplément littéraire du *Figaro*, la critique de l'ouvrage dans lequel l'historien américain Robert Paxton montrait que le régime de Vichy avait parfois devancé et dépassé les consignes allemandes. Je reçus des dizaines de lettres furibardes : toutes prenaient violemment la défense du régime de Vichy.

Ma propre famille ne reproduisait-elle pas, à sa façon, le face-à-face des deux fenêtres sur cour ?

Mon père, qui avait adhéré jeune, en 1936, au Parti communiste, s'était très tôt affilié à une forme (j'ignore, en vérité, laquelle) de résistance clandestine. Des textes de lui, magnifiques, que mon frère Axel a publié dans l'ouvrage qu'il lui a consacré, montrent la douloureuse fracture que provoqua en lui son antifascisme patriotique (il se rallia plus tard au général de Gaulle) confronté à la fascination qu'exerçaient sur lui la culture et la philosophie allemandes.

Ma mère, Camille, elle, fille d'un petit industriel, avait été « Croix-de-Feu » dans sa jeunesse, ce qui la prédisposait, comme la majorité des Français, à des sentiments maréchalistes qu'elle répudia après la rafle du Vél d'Hiv.

Un jour qu'elle nettoyait une veste de son mari, elle sentit quelque chose dans la doublure. Après avoir constaté qu'il s'agissait d'un tract de la Résistance clandestine, elle le recousit et n'en souffla mot. Même pas à mon père.

Celui-ci, Jean, s'engagea finalement dans les FTP qui, en 1944, se fondirent dans les FFI, cela contribuant fort peu à l'affaiblissement des forces occupantes car on ne saurait concevoir tireur plus nul. Il participa activement, fût-ce maladroitement, je l'ai dit, aux combats pour la libération de Paris quand il vola courageusement au secours de soldats allemands désarmés que la foule voulait lyncher et qu'il récupéra une serviette d'officier - en cuir - que j'utilisai à l'école pendant plusieurs années.

Son père, André Kahn, celui qui avait fait toute la guerre de 14-18, avocat d'un grand groupe industriel, en l'occurrence Philips (il avait été un temps ruiné par la crise de 1929 et avait fait une tentative de suicide), politiquement conservateur, se fût sans doute ancré, comme notre voisin de la rue des Plantes, à un pétainisme de bon ton si, à son grand et cruel désarroi, il n'avait été contraint de porter une étoile jaune. À côté de laquelle il tenait à arborer sa croix de guerre (ce qui, me confia-t-il, le fit à plusieurs reprises saluer militairement par des officiers allemands !).

Or, lorsque mon père entra dans la résistance armée, il lui reprocha amèrement de se commettre avec ce que, lui aussi, grand bourgeois, appelait « des bandits ». Rupture générationnelle. L'adhésion de mon père, lui si profondément élitiste, au Parti communiste, fut d'abord une forme de révolte contre sa famille.

Mais, du côté maternel, ce fut bien pire.

Comme le commun des mortels, j'étais doté d'une grand-mère paternelle et d'une grand-mère maternelle. Celle-là, cependant, je ne l'ai pas connue. Pourquoi ? Parce qu'elle ne désira pas me connaître. Pourquoi ? Parce que ma mère ayant contracté un mariage, qu'elle réprouvait, avec un Kahn, je portais (quitte à en changer provisoirement) un nom juif. C'est peu dire, en effet, que cette photogénique aïeule était raciste et fasciste.

Jeune institutrice d'origine suisse-allemande, et plus allemande que suisse, envoyée enseigner à Mussy-sur-Seine, berceau de la famille, elle avait eu une fille, ma mère, d'une liaison suivie d'un mariage très bref avec un petit industriel local, mon grand-père. Elle apprécia toujours les notables locaux. Ensuite, très belle, blonde, pétrie de dons, en particulier de chanteuse, d'entrepreneuse (elle créa un fort rentable institut de beauté), de courtisane aussi comme on dit, elle mena une existence trépidante de semi-aventurière de haut vol, ce qui n'avait pas contribué à lui cheviller au corps l'amour de la démocratie libérale (socialiste encore moins). À ma mère, qui l'avait accompagnée un temps en Algérie où elle avait, toujours provisoirement, épousé un médecin militaire, elle recommandait de ne frayer à l'école ni avec des enfants arabes ni avec des enfants juifs. Elle accordait plus de soin à une gazelle, qu'elle élevait, qu'à sa fille qu'elle jugeait laide (et elle lui disait). C'est du moins ce que me confia ma mère qui entretenait, à son endroit, le même mélange de fascination et de haine que mon père à l'égard de sa propre mère (laquelle, également, Blanche de son prénom, avait été très belle) : il ne lui pardonnait pas, comme l'a rappelé mon frère Axel dans l'ouvrage qu'il lui a consacré, d'avoir envoyé mourir dans les colonies un enfant qu'elle avait eu hors et avant mariage et qu'elle forçait à la faire passer pour sa sœur.

Celle-là, en revanche, je l'ai connue (j'ai même habité chez elle, après la mort de son mari, rue de Lisbonne) et, comme beaucoup de grands bourgeois d'adoption, elle affichait un mélange détonnant de titisme parisien déluré et d'arrogance méprisante de classe.

Lui ayant amené un jour un ami, pourtant prince italien de son état, mais qui arborait une chemise chatoyante à carreaux, elle me fit remarquer avec dégoût qu'il était habillé « comme son facteur ».

L'autre grand-mère, donc, l'affreuse, qui eut, à la fin des années 1930, les yeux non de Chimène mais de Leni Riefenstahl, pour le régime nazi, fila, pendant l'Occupation, le parfait amour avec un officier allemand que mon imagination enfiévrée transforma, tant qu'à faire, en officier SS. Le couple s'était installé dans une maison de campagne située en région parisienne. Le lendemain de la libération de Paris, des résistants y firent irruption, peu enclins à lui présenter leurs hommages. Ils l'auraient, sans doute, fusillée sans jugement, mais le nid était vide. Les oiseaux s'étaient envolés. Ils venaient d'évacuer les lieux. Échappant à cette probable exécution sommaire, la grand-mère avait suivi, avec son amant, les Allemands dans leur retraite après avoir entassé dans une valise les bijoux de valeur qu'elle possédait. Et, alors, improbable coup de théâtre, pour se saisir du magot, l'amant en question (dont ma mère gardait la photo en grand uniforme) l'avait abattue d'une balle dans la tête. Au lieu d'être fusillée pour faits de collaboration (et au mieux tondue), la grand-mère avait été assassinée par les nazis. Au lieu de la honte, l'involontaire rédemption.

Ce qui déboucha sur ce court dialogue qui eût été, au théâtre, du plus sûr effet mélodramatique.

Les gendarmes se sont fait annoncer chez ma mère. Ils lui demandent d'être courageuse, car il était arrivé quelque chose à sa mère. Quoi ? Elle est morte. Comment ? Elle a été tuée. Par qui ? Par un Allemand. Et alors ma mère a ce cri du cœur : « Ah, je préfère ! »

Comment aurait-elle réagi, puis évolué, si sa mère avait été exécutée par la Résistance ? Victime de l'épuration sauvage ?

Elle qui venait, par imprégnation familiale, de la droite, passa, dans ses convictions et ses votes au centre-droit (le MRP), au centre-gauche puis, après 75 ans, s'ancra à gauche jusqu'à se présenter à des élections municipales à plus de 85 ans sur une liste socialiste.

À sa mort, ses camarades lancèrent des roses rouges sur son cercueil. (Elle avait déniché un disque 78 tours qui contenait sur une face *L'Internationale* et, sur l'autre, l'*Ave Maria.*)

Il n'est pas certain, à vingt-quatre heures près, si cet enchaînement d'impondérables, qu'on appelle ridiculement le destin, en avait décidé autrement, que la progression de ses sensibilités, puis de ses engagements, eussent été exactement et si régulièrement dans le même sens.

Chapitre 5

Ce passé qui imprégna mes présents

Le pétainisme, la collaboration, ce ne furent pas des pages rapidement tournées par un enfant qui ne les avait que frôlées. Ce furent des pages longtemps réécrites au cours d'une vie d'adulte.

Lorsque je fis mes premiers pas journalistiques à *Paris-Presse*, en 1959, un des grands reporters avait pour nom François Brigneau. Ça ne me disait rien. Pas encore.

Très vite j'appris qu'il avait été milicien, accusé des pires méfaits au cours de son combat contre la Résistance, très lourdement condamné... Fasciste, radicalement fasciste, il l'était resté. Il devait rejoindre le Front national. Deux des patrons du journal, ce que j'ignorais longtemps, avaient dirigé *Le Petit Provençal* qui, en 1944, souhaitait encore, à la une, l'anniversaire d'Hitler. Le critique de cinéma avait commencé sa carrière dans la presse collaborationniste. Je n'ai jamais entendu les anciens résistants, qui officiaient également dans ce quotidien, s'en offusquer.

Lorsque j'éditorialisais sur Europe 1, un certain Alfred Fabre-Luce, considéré, à la fin des années 1930, comme « un des hommes les plus intelligents de sa génération », m'envoyait, tous les deux mois, une analyse critique de mes prestations. C'est ce même Fabre-Luce qui écrivait, en 1940 : « La France a été vaincue par la présence spirituelle de Hitler... Sur les ruines du monde ancien va pouvoir s'édifier le rêve d'une humanité faisant surgir d'elle-même une race de Dieu. Ce rêve, un homme d'action, Adolf Hitler, a entrepris de le réaliser. Il faut compléter et achever la sélection naturelle. » Il envoyait, de temps à autre, des tribunes libres au *Monde*.

Je sympathisai alors avec un personnage éminemment cultivé, qui affichait un anarchisme gouailleur et bon enfant, et que les auditeurs connaissaient sous le nom de « monsieur Larousse ». Ce fut un coup de tonnerre quand on apprit qu'il s'appelait Lucien Combelle, ancien secrétaire de Gide, avait joué un rôle intellectuel central sous l'Occupation, collaborant à *La Gerbe*, à *Je suis partout* et assurant la direction de *La Révolution nationale*, organe fasciste bon teint. « Seule l'Allemagne, avait-il proclamé à l'occasion d'une conférence à Berlin, pourra réaliser une fédération européenne des travailleurs. »

Ces mêmes années je devins l'ami d'un personnage fascinant, physiquement et intellectuellement, Bertrand de Jouvenel, auteur de livres dont certains m'avaient fortement interpellé. Or, je découvris plus tard que, tête pensante du PPF de Jacques Doriot en 1936, il était l'auteur de ces lignes : « L'exemple allemand doit nous servir et nous prouvera notre infériorité si nous n'étions pas capables de subir silencieusement notre pénitence. La France doit se régler sur le modèle allemand. La victoire de Hitler est avant tout une victoire de l'esprit. »

Encore en 1967, au cinquième jour de la guerre des Six Jours, au Caire, dans le hall de l'hôtel Hilton, j'étais tombé sur le dénommé Jacques Benoist-Méchin pérorant sur l'inéluctabilité de la défaite israélienne. Or, ministre sous Vichy, il n'avait jamais dissimulé ses sentiments pronazis.

Pour un Marcel Prévost, mort en luttant contre l'occupant et, hélas, oublié, pour un Jean Guéhenno, un André Chamson, un Julien Benda, un François Mauriac, un

Vercors, un Aragon, combien d'intellectuels, qui eurent pignon sur rue et de nombreux admirateurs dans les années 1950 et 1960, Marcel Jouhandeau, Paul Léautaud, Jacques Chardonne, Paul Morand, Montherlant, Jean Anouilh, Thierry Maulnier, Félicien Marceau, Barjavel, s'étaient-ils trouvés, en ces « années sombres », qui furent lumineuses pour quelques-uns, du « mauvais côté »...

Et combien de pétainistes endurcis ai-je vu ressurgir en 1956.

On évolua, au fond, d'un demi-mensonge – ou d'une demi-réalité – à l'autre.

Du gris dominant maculé de grosses taches noires et éclairé, ici et là, de lumineuses taches bleues et rouges et mêmes blanches, on passa, peu à peu, à une rigide bipolarité en noir et blanc, avec d'abord un hégémonisme du bleu et du rouge et, ensuite, une masochiste prédominance supposée du noir. Tous résistants ou presque, puis tous collabos ou presque.

Entre l'ex-communiste devenu pronazi et le réac ultra-pétainiste aucune différence si ce n'est que, très vite, les haros accumulés sur le premier permirent quasiment de passer l'éponge sur les turpitudes du second.

Très vite, je me posai cette question : lesquels, au fond, étaient les pires ? Les ultra-collabos parisiens (de nombreux ex-anars et ex-gauchistes parmi eux, aux côtés de nombreux maurrassiens), dont beaucoup périrent, parce qu'ils allèrent jusqu'au bout de leur engagement, ou bien les réactionnaires pétainistes de Vichy qui validèrent tout, acclamèrent tout, mais retournèrent leur veste au dernier moment ce qui leur permit de sauver leur peau ?

Ceux-là, je n'ai cessé ensuite de les côtoyer. Ce sont eux qui, rapidement, furent partout.

Lequel fut le pire : Drieu la Rochelle ou Paul Claudel ? L'anar que son nihilisme quasi esthétique précipita en enfer (beaucoup se reconvertirent, après guerre, dans le cinéma) ou le conservateur libéral bon teint qui cautionna tous les oukases liberticides ? Le pacifiste qui poussa son pacifisme jusqu'à l'aberration ou bien le nationaliste (« le national » comme on disait) qui, une fois de plus, s'enfonça dans la trahison ? L'ex-socialiste qui prit au mot un nationalisme prétendu socialiste ou l'antisocialiste forcené qui se rallia à ce socialisme-là ?

Évidemment, en 1946, je ne me posais aucune de ces questions (je mis, au demeurant, un certain temps avant de me les poser), mais je fus imprégné de ce brouillard de complexités qui subvertissait même ma propension juvénile au simplisme radicalement binaire. Ma grand-mère maternelle me paraissait un monstre, mais mon grand-père paternel que son étoile jaune n'incita nullement à s'insurger contre ceux qui la lui faisaient porter, était-il un salaud ? Et mon oncle (paternel), personnage lumineux, avait-il, en partant pour le STO, déserté le combat que mon père, lui, avait affronté ?

Avoir, même gamin, vécu tout cela, l'avoir vécu à travers sa famille, à travers ses proches, à travers son école (le cours que dirigeait mon père) et à travers son habitation, même sans disposer des moyens de reconstituer le moindre puzzle et de lui donner sens, est-ce que cela ne vous marque pas ? La période 1945-1950, à laquelle, sur l'instant, je n'ai peut-être rien compris, est sans doute celle qui m'a le plus modelé avec l'année 1956, bien que, cette fois, je me souvienne de tout et que, hélas, j'aie tout compris !

Ce n'est qu'après les années 1970, la génération concernée ayant disparu, qu'on fit la moue en évoquant le peintre Vlaminck, le pianiste Alfred Cortot, le sculpteur

Belmondo ou le musicien Florent Schmitt. Auparavant, passez muscade !

En 1944, l'Académie française était massivement pétainiste pour avoir été très maurrassienne. On l'épura. Puis, au bout de quinze ans, on y réélit des pétainistes chevronnés tels Paul Morand ou Henri Massis.

L'admirable Anna Marly, auteure de la musique du *Chant des partisans*, Germaine Sablon qui le créa, disparurent après guerre quand André Dassary, l'interprète vedette du *Maréchal nous voilà !*, quand André Claveau, le crooner numéro un de Radio-Paris (« Radio-Paris ment, Radio-Paris ment, Radio-Paris est allemand ! ») poursuivirent leur belle carrière. Claveau, qui hit-parada avec *Cerisier rose et pommier blanc* se lessiva à temps en chantant Aragon (*Les Yeux d'Elsa*), lequel Aragon contribua à la réhabilitation de l'excellent Maurice Chevalier qui, après avoir chanté l'hymne de l'idéologie pétainiste (*Un maçon chantait une chanson*) interpréta le chant fétiche de la Libération : *C'est une fleur de Paris*.

****

Au début de l'année 1944, mon père lança à ma mère, presque en rigolant – c'est elle qui me l'a rapporté : « Tu ne sais pas ce que le cousin Dédé raconte (j'ignore totalement qui était ce cousin Dédé et son nom exact, mais je sais qu'il avait accepté d'aller travailler en Allemagne et qu'il était réputé pour ses galéjades) ? Il dit que les juifs, là-bas, ils les font brûler dans des fours. N'importe quoi ! Il ne changera jamais le Dédé ! »

Apparemment mon père, engagé dans la résistance active, assimilait cette information à ces invraisemblables bobards que véhiculaient les « bourrages de crâne » pendant la guerre de 14-18.

La guerre terminée, la terrifiante évidence s'imposa-t-elle ? Non ! Pas tout de suite. Les premiers déportés rentrèrent. J'en rencontrai qui étaient devenus des camarades de parti de mon père, alors communiste. Je passai quelques jours de vacances chez l'une d'elles, rayonnante d'humanité, qui avait pesé 50 kilos et dépassait les 90 kilos à force de se rattraper. Mais toutes et tous venaient de Dachau, de Buchenwald et de Mauthausen où avaient été envoyés majoritairement des « politiques ». Ce sont donc ces lieux, devenus tout de suite emblématiques, qui représentaient alors l'horreur des camps de concentration. Or, ce n'étaient pas des camps d'extermination. De Treblinka, de Sobibor, on n'entendait jamais parler. Qui restait-il pour en parler ? Le déporté type ce n'était pas le juif, c'était le résistant, en particulier le résistant communiste.

Auschwitz, on savait. Mais c'était, là encore, des déportés politiques, des femmes surtout, telle Marie-Claude Vaillant-Couturier, qui en témoignèrent.

Au tout début de l'année 1950, fut projeté un film polonais qui me bouleversa, *La Dernière Étape*. Il se déroulait à Auschwitz. Les principales héroïnes en étaient des militantes communistes. À la fin de la projection, avant le générique, se déroulait un récapitulatif de la répartition des victimes par pays : tant de dizaines et de centaines de milliers de Polonais, de Hongrois, de Roumains, de Russes, de Grecs, de Français. Les juifs n'étaient pas répertoriés en tant que tels, mais assimilés à leur pays d'origine. Cela choqua qui ? Personne, autant que je m'en souvienne. En particulier pas les juifs dont la plupart, traumatisés, redoutaient plus que tout qu'on les distinguât de nouveau. Qu'on les mette à part. Qu'on leur décernât, en quelque sorte, une « étoile jaune » de victime.

D'où, jusqu'en 1950, une sous-estimation un peu honteuse, comme un refoulement de l'inconcevable et de l'indicible, de l'aspect génocidaire du processus concentrationnaire.

On fit, en outre, l'erreur d'évoquer des chambres à gaz là où il n'y en avait pas eu.

Le basculement (jusqu'à ignorer, à l'envers, la dimension politico-idéologique des enfermements) n'intervint vraiment qu'en 1967, dans le sillage de la guerre des Six Jours.

Pour moi, le véritable choc intervint en 1947. J'avais 9 ans. La mairie du XIVe arrondissement avait organisé une exposition consacrée aux camps. Pour la première fois, je m'évanouis...

Chapitre 6

Ma mémoire de leurs mémoires

J'ai tenu, pour remonter dans mes mémoires, à descendre au fond de la mienne. À explorer les étranges mécanismes interconnectés (l'éducation reçue, l'engagement choisi, l'actualité intériorisée en étant quelques-uns des rouages) pour mieux entreprendre cette exploration. Et à la pousser, à l'occasion, jusqu'à un cas limite où ce que l'on garde en mémoire découle de ce qu'y a déposé une autre mémoire que la nôtre.

Je l'ai évoqué à propos du récit que me fit (ou plutôt refit pour la énième fois) le prince Youssoupov de l'assassinat de Raspoutine dont il fut l'auteur présumé. J'eus l'occasion, à deux reprises au moins, de pousser plus haut la remontée à crémaillère de la machine à ré-aspirer le temps.

La première fois ce fut à Mussy-sur-Seine, dans l'Aube, berceau de mes familles maternelle et paternelle, quand mon arrière-grand-mère (la mère de ma grand-mère paternelle), une femme fort alerte pour son grand âge, qui ne boudait pas son petit verre de gnôle, et dont je subodorais la méchanceté assassine bien que je n'en eusse été nullement victime, qui (voilà un souvenir qui s'est ancré) ne cuisinait que du veau, me confia que, toute enfant, elle avait été témoin, à Paris, des derniers jours de répression de la Commune de Paris, sa mère, qui était sans doute née sous la Seconde République, lui demandant de ne pas regarder « car ce n'était pas un spectacle pour les petites filles ! » Hélas, j'étais trop jeune, alors, pour la pousser à donner des précisions.

Mais cette très brève incise m'obséda longtemps, car soixante-seize ans environ séparaient la date à laquelle se déroulèrent ces tragiques événements - la Commune - et celle du jour où mon arrière-grand-mère les évoqua devant moi. Elle devait avoir 92 ans. Or, à supposer qu'elle-même ait recueilli, jeune, des confidences de son arrière-grand-mère ou même de sa grand-mère, j'aurais pu recueillir, de sa bouche, un témoignage, au troisième degré, de ce que fut l'époque napoléonienne ! Elle aurait pu me dire « voilà ce que me raconta mon arrière-grand-mère qui faisait partie de la foule qui acclama l'Empereur au retour de l'île d'Elbe ».

Une autre vieille personne qu'on me demanda d'inciter à rafraîchir non pas ma chevelure, mais sa mémoire, était coiffeur retraité. C'était en 1961. Jeune apprenti, il avait coiffé Victor Hugo. La vérité est que cela ne se prêtait guère à de croustillantes digressions descriptives. J'en retins qu'à cette époque, l'auteur des *Misérables* se faisait des cheveux.

Jeanne Calment, elle, nous raconta, en 1980, avoir connu Van Gogh (ou Cézanne, je ne sais plus). Elle eut ce trait fulgurant que je n'ai jamais oublié : « Je n'ai qu'une seule ride et je suis assise dessus. »

Une beaucoup plus saisissante projection dans l'avant de l'avant me fut offerte en 1957. Je faisais le moniteur, en fin de semaine, au patronage laïque d'Arcueil, dont le maire, le communiste Marius Sidobre, une rondeur de bon papa gâteau, n'était plus un pigeon de l'année. Un jour, le maire de Montreuil vint lui rendre visite, ce qui nous donna l'occasion de nous entretenir assez longuement avec lui. Il s'appelait Daniel Renoult. Or, il était assis à côté de Jean Jaurès quand celui-ci se fit assassiner au Café du Croissant par le maurrassien Raoul Villain.

On avait l'impression qu'il revivait le drame, lorsqu'il évoquait la masse plombée d'horreur et d'angoisse qui écrasa cette petite communauté de socialistes, quand elle ressentit comme une évidence que ce coup de feu, qui venait d'abattre Jean Jaurès, était le premier d'une guerre mondiale dont le déclenchement devenait, dès lors, fatal.

Le directeur de *L'Humanité* venait d'écrire son dernier éditorial dans lequel, une fois encore, il tentait de conjurer la fatalité de l'holocauste. Il était, ensuite, descendu au café pour se restaurer avec ses camarades. L'assassin avait tiré depuis la rue à laquelle Jaurès tournait le dos. Bien plus tard, alors que, je ne sais plus à quelle occasion, je reçus des menaces de mort, spontanément, les paroles troublantes du vieux Renoult m'étant restées en tête, je m'efforçais, au bistrot, de ne jamais tourner le dos à la rue. (Soit dit en passant, quand on veut vous tuer, on ne vous menace jamais avant, ce qui revient à vous prévenir. La menace est au meurtre ce que la grossesse nerveuse est à l'enfantement.)

Certes, ce récit, je l'avais lu dix fois et les jauressiens le connaissaient par cœur, mais l'entendre de la bouche du cheval m'émut profondément et je pourrais, aujourd'hui, le restituer tel quel à mes petits-enfants qui pourraient à leur tour, en 2060, qui sait, le rappeler aux leurs : cent quarante-six ans après.

De Kerenski, le chef socialiste du gouvernement russe qui fut renversé par Lénine en 1917 et que je rencontrai en 1966, je n'ai, en revanche, pas retenu grand-chose si ce n'est que, victime d'un putsch financé par l'Allemagne – ce qui n'était pas totalement faux –, il n'admettait pas avoir commis la moindre erreur.

Il y a des témoignages qui vous poursuivent. Ainsi, les nombreux spectateurs qui ont vu *Le Jour le plus long* seraient certainement surpris par la description que me fit, des épisodes que décrit le film, le commandant Kieffer, le chef du seul commando français qui participa au débarquement en Normandie. Tout, m'affirma-t-il, était faux. Tout. Le film montre, par exemple, une bataille acharnée autour du casino de Ouistreham où se seraient réfugiés les combattants français. En fait, il n'y avait plus, depuis plusieurs années, de casino. Il avait été rasé et, de toute façon, ce jour-là, à cet endroit, il n'y eut pas de bataille. (Un membre autrichien antifasciste du même commando devait me le confirmer.)

Il y a des rencontres qui relativisent les plus universelles célébrités. En 1962, je passai deux jours en compagnie de Paul Reynaud, dont je couvrais la campagne électorale dans le Nord. Il fut d'ailleurs battu. Quand il rentrait dans un café pour y serrer les mains, personne ne paraissait s'intéresser à lui. Et quand il parlait, personne ne l'écoutait. Cependant, plusieurs fois ministre sous la IIIe République, il avait succédé, comme président du Conseil, à Daladier en mars 1940, avait offert son premier marchepied au général de Gaulle et, confronté à la défaite, il s'était opposé à l'armistice, c'est-à-dire à la capitulation. Mis en minorité, il avait dû céder la place au maréchal Pétain, qu'il avait précédemment fait entrer dans son gouvernement.

Or, j'en ai honte aujourd'hui, le jeunot que j'étais osa d'autant moins l'interroger sur cette période cruciale (on ne cessait de citer encore ses rodomontades de l'époque) que, bien que ridé comme un trognon de pomme reinette, accompagné d'une connaissance (infiniment plus jeune que lui), il ne paraissait plus concerné (comme Chirac plus tard) que par les histoires de cul.

Autre occasion manquée : en 1963, je crois, je fus longuement reçu à Bruxelles par Paul-Henri Spaak. Ça ne dira peut-être rien aux lecteurs mais, ministre des Affaires étrangères belges, puis Premier ministre socialiste en 1936, en même temps que Léon Blum, il représenta son gouvernement à Londres pendant l'occupation de son pays. Européen et atlantiste militant, secrétaire général de l'OTAN, symbole du glissement à droite de la social-démocratie, revenu au pouvoir entre 1961 et 1965, il fut sans doute la personnalité européenne la plus influente et la plus célèbre des années 1950-1960. Mais, quand il me reçut, il était nu comme un ver drapé dans une robe de chambre largement entrouverte. Cela eut cette conséquence que je ne me souvins que de cela.

Les mémoires se recomposent.

En 1962, j'avais interviewé un certain Auguste Lecœur, qui avait été un très grand dirigeant du Parti communiste, dont il avait été un héros pour avoir animé, dans le Nord-Pas-de-Calais, une grande grève des mineurs, le premier mouvement social dirigé contre l'occupant. Or, quand je réalisai cet entretien, après qu'il eut été exclu du PC, il avait rejoint le Parti socialiste, puis avait glissé plus à droite. Je l'avais rencontré à l'occasion d'une nouvelle grande grève des mineurs qui constituait le premier mouvement social dur de l'ère gaulliste. Sans complexe, il m'expliqua comment le gouvernement devait s'y prendre pour en venir à bout. Il était passé de l'autre côté.

Auparavant, lorsqu'il racontait l'héroïque grève qu'il avait incarnée, il insistait sur le rôle moteur qu'y avait joué le Parti communiste clandestin. Mais, devant moi, au contraire, il insista sur la spontanéité d'un mouvement qui fut déclenché, selon lui, contre l'avis de la direction communiste. Son changement de pied avait provoqué comme un re-lessivage de la mémoire. Quelle version choisir ?

Chapitre 7

Ces discours qui s'envolent

Je dois ici en faire l'aveu : au-delà des événements et des faits - surtout si je les ai vécus - je ne retiens pas les propos, je ne retiens que les sonorités et les images et, en conséquence, les sonorités qui font images. Un discours ne s'ancre pas en moi, même si son contenu me pénètre, alors qu'une musique s'y fixe. J'intègre les raisonnements, mais plus difficilement les rhétoriques qui les portent. Je retiens en revanche un air, donc une mélodie, en intégrant facilement les mots qu'elle véhicule.

Tout se résume, donc, dans mes souvenirs, à des images et à des sonorités.

Un épisode en donnera la mesure.

Un concours de circonstances (le remplacement d'un collègue en vacances) avait fait de moi (cela devait se passer en 1963) le très éphémère correspondant d'un journal français marocain intitulé *La Vigie marocaine*. C'est à ce moment précis que le jeune roi du Maroc, Hassan II, entreprit son premier voyage officiel en France. Il me fallut, donc, comme on dit, « le couvrir ». Il était prévu, en fin de matinée, une visite du Louvre. Le musée avait été évacué de ses visiteurs. Nous nous retrouvâmes avec trois journalistes, authentiquement marocains ceux-là, assis sur des fauteuils entourant une manière de trône réservé au souverain. Qu'allait-il donc se passer ? Stupéfaction : on avait placé un certain nombre de tableaux parmi les plus représentatifs des richesses du musée sur des roulettes et on les poussait devant sa majesté, donc devant nous. Nous ne parcourions pas le musée, c'est le musée qui défilait. Et qui commentait ? André Malraux alors ministre de la Culture ! Or, j'ai honte de le confesser, mais des commentaires de l'auteur du *Musée imaginaire* je n'ai strictement rien retenu (ce n'est d'ailleurs pas, quoi qu'il en pensât lui-même, dans son rapport à l'art, que sa sorte de génie se manifesta avec le plus d'éclats).

Je n'oublierai jamais, en revanche, jamais, la figure consternée, éberluée, d'Hassan II, quand il prit conscience que Malraux n'avait pas sélectionné *La Joconde*, seul tableau apparemment qui motivait son attente.

D'un effacement l'autre : en 1954, j'avais 16 ans. Dans le collège privé - le cours Godéchoux -, situé avenue de La Bourdonnais, que dirigeait mon père, j'avais comme condisciple un jeune homme sans aucun complexe, à moins qu'il n'en fût bourré, extravagant, brillant, narcissique, excessivement talentueux (mais qui évolua fort peu par la suite) : il s'appelait Jean-Edern Hallier. Il m'invita, un soir, chez lui, à une party autour d'un buffet dînatoire qui, la richesse de sa famille et son extraordinaire entregent aidant, rassemblait entre autres Clara Malraux, la romancière Béatrix Beck, le pape du nouveau roman Robbe-Grillet et... Albert Camus. N'étant devenu timide qu'en vieillissant, j'échangeai avec chacun, en particulier avec Robbe-Grillet et Albert Camus : j'entrepris ce dernier à propos du mythe, qui m'avait fasciné, d'un Don Juan croisant un enterrement dont il se rendit compte que c'était le sien. Il me répondit longuement. On imagine le dégagement que l'évocation de cette conversation me permettrait, si l'honnêteté ne m'imposait d'admettre que je n'en ai absolument rien retenu.

Je revois la grande pièce où se déroulaient les agapes, je reconstitue facilement les traits des visages si typés de Robbe-Grillet et de Béatrix Beck (moins de Camus), mais la fumée des propos tenus ce soir-là s'est intégralement dissipée. Comme dans ce feuilleton américain d'action, ce que j'enregistre, au bout d'un laps de temps, s'autodétruit.

De deux heures d'entretien à Rome avec Federico Fellini, qu'ai-je retenu ? Des mains, l'agilité des mains, leur éloquence, leur capacité à faire reluire la redondité des mots, à les investir de toute la luminosité que dégageait l'accent de son parler français. Et puis ? Et puis rien. Comme si la gestuelle à elle seule avait fait propos.

Un petit appartement très sobre du centre de Budapest, un bureau surchargé de livres et, derrière, un petit bonhomme défiant l'époque. Résumant l'époque. Synthèse d'époque. Nous sommes en 1968. La France bouillonne. Dans le pays d'à côté, la Tchécoslovaquie, le pouvoir communiste vacille. Ici on brandit des drapeaux rouges et, là, on aurait tendance à les déchirer. Lui fut ministre d'un pouvoir communiste éphémère qui, en 1919, fut écrasé dans le sang. Georg Lukács, le grand théoricien hongrois d'un marxisme repensé, revisité, me reçoit longuement. Qu'est-ce que j'ai retenu ? À peine des bribes. L'idée que ces deux révoltes, celle de Paris et celle de Prague, participaient « dialectiquement » de la même radicalité contestatrice dirigée, de façon artificiellement inversée, contre la même radicalité aliénante. Je résume et je simplifie. Mais, précisément, ma mémoire ayant purgé la substance d'un si riche échange, même ce résumé simpliste ne s'en extrait que parce que la lecture, à la même époque, de Marcuse m'en avait presque codifié le principe.

Pourquoi cette manière de censure, presque automatisée, de la parole déroulée ?

Que se passerait-il si notre mémoire était capable de retenir tous les propos émis ou entendus ? Cela que l'accumulation sans tamis des propos et discours stockés tuerait, par asphyxie, la totalité des composantes de ce stockage. Si on retenait tout, très vite, on ne retiendrait plus rien. Si tout était souvenir, quel souvenir particulier pourrions-nous garder ? La mémoire n'est pas magnétophone, sans quoi elle s'ensevelirait sous la masse des bandes enregistrées. C'est un centre de tri.

J'ai tout oublié de la présentation, forcément géniale, qu'André Malraux nous fit de sa sélection des tableaux du Louvre, mais rien ne m'empêchait de me replonger dans son livre *Les Voix du silence* et d'en extraire de quoi reconstruire cette présentation. C'eût été malhonnête, mais aurait correspondu à ce qu'a dû être sa performance.

Malraux lui-même n'aurait pas hésité. Il n'hésita jamais. Il se recomposa même une magnifique Résistance et il n'est pas exclu que sa mémoire en fit foi.

Je fus membre de la délégation qui accompagna Alain Peyrefitte en Chine maoïste. Il demanda à notre ambassadeur à Pékin de lui communiquer le compte rendu de la rencontre entre Malraux et Mao Tsé-toung que l'auteur de *La Condition humaine* a largement développé dans ses *Antimémoires*. Mao Tsé-toung, en particulier, s'y lance dans une large fresque géo-philosophico-politique saisissante. Or, surprise, le compte rendu sténographique montrait que Mao, en réalité, n'avait à peu près rien dit. Et que c'est Malraux qui avait déroulé, devant lui, la mercuriale qu'il lui prêta. Il s'agit bien d'antimémoires. Qui ne doute que, littérairement, cela soit plus seyant que de vraies mémoires ? Hitler m'a dit, Staline m'a dit...

Chapitre 8

Ces images qui vous poursuivent

Les discours se dissolvent, mais les images restent.

Ou, plutôt, certaines images, des instantanés, des flashs s'agrippent à vous, s'ancrent à vous et ne quittent plus le fond de vos yeux dont elles ressurgissent quand une actualité les réveille. Combien ont-elles fini par résumer en moi (comme ces illustrations que seules on retient, parfois, d'un gros livre) des événements et des épisodes que j'ai vécus et que j'aurai l'occasion de rapporter dans cet ouvrage ?

Guerre du Vietnam. Je tente de rejoindre Hué, ville historique du centre du Vietnam, dont le Vietcong, à l'occasion de la bataille du Têt, s'est emparé. Sur la route, je croise une compagnie de soldats américains suréquipés, surarmés. Ils traînent le cadavre d'un « Viet » qu'ils ont abattu, comme s'ils exhibaient leur gibier au retour de la chasse. Une petite chose. Un corps fluet revêtu d'une sorte de pyjama noir de paysan.

Le contraste entre cette pauvre dépouille minuscule à la vêture minimaliste et cette cohorte de centurions baraqués, au harnachement robotisé, bardés de gadgets guerriers, résumé symbolique d'un fiasco militaire historique, cette image-là, donc, ne m'a jamais fait faux bond.

Flash plus prégnant encore. C'était en 1962 : j'avais vécu, à Alger en proie aux fureurs de l'OAS, d'inconcevables scènes d'horreurs, de carnages, que j'aurais à évoquer.

L'Algérie, sortie de la guerre dirigée contre ce qu'elle refusait d'être, replongeait dans la guerre, mais cette fois contre elle-même, écartelée qu'elle était entre deux conceptions de ce qu'elle voulait devenir.

Or, que me vient-il spontanément à l'esprit quand je repense à cette épouvantable séquence ? Même pas une image, un éclat d'image, une goutte d'image. Affrontements entre deux troupes, « wilayas » au service, la veille, d'une même cause et, le lendemain, de deux ambitions rivales. J'assistais peut-être à la dernière bataille (j'y reviendrai, car c'est la seule fois où je frôlai l'impondérable qui eût interrompu le cours de ce qui constitue ces mémoires), bataille qui singeait, en miniature, celles de la guerre de Sécession.

Là, sur la route qui séparait les deux pseudo-armées, un cadavre sur lequel on avait jeté une couverture verte. Seule en dépassait une main. Une main blanche. Dont un doigt portait une alliance.

Anecdotique comparé aux horreurs de l'été 1962. Or, cette couverture, cette main, cette alliance n'ont cessé de m'obséder. Et de ce dérisoire, bien que sanglant, capharnaüm, c'est cela, d'abord cela, que j'ai retenu, qui s'est accroché à ma mémoire : une main blanche dépassant d'une couverture verte.

Mai 68 ? Revenant de Bruxelles en car (la grève des transports m'avait saisi alors que je couvrais le printemps de Prague), je croisais un parc zoologique, quand apparut une girafe au cou de laquelle on avait attaché... un drapeau rouge. C'est le seul drapeau, dans mes souvenirs, qui flotte encore.

****

Il y a donc, à côté des images flashs, des phrases flashs qui jalonnèrent mon parcours. Des phrases cailloux qui surgissent, toutes sèches, quand les discours liquides se sont retirés. Concrétions.

Ainsi ce commandant d'un groupe de « fedayin » palestiniens rencontré en Jordanie – c'était juste avant la tragédie de Septembre noir – à qui nous avions fait découvrir l'existence et l'usage du fusil muni d'un « silencieux » et qui, après l'avoir essayé, nous lança : « Mais si ça ne fait pas de bruit, à quoi ça sert de tirer ?! » Toute l'impuissance palestinienne était résumée là.

Ainsi ce slogan entendu à Buenos Aires au cours d'une manifestation de jeunes péronistes (cela se passait quelques mois avant la mort du « Guide ») : « Les couilles du général sont un trésor national ! » Toute la perversité du caudillisme populiste était résumée là.

Ainsi ce truand de haut vol, tueur à gages de son état, qui venait de sortir de prison, et à qui je demandais s'il était « de droite ou de gauche » et qui me répondit : « De gauche quand je suis dedans, de droite quand je suis dehors ! » Toute l'ambiguïté du grand gangstérisme était résumée là.

Ainsi, alors qu'Athènes vivait au rythme de manifestations de gauche en série aux cris de « *Demokratia, demokratia !* », un an avant le coup d'État des colonels, ce couple de Français descendant les marches de l'Acropole et dont l'épouse lança à son mari : « C'est formidable, ils ont pris notre mot ! » Toute l'illusion chauvine était résumée là.

Ainsi cette ancienne pensionnaire d'un célèbre bordel de luxe qui me raconta qu'un des clients, grand notable, qui appréciait une chambre en forme de compartiment de chemin de fer, avec bruit et rythmique adéquates, ne pouvait arriver à ses fins que si un comparse, à un moment donné, s'écriait : « Laroche-Migennes, tout le monde descend ! »

Il y a des saillies qui, sous prétexte de dire, dévoilent et révèlent, y compris ce qui ne se dit pas. Comme il y a des airs qui évoquent, qui rappellent, qui ressuscitent l'indicible... Pour le meilleur... comme pour le pire.

****

Été 1962. J'avais été chargé de couvrir sur place, à Alger, l'agonie cataclysmique de l'« Algérie française ». Agglomérat démentiel d'événements horrifiques qui s'entremêlaient, se chevauchaient, se bousculaient les uns les autres au point de constituer comme une mélasse d'aberration baignant dans une sauce de sang. Le meurtre comme normalité, l'attentat comme banalité. Les explosions comme musique de fond. Une seule, les premiers jours, me fit tressaillir. En cascade, deux mois plus tard, en feux d'artifice, elles avaient déserté l'espace de l'information. Non pas l'ordre des choses, mais le cours des choses. On ne tuait pas comme on parlait, car on parlait peu.

En cette fin de matinée, je descendais la rue Michelet (aujourd'hui rue Didouche-Mourad) en compagnie d'un journaliste britannique qui avait cette particularité que toute entorse trop flagrante à une quotidienneté ordinaire lui faisait entonner cette chanson, alors relativement à la mode, « Ne reviens jamais, horrible tango, qui sent le mégot et la pompe funèbre ». (Dont j'ignorais qu'elle fut signée Charles Trenet.)

Nous déambulons, donc, de conserve. Face à nous marche un Algérien apparemment très musulman. Banalité devenue stupéfiante car le terrorisme OAS avait eu ce résultat que les quartiers européens avaient été ethniquement épurés. Il avance. Un homme le dépasse. Un bruit mat. Il tombe. Une balle dans la tête. Nous nous figeons un instant, le souffle coupé, puis nous reprenons notre marche en contournant le corps.

Longtemps je nous ai revus enjambant, l'un et l'autre, le cadavre, puis reprendre notre conversation. L'espèce d'indifférence autoprotectrice qu'une glaçante répétition avait instillée en nous ne nous avait sans doute pas insensibilisés à ce point. Mais oui, nous contournâmes le corps et continuâmes notre chemin avant d'être saisis par l'aberration de cette banalisation.

Alors l'Anglais se mit à entonner : « Ne reviens jamais horrible tango ! » – ces cinq mots ne me quitteront plus.

****

Un fait, une image, une phrase, un air, un son... Un épisode qui, *a priori*, n'avait pas sa place dans ce livre car il est hors-sol, ne s'est jamais effacé de mon ardoise mémorielle tant il réunit toutes ces empreintes.

Je passais avec Rachel, mon épouse, des vacances dans un village du Club Méditerranée. En Côte d'Ivoire, je crois, sans en être certain. Nous étions tous au bar à dépenser nos « boules ». Un « Gentil Membre », membré peut-être mais apparemment pas très gentil, un grand Américain costaud au torse avantageux et poilu, avait été, comme chaque jour, effectuer son parcours crawlé, mais, au moment où il s'était hissé sur la plage, et avant de lancer le cri de Tarzan, il s'était effondré – ce que nous ignorions. Les « GO » l'avaient emmené dans sa chambre (ou sa case), avaient appelé le médecin et, comme il ne revenait pas à lui, avaient entrepris une tentative, un peu désespérée, de respiration artificielle. Bientôt, le médecin indiqua que ce n'était plus la peine, le « culturiste » était mort.

Alors, les organisateurs traumatisés rejoignirent, sur la pointe des pieds, au bar, l'épouse pas encore éplorée, mais on ne perdait rien pour attendre, du malheureux et, avec une infinie prudence, lui annoncèrent qu'il était arrivé quelque chose à son mari. Quoi ? Un accident ! Et puis ? Il est mort. Un silence. Lourd, comme on dit. Et alors, et soudain, la dame s'écria : « Champagne pour tous ! » Sidération, gêne, consternation... Façon d'exprimer sa douleur ? Pas du tout ! L'époux, à entendre sa moitié, était un salopard fini et elle était positivement ravie d'en être débarrassée. « Enfin libre ! »

Pendant ce temps, l'un des « organisateurs », le plus jeune, avait nerveusement, compulsivement, comme dans un état second, poursuivi l'exercice de respiration artificielle. Quelque chose craqua. Une côte ou deux. Et, aussitôt, il entendit « ouille ! » en américain. Le type n'était pas mort. Rappelé, le médecin, penaud, confirma que, tout compte fait, il allait, sans doute, s'en tirer. Il fallut revenir vers la dame. Toujours au bar. Ce fut terrible. Elle hurla, injuria les organisateurs : de quoi se mêlaient-ils ? Son salaud de mari était mort. Affaire classée ! Il n'y avait aucune raison de revenir là-dessus !

Finalement, on réexpédia le couple dans leur douar natal.

Un cas de conscience me confia le chef de village, un gars « top » qui, dans mon souvenir, avait pour nom « Charly » comme tous les chefs de village. Fallait-il prévenir le mari de la réaction de son épouse ? Il décida de ne rien dire.

Chapitre 9

Pinard et python

Le bond dans le temps auquel mon arrière-grand-mère m'avait convié, la petite maison qu'elle occupait, à Mussy-sur-Seine (et dont mon frère Axel a fait sa résidence de campagne), nous y invitait, en permanence. S'y trouvaient, en effet, comme dans un musée, des tableaux exécutés par son mari, mon arrière-grand-père, Dessertenne, excellent peintre de l'école dite « académique », qui projetaient talentueusement dans le XXe siècle une esthétique du XIXe siècle. Ou, plus exactement, hors du temps car son portrait d'une vieille dame (sans doute sa propre grand-mère), qui décorait la salle à manger, aurait pu figurer dans une rétrospective de la grande peinture flamande du XVIIe siècle. Imperturbablement, Dessertenne, dont j'ai récupéré quelques œuvres, se plaçait dans le sillage d'un Delaroche ou d'un Laurens volontairement ignorant qu'il était de l'irruption de perturbateurs qui avaient pour nom Van Gogh ou Cézanne.

Il aurait pu, certaines de ses petites œuvres le prouvèrent, faire flamber sous son pinceau des meules de foin, mais il préféra montrer Louis XI visitant la cage dans laquelle il avait fait enfermer le cardinal Jean de la Balue.

De toute façon, son épouse, l'arrière-grand-mère, estimant que la peinture ne rapportant pas, l'avait poussé (ou lui avait intimé l'ordre) à devenir l'illustrateur officiel et terriblement efficace du *Grand dictionnaire Larousse*.

Il y avait, à Mussy-sur-Seine, il y a toujours, une promenade. À un bout, régnait mon arrière-grand-mère - paternelle -, la veuve du peintre. Mon grand-père et son épouse, ainsi que leur fils, Jean, mon père, y passaient leurs vacances.

À l'autre bout se situait la petite entreprise de jouets et de jeux en bois du grand-père maternel, Ferriot (c'est le nom que l'on me colla pendant l'Occupation), lequel habitait à côté avec sa seconde épouse, son fils, mon oncle et, alors toute jeune, ma mère.

Au milieu résidait mon grand-oncle du côté paternel, frère de ma grand-mère.

Je fais là un grand effort, car je n'ai jamais rien compris aux entrelacs de famille et je sais à peine ce qu'est un cousin ou un neveu. Je dois en référer à mon frère, grand spécialiste, pour m'y retrouver.

Renouer avec ses racines ? Cette question m'est toujours apparue dérisoire : où je vais, et éventuellement comment j'y vais, m'important beaucoup plus que d'où je viens. N'est-ce pas le détachement possible avec ses racines qui fait la différence de l'homme avec la plante ?

Plutôt mon cousin que mon voisin, disait l'autre ? Non : plutôt le camarade d'ici que l'oncle de là-bas. D'où mon indifférence à ma demi-judéité.

Bien que ma mère et mon père n'appartinssent pas, pas du tout, au même monde, ils furent donc réunis par leur accointance avec le même village. J'aime imaginer qu'ils se rencontrèrent au milieu de la promenade.

Mussy, à la fin des années 1940 et au début des années 1950, était un village relativement prospère. À l'entreprise familiale s'en ajoutaient d'autres, dont une très importante usine d'emballages (un temps le bourg eut d'ailleurs un député-maire communiste, Marcel Noël, qui fut d'autant plus facilement réélu qu'il quitta le Parti).

Plus haut, en revanche, le très beau village des Riceys végétait, condamné qu'il était à la production de vins courants et peu commercialisés (à part un rosé célèbre au XVIIe siècle, mais qui ne se buvait plus guère). Le bas regardait donc le haut de haut. Or cette région, précisément celle-là, obtint, un peu avant guerre, l'autorisation de produire du champagne. On assista alors, peu à peu, à sa radicale transformation. Plus qu'une évolution, une totale métamorphose. La campagne, très vallonnée, se couvrit de vignes. Tandis que la désindustrialisation devait frapper Mussy, Les Riceys connurent progressivement l'opulence. Les rapports entre les deux communes se renversèrent. Expansion ici (deux restaurants haut de gamme), chômage là et disparition des commerces. Comme une parabole. Un résumé des mutations nationales. On allait à Mussy en train. Les rails et la gare ont disparu.

Lorsque, jeune, je passais des vacances à Mussy, il m'arrivait de donner un pseudo-coup de main à l'entreprise de jouets. J'étais, en particulier, celui à qui on demandait d'aller acheter un « kil de rouge ». Car il n'y avait que deux sortes de vin : le blanc et le rouge. L'idée de préciser « bourgogne », « bordeaux », ou « vin de la Loire », ne traversait l'esprit de personne. Le pinard c'était du pinard. Dans toutes les bouteilles il y avait, de toute façon, du gros rouge provenant de l'Hérault, du Gard ou de nos départements d'Algérie. L'Aube buvait de l'Aude. Et de l'Algérois. C'était ce qu'on appelait « vin de table ». L'autre était du « vin fin ». Le vin de table n'était pas fin et le vin fin ne se buvait apparemment pas à table.

Un peu plus tard on raffina en précisant, par exemple, « vin du Postillon », « Viniprix ». Ce qui pouvait recouvrir n'importe quoi sans qu'on s'en préoccupe outre mesure. Encore dans les années 1960, un ministre de l'Agriculture fit scandale en parlant de « bibine » à propos des vins du Languedoc. À l'époque, c'était vrai.

En 1960 - j'entamais mon expérience de journaliste tout en enseignant l'histoire dans deux cours privés -, je fus convié à assister à l'inauguration des nouveaux chaix de la société Viniprix. Pour le coup, j'en aurais de toute façon gardé un certain souvenir, car assistait à ces réjouissances un ministre (ou ancien ministre) nommé Gilbert-Jules, dont l'épouse fourrait compulsivement des petits fours dans son sac à main.

Pendant qu'on se pressait au buffet, j'allai fureter du côté des anciens chaix et, là, je discutai avec un salarié qui me raconta, incidemment, qu'un de ses camarades ayant mystérieusement disparu, on s'aperçut, au bout de quelques mois, quand une cuve fut vide, qu'il était tombé dedans et y avait macéré depuis ce temps-là. Consciencieusement, je rapportai la chose dans le journal. Déflagration ! La société Viniprix, qui en était un gros annonceur publicitaire (d'où ma présence à l'inauguration) retira ses billes et on m'expliqua, avant de se raviser, que ma carrière médiatique, très brève, n'irait pas plus loin.

Ma découverte du vrai vin fut fort tardive et se limita à deux appellations que mon père commandait régulièrement quand il m'amenait (rarement) dans une brasserie, le muscadet et le sylvaner, qu'on ne trouve quasiment plus sur les cartes de restaurants.

****

Nous fûmes beaucoup à avoir eu pour ami Pif le chien ou Félix le chat.

Avoir eu pour ami Félix le boa est moins fréquent. La chose est même assez rare pour qu'encore aujourd'hui, elle émerge du fatras confus que ma mémoire a engrangé durant la période (1946-1954) qui précéda mon ouverture à la vie publique.

Je suivais alors (ça devait être vers 1950), en compagnie du fils des voisins du dessous qui voulait être clown, des cours de... gymnastique acrobatique (eh oui !). On apprenait à marcher sur les mains ou à exécuter des mini-sauts périlleux ce qui, par la suite, me servit autant que mon apprentissage poussé du latin et du grec, mais était beaucoup plus marrant.

Notre professeure avait été trapéziste au cirque Fanni, mais une chute l'avait contrainte à se reconvertir. Elle s'occupait de l'accueil des spectateurs, élevant et apprivoisant des serpents qu'elle exhibait tout en tenant la caisse. En particulier son préféré Félix. Un boa qui me paraissait énorme, qu'elle portait volontiers autour du cou et n'hésitait pas à enrouler autour du nôtre. Bien qu'une telle écharpe s'avérât extrêmement lourde.

Ce qui rythma, alors, le cours de notre apprentissage pseudo-acrobatique, ce fut moins les progrès, fort ténus, que je réalisais, que les aventures toujours recommencées de Félix.

Un jour que le délicieux reptile (qui avait tout de même, dans un élan de tendresse excessif, mordu sa « maîtresse » à la gorge) avait pris froid, il alla se blottir dans la cheminée. Elle appela les pompiers. Quand elle leur eut expliqué qu'il s'agissait de récupérer un boa frileux, c'est leurs jambes qu'ils prirent à leur cou.

Un autre jour, elle était au lit avec son amant, quand quelque chose sembla bouger sous les couvertures. Félix, en fait, toujours aussi avide de douce chaleur, s'était réfugié sous une espèce d'édredon jeté sur le plumard. « Que se passe-t-il ? » s'écria le monsieur. « C'est rien, c'est Félix ! » répondit-elle. « Quoi, il y a un autre homme ? » « Mais non, c'est un serpent ! » Le bonhomme, illico, s'éjecta des draps tel un ressort et, bien qu'elle n'épargnât rien pour le retenir, se retrouva dans la rue à moitié à poil.

Félix mangeait peu souvent, mais beaucoup. Après avoir étouffé et avalé sa proie, il hivernait pour la digérer. Comme elle avait un chat, il avala le chat. Elle lui apprit donc à ne pas avaler les chats. Avec succès. Si bien que, lorsqu'elle acheta un lapin pour qu'il s'en régale, ayant appris à respecter les animaux à poil, il dédaigna le lapin. Il se mit même à jouer avec lui.

Hélas, même les invertébrés ont une fin. Félix mourut. D'une pneumonie. Nous fûmes consternés.

Chapitre 10

Quatrième République

Une interrogation a scandé mon propos : que retient-on ? Pas le normal, le régulier, l'institutionnalisé, mais l'entorse, l'imprévu, l'insolite : le pet du cardinal, la braguette ouverte du ministre, l'énorme faute de français de l'académicien, la chute de la trapéziste, la faillite du banquier, la culbute du jockey.

Je n'ai jamais oublié les victoires, au Tour de France, de Jean Robic et de Roger Walkowiak, alors que les autres, prévues, normales, logiques, me sont sorties de la tête.

Va-t-on retenir une crise ministérielle sous la IVe République, alors qu'on ne les comptait plus ? Un attentat en Algérie pendant l'été 1962, alors qu'on ne les comptait plus ? Une manif de la CGT, alors qu'on ne les compte plus ? Une intervention armée américaine, alors qu'on ne les compte plus ? (Qui se souvient de celle dans l'île de la Grenade, en République dominicaine, au Panama ou en Somalie ?).

Ce qu'on retient, quand on couvre une guerre, c'est tout ce qui ne participe pas de la guerre. Ainsi, au Vietnam, dans un dortoir pour correspondants de guerre, ce journaliste américain sur le pyjama – noir – duquel était écrit en énormes lettres quasi fluorescentes : *Newsweek*.

Quand on couvre une révolution, on retient ce qui déroge à la logique de la révolution. Ainsi, au Cambodge, ce dernier pince-fesse au Rotary Club de Phnom Penh, juste avant l'arrivée... des Khmers rouges. On retient le drapeau rouge attaché au cou d'une girafe en Mai 68 ou les mésaventures de Félix le boa.

J'habite place de la République. Une manif par jour, trois ou quatre le weekend. Il y en a une seule que je suis certain de ne pas oublier : une manif revendicative de sourds-muets à la fois très colériques... et totalement silencieuse.

****

Qu'est-ce qui, au lendemain de la guerre, ouvrit au gamin que j'étais le champ encore très mystérieux de l'actualité politique ? Des quiproquos. Ainsi avais-je entendu des manifestants scander en chœur « des soviets partout ! ». J'avais compris des « serviettes partout ! » et je trouvais la revendication consistant à mettre des torchons et des serviettes à la disposition de tout le monde éminemment raisonnable.

Des référendums qui se succédèrent (approuvait-on ou pas des projets constitutionnels ?), je retins surtout la réponse faite à ma mère par une dame, à qui elle avait demandé si elle allait voter, les femmes ayant enfin obtenu ce droit : « Non, c'est un référendum, ce n'est pas un "référendfemme" ! »

Jamais, peut-être, la France vaincue, humiliée, occupée, détruite, ruinée ne connut un aussi spectaculaire redressement, une aussi prodigieuse résurrection et, s'il n'y avait pas eu la succession des guerres coloniales et la soumission atlantiste, une aussi étonnante rédemption, que durant les années 1945-1958 (jusqu'en 1975, en fait) : accession au plein-emploi, expansion continue, croissance du pouvoir d'achat, régularité du progrès social.

Période dont, cependant, toute évocation élogieuse fut ensuite comme étouffée sous l'opprobre que le gaullisme jeta sur « l'instable » IVe République.

Cependant, si j'interroge ce que ma boîte à souvenirs a enregistré au cours de la séquence 1946-1953, qui me vit peu à peu passer à l'âge conscient, je ne perçois rien de la véritable épopée que fut la renaissance d'une France rendue à elle-même après le déshonneur de la grande trahison. Si j'appuie, en effet, sur le bouton, qu'entends-je ? Des hurlements, des cris, des slogans vengeurs.

« Ridgway la peste ! » Je réentends ce qualificatif. Ce général américain, en visite à Paris, était accusé d'avoir utilisé l'arme bactériologique en Corée. C'était faux, mais les manifestants déchaînés le croyaient. Cela, alors, me laissait assez froid (du moins je le suppose), mais l'écho des affrontements avec la police rentra par une oreille sans nécessairement sortir par l'autre. On avait arrêté le leader communiste Jacques Duclos. Duclos, ça ne me disait certes pas grand-chose, si ce n'est que c'était un rondouillard et que, paraît-il, il avait été pâtissier. Mais ce qui motivait son incarcération – et cela je l'ai retenu –, c'est qu'on avait retrouvé deux pigeons dans sa voiture. Pour les faire rôtir ? C'est ce qu'il prétendit. Non, soutenait le gouvernement, il s'agissait de pigeons voyageurs destinés à transmettre des consignes aux émeutiers. Et à communiquer avec Moscou. Bien que la guerre de Corée fût pour moi du coréen, je trouvais cela ridicule.

Même un esprit adolescent, ce ne sont pas les normalités qui le pénètrent, mais les anormalités.

On juge les assassins d'Oradour ensanglantée. Des SS allemands et alsaciens. Des « malgré nous », comme leurs défenseurs les appelaient. Les Allemands furent condamnés. Pas les Alsaciens. Car, pour obtenir leur acquittement, toute l'Alsace s'était mise en grève. Avant d'avoir atteint l'âge de raison, on ne peut pas comprendre ces choses-là. Il y a des raisons que la raison juvénile ignore. Heureusement !

Les Rosenberg, démontrera-t-on plus tard, ces citoyens américains, étaient coupables. De quoi ? D'avoir fourni à l'Union soviétique, par conviction idéologique, des secrets atomiques, convaincus qu'ils étaient que seul l'équilibre de la terreur sauverait la paix. Condamnés à mort, ils furent exécutés. L'un et l'autre. Quand on n'a pas atteint l'âge de raison, on ne peut accepter l'exécution d'un couple qui s'aime.

On exécutait beaucoup plus dans les pays où régnaient, sans contrepoids, les partis qui organisaient des mobilisations en faveur des Rosenberg. Quand on n'a pas atteint l'âge de raison, on ne parvient pas à justifier l'injustice par l'injustice.

J'appuie encore sur le bouton : que va-t-il apparaître ? Une femme tout en noir, voilée de noir, sorte de Catherine de Médicis de la France profonde. Elle s'appelle Marie Besnard et le pays tout entier, les enfants et les jeunes compris, vivent au rythme des découvertes de l'arsenic qu'elle est censée, pour rester seule héritière, avoir fait consommer à sa famille et à son entourage vers une hécatombe ! (de l'arsenic, il y en aurait en fait partout, et elle fut acquittée !). Apparition qui est liée, dans mon souvenir, au film américain (peut-être plus tardif ?) *Arsenic et vieilles dentelles*, que le surgissement de l'affreux sosie de Boris Karloff rend ineffaçable.

Apparaît également un vieux paysan au visage craquelé, comme en osmose avec la terre, la sienne, sur laquelle s'était installée une famille de touristes britanniques qu'il fut accusé d'avoir fait passer dans l'au-delà. Il s'appelait Dominici et les passions, autour de lui et de sa famille, ne cessèrent de monter non d'un cran mais d'un clan. Tout y passa, autant que je puis en dérouler la bande : de l'espionnage à la lutte des classes et aux règlements de comptes interfamiliaux. Un journaliste de la « grande presse », que j'eus l'occasion de croiser plus tard, s'illustra en publiant en feuilleton les « carnets de Dominici ». C'étaient des faux.

Se malaxèrent dans ma puérile cervelle des expressions étranges comme « Glaoui », « moscoutaires », « autonomie interne », « indépendance dans l'interdépendance », « trafic des piastres » (à laquelle je n'ai jamais rien compris), « scandale des vins », « gang des Traction Avant », « Pierrot le Fou »... Plus tard, j'aurai l'occasion de rencontrer quelques rescapés du grand banditisme de ce temps-là, dont je découvris, alors, qu'il s'était scindé, lui aussi, entre rares résistants et supplétifs de la Gestapo (Guérini d'un côté, Boucheseiche de l'autre).

Je cherche du soleil et n'aperçois, vaguement, que la gracieuse navigation d'une reine d'Angleterre sur la Seine (je m'avise alors que c'est toujours la même) et, surtout, mais cette clarté-là est plus ambiguë, près de l'esplanade du Trocadéro, un jour d'été, un kiosque improvisé qui distribue à une foule agglutinée une boisson nouvelle, américaine, mystérieuse, qui s'appelle – drôle de nom ! – Coca Cola.

La politique ? Je m'en préoccupais comme de mon premier pantalon de golf. Ce qui s'est gravé, ce sont les noms d'un certain nombre de personnages qui paraissaient passer leur temps à entrer et à sortir du gouvernement. Toujours les mêmes. Et qui, lorsque je prendrai, plus tard, le relais des commentateurs de l'époque, étaient toujours là, fidèles au poste, tel cet André Morice, très « Algérie française », qui, après avoir, en tant qu'entrepreneur du BTP, participé activement, au profit des Allemands, à l'édification du mur de l'Atlantique, entreprit, en tant que ministre de la Défense nationale, l'édification de la ligne défensive à la frontière est de l'Algérie pour empêcher les infiltrations des indépendantistes algériens. Il devint, ensuite, sénateur-maire de Nantes.

Parmi les inamovibles, les « toujours là », dont j'aurai l'occasion de faire la connaissance, ce qui ne me procura aucun enrichissement personnel, un certain René Pleven qui lui, au moins, avait été un véritable résistant, un certain André Marie, un certain Georges Bidault (ce nom-là, qui me poursuivra plus tard, m'accrocha un peu plus, parce que j'avais entendu dire qu'il était l'auteur de cette maxime fulgurante : « il est plus facile de se laver les dents dans un verre à pied que les pieds dans un verre à dent »).

Deux noms, Félix Gouin et Henri Queuille, s'imposèrent à mon très juvénile capteur de sonorités (je ne sais trop pourquoi et peut-être injustement) comme des symboles du néant. Du rien !

Un autre nom, cependant, retint plus fortement mon attention, celui de Joseph Laniel. Il fut président du Conseil, comme beaucoup d'autres (il avait été, je l'appris par la suite, un des rares hommes de droite qui avaient fini par apporter un soutien, au moins moral, à la Résistance), mais ce qui le fixa à mon attention, outre qu'il passait chez les adultes qui m'entouraient, à tort ou à raison, pour un fieffé imbécile, c'est que, de corpulence très carrée, il avait un vague air de bœuf de labour si bien que, lorsqu'il fut dégagé, *Le Canard enchaîné*, que je ne lisais pas mais dont j'entendais parler, avait titré « Un beau vidé ».

L'autre personnage qui s'est profondément gravé sur ma bande mémorielle est le dénommé Antoine Pinay, d'autant que, devenu journaliste, j'eus à me le coltiner.

Il s'était fait une tête non pas de Français moyen, mais de moyen bourgeois français avec une certaine tendance à l'avancée faciale, une tête sur laquelle il avait posé un petit chapeau ridicule de notable labichien qui le résumait tout entier dans la mesure où il devint son panache. Député avant guerre, ayant voté les pleins pouvoirs à Pétain, il avait fort modestement intégré le système vichyste sans se mettre ni en avant ni trop à côté, ce qui contribua à libérer mentalement ceux des ex-dominants qui, vichystes, l'étaient restés et vivaient l'après-Libération comme une insupportable oppression.

À l'époque, je passais mes vacances dans les Deux-Sèvres, chez l'abbé Bezineau, mi-Bossuet mi-monsieur Perrichon, qui exerçait la fonction d'aumônier dans le cours privé que dirigeait mon père. Il vivait avec sa sœur, une authentique sainte femme, et offrait à différentes paroisses, qui en avaient les moyens, des sermons de luxe. À son retour nous procédions, ce qui me distrayait beaucoup (autant que son autre grande activité : la mise de cèpes en bocaux), au tri du produit des quêtes. Un sociologue s'en fût léché les babines, tant cette sainte manne témoignait, au-delà de la différence des moyens, de la différence des générosités qui allaient - c'était impressionnant - de très gros billets aux roupies de sansonnet et aux boutons de culotte.

L'abbé Bezineau, donc, face rougeâtre sur bedon enveloppé sous-titré d'essoufflements, était tout à la fois, politiquement comme socialement, très conservateur et semi-rationaliste en matière religieuse. Il expliquait tous les prodiges bibliques en termes de phénomènes naturels et, à vrai dire, à la façon des grands prélats mondains du XVIIIe siècle, je ne suis pas certain qu'il crût en Dieu. Il recevait régulièrement à sa table, donc à la nôtre, les notables des environs, avec lesquels il parlait surtout politique (je n'y comprenais pas grand-chose) et célébrait, de concert avec eux, entre deux excommunications de l'hérésie socialisante, le culte laïque de l'homme au petit chapeau, Pinay donc.

Culte qui était étayé par un dogme qui tournait autour de deux critères, deux mots sacrés, quasiment obsessionnels, ce pourquoi ils prirent profondément racine dans mon propre terreau mémoriel : la confiance et l'épargne.

En d'autres termes, ce personnage, Pinay, son allure, son chapeau, son passé aussi, sa politique enfin donnaient confiance à l'épargne. Autrement dit, à la possession. Il n'était pas vraiment réactionnaire : sa politique coloniale en fit foi. Il était simplement celui qui pouvait le mieux convaincre, par sa présence et sa prestance, c'est-à-dire son absence de prestance, qu'il représentait ce que les possédants, sans sortir du cadre de l'esprit du temps, pouvaient espérer de mieux, la réconciliation de la France doucement résistante et de la France profondément vichyste, ainsi que l'oubli, si possible définitif, des « folles » utopies du programme du Conseil national de la Résistance.

Il était pour l'époque très à droite - libéral classique bon teint - ce qui, après que se fut déchaîné, dans le sillage de Reagan et de Thatcher, l'ouragan néolibéral, l'aurait propulsé au centre, voire au centre gauche.

Il y avait chez Pinay, qui n'était pas seulement un nom d'emprunt, sans souffle, ni véritable talent, déjà vieux à sa naissance, un côté Macron moisi et Hollande passé définitivement de l'autre côté, ce dont un Fillon socialement assagi eût pu faire la synthèse.

Quand je fis mes premières armes au service économique de *Paris-Presse*, il était mon ministre. Il venait - son fait d'arme - d'alourdir le franc, ce qui faisait dire à ma mère, à qui on demandait l'heure exacte : « Il est onze heures, mais avec les nouveaux francs je ne sais plus ! »

En 1964, alors que j'officiais à *L'Express*, aussi saugrenu que cela puisse paraître, il fut de ceux que Jean-Jacques Servan-Schreiber et les siens voulurent opposer, à l'élection présidentielle de 1965, au général de Gaulle. Il faut croire que même les gaullistes le redoutaient, car ils exhumèrent aussitôt, en toute discrétion, une « main courante » arguant de comportements très inappropriés dans les ascenseurs. Et il n'insista pas !

****

Empêtré, peut-être, dans la non-chronologie pointilliste de mes réceptions des rumeurs environnantes, j'ai finalement omis l'essentiel. Non pas tant ce qui me marqua, que ce qui me pénétra. Une instillation permanente, une omniprésence en arrière-fond, comme une chanson dont les paroles vous échappent, mais dont l'air vous envahit. Une dominante dont même le plus juvénile des cerveaux ne pouvait se déprendre : Vietnam, Maroc, Tunisie (j'ignorais Madagascar ou le Cameroun), la question coloniale pesait d'un poids écrasant sur tout ce qui, subrepticement, s'insinuait en moi, sans même que ce « moi » eût besoin de m'en aviser. Même dans ma petite tête, une manière d'évidence peu à peu s'imposait, selon laquelle il s'agissait de combats d'arrière-garde sans issue. Mon simplisme adolescent même m'indiquait que la place de l'ailleurs était ailleurs. Que ce que nous n'avions pas accepté entre 1940 et 1944, de devenir, il était assez fatal que nos territoires d'outre-mer n'acceptassent pas plus longtemps de l'être devenus. Je ne supposais pas, pas encore, que « je » fus un autre, mais j'estimais que c'était jouer à un drôle de jeu que de vouloir coûte que coûte ramener l'autre à soi.

La Tunisie, je n'y comprenais rien. Je ne suis même pas certain d'avoir mémorisé le nom de Bourguiba.

Plus tard, à l'issue d'une rencontre à Tunis avec ce personnage, alors que des souvenirs d'une scolarité tricolore lui revenaient par bouffées, j'en profitais – car Bourguiba avait le sens du théâtre – pour lui faire réciter la « tirade du nez » de Cyrano de Bergerac (je possède toujours ce document).

Le Maroc, en revanche, même mon petit magnéto mental avait enregistré qu'on y avait remplacé le bon et vrai sultan, coupable de se vouloir vraiment marocain, par un mauvais, illégitime, dont on espérait faire notre « chaouch » sous prétexte qu'il était, lui, plus franco-berbère que vraiment marocain. Il fut naturellement « dégagé ». Le comble est que moi, qui ai tant de mal à me rappeler les patronymes, je me souvienne de celui-là, qui n'a pourtant pas marqué son époque. Il s'agissait de Mohammed ben Arafat, dit « el-Glaoui ». Que des responsables politiques, fussent-ils de droite, aient pu approuver une aussi lamentable et archaïque opération, évidemment vouée à l'échec, même à 14 ans cela me paraissait tout à fait effarant.

De la guerre d'Indochine, qui enveloppait tout le reste, mon père m'avait fait un résumé définitif et carré. Alors qu'on avait négocié avec un certain Hô Chi Minh un passage pacifique et progressif à l'indépendance du Vietnam, un curieux individu, mi-militaire mi-moine, patriote et fanatique, l'amiral Thierry d'Argenlieu (ce nom aussi s'est assez fortement agrippé pour résister à l'oubli), haut-commissaire en Indochine, hostile à ce compromis, avait bombardé le port d'Haïphong enclenchant, de la sorte, le processus qui allait nous conduire à Diên Biên Phu.

La lourdeur de ce contexte détermina l'évolution de mes prises de conscience. D'un côté une évidence, qui s'imposait comme telle même à ma petite tête juvénile, que les peuples aspiraient tous à cette même libération pour laquelle nous venions de lutter et, de l'autre, le spectacle de ces grandes personnes, que je supposais graves et dignes (si j'avais su !), qui exerçaient un pouvoir en boucle, toujours les mêmes, sans qu'ils comprissent même ce qu'à 12 ou 13 ans j'estimais aller de soi.

À cet âge, donc, avant d'atteindre les 15 ans, je ne savais pas trop ce qu'était la gauche, mais, comme monsieur Jourdain, sans le savoir, j'avais rompu avec la droite. Avec la gauche, ce sera plus tard.

En 1954 (j'avais alors 16 ans il est vrai), ayant été hospitalisé pour une opération de l'appendicite, j'avais commencé à tenir un journal... qui n'eut pas de suite. Or, j'y notais, en novembre, que les premiers attentats qui avaient ensanglanté l'Algérie annonçaient, comme cela s'était passé dans tous les autres pays coloniaux, une rapide généralisation du mouvement nationaliste.

Chapitre 11

Les jolies colonies de vacances

Cette évocation, j'en suis conscient, aussi saccadée, aussi déconstruite que la mémoire elle-même, j'aurais pu la domestiquer. Me référer à une chronologie établie, instaurer des repères, des bornes permettant de rationaliser la succession des séquences. Défricher la mémoire pour la transformer en jardin à la française. J'ai préféré jouer le jeu, y compris en respectant les trous, les effacements, les ratures, les taches et les nœuds. En reconnaissant les doutes. En ne rétablissant pas *a posteriori* les têtes par-dessus queues.

Surtout, répétons-le, que retenons-nous sinon les ruptures de continuité ?

La continuité est l'opium du souvenir. Ce qui se répète s'efface.

À partir du moment où les pseudo-Gilets jaunes manifestaient tous les samedis, comme on allait à la messe le dimanche, comme on mangeait du poisson le vendredi (encore du merlan !), il fallait qu'ils dégradassent l'arc de Triomphe et dévastassent le Fouquet's pour que notre mémoire sélectionne quelques-uns de leurs agissements.

Ce fut le problème d'Emmanuel Macron. Au début de son quinquennat il nous gratifia, à répétition, de discours léchés d'une heure et demie. Du coup, on n'a retenu que les brèves. Les saillies malheureuses : « Il suffit de traverser la rue pour trouver du travail. »

Aussi excellent orateur que soit Jean-Luc Mélenchon, l'enchaînement des rhétoriques, à la longue endormeuses comme la Meuse, s'est fait court-circuiter par une de ces éruptions caractérielles dont il avait le secret : « La République, c'est moi ! » Et ça lui colle comme à Guizot : « Enrichissez-vous ! »

Laurent Wauquiez, très provisoire leader de la droite, n'a fait un malheur qu'une fois : lorsque, s'adressant à des étudiants et s'imaginant qu'il s'agissait d'un entre-soi, il leur avoua que, d'ordinaire, il ne racontait que des craques.

Mettez-vous le doigt dans le nez au cours d'une allocution télévisée, tout le monde s'en souviendra. Ce qu'on garde de Michel Debré, qui se voulait tribun, outre « à pied, à cheval et en voiture » - ce qu'il n'a jamais dit -, c'est sa façon épouvantablement fausse de chanter *La Marseillaise*.

Vous dites Giscard, vous déclenchez : diamants. Chirac : « pschitt » et « abracadabrantesque ». Sarkozy : argent libyen. Hollande : scooter. Macron : Benalla.

C'est tout le problème, comme pour beaucoup, de ma période 1946-1954 : il y a trop de continuité dans la normalité. L'intérieur, mon intérieur, bout (d'autant que je n'étais pas heureux), et l'extérieur, tel qu'il rythme mon régulier cursus, s'endort sur lui-même. Plus que la mer, c'est l'école qui est toujours recommencée (je me vois plus souvent jouer au foot au Champ-de-Mars, surtout quand je marquais un but contre mon camp, que déchiffrant un texte en latin).

Des profs qui ont su me projeter dans l'univers de Racine ou de Corneille, ne m'a laissé véritablement de traces que celui qui était obsédé par Courteline, surtout parce qu'il nous lut, avec délectation, l'histoire du procès que font des passants indignés (en fait les utilisateurs du tapis roulant posé à l'occasion de l'Exposition universelle) à un mec qui leur avait, depuis sa fenêtre, montré son cul.

De temps à autre, un désespéré sautait de la tour Eiffel, située à quelques mètres de notre établissement. Car c'était possible et même relativement facile à cette époque – il n'y a plus de liberté, mon bon monsieur – on fantasmait le spectacle final. Je n'ose écrire que cela venait, de temps à autre, casser le train-train.

Des voyages ? Jamais ! Des déplacements. Dans des maisons où il faisait froid. En guise d'aventure, les grandes explorations entreprises sur le navire que j'avais construit en moi pour me porter, le plus loin possible, hors de moi et qui, elles, enflammaient mon imagination. Tout est bon pour s'évader de la répétition : je dessinais, je peignais, j'écrivais des poèmes comme tout le monde. Je commençais même des pièces écrites en alexandrins que je ne terminais pas. (Par exemple une *Antigone*, c'était original !) J'inventais un pays dont je traçais scrupuleusement la carte, avec villes, montagnes et fleuves, que je dotais de sa Constitution et surtout, de sa langue, avec de vraies déclinaisons qui la rendait plus difficile que celles, héritées de Cicéron et d'Aristophane, devant lesquelles je séchais. Il s'agissait bien sûr d'une île, les pays d'enfants sont toujours des îles, c'est pourquoi les grandes personnes en achètent quand ils retombent en enfance. La Constitution, quand nous habitions porte de Versailles avec mes frères, Axel et Olivier, nous essayâmes de l'appliquer : il y eut un coup d'État. Il fallut en appeler à l'ONU : ma mère en l'occurrence.

Tout était bon pour subvertir le dehors par le dedans. Notre appartement avait beau ne comporter que trois pièces, nous avions reconstitué des frontières qui impliquaient que, pour les franchir, il faille payer des droits de douane. Pour peu, nous eussions concocté des rites (une religion, on n'osa pas) pour nous libérer des rituels.

Ma mère ne savait faire que deux plats, dont un clafoutis aux cerises. Et m'imposait les épinards, que j'abhorrais, sous prétexte de me fortifier. Encore était-ce un progrès car, tout de suite après la Libération, j'eus droit régulièrement à de la salade cuite (vous n'avez jamais essayé ?).

Le pot-au-feu, à l'époque, était constellé de petits morceaux de graisse jaunâtre qui faillit, avant que la prétendue mal bouffe me le fasse redécouvrir, me dégoûter du pot-au-feu.

Le dimanche, la seule surprise venait, comme au temps d'Henri IV, de l'apparition régulièrement réitérée d'un poulet rôti. Exceptionnellement, on avait le droit, aux fêtes carillonnées, à un gigot qui entraînait, à ma grande satisfaction, l'exhumation d'un manche à gigot. En argent. Je ne sais trop pourquoi, je fus longtemps obsédé par le manche à gigot.

Bien que je fusse un champion de la « balle aux prisonniers », j'adorais le foot, mon problème (gravissime) étant que, portant des lunettes, je devais m'interdire les têtes. Cependant, l'idée ne me serait jamais venue de connaître les noms et de collectionner les photos d'autres joueurs sous prétexte qu'eux étaient payés pour taper dans un ballon.

En revanche, je ne ratais pas la diffusion (à la radio !) d'un match de boxe : Cerdan, Humez, Dauthuille et quant aux coureurs cyclistes Lazaridès ou Lapébie, ils m'étaient plus familiers que les pontes de l'Académie française.

Et puis, il y avait, car c'étaient les seules vacances exotiques auxquelles j'avais droit, les incontournables colonies de vacances de la Sécurité sociale. L'une d'elles, quand on m'annonça la destination, le Calvados, me fit, un temps, rêver, car je croyais que c'était en Afrique. Hélas, elle fut également l'occasion d'une douloureuse rayure dans ma boîte à images.

Mes parents m'avaient envoyé un colis contenant, en particulier, des friandises (soit ils ne se faisaient aucune illusion sur la qualité de nos agapes coloniales, soit ils restaient marqués par l'époque de privations qui avaient fait du colis un objet culte).

Je le plaçai sous le lit du grand dortoir que j'occupais avec une trentaine d'autres pensionnaires estivaux. Cette nuit-là, alors, se transforma en cauchemar. Toutes sortes de vertébrés accoururent pour participer au festin : souris ou rats, je ne sais, mais j'étais convaincu qu'il s'agissait de rats. Ça gambadait, ça tiraillait, ça rongeait, ça grimpait. Recroquevillé sous ma couverture, j'étais terrorisé. Je n'osais esquisser le moindre geste, me ratatinant pour éviter de laisser passer le moindre doigt de pied de peur qu'ils ne s'en régalassent. Je paniquais à l'idée que ces bestioles viennent me dévorer le nez.

Le lendemain, les moniteurs (ou monitrices) furent estomaqués en découvrant qu'une partie de mes couvertures avaient été proprement bouffées.

Oh oui, de cela je me souviens !

Un jour (mais je ne sais si c'était lors de cette colonie-là), oppressé, comme envahi par une manière de désespérance, je décidai de m'envoler. De m'évader. De partir. L'idée même de m'en aller avait anéanti la question du « où » et du « comment ». Je convainquis un autre enfant de me suivre. Et, une nuit, nous partîmes. Nous franchîmes la frontière, c'est-à-dire les limites de l'établissement. Je ne sais même pas si nous avions emporté avec nous quoi que ce fût. On prit la route. On marcha. Tout droit. Vers la vie. On atteignit la gare. Il y avait un train. On monta dedans. Que se passa-t-il alors ? Des voyageurs durent trouver étrange la présence de deux mômes visiblement non accompagnés. Ils prévinrent les autorités. Les gendarmes arrivèrent et nous prièrent de les suivre, nous interrogèrent et nous reconduisirent, dûment encadrés, vers le lieu de départ.

Nous voilà donc, faisant notre entrée, sous les yeux des enfants massés, interrogatifs, entourés de deux représentants de la maréchaussée.

Et ensuite ? Ensuite, rideau ! Je ne me souviens plus de rien. Sauf que mon complice se désolidarisa et me mit tout - non sans raison - sur le dos.

Ma normalité eut encore, hélas, une autre occasion de court-circuiter, c'est-à-dire de subir un pétage de plombs.

J'étais alors pensionnaire au cours Godéchoux dont mon père était directeur (ce qui peut paraître en soi étrange, puisque j'habitais à Paris). Un jour, un soir, un matin, que sais-je, je chutai comme on disait au catéchisme. Je me laissai aller à commettre un larcin. Mot délicat pour désigner un vol. En clair, je dérobai une somme d'argent dans le casier d'un autre pensionnaire. Une somme ridicule, mais qui, pour moi, à cet âge, à cette époque, ne l'était pas du tout.

Ce qui me prit (prendre est le mot juste, sauf qu'on se prend soi-même), ce qui me poussa (ce qui est en nous pousse à un hors de nous qui est tout de même nous)... je ne sais. On ne sait jamais. Si on savait, on serait fou.

Mais, ensuite, ce fut presque pire que les rats qui venaient se goinfrer du colis familial. Les rats étaient dans ma tête. Ça devint une obsession. J'avais fait ça ! Comment pouvais-je avoir fait ça ? Pourquoi avais-je fait ça ?

Je ne suis pas croyant, même si je l'étais à l'époque. Fragile digue, donc. Mais quelque chose, telle une énorme vis, vrilla dans ma caboche. Une lame m'entailla l'âme : j'avais fait ça. Comme une sorte de grosse mouche noire qu'on ne parvient pas à chasser. Comme ces taches qui semblent habiter votre rétine pour voiler votre regard : j'avais fait ça.

L'œil était dans ma tête.

Ce qui me secouait mentalement de ses ruades, n'était-ce pas cela la conscience ? Non pas conscience de soi, comme moment hégélien de l'accession de l'esprit à sa pleine autolibération, mais rébellion de cette part de soi qui refuse ce que notre moi a fait de lui-même. Nous sommes couple. Nous sommes deux. Mais quand ces deux-là s'affrontent, le divorce n'est pas possible. On reste entre-soi, c'est-à-dire avec soi confronté à soi. Qui peut échapper à ce face-à-face, devenu dos-à-dos ? Cet autre, toujours en embuscade en nous, la damnation, en fait, serait de l'avoir rendu muet. Ce fut un déclic. Ce gardien de la paix - intérieur - ne m'a plus jamais lâché. Je n'ai plus jamais pu - ni voulu - échapper à la nécessité de repousser (ou de voter) ses motions de censure. J'avais fait ça !

Le divorce possible, en revanche, non plus intérieur mais extérieur, celui qui surplomba tous nos déchirements, ce fut le divorce, ou la séparation, de nos parents.

Divorce hors de nous celui-là et qui sans cesse s'interposa entre nous et nous.

****

À l'époque, donc, j'étais croyant. Je priais y compris pour les âmes du purgatoire ! J'allais à la messe. Même, parfois, en dehors du dimanche. Je pourrais, encore aujourd'hui, la réciter en latin. Je fus enfant de chœur. Je fis ma première communion. Ma confirmation.

Comment ai-je basculé dans la mécréance la plus totale ? En vérité, je n'en sais rien.

J'aimerais décrire le moment où tout bascula, mon chemin de Damas à l'envers, mon poêle pascalien à contre-fumée, mais non, rien. J'ai beau chercher, il n'y a pas de « moment ». Simplement un glissement. Accéléré. Qui accompagna mon émancipation intellectuelle. Mon accession à une démarche philosophique. À une pensée autonome. Mon éblouissement intériorisé à la découverte des Lumières. Mon engouement, également, pour l'épopée démocratique et républicaine.

Je n'ai pas rompu avec Dieu : en cours de parcours, je l'ai oublié. Comme le disait Laplace à Napoléon, il se trouva, sans même que je ne m'avise de cet effacement, qu'il avait cessé de m'être nécessaire. Et un Dieu non nécessaire s'évanouit. Sa nécessité est la condition de son existence.

Je n'ai même pas cessé de croire. C'est la croyance qui s'est expulsée d'elle-même, totalement, de mon rapport au monde.

Je ne nie pas Dieu, en cela, peut-être, ne suis-je pas athée. Car le nier c'est en admettre l'hypothèse. J'ai simplement effacé, raturé, la question dont il est censé être la réponse.

De la morale chrétienne, en revanche, du message christique, je n'ai rien renié. Sauf le surplomb d'un père. Le mythe d'un créateur. Ce réductionnisme, finalement misérable, qui voile la beauté sublime de l'autocréation.

Comment peut-on ramener cette merveille de la nature, œuvre, sans butoir, d'elle-même, à une simple et vulgaire fabrication.

Le seul Dieu possible est en nous, il n'est pas hors de nous.

Le miracle, si miracle il y eut, si miracle il y a, ce n'est pas un tour de magie primordial, c'est l'incessante ascension et diversification d'une émergence. Les drames (je corrige ces lignes au moment où nous en traversons un et de taille), ce sont les continuelles aggravations et détériorations de cette émergence, dont il serait stupide et blasphématoire d'en rendre responsable un démiurge.

Voilà ce qui, lorsque j'avais 15 ans, me parut tout simplement évident.

Lorsque j'étais enfant, mes parents m'inscrivaient donc régulièrement, au moment des vacances, à des colonies organisées par la Sécurité sociale. Jamais, en conséquence, je n'ai passé de vacances avec eux. Peut-être est-ce la vue de familles en goguette croisant nos cohortes d'enfants en file indienne qui me donna la première sensation qu'existaient deux mondes et que l'un d'eux bénéficiait de privilèges comme le fait de passer des vacances en famille. Or, cela m'arriva une fois. Une seule. J'accompagnais mes parents au bord de la mer – la mer ! – en Normandie, à Port-en-Bessin. Je devais avoir 10 ou 11 ans. Port-en-Bessin : ce nom seul chanta longtemps dans ma tête. Ce lieu, il prit une dimension mythique. Une sorte d'Éden entrevu puis dissipé. Je n'y étais jamais retourné. En 2018, l'année de mes 80 ans, soixante-dix ans plus tard, je voulus revoir ce qui me fut paradis. Me confronter à ce que je craignais n'être que la reconstruction *a posteriori* d'un moment vécu comme un court instant d'ineffable bonheur. Or tout, absolument tout, correspondait exactement à l'image que j'avais intériorisée, qui n'était donc pas simplement l'idée que je m'en étais faite. Je l'avais intégrée mentalement comme si j'avais glissé un instantané dans l'album photo de ma mémoire. Aucune altération du film que je m'étais repassé.

Chapitre 12

Paroles et musiques

C'est à partir de l'année 1954, l'année où je vais atteindre 16 ans, que je commence à prendre de plus en plus résolument en marche la marche du monde. Il y eut Diên Biên Phu, le désastre auquel devait immanquablement conduire une guerre faite au réel. Il y eut le coup de force au Guatemala, inspiré par la CIA américaine sous la pression de grandes compagnies d'exploitations foncières telle United Fruit, afin de mettre fin à l'expérience réformiste d'un certain Jacobo Árbenz. Et cela, un an après qu'une opération semblable eut permis de renverser un autre réformiste, Mohammad Mossadegh, en Iran. Ces deux coups de force me marquèrent.

Il y eut la mise en minorité, au Congrès américain, du sénateur McCarthy qui avait déclenché une vaste chasse aux sorcières dirigée contre l'intelligentsia dite « progressiste ». Il y eut, le lendemain de la mort de Staline, après que nos communistes se furent prosternés devant la dépouille, la progressive évidence des horreurs inquisitoriales que sa sanctification, et donc son culte, avait favorisées.

Il y eut, surtout, l'accession de Pierre Mendès France à la direction du gouvernement, ce qui laissait espérer qu'en France, au temps de la Libération succéderait celui de la renaissance.

Première tentative, au fond, de transcender, dans l'intérêt national, les clivages partisans, ce contre quoi la droite dure et les communistes se déchaînèrent.

Rapide réalisation, également (ce qui constituait une autre première), d'une promesse faite : la paix fut signée en Indochine.

De la montée des marches qui me conduisirent à m'inscrire dans les pas de la marche du monde, serais-je capable de décortiquer la progression, d'en marquer les étapes ? Pas plus que celles de mon éloignement de la croyance. Est-ce qu'un vent qui souffle se résume ? Est-ce qu'un mouvement se découpe en tranches, sauf à démontrer, comme le sophiste Zénon, parce qu'elle se trouve en un endroit « e » à chaque temps « t », l'immobilité de la flèche que décoche l'archer ?

Une évolution se vit, se construit, sans nécessairement laisser de dépôt dans le cours des souvenirs ? Y a-t-il jamais eu un premier homme ? Y a-t-il un point, au milieu de la Sibérie, qui marque clairement le passage de l'Europe à l'Asie ?

Existe-t-il une frontière qui nous fait passer d'un « hors du monde » à un « dans le monde » ?

Évidemment pas.

Le basculement (si basculement il y eut) se fit pendant mes années de lycée, d'abord à Charlemagne, puis à Henri-IV. Or, ces années-là (sauf la voix, le visage, la dialectique du prof de philosophie d'Henri-IV, Bloch, un disciple d'Alain, personnage irradiant), je les ai quasiment effacées.

À part lui, pas un nom, pas une figure de prof ne me sont restés en mémoire.

On retient ce qui surgit, pas ce qui, quotidiennement, régulièrement, se répète. Toute normalité instille la banalité.

La réitération, quand elle est régulière, rature l'image et efface le son.

C'est parce qu'on ne retient rien que l'exception nous agrippe à ce point. Et, qu'alors, on retient tout.

À partir de septembre 1956, en même temps que mes cours à la Sorbonne (je n'avais pas trouvé d'argent pour m'inscrire à Sciences Po), je travaillais aux PTT, au centre de tri de la gare du Nord.

Or, paradoxalement, ce sont de ces mois-là, pas des périodes où j'éditorialisais et où je dirigeais des journaux, que je conserve le plus de souvenirs précis, parce que le son, parce que les images, parce que les scènes. Parce que les visages. Un visage surtout.

L'expérience fut éminemment instructive : d'abord, pour orienter les paquets vers les départements correspondants aux adresses indiquées, je révisais ma géographie, tandis que j'assimilais la technique qui permettait de fermer de plus en plus rapidement, en les liant, les sacs de jute, ce qui, tout compte fait, me fut plus souvent utile dans la vie que les rudiments de grec ancien. Je découvris, au passage, qu'on ne faisait aucune différence entre les colis fragiles et les autres qu'on traitait exactement de la même manière. Un jour, un animal sortit d'un paquet et tout l'atelier lui courut après. On distribuait, ce qui me ravissait, une revue cléricale intitulée *L'Appel des cloches*.

Le personnel était très communiste. Un soir, ils furent nombreux à se rendre à une manifestation que la police dispersa sans ménagement. Il s'agissait, je crois, d'une réplique à l'attaque du journal *L'Humanité* par l'extrême droite en réaction à l'intervention soviétique en Hongrie. Il y avait un employé, assez brut de décoffrage, qui affichait très crânement des opinions de droite. Or, le lendemain, il arriva la tête couverte de pansements et expliqua, mi-fier mi-penaud, avoir été matraqué par la police. Ce qui était vrai et créa une indicible stupéfaction. Ce qu'il n'avait pas précisé, c'est qu'il avait été pris dans une charge, sur les Grands Boulevards, en sortant de chez les putes.

Surtout – c'est ce qui a durablement poinçonné ma mémoire –, il y avait Roger. Il était à la fois le responsable CGT, le chef de la section communiste et le contremaître. C'était un costaud, rondouillard, qui jouait au rugby et s'empiffrait, avant chaque match, pour peser plus lourd. Il avait tout juste obtenu un certificat d'études, mais son engagement politique avait généré chez lui une soif inextinguible d'enrichissement culturel. Une forme de lutte et de revanche. Lecteur des *Lettres françaises*, il organisait chaque semaine, dans la grande salle de tri, une distribution de livres classiques – Balzac, Flaubert, Stendhal, Zola, Hugo – et aussi, bien sûr, de quelques auteurs soviétiques qui alimentaient ensuite, autant que les émissions de la chaîne unique de télévision, les discussions.

L'effondrement du Parti communiste entraîna plus tard, dans son sillage, la chute et l'éradication de ce formidable élan de culture populaire.

Par-dessus tout, Roger était mordu de musique : Beethoven, Mozart évidemment, Bach (il me fit découvrir les œuvres non religieuses de Bach telle la *Cantate du café*). Surtout, et c'est ce qui me l'a rendu inoubliable, il s'était pris de passion pour la musique baroque et même prébaroque des XVII et XVIIIe siècles, si bien, qu'à une époque où ce patrimoine était encore quelque peu délaissé, il n'ignorait rien de Marin Marais, du chevalier de Saint-George, de Jean-Marie Leclair, dont il me fit découvrir les duos piano-violoncelle, de Marc-Antoine Charpentier et de Jean-Philippe Rameau. Il ne boudait ni Palestrina ni les polyphonistes italiens.

Comme j'en étais personnellement ignorant, c'est lui qui m'apprit tout.

****

Comment la culture nous vient-elle ? Comment vient-on à la culture ?

Là encore, même la musique, c'est parfois à travers une image qu'elle vous imprègne. Pourquoi la *Sonate au clair de lune* ? Parce que, comme subjugué, je l'entendis pour la première fois interprétée par Beethoven lui-même.

Ce n'était évidemment pas Ludwig van en personne. En fait, le pianiste avait pour nom Wilhelm Kempff, mais, pour moi, sa tignasse, sa gueule qui semblait avoir été sculptée par un dieu nostalgiquement beethovénien, sa gestuelle, c'était Beethoven !

Le *Clair de lune* par Beethoven, cela ne s'oublie pas plus que ce que je devais vivre à Phnom Penh : de Gaulle par de Gaulle.

Pourquoi le concerto *L'Empereur* ?

Parce que, outre que ce fut mon premier concert, j'étais accompagné d'une jeune fille dont, malgré mes 12-13 ans, j'étais profondément - et secrètement - amoureux. Si bien que, même aujourd'hui, quand j'entends le célèbre thème du premier mouvement, je revois non pas son visage, mais une manière d'icône qui a figé en moi son image. Alors que je retiens difficilement les prénoms, j'ai retenu celui-là, Joëlle, prénom non d'une personne mais d'une apparition.

Mes parents m'avaient inscrit aux Jeunesses musicales de France (JMF) et fait prendre des cours de violon. J'eus avec cet instrument, à la forme érotico-onirique, le même rapport qu'Arpagon avec sa cassette. Le moindre son que je parvenais laborieusement à en extraire me faisait l'effet d'un coup au but à la fête foraine. L'apprentissage du solfège, comme accession à une écriture au-delà de l'écriture, d'une langue qui s'imposait à toutes les langues, m'exaltait. Conquérir l'espace de la musique, m'y installer, cela devint mon rêve.

Un jour, le prof, un ami de mon père, me sauta dessus et commença à fouiller dans ma braguette. Je fus terrorisé. Je pris la fuite. J'annonçai à mes parents, consternés, que, finalement, je renonçais au violon. Ce fut tout.

Un monde se fermait à moi.

****

La découverte de l'opéra, qui devait devenir ma passion, arriva plus tard.

J'étais pourtant *a priori* prédisposé, puisque je l'interprétais dès l'âge de 3 ou 4 ans. Sans le savoir. Je retenais facilement un air (c'est toujours le cas mais, désormais, si je le chante, je suis le seul à le reconnaître). Mon grand-père m'avait donc appris, comme à un singe savant, une manière de sérénade qui disait « Ô Magali, ma bien-aimée, fuyons tous deux sous la ramée ». (Ce qui, pour moi, était du mandarin.) Aujourd'hui encore je suis capable de l'interpréter, faux, de bout en bout. Ce que j'ignorais, c'est qu'il s'agissait d'un air d'opéra extrait de *Mireille* de Gounod. (À 12 ans j'interprétais *J'ai perdu mon Eurydice* de Gluck).

Ensuite, jusqu'à mes 19 ans, l'opéra me fut totalement étranger. Je n'avais pas encore pris conscience que s'exprimer par le chant est plus naturel que s'exprimer par la parole. Et, qu'à débattre à quatre (combien d'exercices de ce genre me suis-je farcis ?), on n'atteindra jamais à la quintessence du quatuor du quatrième acte de *Rigoletto* (ou du quatuor du *Pas-de-vis* dans *Ta bouche* de Maurice Yvain). L'opéra offre, en effet, cette formidable opportunité, que les plateaux télé eux refusent : plusieurs personnages peuvent s'exprimer en même temps. Les paroles, au lieu de se succéder bêtement, peuvent se mêler, s'entremêler, s'enrouler les unes autour des autres, s'emboîter. Les revendications deviennent des arias ou des « grands airs », ce qui transforme les rapports sociaux, tandis que les masses devenues chœurs font porter leurs slogans par des thèmes mélodiques qui s'impriment. Telle l'aspiration libératrice des chœurs dans le *Nabucco* de Verdi. Un duo de *La Muette de Portici* n'a-t-il pas provoqué une révolution ?

Malheureusement, j'en étais resté à l'idée que le lyrique consistait à bramer, en chœur, précisément, *Marchons, marchons*, tout en restant sur place. La lecture de *Tintin*, et donc la fréquentation de la Castafiore, n'arrangèrent rien. Comment peut-on « rire de se voir si belle dans un miroir » ? (Encore ignorais-je que le soleil pouvait être un « astre pur et charmant ».)

Mon père ne fut pas d'un grand secours car, pour lui, l'opéra s'était arrêté à Monteverdi et sa renaissance avait commencé avec Schönberg et Berg. Puccini, à ses yeux, c'était de l'opérette. (Il est vrai qu'il n'avait aucune idée de ce qu'était vraiment l'opérette.) Avez-vous essayé d'entonner, dans un car lors d'une excursion collective, des airs du *Pierrot lunaire* ou de chanter *Wozzeck* sous la douche ?

La révélation, qui résista ensuite à tous les grattages (parce qu'une image, un décor, une circonstance), ce fut la représentation, dans le théâtre antique situé au pied de l'Acropole d'Athènes, de *La Flûte enchantée* et l'apparition de la Reine de la nuit, en l'occurrence en pleine lumière, au milieu d'un portique.

C'était en 1957. J'avais entrepris un grand voyage en autostop. Si je voulais frimer, je pourrais le résumer en disant qu'il me conduisit jusqu'à la frontière séparant la Turquie de l'Irak. En fait, en sortant d'un hôtel à Belgrade, j'avisai une voiture très *british* conduite par deux Anglais (qui s'avérèrent être deux jeunes militants du parti conservateur) et c'est avec eux que je fis pratiquement tout le reste du voyage, jusqu'à la frontière irakienne donc, aller et retour, avec arrêt à Athènes.

Le second choc fut une cohabitation, dans une chambre d'hôpital, avec un Chinois qui me fit découvrir… *La Damnation de Faust* de Berlioz. (Je raconterai plus loin dans quelle circonstance je contribuai à convaincre Mitterrand de faire réaliser le projet de l'opéra Bastille.)

À mon père, je dois cependant énormément : tout ce qu'il me fit découvrir (ah, le *Quintette pour deux violoncelles* de Schubert, le prélude de *Tristan et Iseult* de Wagner). Mais aussi tout ce que je découvris en réaction à son intellectualisme parfois exacerbé qui, à force de me condamner à l'audition répétée de ces summums de dépouillement intériorisé qu'étaient *Le Clavier bien tempéré* de Jean-Sébastien Bach, la *Grande Fugue* ou les derniers quatuors de Beethoven, le prélude de *Parsifal* ou *Le Tombeau de Couperin*, m'incitait fort à m'encanailler musicalement. D'où, en rééquilibre, mon report sur notre patrimoine chansonnier, l'opérette, les comédies musicales, mais aussi tout un pan de la musique française : Saint-Saëns, Messager, Chabrier, Lalo, d'Indy, Dukas qu'un certain snobisme élitiste avait peu à peu marginalisés.

Donc, je dois tout à mon père, ce qu'il m'a inculqué, ce qu'il m'a révélé, ce qu'il m'a appris à apprécier et également tout ce que son enfermement dans la quintessence m'a incité, en compensation, à embrasser.

En ce qui concerne le domaine de la chanson, c'est ma mère qui fut mon premier guide. C'est elle qui m'amena écouter Marie Dubas, Édith Piaf et surtout Georges Brassens à ses tout débuts. Mais pas Tino Rossi !

Que disent les chansons dominantes d'une époque ? L'odeur, la saveur, la couleur de l'époque, son extériorité donc, mais aussi son intériorité. Elle porte aux lèvres ce qui se noue dans les tripes. Chansons à l'estomac, à pleins poumons, chansons de cœur et de cul. « J'ai la rate qui se dilate ! » Elles disent en disant et en taisant : « Vous n'aurez pas l'Alsace et la Lorraine ! » en 1914 ; « J'ai ma combine » avant 1940. L'Anschluss, Munich, l'invasion de la Tchécoslovaquie, la nuit de Cristal... « Tout ça vaut mieux que d'attraper la scarlatine ! » La crise ? Les risques de guerre ? « Tout va très bien, madame la Marquise ! » En affrontant, en évacuant et en exorcisant.

Au lendemain de la Libération, on eut droit à ce type d'évitements. La tragédie est terminée, rideau, on se la coule douce enfin. « On prend l'café au lait au lit. » On se défoule « Ploum, ploum, tralala, voilà c'qu'on chante ! » Et cette scie qui disait tout, déjà, d'une déception incontournable, « Un monsieur attendait ». Il attendait « au café du Palais... la femme qu'il aimait »... mais elle, elle l'attendait dans un autre café. Rencontre impossible. Tout était dit !

Ensuite, pourquoi cette déglingue ? Pour ça, sans doute. Parce que la réalité et l'espérance ne s'attendaient pas dans le même café.

Puis s'imposa le flasque, le sirupeux. Ça restait dans les têtes, même après qu'on les eut vidées. C'était fait pour ça. À l'espoir trahi répondait la chanson pour n'y pas penser. Pour ne pas penser. « Pour qui ce petit chien dans la vitrine ? » Excellente question. Merci de l'avoir posée. *La Cabane au Canada, Étoile des neiges, Les Lavandières du Portugal, Et tape et tape..., Cerisier rose et pommier blanc.* Gloria Lasso, Maria Candido, Rina Ketty du pauvre.

Jusqu'en 1954, le répertoire devint furieusement régressif. À l'image de notre vie démocratique. Comme s'il fallait submerger les illusions perdues et les aspirations contrariées sous des flots de guimauve et des montagnes de barbe à papa : malgré les efforts de Patachou (qui dira ce que notre renaissance chansonnière lui doit ?) qui interpréta les premiers Brassens, d'unc Agnès Capri, plus tard d'une Cora Vaucaire, d'un Yves Montand qui adopta le premier Francis Lemarque. Malgré Jacques Canetti aux Trois Baudets qui inventa presque tout. Malgré Henri Salvador...

Dans une myriade de cabarets, aujourd'hui disparus – L'Écluse, L'Échelle de Jacob, La Rose rouge –, quelque chose frissonnait. Sans parvenir encore à bouillir. Aznavour déjà, mais qui avait la presse contre lui, Léo Ferré qui enregistrait dans une maison de disques communiste, Le Chant du monde. Mais qui le savait ? Même en 1957, avec un ami italien, nous écoutions les premiers disques de Léo Ferré (*Le Bateau espagnol, L'Étang chimérique, Graine d'ananar*) comme si nous écoutions Radio Londres.

Je devais découvrir, il est vrai, avec effarement, à la discothèque de Radio France, le nombre de disques sur lesquels étaient encore écrits « interdit de diffusion ». Brassens, bien sûr, *Le Gorille*, *Le Déserteur* chanté par Mouloudji, mais même *La Folle Complainte* de Charles Trenet.

Bien plus tard, nous passions un réveillon de Noël à Chypre avec la si généreuse Line Renaud. Nous discutâmes de tout, y compris de son allergie chiraquienne à Sarkozy, mais je n'osais pas l'entreprendre sur son répertoire des années 1947-1954. Je crus comprendre, cependant, qu'elle-même n'en faisait plus grand cas.

Cette idée, profondément ressentie alors, que la chanson dominante d'une époque nous disait en creux ce que, faussement, on lui faisait souvent dire en relief devait inspirer plus tard des émissions que je réalisai pour la radio et la télévision.

Le basculement, qui intervint à la fin des années 1950, j'eus l'occasion de le pressentir.

D'abord, à la fin 1954 je crois, j'avais assisté à une prestation de Georges Brassens en cabaret. Spectacle inoubliable. Il était là, parce qu'il fallait être là, intérieurement bougon – ça ne s'entendait pas, mais ça se voyait –, les yeux fixés non sur le public, mais sur les paroles écrites sur sa guitare, sans esquisser le moindre geste de séduction en direction des spectateurs, retournant en coulisses après chaque chanson pour se désaltérer... mais quel choc ! L'évidence du début d'un basculement comme en eurent sans doute l'intuition les premiers auditeurs de Charles Trenet après son duo avec Johnny Hess.

Édith Piaf, que j'allais applaudir la même année, c'était le miracle d'un petit bout, tout en noir, à la gestuelle plus grande qu'elle, qui n'envahissait pas l'espace parce que c'était l'espace qui peu à peu se recroquevillait autour d'elle. Sa voix, c'était un orchestre. À elle seule un opéra. Et un roman-photo en même temps.

Brassens, c'était presque le même phénomène : il occupait l'espace en l'aimantant par sa façon de bouger de façon immobile.

Le second choc, ce fut en 1958. Cette année-là, pour cause d'esquisse de tuberculose, j'étais relégué dans une manière de sanatorium pour étudiants.

J'avais été élu délégué aux loisirs. Les fêtes de Noël approchaient. L'année précédente avait été marquée par une prestation de bardes bretons qui avait laissé des traces : plus jamais ça ! Que préparer ? J'avais entendu, à la radio, une chanson qui disait : « Au printemps, au printemps, et mon cœur et ton cœur sont repeints au vin blanc ! » La fougue, l'énergie, la présence de l'interprète m'avaient saisi, mais je n'avais pas retenu son nom. Or il y avait, à l'étage des filles, une convalescente dont je savais qu'elle avait des accointances dans le milieu de la variété. Elle s'appelait Perrette Souplex. Son père avait été un célèbre chansonnier et, surtout, il avait interprété l'inspecteur Bourrel dans *Les Cinq Dernières Minutes* à la télévision. « Ce serait bien, lui disais-je, pour remonter le moral des pensionnaires, qu'on invite ce chanteur. Tu le connais ? » « Bon Dieu, mais c'est bien sûr ! » me répondit-elle. « Il s'appelle Jacques Brel. C'est l'ami (ou c'était) de ma copine Suzanne Gabriello. » Suzanne Gabriello était la fille d'un chansonnier, énorme, Gabriello. Avec Françoise Dorin, fille du chansonnier René Dorin, et Perrette Souplex, elle avait créé un groupe nommé Les Filles à papa.

En effet, il y avait eu, entre Suzanne Gabriello et Jacques Brel, une histoire d'amour assez torride pour qu'il lui envoyât ce message, qui envahit ensuite le monde entier : « Ne me quitte pas. » Elle me donna donc le numéro de téléphone de ce Jacques Brel. Je l'appelai, lui expliquai que nous étions des étudiants malades désireux de se donner un peu de joie au moment des fêtes. Que sa présence nous ferait d'autant plus chaud au cœur que (pieux mensonge) nous l'apprécions tous beaucoup. Il accepta.

Il interpréta une bonne douzaine de chansons. Nous avions touché Don Quichotte en guise de banquet de réveillon. Une façon inoubliable de se projeter physiquement, corps et âme, âme rivée au corps, corps comme transcendé par l'âme, mi-Fernandel tragique mi-Johnny Halliday rive gauche. Il projetait en se projetant. Je ne suis pas certain qu'avant cela Jacques Brel ait eu l'occasion de donner tout un récital. Sans doute fut-ce le premier.

J'étais loin de m'imaginer que, bien plus tard, j'engagerai Perrette Souplex dans une troupe constituée pour mon émission de télévision *Chantez-le moi.* Elle y interprétait des personnages à la Fréhel. Une fille formidable !

Chapitre 13

Puisque ce n'est pas au programme...

Comment la culture nous vient-elle ? Bizarrement, c'est à la toute petite école que je dois d'avoir été, tout gamin, embarqué.

Je fréquentais un établissement privé situé tout près de chez nous, dans le XIVe, rue du Moulin-Vert. Je subodore qu'il ne devait pas être fondamentalement laïque, car mon premier manuel d'histoire présentait les révolutionnaires comme des cannibales et réduisait notre roman national au long martyre de nos saints. Mais il y avait, à côté, un livre d'initiation à la littérature qui s'intitulait *Une semaine avec*. Il représenta pour moi ce que fut la chute d'une pomme pour Newton, sa baignoire non pour Marat, mais pour Archimède et la route de Damas pour saint Paul.

Le concept était simple : chaque grand roman classique français y était présenté en quelques lignes suivies de l'extrait d'un épisode particulièrement parlant et spectaculaire souligné d'une manière de bande-dessinée qui résumait la suite de l'œuvre. Ainsi, pour *Les Misérables*, le refuge de Gavroche dans les flancs de l'éléphant en carton-pâte installé place de la Bastille. Pour *La Chartreuse de Parme*, Fabrice enfermé dans une tour se défendant contre les rats. Le perroquet empaillé de la nouvelle de Flaubert.

Aussitôt que je m'en sentis capable, je me précipitai vers ces œuvres qui, jamais, ne se départirent, dans ma tête, des dessins qui les avaient à l'époque accompagnées.

Ensuite, que dire ? Je lus tout, ou presque, ce qu'il fallait lire à l'âge où il fallait le lire (y compris ces chefs-d'œuvre absolus qu'était *Le Savant Cosinus* et *Le Sapeur Camember*).

Mon père, pédagogue exemplaire, fut, de mes lectures dont j'étais insatiable, un éclaireur irremplaçable qui non seulement traçait un chemin, mais encore en étageait les étapes et choisissait les moments de les atteindre. Cela partit des *Histoires comme ça* de Rudyard Kipling ou des *Contes du chat perché* de Marcel Aymé, pour buter, à la fin, non sur l'*Ulysse* de James Joyce, le plus lu des livres qu'on n'a pas lu, mais sur *Le Tour d'écrou* d'Henry James qui me donna furieusement envie de me replonger dans *Les Trois Mousquetaires*.

À partir de 16 ans, correspondant à mes deux dernières années de lycée, il se produisit en moi un phénomène curieux. Comme une dissidence dans l'observance. Une rébellion conservatrice d'une certaine manière. Bossuet, Boileau, Lamartine, le programme des cours de français m'assommait. Peu à peu, je m'imposais donc mes propres obligations postscolaires. On n'imagine pas, libéré de toute obligation ou incitation, ce que j'ai pu, alors, ingurgiter, parfois acheté chez les bouquinistes.

Cela eut une influence décisive sur la suite de mes activités.

Il me semblait étrange que, d'une époque donnée, une manière de jury informel et posthume sélectionne, parmi les nominés, quelques finalistes dont l'omniprésence éclipsait et même annihilait tous leurs contemporains ; qu'on ait pu mobiliser, fédérer, enthousiasmer même parfois, un vaste public, et cela pendant des années, voire pendant des décennies, et disparaître, soudain, des mémoires parce que le tamis non de la mode mais des fabricants de mode, en expulsait les indésirables. Petit grain, gros grain.

Pourquoi Bossuet et pas Bourdaloue ? Pourquoi la chute de Crébillon qui, en matière dramaturgique, fut pourtant meilleur que Voltaire ? Pourquoi un Balzac avait-il totalement anéanti l'autre, Jean-Louis Guez de Balzac, dont je découvris l'*Aristippe* ? Sait-on que *La Mort d'Agrippine* de Cyrano de Bergerac est infiniment plus moderne que la casse-couilles *Esther* de Racine ? Pourquoi a-t-on repêché - heureusement - le *Lorenzaccio* d'Alfred de Musset, mais pas le *Chatterton* d'Alfred de Vigny ? Pourquoi a-t-on évité tout purgatoire à Henrik Ibsen, l'auteur d'*Une maison de poupée*, mais précipité Henry Becque, l'auteur de *La Parisienne* et des *Corbeaux*, dans l'enfer des oublis institutionnalisés ?

Même en matière picturale (influence de l'arrière-grand-père peut-être), j'eus tendance à défriser la norme.

Si on a donné l'imprimatur à la très académique *Entrée des croisés à Constantinople* de Delacroix ou à certaines horreurs signées Ingres, pourquoi avoir totalement éclipsé Paul Delaroche dont *Les Enfants d'Édouard*, longtemps si célèbre - cette mort annoncée qui rôde dans les regards -, est effectivement un chef-d'œuvre, ainsi que *Le Supplice de Jane Grey* ? (Il me fallut aller à Londres pour découvrir une rétrospective qui lui était consacrée.)

Pourquoi cet effaçage posthume de Gérôme (dont on aurait pu retenir au moins le *Golgotha*) et, surtout, de Jean-Paul Laurens dont la si fameuse *Excommunication de Robert le Pieux* est un modèle d'utilisation positive de la négativité du vide dans l'espace ? On a redécouvert Félix Ziem, qui était oublié, ou Henri Gervex (l'admirable *Rolla*), combien eussent mérité cette résurrection ?

Il n'y avait pas plus de raisons pensais-je (et, en vérité, je le pense toujours) d'excommunier totalement Ernest Meissonier au nom de Braque qu'Édouard Manet au nom de Kandinsky.

Ce fut un bloc de néoconformisme plombé qui, à partir de la fin des années 1950, s'abattit sur notre patrimoine littéraire et artistique au nom d'une relecture de l'avant à travers le prisme normatif de l'après.

J'en fus très tôt d'autant plus conscient et affligé que mon père participait ardemment de ce révisionnisme épurateur (l'immense Anatole France en fut victime et Zola y échappa de peu. Quant au théâtre de Victor Hugo, il fut un miraculé).

C'était alors une sensation. Une incompréhension. Cela devait devenir comme un combat. Combat que je devais mener plus tard (j'y reviendrai) en matière d'art lyrique.

C'est à cette époque, entre mes 15 et 18 ans, que je sentis, presque systématiquement, quitte à me libérer du carcan scolaire, le besoin de revisiter, de réévaluer, de réexaminer : plutôt Laforgue (je vouais un véritable culte à Jules Laforgue, y compris celui des *Moralités légendaires*), plutôt Tristan Corbière, plutôt Émile Verhaeren finalement, que Lamartine, poétiquement parlant (bien que je me sois même farci *Jocelyn*) parce que, en revanche, je fus ébloui par son *Histoire des Girondins*.

Pourquoi nous gaver de *La Mort du loup* d'Alfred de Vigny et laisser presque dans l'ombre la sublime *Maison du berger*, le poème qui m'a le plus longtemps accompagné :

> « Et là, parmi les fleurs, nous trouverons dans l'ombre,
> Pour nos cheveux unis, un lit silencieux. »

Donc il suffisait que ça sorte du cadre pour que je me rue, que je me précipite.

J'avais commencé en me jetant, chez l'abbé Bezineau, et malgré toutes les réserves de ce curé rationaliste, sur *Les Confessions* de saint Augustin, dont je tentais même de déchiffrer certains passages en latin.

Après, tout y passa, du moment que cela ne figurât pas au programme.

La Pléiade ? Ronsard, oui, en passant. Mais pourquoi ne pas aller fureter du côté de Jean-Antoine de Baïf, Rémi Belleau ou Pontus de Tyard, dont le nom seul méritait le détour. J'y ajoutai, cette fois mon père m'y incita, le très concentré Maurice Scève et la stupéfiante Louise Labé.

Je me suis replongé dans ces ex-musts, mis au rencard, que furent *Le Romand comique* de Scarron, *Le Légataire universel* de Regnard, *L'Histoire de Gil Blas de Santillane* et *Turcaret* de Lesage. Je me suis même infligé - là, j'en conviens, c'était trop - un *Louis XI*, pièce en alexandrins, de Casimir Delavigne et les *Lambes* d'Auguste Barbier (je pourrais en réciter encore aujourd'hui).

Je m'imposais même d'explorer les raisons qu'on avait eues (Léon Blum le tout premier) d'acclamer le théâtre d'Henri Bernstein et de Georges de Porto-Riche.

Mais c'est surtout sur le XVIIIe siècle que je jetais mon dévolu : si je parcourais rapidement le lourd *De l'esprit des lois* de Montesquieu (mais les *Lettres persanes* m'émoustillèrent), si je séchais *Les Confessions* de Rousseau et *La Nouvelle Héloïse* (je fus scotché, en revanche, sur le style rythmiquement envoûtant *Du contrat social*), je me jetais avec gourmandise (et cela pesa considérablement sur ma formation intellectuelle) sur ces œuvres denses et sulfureuses, quoique injustement oubliées (ou, plus exactement, volontairement oubliées) que sont *De l'esprit* d'Helvétius, le *Système de la nature* de d'Holbach et tout particulièrement le stupéfiant *L'Homme machine* de La Mettrie, qu'on a eu tort de ramener à son titre. En même temps, j'ingurgitais non seulement *Les Soirées de Saint-Pétersbourg* de Joseph de Maistre, qui m'inspira l'horreur, mais également *Voyage autour de ma chambre* de son frère Xavier.

Est-ce spontanément que je me laissais aller à cette boulimie de dispersion livresque ?

Étrangement, non. Je me forçais. Je me faisais violence. C'était comme un défi que je me lançais à moi-même. (Dans les interstices, d'ailleurs, je me bourrais, d'abord de romans de gare, ensuite de romans policiers.)

C'était au fond comme si, d'un mystérieux château, on avait condamné certaines pièces pour en interdire l'accès. D'où cette pulsion qui poussait à y aller voir malgré tout.

Pourquoi eût-il fallu *a priori* se plier à des hiérarchisations d'après, qui n'étaient pas nécessairement plus légitimes, simplement plus intellectualisées, plus conformes à de nouveaux critères sociaux (c'est-à-dire socialement dominants) que les hiérarchisations d'avant qu'elles bousculaient ? (Pendant quasiment un siècle, il fallut aller à Londres ou à New York pour entendre ce chef-d'œuvre absolu de l'art lyrique français : *Les Troyens* de Berlioz).

Il était de bon ton, le *forcing* (pour ne pas dire le terrorisme) surréaliste étant passé par là, de porter aux nues *Les Chants de Maldoror* de Lautréamont. J'ai voulu vérifier. Je fus consterné ! (Alors que Rimbaud m'envahit dès l'âge de 14 ans et ne me lâcha plus, *Le Bateau ivre* s'installant en moi comme un air qui se vrille dans votre tête.)

Ce refus d'accepter le néonormatif, parfois un néo-académisme se donnant comme le renversement des normes et académismes antérieurs (comme le communisme ou le fascisme se targuèrent d'avoir éradiqué le vieux monde), s'ancra, dès cette époque, en moi et ne fut sans doute pas étranger, bien plus tard, à mon « coltinage » avec ce que je qualifiais (avant d'abandonner ce concept, hélas retourné, à d'autres) de « pensée unique ».

Chapitre 14

Théâtre

Mon premier contact avec le théâtre fut un éblouissement. Il prit l'aspect de Flambeau enlevant sa capote ou sa livrée, se découvrant, soudain, en grand uniforme de la garde impériale, puis se présentant :

> « Jean-Pierre-Séraphin Flambeau, dit "le Flambard".
> Ex-sergent grenadier vélite de la garde.
> Né de papa breton et de maman picarde. »

Cela me fit tressaillir. Presque bonapartiser. Non, finalement, pas presque. De ce virus je mis un petit bout de temps à me déprendre. Encore aujourd'hui je réentends ces cris de blessés qui se dégèlent sur le champ de la bataille de Wagram.

C'est ma mère qui avait choisi cette initiation. Mon père, lui, un peu plus tard, quand il me vit lire *Cyrano de Bergerac*, me regarda avec mépris et me lança : « Il y a une seule Roxane et c'est dans *Bajazet* ! »

Mes parents m'avaient également abonné à la Comédie-Française. Tout le répertoire m'y donna rendez-vous. La première image qui s'est rivée dans ma mémoire, désastreuse, aurait pu m'en dégoûter – il s'agissait de *Britannicus* de Racine –, tant était ridicule la prestation que nous infligea un bellâtre au carré, qui exhibait des biscotos, qu'un costume digne de l'opérette *Phi-Phi* laissait volontiers apparaître, en bramant des alexandrins tout en multipliant les roulades d'épaules et les effets de menton. C'était Jean Marais ! C'est, hélas, ce moment qui s'est gravé, ainsi que, en compensation, l'ahurissant numéro de Denis d'Inès, star de l'avant-guerre, sombrant dans un délire psychanalytique en interpellant sa cassette dans *L'Avare*.

Une image, un son, tout glisse sauf ça : le bide ou la fulgurance, le bide qui saute aux yeux ou la fulgurance qui saute aux oreilles.

Pourquoi, alors que ma mémoire a dissous les Marivaux et les Musset, normalisé les Molière et les Racine, pourquoi *Nicomède* et *Sertorius* qui, même signés Corneille, ne sont pas des best-sellers, s'y sont-ils accrochés ?

Nicomède à cause de cette réplique qui explosa dans mon encore petite cervelle. Elle s'inscrivait dans le cadre de l'affrontement Rome/Carthage : « Ah ! Ne me brouillez pas avec la République ! »

Un des protagonistes royaux meurt de trouille à l'idée qu'on puisse lui mettre à dos l'impérialiste romain. J'avais 13 ou 14 ans, jc n'étais pas au fait des complexités du monde, mais je sentis, cependant (et d'ailleurs la salle éclata de rire), qu'était résumée là toute la question des soumissions aux pesanteurs hégémoniques. Rome ou Washington. Saillie pré-gaulliste par excellence.

L'autre alexandrin qui me resta en tête, célèbre celui-là (il me semble que c'était dans *Sertorius*, dont les stances valent celle du *Cid*), sonne ainsi : « Rome n'est plus dans Rome, elle est toute où je suis. » Et là, très confusément, ce qui fit tilt (je suis de la génération du flipper), ce fut comme l'illustration sonore, et anticipée, de ce que je ne conceptualisais pourtant que vaguement : de Gaulle à Londres ou Victor Hugo à Guernesey.

Un autre alexandrin s'imposa à moi, mais celui-là je ne suis pas sûr qu'il m'ait frappé à l'écoute. C'était, dans la pièce de Racine, la supplique d'Andromaque, prisonnière des Grecs, désireuse de voir son fils, minimaliste dans son dépouillement : « Je ne l'ai point encore embrassé d'aujourd'hui. »

À la Comédie-Française succéda, dans le sillage, cette fois, d'un engagement assumé, le TNP.

L'image et le son, toujours. L'image, ce jaillissement au creux d'une carmagnole de lumières antagonistes qui donnaient vie, en les léchant, à des faisceaux de bannières frissonnantes, d'un archange, d'un homme-flamme, irradiant sa présence électrique : Gérard Philippe en prince de Hombourg.

Le son : montant des tréfonds, la voix de gorge, renaissante et écorchée à la fois, de Jean Vilar dans *Dom Juan* comme mystérieusement régénéré par sa lassitude, torride de « satyrisme » subversif.

Du théâtre, vingt ans après mes pèlerinages bimensuels à la Comédie-Française, j'eus l'occasion d'en tâter. Je me produisis dans un spectacle que j'avais conçu autour de l'astre Victor Hugo. Participaient à la petite troupe que nous avions réunie pour l'occasion un acteur habitué des dramatiques radiophoniques, une sociétaire de la Comédie-Française qu'accompagnait l'accordéoniste de Barbara, Roland Romanelli et Raymond Bussières, l'ancien du « groupe Octobre », l'ami de Prévert, celui qui, depuis *Les Branquignols*, avait joué au cinéma tant de rôles de plombiers et de zingueurs. Nous nous produisions en banlieue. C'était toujours plein. Sauf un soir où il n'y eut dans la salle que six spectateurs. Fallait-il jouer ou pas ? On joua. Cela ressembla à des prestations de boute-en-train à la fin d'un repas de famille.

À la sortie des spectacles, les gens interpellaient Bussières en lui tapant sur le dos et en lui lançant : « Alors, en forme Bubu ? » Et lui de rigoler : « Ce n'est pas à Michèle Morgan que cela arriverait ! »

Je ne m'appesantirai pas sur le cinéma. Mon père, qui réprouvait cette barbarie technologique qu'était à ses yeux la couleur (la première fois que je la découvris c'était dans *Le Dernier des Mohicans* et ce fut comme si les Grandes Eaux de Versailles étaient rentrées dans ma salle de bain), me traîna à la Cinémathèque voir des films, non seulement en noir et blanc, mais muets, ses préférés. Il m'initia également à des œuvres, dont j'ai dû admettre, à la revoyure, que c'étaient des chefs-d'œuvre (*Passeport pour Pimlico*, *Entre onze heures et minuit*), mais qui me passèrent totalement au-dessus de la tête. Ce qui eut pour résultat que, pendant une bonne décennie, je ne ratai ni un western ni un film de guerre. Et que je ne m'épargnai, plus tard, aucun de ces monuments de mirifique franchouillardise qu'étaient *Le Triporteur*, *Pouic-Pouic* ou bien *Où est passée la 7e compagnie ?* (notre *Autant en emporte le vent* !). Un de mes plus durables ancrages bipartisans, c'est que je choisis le camp de la *7e compagnie* contre celui de *La Grande Vadrouille*.

Ce n'en est pas moins sous l'influence paternelle, même posthume, que, jusqu'en 1975, pratiquement aucune des œuvres majeures du cinéma français (sauf *Ma nuit chez Maud* auquel, je ne sais pourquoi, je fus *a priori* allergique) ou américain (le sublime *Le Sel de la Terre*) ne m'échappa.

Notons que, dans les mémoires, y compris la mienne, *Drôle de drame*, de même que *Hiroshima mon amour* ou *La Traversée de Paris*, ce sont d'abord des répliques. Alors que *Psychose*, *Sur les quais* d'Elia Kazan ou *Le Dernier Tango à Paris* renvoient d'abord à une image.

Certains des films muets que mon père m'infligea m'ont marqué tel que *M le Maudit*, et l'un d'eux, *Le Cuirassé Potemkine*, pour d'autres raisons.

En 1957, la mairie communiste d'Arcueil avait tenu à faire projeter, au patronage laïque où j'officiais comme moniteur, le film culte d'Eisenstein. Quand les enfants s'avisèrent que les personnages ne parlaient pas, ils murmurèrent mais se firent une raison. En revanche, lorsque, au moment de la mutinerie, les canons des cuirassés envoyés pour la réduire, s'abaissent et ne tirent pas, privant les gosses d'une bataille navale, ce fut l'émeute.

Chapitre 15

L'année terrible

L'année 1956, il n'y a pas que pour moi qu'elle fut bouleversante, au sens strict du terme, éprouvante, chamboule-tout, comme une réplique résumée des années de l'après-Libération : désillusion pire, mais libération moindre.

J'étais à mi-chemin de ma terminale au lycée Henri-IV, après une première à Charlemagne. 17 ans. La France, à la suite d'une dissolution boomerang, avait été appelée aux urnes. Je m'étais, non pas tant physiquement qu'intellectuellement, avec l'ardeur du néophyte, engagé dans la campagne de l'alliance mendésiste, le « Front républicain ». Premier meeting, porte de Versailles, chaud, brûlant même, avec un Mendès France pédagogue, plus conférencier que tribun, pris en tenaille entre les communistes scandant « Front populaire ! » et les poujadistes hurlant « Sortez les sortants ! » Le 3 janvier, j'arrivai en classe en titubant. J'avais attendu et entendu les résultats toute la nuit. On avait gagné ! Une majorité existait, du moins le croyais-je, qui était en mesure d'engager la négociation qui seule permettrait de sortir d'un guêpier algérien, dont j'avais l'intuition (cela prenait presque la forme d'une oppression intérieure) qu'il conduisait à la destruction morale, politique, financière aussi mais je m'en souciais moins, de la République.

La première déconvenue ce fut la nomination de Guy Mollet, le patron des socialistes, et non de Mendès France à la présidence du Conseil. On connaît, hélas, la suite : le déplacement de ce Mollat à Alger, les fameux « lancers de tomates », le premier complot des « ultras » transformant une angoisse latente en explosion de colère populaire totalement instrumentalisée (plus tard, les organisateurs m'en feront l'aveu et la description circonstanciée), la capitulation de ce « pouvoir socialiste » enfin.

Je ressentis ce premier lâchage comme une trahison. Je m'étais, en néophyte enflammé et naïf, donné à une cause. Ma première participation à un combat collectif. Un baptême. Je découvrais sidéré, consterné, que ceux derrière lesquels je m'étais engagé tournaient bride, désertaient le champ de bataille. On piétinait la passion toute neuve, toute juvénile, toute fraîche encore que j'avais investie dans cette cause. On m'avait escroqué. Ces six mois vaudront des années.

Il avait suffi que, dans la foule algéroise qui l'invectivait, Guy Mollet eût cru reconnaître l'archétype de ses électeurs, pour qu'il se construisît un roman susceptible de lui servir d'alibi idéologique : il était resté aux côtés du « petit peuple » et, en son nom, il combattait des fanatiques fascisants (pas les Européens ultras mais les Arabes nationalistes) à la solde d'une puissance étrangère, en l'occurrence l'Égypte derrière laquelle se tapissait l'Union soviétique. Il n'en démordit plus.

Car l'homme qui se porta à la droite de la social-démocratie ne cessa de se réclamer d'une orthodoxie marxiste.

Je reviendrai, plus loin, sur ce moment clé de notre histoire, qui fut pour moi ce que la guerre 14-18 ou la tragédie de l'Occupation furent pour d'autres. Nous vivions, en effet, ce que certains, au même âge, avaient vécu quand, en 1914, le socialiste pur et dur Jules Guesde, l'inspirateur de Guy Mollet, avait basculé dans le bellicisme ; quand, en 1938, la social-démocratie abandonna la République espagnole et approuva presque unanimement les accords de Munich ; quand, majoritairement, elle vota les pleins pouvoirs au maréchal Pétain. À tout cela mon père avait tant de fois fait allusion devant moi !

La sensation d'un recommencement ne me percuta pas seulement, elle me pénétra.

Guy Mollet, face à l'Histoire, a failli.

Mais, cette gigantesque épreuve qui s'annonçait, un social-démocrate pouvait-il l'affronter ? Un de Gaulle n'était-il pas de nouveau nécessaire ?

Personnage sans surmoi, au ras de lui-même, condamné à n'être que la ferraille de lui-même, Guy Mollet n'en était pas moins un vrai politique. En 1962, à Arras, j'assistai, dans un théâtre de la ville, à un débat pré-électoral au cours duquel il transforma son adversaire gaulliste en charpie. Il n'était que cela : un politique ! Sans horizon, mais les pieds ancrés à ce sol qu'était son parti. Je le revois, en 1965, une cigarette blonde au bec, la tête non de ce qu'il imaginait qu'il était, mais de ce qu'on aurait espéré qu'il fût, version bureaucratique. Je venais le consulter. Mitterrand s'était propulsé en candidat d'union de la gauche et nul n'imaginait qu'il pût mettre le général de Gaulle en ballotage (ni même distancer un certain Lecanuet). Il avait pris un bout de papier, il y avait inscrit, en pourcentage, le résultat qu'il prévoyait. Il était tombé totalement juste.

Après la douche froide, la douche... dont je crus un instant qu'elle était chaude. Un apparent coup de tonnerre qui n'était qu'un coup de gong : à l'occasion du XXe congrès du Parti communiste soviétique, son secrétaire général, Nikita Khrouchtchev, dans un rapport secret que les communistes français tentèrent ridiculement d'occulter, instruisit un procès implacable de Staline et du stalinisme, mais non (et pour cause, puisqu'il était un des rejetons) du système qui les avaient produits.

Il y avait, certes, quelque chose de « néostalinien » dans cette façon de ramener toutes les dérives d'une forme, perverse en soi, de pouvoir à la seule évolution diabolisée de celui qui l'incarnait. Cette interrogation cependant, sur le moment, je l'évacuais.

Obsédé, que j'étais par ce qui, jour après jour, à domicile, me révoltait (nos propres crimes tolérés), ce que je retins (et qui était radicalement fallacieux) c'est que le représentant d'un régime, son chef suprême, avait, pour la première fois, osé dénoncer, de façon non allusive (ce que nous n'avions pas encore fait, nous), les crimes qui avaient été commis précisément par ce régime, au nom de ce régime, sous le prétexte de consolider les assises de ce régime –, sans m'aviser que c'était la nature intrinsèque du régime qui impliquait qu'on eût commis ces crimes. Alors que nos crimes à nous étaient attentatoires à la nature de notre système démocratique et qu'il fût toujours possible de les dénoncer.

Je lus, dans *Franc-Tireur*, le fameux rapport secret qui, de celui que Picasso avait peint ou Paul Éluard chanté, que des millions de militants de par le monde avaient adulé, dont notre propre Parti communiste avait dit que c'était « l'homme que nous aimons le plus », dressait un portrait en tyran schizophrène et paranoïaque. Le rapport mettait en évidence que 80 % des chefs bolcheviques de la première heure, ainsi que des cadres de l'Armée rouge, avaient été « liquidés ». Éradication des siens unique dans l'Histoire. Non pas une nuit des longs couteaux mais des années de longs couteaux. Le déclenchement de cette « grande terreur » avait pris prétexte de l'assassinat de

Kirov, le chef du parti à Leningrad, or Khrouchtchev laissait entendre que Staline aurait pu être lui-même à l'origine de cette élimination (ce qui, finalement, ne semble pas exact). Il décrivait un dirigeant auto-aveuglé, hors-sol, prisonnier de sa propre propagande (comme des toiles d'araignées qu'il avait lui-même tissées), qui se faisait de l'état réel du pays l'image qu'en donnait la propagande éhontée qu'il avait lui-même commandée ou corrigeait de sa main un texte qui lui était consacré pour y ajouter que « malgré son génie, il faisait preuve d'une grande modestie » !

Ce qui me consterna le plus brutalement ce fut la description d'un Staline qui, en 1941, lors de l'attaque allemande qu'il n'avait nullement anticipée, qu'il s'était, plus exactement, interdit d'anticiper, errait comme un roi Lear, à la ramasse, proche de l'affaissement, puis suivait les opérations militaires sur une mappemonde d'écolier (ce qui ne paraît pas non plus correspondre tout à fait à la réalité).

Ainsi le « grand théoricien », le « Petit père du peuple », était-il rhabillé en tyran sanguinaire et mégalo qui avait envoyé à la mort plus de responsables communistes (en l'occurrence c'étaient les seuls qui intéressaient Khrouchtchev) que les nazis eux-mêmes n'y étaient parvenus.

Un seul des milliers de responsables qui écoutèrent ce rapport fit passer à Khrouchtchev un petit papier non signé pour lui demander pourquoi, à l'époque, il n'avait rien dit. En fait, tout le monde connaissait la réponse.

Lorsque le régime soviétique se fut affaissé, j'eus l'occasion, en Russie (la Russie de Eltsine et des néolibéraux en voie d'effondrement), de consulter les rapports que le NKVD, futur KGB, envoya aux dirigeants du parti entre 1922 et 1955, et en particulier à Khrouchtchev à la fin des années 1930. Ces documents, d'un objectivisme brutal et glacé, donnent, de l'état réel du pays à l'époque où nos propres dirigeants et journalistes communistes en brossaient une image paradisiaque, une image absolument terrifiante : non seulement la prégnance de la misère et de l'oppression, mais, surtout, l'ampleur des révoltes et des grèves.

Sur le moment, j'étais sidéré. Comment réagirait le monde musulman, pensais-je, si l'ange Gabriel lui-même faisait savoir que Mahomet était un imposteur, un faux prophète ? Ou le monde chrétien si le pape en personne lui révélait qu'enquête faite, il s'avérait que Jésus Christ n'était nullement le fils de Dieu ? Si les tenants du colonialisme ou du capitalisme faisaient, soudain, révélation de tous les crimes commis par le colonialisme ou le capitalisme en vue de leur autopréservation ?

Cette dernière pirouette était évidemment erronée car, dans le cas du système colonialiste et capitaliste, sans attendre d'hypothétiques rapports secrets, on avait tout le loisir de dénoncer le colonialisme et le capitalisme.

Les deux premières remarques que je me fis à moi-même, en revanche, laissaient présager la suite des événements. (Mais je ne suis pas certain que je l'aie pour autant prévue.)

L'effet du XXe congrès fut, en effet, fracassant au sens plein du mot. Ce qui avait été révélé commença à dérégler, avant de la fracasser, la pièce maîtresse d'un système à laquelle s'était articulée, vissée, une mécanique universelle, au risque que l'ensemble des boulons, l'un après l'autre, saute et que tout se déglingue. Et c'est très rapidement, de Varsovie à Pékin en passant par Budapest, ce qui allait se passer… mais que le promoteur de cette déglingue refusa d'accepter.

Je ne vis, tout d'abord, que la divine surprise. Le frisson d'une espérance. L'aurore, peut-être, d'un socialisme purgé du stalinisme et capable de se remettre radicalement en question.

La dureté accusatoire du « rapport secret » me dissimula l'autoamnistie, ainsi que l'acceptation normalisée de la non-démocratie institutionnalisée, qu'impliquait le rejet de toute faute sur la seule personne d'un démiurge diabolisé.

Le choc - horreurs et espérances - fut assez traumatisant pour que, dès les années 1960, je travaille sur les racines, mais aussi sur l'universalité du mécanisme mental que sous-tend toute dérive stalinienne.

Sur l'instant, cette apparente renonciation, par le pouvoir soviétique, au pire de ce que ces quarante ans de domination hégémonique avaient généré, levant apparemment un interdit rédhibitoire, et cela au moment où je vivais le honteux tête-à-queue d'un gouvernement socialiste qui outrait ce à quoi il s'était engagé à mettre fin, ces deux électrochocs, donc, eurent cette conséquence contradictoire, absurde peut-être, que le réformiste mendésiste que j'étais adhéra, une fois inscrit à la Sorbonne, à l'Union des étudiants communistes, puis au Parti communiste jusqu'en juin 1958.

Un quiproquo y contribua. Avec un camarade de lycée, ami très proche qui deviendra avocat - Jean-Claude Chauveaud -, nous nous étions rendus au Vél d'Hiv pour y applaudir les Ballets Moïsseïev. Or, nous nous étions trompés de jour et nous étions tombés sur une grande réunion publique du PCF.

Quand on me demande si j'ai été communiste, je réponds tantôt par l'affirmative, tantôt par la négative. Les deux sont vraies. Le réformiste mendésiste que j'étais, l'était resté. Je n'étais pas devenu « révolutionnaire ». Je ne songeais nullement à militer en faveur d'un régime communiste, d'un « socialiste réel » comme on disait, en France. Je n'ai jamais été « communiste », c'était exact. J'ai été membre du Parti communiste, c'était également exact.

En fait, ce n'est que bien plus tard, confronté à la violence de la dynamique néolibérale, que je m'éloignai de l'option purement « réformiste », convaincu que la puissance même de cette nouvelle logique économico-sociale, qui n'était plus libérale mais, précisément, néolibérale, rendait toute politique de simples réformes illusoire sans un acte, ou « moment », légalement et pacifiquement révolutionnaire. Un acte, une mesure permettant de casser la dérive de cette logique même. Ce pourquoi je dessinais peu à peu une ligne, que je définissais, plus tard, comme un « centrisme révolutionnaire ». Refus des deux centralités : celle de l'État, celle de l'argent.

En fait, mon adhésion au Parti communiste n'eut qu'un motif, et je ne le récuse nullement aujourd'hui : rejoindre la seule force organisée, après la trahison socialiste et la marginalisation des radicaux mendésistes, qui militât en faveur d'une paix négociée en Algérie et s'opposât, ensuite, à l'inconcevable expédition de Suez.

Hélas, nous n'en avions pas fini avec les électrochocs. Les boulons commencent à sauter en effet : une révolte éclate à Poznan en Pologne, la direction stalinienne au pouvoir « dégage », on appelle Wladyslaw Gomulka, condamné précédemment pour nationalisme. Le pouvoir hongrois tente, lui, de retarder l'échéance : une des grandes victimes des procès staliniens, László Rajk, est réhabilitée, ce qui me « parle » d'autant plus que c'est en réaction à cette condamnation et à cette exécution que mon père, qui avait connu Rajk, avait démissionné du Parti communiste.

Rien n'y fait : le 23 octobre, une révolution éclate à Budapest. Un ancien communiste dissident, Imre Nagy, est rappelé. Il fait rentrer des non-communistes dans son gouvernement qui annonce, bientôt, son retrait du pacte de Varsovie (l'OTAN du bloc soviétique) et proclame la neutralité de la Hongrie.

Début novembre, les troupes soviétiques interviennent. La révolution est écrabouillée dans le sang. Nagy, forfaiture absolue, sera livré et exécuté.

L'onde de choc est terrible. Paris connaît de violentes manifestations anti-communistes. L'extrême droite est à la manœuvre, mais elle fédère d'authentiques colères.

Au sein du Parti l'émotion dessine des clivages, annonce des ruptures. En Sorbonne des dissidences se manifestent. Ma section vote cependant une motion de soutien. Je me prononce contre.

D'un côté, on diabolise un mouvement assimilé à une réaction fascisante (pour ne pas dire fasciste), on instrumentalise le fait que les insurgés ont liquidé ou lynché des cadres de la police politique dont beaucoup se trouvaient être juifs. De l'autre côté, dans toute une fraction de la gauche non communiste, en particulier la gauche médiatique, on tire la couverture à soi : les insurgés - pardi ! - n'ont en rien mis en cause le socialisme, au contraire, ils voulaient revenir aux sources, au marxisme originel, à un idéal autogestionnaire, c'étaient les disciples de Jaurès, peut-être même des vrais « léninistes » ! La droite, tactiquement, s'alignait presque sur cette seconde vision.

Très confusément (et, cette fois, je voyais, ou plutôt j'entrevoyais, assez juste), je n'adhérais ni au premier point de vue ni au second. Une armée étrangère avait écrasé une révolte nationale et authentiquement populaire, « point barre » (comme on dirait aujourd'hui). C'était aussi simple que cela.

Mais que les révoltés aient été majoritairement des nostalgiques d'un socialisme véritable, ce qui était propre à ravir les intellectuels de notre futur « PSU » : je n'en croyais pas un mot.

La Hongrie avait été, avant guerre, et pendant la guerre, un des principaux foyers européens d'un ultra-nationalisme réactionnaire, parfois débordé par une fraction ultra-fascisante. Par quelle opération du Saint-Esprit, le Saint-Esprit fût-il devenu marxiste, en dix ans, cette mouvance se serait-elle évaporée pour laisser miraculeusement place à une irrépressible aspiration au socialisme authentique, internationaliste et autogestionnaire ? La suite, surtout après que la Hongrie se sera « libérée » du communisme, apportera la réponse. Comme si une étrange conception de la démocratie excluait qu'on pût être « libéral » conservateur ou même « réactionnaire ».

Éternelle illusion qui resservira à chaque occasion : comme chacun sait, les Soviétiques vivaient dans l'attente d'un socialisme démocratique et libertaire ! La classe ouvrière russe vivait dans la nostalgie de Trotski ! Même Soljenitsyne fut, un temps, dépeint en adepte d'un retour aux sources du socialisme !

La répression de la révolte hongroise, mais surtout l'approbation que lui apporta notre PCF, allait-elle mettre fin à mon bref militantisme ?

C'eût été possible.

Mais un quatrième coup de tonnerre retentit, qui fit de cette année 1956, pour moi fondatrice, une véritable année terrible : l'expédition de Suez, en réaction à la nationalisation du canal par le colonel Nasser, cet autre événement fondateur sur lequel je reviendrai plus loin.

Intervention impérialiste, intervention soviétique, la première le 29 octobre, la seconde le 4 novembre, ceci permettra cela, mais cela, à mes yeux, finira par équilibrer ceci. N'était-ce pas un pouvoir social-démocrate qui, en cheville avec la droite britannique, s'était prêté à cette nouvelle forfaiture ?

De cette cascade de méfaits, aucun des grands idéaux qui aspiraient à une hégémonie universelle, communisme, social-démocratie et conservatisme libéral, ne s'était extrait indemne. Aucun de mes tâtonnantes esquisses d'engagement n'échappa aux éclats projetés par ces explosions successives de bombes à fragmentation.

Chapitre 16

Communiste ?

Mon bref engagement communiste était - comment le nier ? - tout à fait contradictoire. Attaché que j'étais au pluralisme, à la diversité des approches, j'eusse volontiers qualifié de repoussoir l'idée non seulement d'une dictature, mais même d'un pouvoir de classe, qu'il s'agît du pouvoir d'une soi-disant bourgeoisie ou du pouvoir d'un soi-disant prolétariat, dont l'hétérogénéité, en outre, me sautait déjà aux yeux : Jaurès était un bourgeois quand Jacques Doriot était issu du prolétariat. Comment pouvait-on se vouloir à l'avant-garde du combat pour la démocratie, aspirer à son approfondissement (la plupart des militants communistes étaient sincères quand ils menaient ce combat) et admettre « l'idée », l'hypothèse plus exactement, de l'exercice du pouvoir par les seuls représentants d'une seule classe ? Aberration aggravée par l'acceptation que cette classe, dont on niait en cela la pluralité, qu'on méprisait même en la condamnant à cette non-pluralité, devait être représentée par un seul parti, monolithique de surcroît.

Que la lutte des classes fut le moteur de l'évolution historique, comme la lutte pour la vie était censée être le moteur de la sélection darwinienne, je le réfuterai plus tard (toute l'actualité récente en a fait litière), mais, à l'époque, j'adhérais à ce quasi-dogme comme à une évidence, conforté, croyais-je, par les multiples exemples que nous fournissait l'étude du déploiement de l'Histoire, que ce fût la guerre civile à Rome et l'épopée tragique des Gracques ou les révolutions communales du XIIe siècle. J'aurais même pu ajouter l'affrontement Armagnacs/Bourguignons au XVe siècle en France.

Ce qui est étrange, avec le recul, c'est que je ne me sois nullement avisé que le phénomène des croisades, par exemple, allait à l'encontre de ces schémas binaires ou que les guerres de Religion de notre XVe siècle rejetèrent les masses populaires du côté de la Ligue du duc de Guise, donc du fanatisme réputé droitier, alors qu'une large fraction de la bourgeoisie ainsi qu'une petite élite nobiliaire penchaient en faveur de la tolérance. (Il est vrai que mes professeurs d'histoire de la Sorbonne, le très savoureux Jean Bruhat et le revêche et sectaire Albert Soboul, donnaient dans le marxisme le plus orthodoxe). Finalement, entre 1914 et 1918, ni les ouvriers ni les bourgeois ne furent dans le même camp.

Je faisais mienne, donc, la théorie de la lutte des classes comme moteur, mais je n'estimais nullement, pour autant, qu'il fallût s'y résoudre et lutter pour qu'elle restât, précisément, ce moteur. Je pris, en outre, assez vite conscience – et combien d'élections le confirmèrent – que ce n'étaient pas les classes ouvrières et plus globalement les classes populaires qui pratiquaient avec le plus de cohérence et de constance la « lutte des classes », mais les catégories les plus bourgeoises. Que Montreuil, Argenteuil ou Corbeil pouvaient tomber à droite, mais jamais Versailles, Neuilly ou Passy à gauche.

Quant à l'État, non seulement je n'aspirais nullement à ce qu'il concentre tout entre ses mains, mais c'est sur une base intrinsèquement libérale que j'opinais à la stigmatisation des « monopoles ». Et cela même si je portais sur le capitalisme (bien que je ne l'appréhendasse pas encore, ainsi que je le fis plus tard, comme une invariance recomposable au même titre que l'aspiration au socialisme) un regard éminemment, sinon radicalement critique qui apparaîtrait, aujourd'hui, comme une simple banalité.

Mon initiation au marxisme me fit, certes, accepter, dans un premier temps, la théorie selon laquelle l'évolution des forces productives déterminant l'évolution des rapports de production, c'était sur le socle de l'infrastructure économique que reposaient les superstructures idéologiques, mais j'évoluais, sur ce point, assez vite pour que la première réflexion théorique que je couchai sur le papier portât sur « l'autonomie des superstructures ». La religion en était la plus spectaculaire illustration.

Et, cependant, oui, j'ai été communiste, au sens où j'ai été un membre actif du Parti jusqu'à la fin de l'année 1958. Et surtout, surtout, non seulement je ne regrette rien, mais c'est peut-être l'une des séquences de ma vie dont je garde le souvenir le plus heureux. Pourquoi devrais-je en renier les raisons ? Oui, l'action en faveur d'une paix négociée en Algérie, le combat dirigé contre les dérives attentatoires à toutes nos valeurs qu'engendrait la perpétuation de cette guerre, et dont l'expédition de Suez n'avait été qu'un additif, toutes ces mobilisations furent justes, comme fut juste de dénoncer et d'affronter tous ceux (et Dieu sait que j'eus ensuite à les voir de près) qui semaient déjà les mauvaises graines qui firent éclore de mauvaises plantes.

On ne saurait cependant éluder cette question : comment pouvait-on relativiser le poids de ces lingots de plomb qui pesaient si lourdement sur le fléau de la balance : l'acceptation, tout en se réclamant, à jets continus, de la démocratie intégrale (vive la Constitution de l'an III), d'un régime totalitaire qui tournait le dos à toutes ces professions de foi, surtout lorsqu'il tombait le masque en se prétendant

« dictature du prolétariat ». L'approbation, par le parti, de toutes les horreurs et ignominies qui furent commises au nom de l'idéologie dont il portait le nom (et encore n'avions-nous pas vécu les délires du maoïsme et des Khmers rouges), mais, également, la pratique généralisée de la criminalisation des désaccords, de l'excommunication des divergences, de la réification de l'autre d'autant plus rageusement qu'il venait de chez soi, le basculement dans une néoreligiosité, les délires bouffis de haine qui caractérisèrent la manière de se vautrer dans l'hystérie de la guerre froide.

Pourquoi, alors, ne pas avoir rompu aussitôt après en avoir pris conscience ? D'abord, je l'ai dit, l'impression fallacieuse que le XXe congrès avait joué le même rôle que ce « corrector » qui nous servait, alors, à effacer les erreurs qui se glissaient dans nos textes dactylographiés. Ensuite, la conviction que, en s'opposant au traité de Versailles, à l'occupation de la Ruhr, à la guerre du Rif, à la condamnation de Sacco et Vanzetti, à la capitulation de Munich, au lâchage de la République espagnole, aux dérisoires aventures coloniales de l'après-guerre, au franquisme, aux répressions qui partout étaient menées et exacerbées au nom du « monde libre », au racisme, les communistes, auréolés, comme les chrétiens en un autre temps, par le culte entretenu de leurs martyrs sacrifiés à la libération de la patrie, avaient eu, à ces tournants-là de notre histoire nationale, incontestablement eu raison.

Mais, surtout, je ne récuserai jamais la générosité, la chaleur, le désintéressement, le don de soi, la ferveur militante, qui était aussi quelque part civique, la soif d'acquisition culturelle et de bienfaisance sociale qui caractérisaient les citoyens militants de cette contre-société qu'avait réussi à instaurer le Parti communiste. Combien de lectures, de découvertes artistiques, de pièces de théâtre abordées comme but d'un pèlerinage, de films improbables découverts, de communions collectives, populaires et festives, combien de relations fortes et solides, d'authentiques camaraderies forgées dans des combats communs, d'espaces sociaux explorés, de solidarités mobilisatrices et de débats fiévreux, d'ouvertures communes au monde, aux damnés du monde, aux luttes du monde, aux espérances du monde, aux expressions et chants du monde à côté desquels je serais passé sans ce moment de mon existence qui fut à la fois une chance et une voie sans issue ? Combien, enfin, de réunions sérieuses, laborieuses et enfiévrées ? Je me souviens de l'une d'elles au cours de laquelle nous discutâmes gravement des chances ou non de réussite qu'il fallait accorder à un type, du nom de Fidel Castro, qui venait de débarquer à la tête d'un noyau de guérilléros, sur l'île de Cuba.

Mais, pour être tout à fait franc, il est une autre dimension du Parti communiste de l'époque qui contribua à ce je m'y maintinsse pendant deux ans et demi.

En premier lieu, son incontestable représentativité du peuple travailleur, ce que mes passages en entreprises ne purent que confirmer. En second lieu, le fait qu'il opposait à un ordre moins oppresseur qu'il ne le prétendait, mais presque aussi injuste qu'il l'affirmait non pas, comme l'extrême gauche aujourd'hui, une mystique du désordre, mais une manière « d'alter-ordre », ordre de rééquilibrage en quelque sorte, un ordre « in-établi » opposé à un ordre établi. Je pus, à Arcueil comme dans d'autres banlieues dites « rouges », constater à quel point, force stabilisatrice finalement, il se nourrissait, certes, des dysfonctionnements suscités par les retombées de la logique capitaliste, mais confortait, en cela, les plus authentiques fondamentaux de la société libérale. Roue de remplacement en même temps que roue de secours, ordre inversé se donnant, concrètement, comme ordre de compensation.

Qui n'a pris conscience que l'effondrement de ce parti, suivi de ses renoncements, de sa « trotskisation » et de sa « libertarisation » (parallèlement à l'effacement des encadrements confessionnels) a dégagé des espaces, de véritables terrains vagues sur lesquels se sont engouffrées des infusions de délinquances et d'extrémismes pseudo-religieux.

Faut-il se réjouir que la boboïsation des séquelles d'un PCF devenu presque partie prenante du gauchisme libertaire ait rejeté l'essentiel de son électorat, d'extraction populaire, dans les filets du Front national ? Car, en dernier lieu, le Parti communiste jouait un rôle de garde-fou, au sens strict du terme : il contenait la prolifération, et tout particulièrement la diffusion intellectuelle, des gauchismes ou anarcho-gauchismes de tout poil qui feront le lit du néofascisme. Cette fonction, déjà, à l'époque, me paraissait essentielle.

J'ai évolué, évidemment, au cours de mon existence (malheur à ceux qui restent figés dans leurs certitudes, j'en connais trop). Je suis passé d'un réformisme qui, jusqu'en 1970, trouvait plus ou moins ses aises à gauche, à des convictions finalement plus révolutionnaires, ou plus « transformatrices », mais qui se sont retrouvées de moins en moins dans les gauches. Je me suis surpris à déborder la gauche molle à partir d'un centrisme dur.

Mais, outre un antifascisme sans concession, je suis resté accro à deux lignes de force assises sur un républicanisme démocratique et social de conviction : la phobie, quand elle se renouvelle, de l'éternelle trahison social-démocrate et le rejet presque viscéral des gauchismes. On comprendra ma douleur quand, entre 2013 et 2020, nous fûmes confrontés à la fois à la trahison social-démocrate, au puissant retour de flamme d'un néofascisme rémanent et à un déferlement explosif d'anarcho-gauchisme.

Les gauchismes, sous tous les cieux, de Paris à Santiago, à toutes les occasions, sous toutes les formes, par tous les temps (et au cours de toutes mes plongées dans notre histoire), j'ai pu constater leur dévorante perversité. La moindre n'étant pas la façon dont, inéluctablement, particulièrement quand une effervescence démocratique laisse espérer de consistantes avancées sociales, ils s'offrent, partout et toujours, par leur maximalisme quasi automatisé et leur surenchère libertaire, en tremplin aux forces les plus réactionnaires, jusqu'à faire le jeu, comme au Chili ou au Brésil, des dictatures militaires ou, comme en France aujourd'hui, des néofascismes.

Une des thématiques gauchistes, au cours de mes années militantes, consistait à faire honte au Parti communiste d'avoir, en 1945, accepté le désarmement de ses milices plutôt que de tenter de prendre le pouvoir. Ce qui, soit dit en passant, aurait eu pour résultat que, comme dans les pays dits de « démocratie populaire », les gauchistes auraient été physiquement liquidés.

Je me suis très tôt posé cette question : pourquoi les tenants petits-bourgeois d'un ordre établi, tout juste ripoliné aux couleurs de la modernité, ont-ils constamment instruit un procès implacable, et pour l'essentiel justifié, du communisme orthodoxe et fait preuve (la droite aussi parfois) d'une telle tolérance à l'égard d'une extrême gauche trotskiste, maoïste, anarchiste qui lui en remontre pourtant en matière de sectarisme, de dogmatisme, d'intolérance vindicative et de terrorisme intellectuel ?

Pendant toute ma jeunesse j'ai été confronté, venant d'une fraction de la gauche, à des récits reconstruits de la guerre civile espagnole qui idéalisaient les trotskistes du

POUM - Parti ouvrier d'unification marxiste -, bien qu'ils eussent, à Barcelone, déclenché une suicidaire guerre civile à l'intérieur de la guerre civile, ou des anarchistes, bien que leurs criminels excès, en particulier anticléricaux, eussent apporté des citernes entières de justifications liquides au moulin du franquisme.

En 2018, je fus invité par la Société des amis de *L'Humanité* (dont j'étais membre au nom de la défense des pluralismes médiatiques) à participer à un débat à l'occasion des cinquante ans des événements de Mai 68. Lorsque j'avançai que les mises en garde, exprimées par la direction du Parti communiste de l'époque, contre certaines surenchères et dérives anarchisantes, étaient peut-être mal exprimées mais justes (comme le prouva l'immense triomphe électoral de la droite à l'arrivée), l'immense majorité de la salle exprima son désaccord. Hostile désormais, qu'elle était, à ce qui avait permis au Parti communiste d'obtenir 21 % des suffrages à l'élection présidentielle de 1969, elle approuvait, en revanche, la ligne qui l'avait ramené à 3 %.

Combien en ai-je connu, en outre, qui sont passés d'une forme ou d'une autre de gauchisme - ou de contestation du Parti communiste sur sa gauche - à une extrême droitisation ?

En 1980, lorsque je dirigeais *Les Nouvelles littéraires*, nous avions sélectionné des intellectuels qui représentaient, à nos yeux, les différents grands courants idéologiques, y compris l'auteur de roman policier A. D. G. pour l'extrême droite. La plupart de ceux qui campaient, alors, à la gauche du PC, sont passés, depuis, de l'autre côté. L'un d'eux, très brillant, représentait une gauche qui se voulait très nettement à la gauche du Parti communiste.

Il s'appelait Denis Kessler. Il devint le numéro deux très néolibéral du Medef, syndicat professionnel du patronat.

En 2008, j'assumai, le samedi matin, sur la radio Europe 1, un débat avec l'économiste, devenu ultra-libéral de droite (et néanmoins futé et talentueux), Jacques Marseille. Or, Marseille (auteur d'un livre d'une rare originalité consacré aux rapports colonies-métropole) ayant été communiste, avait rompu... par opposition à l'abandon de « la dictature du prolétariat ». « Je n'ai pas vraiment changé, me disait-il, j'ai toujours été hostile à la gauche réformiste. »

Logique avec lui-même, il fit la promotion, auprès des industriels, du néocapitalisme communiste chinois.

Le philosophe André Glucksmann qui, maoïste, participa au tribunal populaire qui déclara coupable le notaire de Bruay-en-Artois - tout à fait innocent - (sous prétexte qu'il mangeait de gros steaks, ce qui révélait sa nature foncièrement bourgeoise), ne devint-il pas un suppôt assumé du néoconservatisme bushiste au moment de la guerre d'Irak ?

Combien qui, voyant absolument partout la main de la CIA, repérèrent à tout propos, ensuite, les innombrables mains du KGB ? Ainsi, l'historienne ex-stalinienne Annie Kriegel qui, passée à droite, dénonça le rôle direct de l'Union soviétique même dans le massacre... de Sabra et Chatila au Liban !

En 1980, je crois, j'avais été confronté à cette solide historienne universitaire, passée, donc, d'un stalinisme à l'autre, ce qu'Arthur Koestler appelait « changer de trottoir ». Devenue quasiment sourde, elle portait un appareil. Aussitôt que je lui opposais un argument dérangeant, elle le débranchait, ce qui me resta comme emblématique à l'allergie au débat.

Le créateur de *Minute* avait été communiste.

On a préféré oublier que la plupart des dirigeants du jeune Parti communiste, lorsque, à ses débuts, il traversa une phase ultra-gauchiste (classe contre classe), Henri Barbé, Pierre Celor, Paul Marion, Jacques Doriot, basculèrent tous dans le fascisme. La réflexion que méritait ce terrible constat a toujours été esquivée. Seul le bon sens populaire le résume en recourant à cette formule, increvable lieu commun, « les extrêmes se touchent ». Ou se tuent.

Est-ce si simple ? Ce ne sont pas, en soi, les extrêmes qui se touchent, c'est une certaine banalisation de la radicalité (de l'extrémisme) portée par le rejet de la démocratie dite « formelle » et « bourgeoise ». Ainsi, l'ex-communard Henri Rochefort passé du blanquisme à l'Action française à la fin de sa vie. Ainsi, encore, Gustave Hervé qui, au Parti socialiste naissant, stigmatisait la « mollesse » de Jaurès et se retrouva à en appeler à la prise du pouvoir par le maréchal Pétain.

Si les trotskistes défroqués - on ne les compte plus - eurent tendance à se rallier à la social-démocratie dont ils finirent, le plus souvent, par figurer l'aile droite (Henri Weber, Jean-Christophe Cambadélis), combien d'ex-maoïstes, en revanche, dissidents de gauche du Parti communiste (Dieu sait que j'en ai connu) se sont transformés en idéologues des droites néoconservatrices et néolibérales, certains devenant des conseillers du Medef. Ce sont eux, d'ailleurs, tel Stéphane Courtois, qui ont pris en charge, en la radicalisant, en la droitisant, la cause anti-communiste.

De la gauche non communiste, je fis une très courte expérience. Au début des années 1960, je décidai de tâter du PSU. J'assistai à une réunion, une seule, qui se tint quelque part sur les Champs-Élysées. Les intellectuels trotskisants y étaient dominants. Je crus être tombé dans une maison de fous. Les dégagements hors-sol s'enroulaient les uns aux autres en s'auto-admirant leurs volutes. On brassait non pas de l'air mais du « avoir l'air ».

Une seconde expérience fut tout à fait accidentelle. C'était en 1967. Ayant réalisé une enquête en Russie à l'occasion du cinquantenaire de la révolution d'Octobre, j'avais été invité à en débattre par une organisation, dont j'ignorais totalement qu'elle se réclamait d'un trotskisme pur et dur. De tout ce qui se dit, ce jour-là, je ne compris pratiquement pas un mot. À ce degré de charabia jargonnesque, ce n'était plus une langue qu'on utilisait, mais un code. Un code autoprotecteur qui échappait totalement à mon « Enigma » décrypteur. Des phrases mécaniques grillageaient un dogme d'airain. À tout bout de champ on invoquait « la classe », sans autre précision, comme s'il était déjà entendu que le but poursuivi était qu'il n'y en ait plus qu'une. Le prétendu débat n'était qu'une messe. Quand, à propos de l'attitude étrange de l'un des acteurs du coup de force d'Octobre, j'osais suggérer de recourir à une explication « psychanalytique », c'est comme si j'avais pété dans une soupière.

Par comparaison, les réunions communistes m'apparurent idylliques.

Ce pourquoi je ne renie rien.

De cette expérience, cependant, comment ne pas garder le goût amer d'une manipulation de masse ? Comment des dizaines, des centaines même, de milliers de militants, pendant quarante ans, citoyens souvent exemplaires, porteurs d'une telle foi, d'un tel humanisme potentiel, d'une telle disponibilité, comment ces femmes et ces hommes qui constituèrent peut-être la crème des forces vives du pays, ont-ils pu si longtemps être instrumentalisés par une insipide camarilla de bureaucrates médiocres, étriqués et pusillanimes, incapables de se libérer et de sa dépendance à un « ailleurs » et de son enfermement dans un entre-soi ?

Chapitre 17

D'une piaule l'autre

Ici intervient la déchirure. Mes parents s'étaient séparés. Mes frères étaient restés avec ma mère. J'avais suivi mon père. Il avait, avec les femmes, un rapport assez conquérant. Et un fonctionnement pluraliste. Il créa donc successivement, après les à-côtés, deux nouveaux foyers. D'où deux maisons. Située, l'une à Saint-Mandé et l'autre dans le XVIe arrondissement. Auxquelles, très rapidement, ayant pris très tôt mon indépendance, j'ajoutai deux autres, dont une chambre de bonne avenue de Wagram.

Avenue de Wagram, Saint-Mandé, XVIe arrondissement, une expérience très enrichissante, si j'ose dire : vivre dans les beaux quartiers quand on n'a pas le sou.

Expérience des contrastes : je logeais, un temps, dans un minuscule meublé porte d'Aubervilliers, mais côté banlieue. Un soir sur trois, j'étais arrêté par des policiers qui me collaient, les bras levés, face au mur et me fouillaient.

Je suivais alors deux cursus : à la Sorbonne, en histoire, et à l'Institut d'études du développement économique et social axé sur les problèmes du développement du tiers-monde. L'écologiste René Dumont y officiait. Parallèlement, je travaillais en entreprise pour gagner ma vie.

Après le centre de tri de la gare du Nord et un passage par une société de crédit où j'étais en charge d'une tâche fort désagréable, les relances pour recouvrement, j'intégrai l'imprimerie Desfossés à Issy-les-Moulineaux. Le week-end, je faisais moniteur à Arcueil.

Et je militais.

Autant dire que ces années 1957 et début 1958, marquées politiquement par la lente mais irrésistible démission du pouvoir civil face au pouvoir militaire en Algérie et qui se terminera par deux chutes, celle d'une République et la mienne par suite d'un impondérable médical, pour m'avoir en quelque sorte « sculpté », n'en sont pas moins indescriptibles tant elles furent éclatées : autant que ma famille, que mes activités, mes préoccupations, mes mobilisations et mes dispersions estudiantines.

Saint-Mandé, ce fut comme une immersion dans la jungle. Mon père m'avait alloué une chambre au second étage d'une maison sur jardin, celle de sa compagne, située exactement en face du parc zoologique de Vincennes, d'où les hurlements des singes, les rugissements des lions, les barrissements d'éléphants qui berçaient mes nuits. Habitait avec moi le fils de la dame, Jean-Marie Ledannois, qui devait devenir un excellent peintre.

Un jour (j'étais encore en terminale), je ne sais plus trop comment, nous avons réussi à nous introduire nuitamment dans le périmètre du zoo. Nous avons subtilisé quelques pancartes sur lesquelles était indiqué « ouistiti » ou « macaque » et nous les avons utilisées pour faire des farces de mauvais goût. L'âge n'excusait rien. Lui, Jean-Marie, récidiva. Il s'aventura, un soir, dans une espèce de fausse grotte et, errant dans le noir, se retrouva face à une panthère de la même couleur. Elle était en cage, mais on ne distinguait pas les barreaux. Deux yeux électriques le fusillèrent et un terrible rugissement lui fit une escorte musicale. À son retour, il tremblait encore comme les seins de Lollobrigida dans *Fanfan la Tulipe*.

À l'entrée du jardin, une plaque rappelait que l'ancien propriétaire avait été un héros victime de la barbarie nazie. En réalité, en août 1944, voyant approcher une troupe et croyant qu'il s'agissait des Américains, comme il avait à se faire pardonner, il était sorti dans la rue en brandissant un drapeau tricolore. C'étaient les Allemands. Ils l'avaient abattu.

L'autre demeure, celle de la seconde compagne de mon père, une femme remarquable, se situait rue Francisque-Sarcey dans le XVIe. Ce qui me valut, puisque j'avais adhéré au PCF, d'être transféré à la section... « Auteuil-Passy » ! Essayez de brandir un drapeau rouge en plein congrès du Medef ! Ceux qui vendaient *L'Huma* le faisaient comme s'ils tentaient d'écouler subrepticement de la littérature porno. Les adhérents provenaient surtout du personnel de maison, ce qui nous conduisit à réaliser une enquête sociologique sur les prolétaires de l'avenue Mozart. Imagine-t-on les couches de misère qui planent au-dessus (ou gisent au-dessous) des accumulations de richesses ?

Le secrétaire de section, lui, n'était pas issu des classes les plus exploitées, il était fourreur. Ce qui nous permit, en vue du « vin d'honneur » d'avant Noël, de vendre des billets de tombola qui permettaient de gagner, en particulier, une veste en pseudo-astrakan et une étole de renard argenté. Je ne suis pas sûr que tous les acheteurs des billets se réclamassent de la gauche. (Notons, en passant, qu'en ce temps-là, le Parti socialiste, inexistant à Paris sur le plan vraiment militant, menant, au pouvoir, la politique que l'on sait, la « gauche » c'étaient les communistes et les compagnons de route.)

Finalement, j'intégrai une chambre de bonne en haut de l'avenue de Wagram, quartier non point sinistré, comme d'autres, mais sinistre. Demeure provisoire qui s'est surtout inscrite, dans ma mémoire, du fait que les W.-C. et les douches étaient sur le palier et qu'il arrivait, en pleine nuit, que plusieurs locataires ressentent les mêmes envies exactement au même moment. Comme il m'arrivait, dans cette piaule, de bûcher économie et histoire jusqu'à trois ou quatre heures du matin, je pourrais presque écrire un traité à connotation sociale sur la variété et l'étrangeté des bruits que l'on peut percevoir nuitamment dans les combles des immeubles cossus.

Je traversais, en ce temps-là, des moments de quasi-désespérances... puis de renaissances. Je les exprimais, en 1957, dans ces vers écrits sur un banc du parc Monceau (et que je devais publier en 1990 dans *Poèmes politiques* chez Fayard : un best-seller selon l'éditeur, le livre se vendait à près de 40 00 exemplaires).

Leur digue nous réduit comme un corset de phrases
Et nous cache le rire à longueur de rideaux.
Le monde ne pourra jamais changer de base,
Et ne vivre que dans l'espoir de l'anabase
C'est jeter la symphonie pour le crescendo !

Nous perdrons... Car ils sont les plus forts. Le faux l'emporte
Toujours. La vérité reste derrière la porte,
Désespérée, comme l'amoureux qu'on évacue.
Au mensonge l'atout. Vaincre, être vaincu ?
Est-ce que tout cela a beaucoup l'importance ?
Ce qui compte, c'est d'être toujours en partance,
Ce qu'Hugo appelait « une force qui va ».
Le rêve est confisqué au fou qui le rêva ;
Il en reste pourtant à louer en viager.
Dès lors, l'important c'est la bataille engagée,

Le but auquel nous tendons, le mouvement vers...
Que les verrous de la volonté soient ouverts
D'un coup. Et en avant, commence le halage !
Avec l'imaginaire, on forme l'attelage

Parfait qui marie l'improbable à l'impensé,
Et l'on jette aux moineaux des miettes insensées
D'espérance vaine ou très mièvre. D'espérances
Nomades, enchaînées au char de leur errance,
N'ayant d'autre objectif que d'être ce qu'elles sont :
La musique sans quoi s'enraye la chanson.

Poèmes politiques, 1990

À cette époque – 1957 donc –, j'officiais à l'imprimerie Desfossés qui était située à Issy-les-Moulineaux. Chaque matin, de bonne heure, il fallait pointer. Des appareils étaient prévus pour cela. Or, ma mère habitait porte de Versailles. Il m'arrivait donc de pointer, puis d'aller prendre, tranquille, un petit déjeuner chez elle.

Ma fonction, d'une haute intensité car l'imprimerie est un lieu hautement intellectuel et culturel, consista, d'abord, à balayer les ateliers sous la direction d'un chef qui ne savait ni lire ni écrire, mais qui m'enseigna la technique du balayage, laquelle, à l'occasion (et encore une fois) me fut plus utile que le grec ancien. Ensuite, je fus assigné au cassage des barres de plomb qui alimentaient les linotypes (un passage au marteau-piqueur fut désastreux).

De toute façon les ouvriers, tous cégétistes là aussi (j'étais donc de leur bord), s'avisant que je poursuivais des études, me confinaient dans un coin pour que je puisse réviser en paix, me protégeaient et me prévenaient en cas d'irruption d'un contremaître.

C'est dans les intervalles de ces obligations, car il fallait bien vivre et donc manger, que je tâchais de suivre autant de cours que possible.

Le week-end, j'avais patronage. Nous errions, en compagnie d'une fort turbulente marmaille (ce qui me permit de me perfectionner au football en apprenant à feinter trois gosses en même temps), du bois de Chaville, surtout quand il y avait du muguet, en étangs de Hollande où un ministre ne s'était pas encore noyé dans une quarantaine de centimètres d'eau.

Ma hantise, c'était le Salon de l'enfance. À tous les coups, on perdait un ou deux garnements, ce qui donnait lieu à des appels alarmistes au haut-parleur, ce qui me faisait honte.

J'avais fait recruter plusieurs amis qui le resteront jusqu'à leur mort. Ainsi Jean-Claude Chauveaud, le futur avocat qui, excellent footballeur, formait les enfants à ce sport, et Francesco Burgio. Son nom exact était Burgio di Aragona. Comme un certain nombre d'aristocrates italiens, à l'époque, il était communiste. Communiste et prince, propriétaire d'un palais près de Palerme. C'est le PC italien qui nous avait demandé de le prendre en charge, alors qu'il était venu étudier à Sciences Po. Son humour le disputait à sa large culture et à son amour de la chanson française. Il avait un goût démesuré pour les bananes et avait institué, lorsque les enfants faisaient une bêtise ou se tenaient mal à table, une punition exemplaire : la confiscation de bananes qu'il dévorait ensuite en catimini.

J'avais également introduit Paulo (Paul Bernetel), encore meilleur footballeur que Chauveaud. Bernetel était d'origine camerounaise, très beau, mais, à l'expérience, il s'avéra d'une honnêteté très intermittente et, un jour que des vols furent commis dans les vestiaires, j'eus d'affreux soupçons.

Plus tard, il devint rédacteur en chef de *Jeune Afrique* et partit avec la caisse. Puis, avec l'argent de Mobutu, le dictateur du Zaïre, il créa une revue afro-asiatique très engagée. Moi-même, il m'escroqua, mais, ayant reconnu sans difficulté sa responsabilité et sa faute, il m'invita chez lui et me proposa de me rembourser : je partis avec une télévision en noir et blanc et un costume à rayures à doublure violette. Il finit ses jours au Brésil (ou aux États-Unis ?). Un soir qu'il résidait dans un grand hôtel, des individus firent irruption de force dans sa chambre et, pour leur échapper, il sauta par la fenêtre. Il n'avait aucune chance.

****

En mars 1957 intervint un événement d'une importance considérable : la signature du traité de Rome instituant le marché commun.

Or, je dois en faire l'aveu, cela ne m'accrocha pas, ne s'imprima pas. Je ne partageais nullement l'hostilité rageuse du PC à toute idée européenne (doublée d'une dénonciation obsessionnelle et ridicule du « revanchisme allemand »), mais je sous-estimais ce que représentait dynamiquement, dialectiquement même, le déclic annonçant le lancement d'un processus.

Surtout, il y a un aspect de mon être intime qui a traversé, irradié, inondé, investi, enfin, tous les paliers de mes différents âges, c'est le patriotisme. Ces filaments émotionnels dont le faisceau constitue la « fibre patriotique », comme on dit, et qui, avant même le républicanisme, la passion démocratique et le culte de l'épopée révolutionnaire, m'amènera précisément à Victor Hugo et, finalement, mais je ne l'anticipais nullement, à l'Europe. À 11 ans, je pleurais en lisant *La Dernière Classe* d'Alphonse Daudet et en écoutant les tirades mirlitonesques de *L'Aiglon*.

Ne serait-ce que ce que je ressentais à l'écoute de *La Marseillaise* et à l'évocation de Hoche, de Marceau et des soldats de l'an II, m'aurait interdit de basculer dans le gauchisme.

« L'antisémitisme, disait le socialiste autrichien August Bebel, est le socialisme des imbéciles. » Ajouterais-je que l'antipatriotisme est le gauchisme des crétins et le droitisme des possédants sans horizon ? Je répudiais d'autant moins le patriotisme, en ce temps-là, que de Coblentz à Vichy en passant par Bazaine et le largage de l'Alsace-Lorraine en 1870, j'assimilais la droite réactionnaire, qui se disait « nationale », à l'éternelle trahison (là-dessus, je n'ai pas beaucoup évolué).

Difficile, aussi, à effacer mentalement, les empreintes laissées par les « années noires » et à dépasser les antagonismes que nos mémoires avaient intégrés et structurés.

Cette année 1957 fut, d'ailleurs, celle où, avant d'embarquer avec mes deux Anglais à Belgrade vers la frontière turco-irakienne, je traversai l'Allemagne en autostop, Cologne, Munich, Vienne en Autriche (j'avais été logé par une famille), et je ne pouvais me chasser de l'esprit l'idée, qui tournait en boucle, que douze ans plus tôt...

À cette sous-estimation de ce qui aurait dû résonner dans ma tête comme un coup de gong : la naissance de l'Europe (je sous-estimais également l'avancée sociale que représentait l'obtention d'une semaine de congés payés supplémentaire, mais pas le vote de la loi Deferre qui préparait l'accès à l'indépendance de nos possessions en Afrique subsaharienne), à cet aveuglement, donc, il y avait une autre raison : la prégnance dans cette tête des « événements » d'Algérie.

D'autant qu'en métropole même s'affirmait, avec de plus en plus de virulence, un « activisme » d'extrême droite qui basculera dans le « putschisme », puis dans le terrorisme auquel il avait déjà tâté en Algérie.

À deux reprises, nous dûmes nous défendre physiquement contre les attaques de ceux qu'on appelait les « nervis ». La première fois, dans la cour de la Sorbonne où les assaillants, munis de matraques, étaient conduits par Jean-Baptiste Biaggi, extrémiste professionnel, petit homme rondouillard d'origine corse mais qui se surpassait dans la castagne. Je fis le coup de poing aux côtés d'Élie Kagan, le futur photographe, qui n'était jamais sorti mentalement de l'épopée du ghetto de Varsovie et portait, en permanence, une coquille protège-couilles pour le cas où... Une autre camarade, juive, très émotive, croyait se retrouver en face de ceux qui avaient déporté sa famille. Elle s'appelait Herrera. Je m'en souviens car, pour lui remonter le moral, on lui lançait : « Herrera bien qui rira le dernier ! »

La seconde fois, un important groupe d'extrême droite se lança à l'assaut d'une réunion publique d'information à laquelle j'assistais et au cours de laquelle devait témoigner un certain nombre d'avocats. Ce fut d'une extrême brutalité. Peu de mots, des coups. Nous dûmes, pour nous défendre, nous servir de tous les projectiles qui nous tombaient sous la main. Défaite ! Les agresseurs restèrent maîtres des lieux.

Ce que je découvrais, c'était la renaissance d'un monde dont je croyais naïvement qu'on s'était libéré après l'avoir vaincu.

Je vais revenir sur le traumatisme algérien. Mais, même avec le recul, je reste stupéfait : il y avait, en Algérie, neuf fois plus de musulmans que d'Européens. Aujourd'hui, ils sont plus de quarante millions. Si on avait intégré l'Algérie, il y aurait deux cent soixante députés musulmans à l'Assemblée nationale.

Des deux côtés, le Maroc et la Tunisie, et même la Libye libérée des Italiens, étaient devenus indépendants. L'Indonésie hollandaise, l'Inde colonie britannique, comme la Malaisie ou Singapour, le Ghana, bientôt le Congo belge, l'Indochine ex-française, avaient conquis leur souveraineté. Il y avait eu la conférence de Bandung, bientôt celle de Monrovia. Nos finances, plombées par l'entretien d'une armée énorme qui dévorait le budget, nous mettant dans l'obligation d'aller régulièrement mendier l'aide américaine. Des centaines de milliers de jeunes énergies, de jeunes créativités en puissance, étaient neutralisées par le port de l'uniforme. Isolée aux Nations unies, montrée du doigt dans le monde entier, identifiée à une État tortionnaire, assimilée à l'Afrique du Sud de l'apartheid, notre diplomatie exsangue, la France n'exerçait plus la moindre influence au plan international... Et, cependant, il y avait des responsables, des élus, des politiques, des journalistes influents, quelques intellectuels même pour soutenir que nous devions coûte que coûte, quel qu'en soit le prix économique, moral, financier, conserver l'Algérie. C'est-à-dire couler !

Chapitre 18

L'expédition de Suez

J'ai évoqué l'épisode grotesque, calamiteux et inoubliable de notre expédition militaire de Suez dirigée contre le maître – le « Raïs » – de l'Égypte, Nasser, qu'il s'agissait, en réalité, de renverser, nos stupides dirigeants (le dénommé Guy Mollet, en l'occurrence) étant convaincus que, lui « dégagé », la rébellion algérienne s'effondrerait.

Cette délirante et ubuesque initiative, que je suivis, au jour le jour, avec une passion scandalisée, instilla en moi un mépris pour le monde politique et médiatique dont j'eus du mal à me défaire. D'où mon ancrage partisan du moment.

Est-on conscient, aujourd'hui, de ce que représenta en 1954 (après l'élimination de Naguib avec lequel il avait réalisé le coup d'État des « officiers libres »), l'émergence, le déboulement sur la scène internationale du colonel Nasser qui, au milieu d'un monde dominé par des monarchies féodales et cléricales tenues à bout de bras par leurs anciennes métropoles coloniales (le Premier ministre irakien Nouri Saïd était un agent britannique et le chef de la « Légion arabe » jordanienne, l'Anglais Glubb Pacha, était, en fait, au service de sa vraie patrie), ce que représenta, donc, l'irruption de ce « colonel » issu de la petite bourgeoisie, nationaliste, « décolonial », populiste messianique, sorte de Perón panarabe, qui réalisa aussitôt une véritable réforme agraire, engagea de radicales transformations sociales et affronta, d'emblée, les islamistes en la personne des Frères musulmans ?

L'homme, qui se vivait en Cavour ou en Bismarck moyen-oriental (ou en Bonaparte Premier consul), réalisant, au fond, la mutation que l'Europe avait effectué au XIXe siècle, ne doutait pas un instant que les États-Unis, son anticommunisme aidant, le supporteraient sans réticence.

Bien plus tard, au Caire, après la mort du « Raïs », Mohamed Heikal, qui fut, sous son déguisement de patron du journal *Al-Ahram*, son collaborateur numéro un, son principal communicant et le ministre des Affaires étrangères *bis*, me rapporta les circonstances d'un basculement qui bouleversa radicalement le monde arabe et, au-delà, le monde afro-asiatique : Nasser, tout naturellement, s'était tourné vers l'Amérique pour obtenir des armes. Refus : sous la pression britannique. Ce fut à l'occasion de la conférence afro-asiatique de Bandung (si j'en crois le récit que me fit Heikal que Boutros Boutros-Ghali, alors ministre des Affaires étrangères égyptien, me confirma) qu'il demanda à Chou En-lai si la Chine accepterait de lui en fournir. Chou En-lai déclina, mais proposa d'intervenir auprès des Soviétiques, c'est-à-dire auprès de Khrouchtchev, qui hésita (pourquoi armer un pro-américain anticommuniste ?), mais finit par se laisser convaincre.

Nasser, cependant, ne fut pas immédiatement guéri de son prurit pro-américain : les États-Unis ne lui avaient-ils pas promis de financer son gigantesque projet de construction d'un barrage sur le Nil, à Assouan, qui permettrait au pays d'augmenter considérablement sa superficie de terres cultivables ? Or, devant la levée de boucliers de ses alliés occidentaux, du Congrès, des organisations juives, le président Eisenhower cala et revint sur sa promesse. À en croire Heikal, l'ambassadeur égyptien à Washington aurait déclaré à John Foster Dulles, le secrétaire d'État américain : « Attention, d'autres vont saisir l'occasion ! »

Dulles, qui n'y croyait pas, aurait répondu : « Eh bien, qu'ils le fassent, on n'y fera pas d'objections. »

Effectivement, l'Union soviétique sauta sur l'occasion.

C'est alors que Nasser prit la décision qui eut l'effet d'un séisme.

À l'époque, le canal de Suez – qui permettait aux navires européens de ne pas être obligés de contourner l'Afrique pour se rendre en Asie – était détenu par une compagnie ultra-capitaliste dont la Grande-Bretagne trustait 40 % des parts. Celle-ci réalisait un bénéfice énorme, dont les administrateurs, presque tous issus de milieux aristocratiques, se partageaient 2 % outre leurs jetons de présence. L'Égypte ne touchait que 13 % des bénéfices et aucun Égyptien ne siégeait au comité de direction.

Le 26 juillet 1956, donc, Nasser, à l'issue d'un grand discours prononcé à Alexandrie au cours duquel il avait répété plusieurs fois le mot « Lesseps », qui était, en fait, un signal, annonça : « À l'heure où je vous parle, les agents du gouvernement prennent possession de la Compagnie du Canal »... et il éclata de rire. D'un rire à la fois libérateur et nerveux.

Notons que cette nationalisation de fait était assortie d'indemnisations.

On a peine à imaginer, aujourd'hui, l'hystérie des réactions. Le saute-mouton des surenchères dans l'indignation incandescente. Une même clameur panurgique monta des rangs de tous les partis, Parti socialiste en tête, qui avaient été « munichois » en 1938 : « Nasser, c'est Hitler. Le Canal c'est la Tchécoslovaquie. Ne pas réagir par la force ce serait un nouveau Munich ! » D'où l'acceptation quasi unanime, communistes à part (en France, car, en Grande-Bretagne même, les chefs militaires se montrèrent tout de suite réticents), de « l'évidence » qu'il fallait recourir aux armes. La guerre ! Pourquoi ? Pour défendre les intérêts capitalistiques archaïques de la Compagnie du Canal. Or qui, presque unanimement, exigeait cette intervention armée ? Les socialistes ! Ils déclarèrent insupportable qu'un pays veuille récupérer la propriété et le contrôle du canal qui le traversait ! Eussent-ils poussé de tels cris si la France avait voulu se réapproprier le canal Rhin-Rhône appartenant à une société privée allemande ?

Je venais d'avoir 18 ans (soit dit en passant, je ne me pardonnerai jamais de n'avoir pas cherché à rencontrer Dalida !). Comment peut-on, à cet âge, être confronté à une telle aberration, à une telle folie pandémique, assister à une aussi lamentable crise d'auto-intoxication collective sans être profondément et durablement traumatisé ?

Les médias se déchaînèrent. La Compagnie du Canal leur distribua de persuasifs cadeaux. *Paris-Presse* se saisit de la thématique imposée pour stigmatiser, à la une, le « Führer arabe ! ». Ce qui conduisit *Le Figaro* à mettre en garde, autre figure obligatoire, contre un « Munich méditerranéen ». Les mêmes mots, les mêmes expressions, les mêmes arguments. En boucle. Unicité expressive, déjà. D'ailleurs, Nasser, un dictateur (ce qui était vrai, comme beaucoup de nos alliés d'alors), n'était-il pas l'auteur d'un ouvrage régulièrement comparé à *Mein Kampf* ? (Guy Mollet ne cessait de le répéter). Il y prétendait vouloir placer l'Égypte au cœur d'une entité arabo-musulmane. Cela ne rappelait-il pas l'Europe d'Hitler ? *L'Aurore*, qui appartenait à Boussac, le roi du textile dont toute aventure guerrière servait les intérêts, donnait dans le racisme pur et simple : « un petit officier rageur que ne désavouerait pas le plus retors des marchands de tapis levantin ». *Franc-Tireur*, proche de la gauche socialiste, et *Combat*, qu'avait dirigé Camus, se joignirent à la meute. *Le Monde*, même *Le Monde*, quoique légèrement en retrait, tranchait : « Tout dépend, désormais, de la rapidité avec laquelle les nations de l'Ouest sauront appliquer des mesures de rétorsion. » Et ça tournait en rond et ça se mordait la queue. Normalisation de la sottise.

À l'Assemblée nationale, on se surpassa, un peu comme le Parlement du Second Empire à la veille de la guerre de 1870 (que la France déclara et qui déboucha sur Sedan). Jacques Soustelle fut presque modéré, quand il évoqua la « récupération de la Rhénanie par le Führer », ce qui était une façon inconsciente d'admettre que Nasser « récupérait » un avoir égyptien. Le ministre socialiste des Affaires étrangères, Christian Pineau, stigmatisa, lui « le rire hystérique d'un homme qui n'est pas maître de ses nerfs ».

Dans son journal, publié plus tard, le vice-ministre britannique des Affaires étrangères écrivait, de ce Pineau, que « c'était un individu sot. Plus stupide chaque jour ». Et c'est vrai que ce brave garçon, dont je devais faire la connaissance, était assez sympathiquement bête. On lui devait, d'ailleurs, cet aveu : « Si l'action de Nasser reste sans réplique, il est inutile de poursuivre la lutte en Algérie. » Car la rébellion algérienne n'était, évidemment, qu'un coup monté par Nasser ! Il eût suffi de placer un président potiche au Caire et, *illico*, la Kabylie et les Aurès devenaient calmes. Maurice Bourgès-Maunoury, un « radical », ministre de la Défense, une tête de bœuf aux cornes intériorisées, enfonça le clou : « Le renversement de Nasser sera le salut de l'Algérie. » Crétin !

Intervention armée ? Seuls les communistes votent contre. Mendès France déplore l'accès généralisé de démence, mais n'ose pas. En conséquence, en coalition avec les Anglais qui traînent de plus en plus les pieds, en avant pour l'aventure !

Je suis consterné, effaré. Tous les éléments sont réunis pour assurer le fiasco final. Le monde afro-asiatique s'indigne. Le Commonwealth britannique regimbe. L'Europe du Nord exprime une quasi unanime opposition. À l'exception du Parti travailliste israélien, les « gauches » de tous les pays condamnent. Le Parti travailliste britannique se révolte : « Nasser n'a rien fait, pour l'instant, qui justifie l'usage de la force », lance son leader.

En France, communistes mis à part, personne ne pipe mot. Concentré de stupidité paralysante. Approbation massive ? Non, mais autoterrorisme. Ne pas apparaître comme un « complice d'Hitler ». Surtout quand on l'a été ! Les États-Unis refusent de marcher dans la combine. Le président Eisenhower ne décolère pas. On est de plus en plus seuls mais debout sur nos ergots. Porté par un pays qu'on a préalablement enivré.

Les cent cinquante-trois pilotes français et anglais qui assuraient le bon fonctionnement de la navigation quittent le canal. Les Égyptiens seront évidemment incapables de les relever, clame-t-on. Donc, ils vont se retrouver le bec dans l'eau. Damnation ! Les pilotes sont remplacés et ça marche !

On a une idée géniale : confier le canal à un « conseil des usagers ». Donc remplacer la Compagnie par une autre compagnie. Pourquoi ne pas confier la tour Eiffel à un conseil d'usagers ? Une conférence se tient à Londres, en effet, pour mettre ce schmilblick en place. Georges Gorse y représente la France. Il me racontera : à mourir de rire. Tous les sigles proposés pour désigner la « chose » avaient une signification grotesque dans une des langues des pays concernés.

De toute façon, il y a un hic. Gros comme l'Everest : l'opposition américaine. Prévisible, dont non prévue.

En Angleterre, l'armée est de plus en plus réticente. Les conservateurs se divisent. Ça branle dans le manche. On fait et on refait des plans. On recule l'échéance.

C'est alors que la France, qui pousse de plus en plus à la roue de l'intervention, croit avoir trouvé la solution, dont elle omet simplement d'informer les Anglais : on va mettre Israël dans le coup.

Les Israéliens ne sont pas chauds. Mais, au cours d'une réunion secrète, la seconde, qui se tient à Sèvres, la France jette un argument plombé dans la balance : elle les aidera à accéder à l'énergie nucléaire. C'est-à-dire, en fait, à l'arme atomique. Ce fut longtemps un non-dit, mais Shimon Peres me le confirmera, en 2005 je crois, au cours d'une soirée... chez Michou, à laquelle participait Charles Aznavour. Le plan, aussi vicieux que sioux, consistait à faire d'Israël l'agresseur. Tsahal attaquerait dans le Sinaï, atteindrait le canal de Suez, les Français et les Anglais lanceraient un ultimatum demandant aux deux armées, égyptienne et israélienne, de cesser le feu et de se retirer. L'Égypte refuserait. Et on interviendrait ! C'est exactement ce qui se passera malgré l'hostilité des Anglais à cette participation israélienne.

Le 29 octobre, l'opération militaire est donc lancée. L'Assemblée nationale approuve, y compris François Mitterrand, sans le moindre état d'âme. Seuls les « mendésistes », cette fois, s'abstiennent.

Et alors ? C'est évidemment la catastrophe. Militairement ça marche comme sur des roulettes. Nos paras, commandés par Massu, sautent, après bombardements, sur Port-Saïd, les Anglais foncent sur Port-Fouad. Les Égyptiens n'opposent qu'une résistance symbolique, mais...

... Mais ces inutiles succès locaux n'en apparaissent que plus dérisoires car, pour le reste, c'est la Bérézina : le monde entier exprime son indignation. L'ONU exige un cessez-le-feu immédiat : nous n'obtenons que cinq voix contre soixante-quatre.

Le monde arabe flambe. La Jordanie, qui a licencié Glubb Pacha, rompt ses relations avec la France. La Syrie, autre espace d'influence française, place son armée sous commandement égyptien. Les pipelines sautent. Le canal est obstrué. La route du pétrole est coupée. Nasser se fait acclamer par les foules. Le Commonwealth fait quasiment sécession. Énormes manifestations de protestation à Londres (mais, en France, rien ne bouge). L'Amérique exprime sa radicale opposition. L'Union soviétique (qui, du coup, peut impunément écraser la révolte hongroise, laquelle est, de la sorte, trahie par les socio-démocrates français, comme les républicains espagnols vingt ans plus tôt) envoie un ultimatum auquel les États-Unis ne s'opposent pas. Hantise d'un dérapage nucléaire. L'Angleterre met les pouces. La France, honteuse, doit suivre. Nasser triomphe. Sa radio La Voix des Arabes rentre dans tous les foyers arabo-musulmans, y compris en Algérie. Il rechignait à livrer des armes au FLN, désormais il ne va plus se retenir. L'Union soviétique étend son influence sur tout le monde arabe : bientôt l'Irak va basculer. Fiasco historique ! Que 80 % des élus et 90 % des médias français cautionnèrent.

Au désastre vietnamien, au désastre algérien, s'ajoutait, donc, le désastre égyptien, qui contribua à faire basculer une armée française triplement bafouée dans la rébellion.

La France (qui, au même moment, se livrait à un acte de piratage, lui aussi largement applaudi par les politiques et les médias, en détournant l'avion qui transportait Ben Bella et les siens) devint un pays pestiféré. Mis en quarantaine.

Le général de Gaulle la tirera de ce gouffre.

Comment cela ne m'aurait-il pas bouleversé, secoué ? Politiquement construit ?

Soutenance de thèse

1957 (je serais incapable de retrouver la date exacte), je me revois dans une austère salle de cours de la Sorbonne, au milieu de personnages d'allure éminemment respectable, quoique quelque peu coincés, en train d'écouter religieusement une manière d'homélie laborieusement lue à laquelle je ne comprenais pas un traître mot. Cette scène résumait tout.

Il s'agissait de la soutenance de thèse d'un jeune mathématicien, dont j'ignorais l'existence jusqu'à ce que m'interpellent les conditions de la fin de cette existence.

Il s'appelait Maurice Audin. Il était Algérois, Européen d'Algérie de sensibilité communiste. Soupçonné d'accointance avec les nationalistes du FLN, il avait été arrêté par les parachutistes et, depuis, n'avait plus donné signe de vie. Thèse officielle : il se serait évadé ou bien aurait fait, en cours de transfert, une tentative d'évasion qui aurait mal tourné.

En réalité, on le sait aujourd'hui – et on le soupçonnait à l'époque –, il était mort sous la torture et, se rendre à sa soutenance de thèse, tenue en son absence, était une façon, soit d'exiger la vérité, soit de dénoncer un crime. Une salle neutre, une assistance glacée où je ne connaissais personne, une enfilade de propos abscons dont la signification m'échappait totalement. Ce qui s'est vrillé dans mon esprit, et n'en est jamais sorti, c'est précisément cela : une vision sans images, un son sans le sens et, cependant, une image qui m'envahit de son sens. Ce que j'ai retenu, que je n'ai jamais oublié, c'est ce rien. Ce qui m'a imposé, jusqu'à aujourd'hui, sa présence, c'est cette obsession d'une absence. Plus prégnant qu'un discours, un discours empêché.

Chapitre 19

La guerre ? Non... les « événements »

On ne disait pas « la guerre ». Pas encore ! C'étaient « les événements ». Le mensonge était inhérent à la chose (il y eut également les mensonges d'en face, cette guerre n'ayant évidemment pas fait le million de morts algériens que revendique le FLN). Ils accompagnèrent, ces événements, ils pénétrèrent même, ce que je pourrais presque appeler ma « crise » d'ouverture au monde plus encore que la calamiteuse expédition de Suez. Suez bouscula le façonnage de ma rationalité. Ma « raison » politique, en formation, fut d'emblée confrontée à l'aberrant. Les « événements » d'Algérie, eux, agressèrent la conscience, l'âme. On faisait ça ! On était capable de faire ça ! L'œil n'était pas dans la tombe, il surplombait notre vie publique. C'était ni plus ni moins politique, en réalité, que tout rapport au mal. On vivait ça !

Est-ce qu'on peut, avec soixante-cinq ans de recul, le concevoir : tout cela ne se passait que onze ans après notre « Libération ». De quoi nous étions-nous libérés ? D'une oppression étrangère. D'un hors de nous qui s'était imposé à nous. (Le propre d'un militant « Algérie française », c'était d'admirer Jeanne d'Arc qui avait refusé la France anglaise). Toute mon enfance, dont je sortais, avait été imprégnée de l'épopée-mythologie de la Résistance, de ces horreurs aussi qui avaient nom : tortures, baignoires, camps de concentration, Oradour, exécutions, milices...

Et voilà que l'actualité dupliquait ce qui, parce qu'on voulait le fuir, était si rapidement devenu un presque lointain passé : tortures, baignoires, camps, mechtas en feu, milices, corvées de bois, exécutions capitales...

En novembre 1954, ayant commencé à l'hôpital un très éphémère journal, j'avais noté que ces premiers « événements » algériens annonçaient une évolution à la marocaine ou à la tunisienne.

Je me trompais. Ils annoncèrent neuf ans de guerre, une génération traumatisée, la chute d'une République qui faillit être la chute de la République, le retour improbable du libérateur de 1944.

On sait que ce ne fut qu'un très petit groupe d'individus qui déclencha le processus de l'insurrection. Certains étaient dispersés à travers l'Algérie, d'autres étaient établis au Caire. Comment parvinrent-ils à se réunir sans attirer l'attention des services de renseignements ?

À l'époque, je m'en fichais complètement, mais l'Algérie ne cessa de me rattraper, puisque je couvris, à Alger, la fin apocalyptique de cette tragédie pour *Paris-Presse*, les premiers pas de l'indépendance pour *Le Monde* et le putsch de Boumediène et ses suites pour *L'Express*.

La réponse à cette question, je ne l'ai lue nulle part. Elle me fut donnée, en 1964, par l'un de ces « individus », Rabah Bitat : les « comploteurs » (dont j'eus l'occasion de connaître tous les survivants) se rendirent tous, chacun de son côté, à la finale du championnat du monde de football qui opposa l'Allemagne à la Hongrie et, là, mêlés au public, parvinrent à se concerter sans que nul s'en avise.

Ces « événements » de novembre 1954 (quelques coups de main foireux qui donnèrent le signal) ont postérieurement nourri ma réflexion politico-historique sur un point précis : était-ce la conséquence de la montée en puissance de la revendication nationaliste ? Non : ce fut le contraire. C'est parce que cette mouvance nationaliste, divisée, traversant une crise qui paraissait devoir lui être fatale, se retrouvait, en réalité, au fond du trou, qu'un certain nombre de militants décidèrent de rompre les ponts avec toute légalité et de déclencher les quelques opérations-déclics qui se transformèrent en insurrection, puis en révolution. L'aspiration des masses musulmanes à l'indépendance était latente, mais la déconfiture de son expression officielle était patente.

Or, cet apparent paradoxe, m'aviserais-je plus tard, pointe une quasi-constante des processus révolutionnaires : à la fin de l'année 1788, ce n'était pas la revendication démocratique qui semblait avoir le vent en poupe, mais la réaction nobiliaire. En février 1848, la « campagne des banquets », lancée par une opposition libérale pusillanime et divisée, ayant presque échoué, le pouvoir se sentant si conforté que, sûr de lui, il avait interdit l'ultime agape contestatrice qui devait se tenir à Paris, les opposants s'apprêtaient à mettre les pouces et c'est l'initiative spontanée de petits groupes refusant de s'incliner et se rendant, malgré tout, sur place, qui enclencha, la répression aidant (il faut toujours compter sur la répression), le mouvement qui renversa la monarchie louis-philipparde. La Commune de Paris de 1871 surgit dans le sillage du désastre électoral de la gauche républicaine et la révolution d'Octobre succède à un quasi-effondrement, en juillet 1917, du parti bolchevique russe.

Passés les « événements » de 1954, l'Algérie s'enfonça dans la normalité d'une violence endémique, mais je ne m'intéressais guère à la question. Le premier choc, ce fut la lecture d'un article, dans *France Observateur*, signé Claude Bourdet, résistant exemplaire, journaliste de premier ordre, à qui la République se devrait d'élever une statue. Il était intitulé « Notre gestapo française ». Il m'écorcha. François Mauriac, lui, dans *L'Express*, évoquait, pour la première fois, « la question », c'est-à-dire l'usage de la torture. Précédemment, un rapport officiel, le rapport Wuillaume, l'avait, sans la condamner expressément, très précisément évoquée (supplice de l'eau, du feu, gégène), mais je n'y avais pas pris garde.

Ensuite, ce qui me souffleta, ce fut la découverte, je ne sais dans quel journal, d'une consigne du commandant en chef en Algérie, le général Cherrière (dont j'ignorais les accointances d'extrême droite), qui recommandait ouvertement, concernant le Constantinois, non seulement des « actions brutales » en réaction à toute « éclosion rebelle », mais, surtout, des « sanctions vigoureuses contre les complices en vertu d'une responsabilité collective ». Formule infernale. L'expression me saisit. M'assomma. Onze ans après ! Comment l'immense majorité du monde politique et médiatique put-elle la découvrir, cette expression, exprimée aussi clairement, sans réagir. La banalisera : responsabilité collective ! L'aveu. Un peuple coupable : c'est ce concept qui avait conduit à Oradour.

En juillet de cette année 1955, le ministre de la Défense, Bourgès-Maunoury, avait donné ces instructions : « Tout rebelle aperçu une arme à la main ou en train d'accomplir une exaction sera abattu sur-le-champ (pas de prisonniers !). Le feu doit être ouvert sur tout suspect qui tente de s'enfuir. »

C'est le nouveau commandant en chef, le général Lorillot, qui ajouta : « après sommations ».

Cette politique, dont les populations de l'Est algérien subissaient de plus en plus cruellement les lourdes retombées, provoqua une réaction, puis une contre-réaction, qui marquèrent mon entrée intellectuelle dans la fournaise. À partir de ce moment, je lus tout, je notai tout, je conservai tout témoignage, tout document, toute publication qui me tombaient sous la main. Je les conserve toujours.

Les 20 et 21 août 1955, donc, une violence paroxystique se déchaîne dans l'Est algérien (Philippeville, Bône, Guelma). Là, précisément, où avaient été appliquées les consignes de responsabilisation collective. Attaques FLN, émeutes, sauvagerie des actions « rebelles », massacres atroces, répression impitoyable, des centaines de personnes tuées par les insurgés, y compris des musulmans réformistes modérés, 71 Européens et, en réaction, officiellement : 1 273 musulmans abattus. Officiellement. En fait, environ 12 000, dont on parviendra à recenser presque tous les noms. La plupart victimes de milices européennes.

C'est à cette occasion que le gouverneur général, Jacques Soustelle, intellectuel gaulliste et libéral, traumatisé par le spectacle d'Européens égorgés ou mutilés, basculera totalement dans le camp des « ultras ».

Plus tard, j'eus le fin mot de cette tragédie : le responsable FLN de la région, Didouche Mourad (qui devait donner son nom à la rue ex-Michelet que j'habiterai, à Alger, pendant plus d'un an), ayant été tué au combat, avait été remplacé par un certain Zighoud Youcef, un « dur » comme on dit, dont l'objectif, cynique, était de mettre les « réformistes » musulmans au pied du mur (amis ou ennemis) et de susciter une répression qui creuserait un fossé de sang entre les deux communautés, musulmane et européenne. Calcul répugnant, critiqué au sein même du FLN, mais le but fut doublement atteint. La France tomba dans le piège.

En fait (mais je ne le découvris, évidemment, que par la suite), les horreurs des 20 et 21 août avaient pris une forme qui sanctionnait, certes, la stratégie ultra-répressive suivie par la France, mais annonçait, surtout, bien des tragédies futures. Le FLN, en réalité, n'avait pas encore les moyens militaires de mener une action de cette envergure, mais il avait réussi à mobiliser et à encadrer une population civile, fellahs, femmes, enfants même, chauffée à blanc par les exactions « pacificatrices », ceux-ci, armés de couteaux, de machettes, de pieux, s'étaient jetés sur les enclaves européennes, parfois animés d'une explicite rage religieuse.

La violence et l'ampleur de la répression furent telles que soixante et un élus musulmans des différentes assemblées algériennes, considérés d'ordinaire comme des « béni-oui-oui », condamnèrent, dans une réaction commune, les déchaînements punitifs aveugles et affirmèrent que « l'immense majorité de la population est présentement acquise à l'idée nationale algérienne ».

En décembre, c'est un rapport des RG qui notait que « la quasi-totalité de la population musulmane locale [était] acquise à l'idéologie nationaliste ».

Même soixante-cinq ans plus tard on est sidéré, quand on y songe : les populations musulmanes algériennes étaient politiquement représentées par quatre mouvances, le parti indépendantiste (le MTLD) qui s'était divisé, les « réformistes » de Ferhat Abbas (partisan d'une autonomie interne dans le cadre d'une fédération), les « oulémas » nationalistes conservateurs et religieux et le tout petit Parti communiste formé surtout de militants de souche européenne. Or, au début de l'année 1956, les quatre sensibilités (à l'exception du gourou Messali Hadj qui revendiquait, cependant, l'indépendance) s'étaient ralliées au FLN. Il était donc clair, quoi qu'on pensât de ses méthodes, que la « rébellion » portait les aspirations de l'immense majorité de la population musulmane algérienne. (D'ailleurs, on ne lui permit jamais de s'exprimer de façon libre et pluraliste.) Cette évidence aurait dû éclabousser les jugements de la majorité des politiques et des journalistes : eh bien non ! Défendre l'« Algérie française » telle qu'elle fonctionnait signifiait défendre l'Algérie française contre huit Algériens sur dix, comme défendre la Pologne communiste ou, plus tard, l'Afghanistan communiste contre huit Polonais ou huit Afghans sur dix. Et ça ne dérangeait pas ! Et des cohortes de journalistes gobaient ça. Ou faisaient semblant. Être confronté à un tel effarant déni, à la possibilité d'un tel effarant déni à ce point partagé, le constater, le vivre, peut-il vous laisser indemne ?

C'est l'après-août 1955 qui me conduisit à m'engager dans la campagne mendésiste. « En finir, avait dit Guy Mollet, patron des socialistes, avec une guerre imbécile et sans issue. » En janvier, j'accueillis donc avec enthousiasme la semi-victoire du « front républicain ». J'ai déjà évoqué la suite : la capitulation devant une émeute algéroise qui témoignait d'une profonde angoisse existentielle du petit peuple pied-noir, dont j'eus l'occasion, par la suite, d'évaluer les qualités de cœur et de tripes plus que de raison, mais qui avait été mis en condition, instrumentalisé par une petite cohorte d'agitateurs fascistes (et le mot est faible).

Ensuite, ce fut la spirale infernale de la trahison ordinaire. Le socialiste Robert Lacoste, un ex-syndicaliste, fut nommé ministre résident (à Alger) en remplacement de Soustelle. Comme Pineau, ce brave homme, il n'était pas intelligent, mais pas brave homme. Un bon compagnon de zinc de brasserie au mieux. Un homme brut de décoffrage, patriote, enraciné dans son terroir provincial – c'était son bon côté – qui finit par s'enraciner dans le terreau empoisonneur du milieu algérois le plus ultra. Jouer les vice-rois, avantageux qu'il était, l'avait fait complètement basculer, comme un nouveau riche, du côté de la répression la plus décomplexée.

Guy Mollet obtint le vote, par l'Assemblée nationale, de « pleins pouvoirs ». J'y étais favorable, car j'étais convaincu qu'ils lui étaient nécessaires pour imposer une politique de négociation.

Pendant près de deux ans et demi, je fus habité par ce drame algérien (ensuite, je le « couvris »). Est-ce à dire que je me sentais concerné par l'avenir de l'Algérie, par la lutte des Algériens ? Pas vraiment, à l'époque, en réalité : c'est pourquoi je fus, *a priori*, tout à fait hostile aux appels à la désertion ou aux formes d'aides au FLN (les porteurs de valises). Ce n'était pas mon problème. Le mien c'était mon pays, ma patrie, son image, ses valeurs, ce qu'on faisait en son nom, le retard que le prolongement de combats d'arrière-garde faisait prendre à la sortie de ses archaïsmes, l'effondrement de son rayonnement international. Ma conviction était qu'on abîmait de plus en plus la République. Et surtout, surtout, m'obsédait le constat qu'une massive dominance politique, qu'une massive dominance médiatique, à la seule exception de la dominance intellectuelle, acceptaient qu'on commette ça, qu'on banalise ça, justifiaient qu'on agisse comme ça. L'initiative d'Albert Camus, à Alger, en faveur d'une « trêve civile », accueillie sur place par des cris « à mort ! », n'avait-elle pas été purement et simplement ignorée par les médias ?

Un intellectuel, professeur à la Sorbonne, Henri Marrou, spécialiste des « Pères de l'Église », avait réussi à faire passer, dans *Le Monde*, une tribune libre dans laquelle il osait prononcer des mots lourds de sens : « camps de concentration, tortures, répression collective ». Après que la police eut perquisitionné chez lui, une information fut ouverte contre X pour démoralisation de l'armée. Aucun grand quotidien, sauf *Le Monde*, aucun commentateur radio, ne se permit de faire remarquer que c'était, au contraire, l'utilisation en grand de telles méthodes qui risquait de démoraliser le pays et l'armée. Le patron des armées, Bourgès-Maunoury, se permit, lui, de dénoncer, dans un communiqué, les « destructeurs installés dans le confort de leur conscience ». De leur conscience ! On n'hésitait pas à parler de corde dans la maison des pendus. Et pas un seul ministre socialiste ne moufta. Qu'était-ce, au demeurant, qu'un ministre socialiste ? « Nous le savons aujourd'hui, répondait François Mauriac. C'est un ministre qui exécute des besognes que le pays ne souffrirait pas d'un gouvernement de droite. »

En juin 1956, alors que le contingent était envoyé en Algérie, deux condamnés à mort algériens, un infirme qui n'avait aucune mort d'homme à son passif et en faveur duquel toutes les autorités religieuses étaient intervenues, l'autre, très âgé, dont la culpabilité n'avait jamais pu être prouvée, étaient décapités. Tous les prisonniers de la prison de Barberousse les accompagnèrent de leurs chants. Au congrès socialiste, Daniel Mayer se permit de regretter ces exécutions : il fut hué !

En représailles, onze attentats ensanglantèrent la capitale algérienne. Ce fut le début de la bataille d'Alger.

Chapitre 20

On a justifié ça !

Onze ans. Onze ans nous séparaient des « années sombres ». Pas pour tout le monde, il est vrai. Une page tournée ? Puisqu'on la réécrivait, les rôles étant inversés (bien que le général de Gaulle nous ait placés du bon côté), pourquoi ne pas réutiliser les vieux acteurs. On les réutilisa en masse, en effet. Ce fut peut-être l'aspect le plus improbable, le plus stupéfiant de cette séquence : le retour en force de Vichy (« l'épuration », pourtant, n'était-elle pas censée avoir été implacable ?).

Une nouvelle extrême droite, toute neuve bien que très vieille, avait fait son entrée à l'Assemblée nationale derrière Pierre Poujade en héros du petit commerce. (Pierre Poujade avec qui je devais dîner, vingt-cinq ans plus tard, à Toulouse, et qui était alors devenu... radical de gauche !) Son journal *Fraternité française* était drivé par un Camille Fégy qui avait dirigé, pendant l'Occupation, des publications pronazies. Parmi ces députés et personnalités de cette mouvance, outre Jean-Marie Le Pen resté maréchaliste, on remarquait le célèbre commissaire Jean Dides qui, en tant que spécialiste de la lutte anticommuniste au sein de la police au début des années 1940, avait émargé à la Gestapo ; Roland Lapeyronnie, qui avait été directeur de cabinet de Philippe Henriot le propagandiste de l'alignement sur l'Allemagne hitlérienne ; un Serge Jeanneret qui fut membre du cabinet d'Abel Bonnard surnommé

« gestapette » ; un Joseph Serre qui avait animé des journaux doriotistes ; un Robert Martin qui avait milité au groupuscule fasciste des « Francistes » ; un Robert Nerzic qui était passé par le parti de Déat, puis par le « Service d'ordre légionnaire ». Tout ce petit monde avait été mis en contact par Georges Albertini, l'ex-numéro deux du parti fasciste de Déat, qui était devenu le conseiller de nombreuses personnalités politiques.

On ne comptait plus, à tous les niveaux de la vie politique, les « revenants » : ce qui, pour quelqu'un comme moi ayant été éduqué dans le rejet normalisé des « années noires », faisait tout de même bizarre. En Algérie, c'était d'ex-fans du Maréchal, tel Alain de Sérigny, le patron de *L'Écho d'Alger*, qui tenaient le haut du pavé. (Et il y avait pire, des fieffés pronazis, comme un certain Bousquet, l'autre). Réapparaissaient en force, sur la scène publique et médiatique nationale, Xavier Vallat, ex-responsable du commissariat général aux Questions juives ; Henri Dorgères, ex-« Duce » des « Chemises vertes » ; Pierre Taittinger, responsable de la mairie de Paris sous contrôle allemand ; Paul Creyssel, secrétaire général à la Propagande sous Vichy ; Antonin Portrat, sous-directeur au ministère de l'Intérieur en 1943 ; Jean-Louis Tixier-Vignancour, Édouard Frédéric-Dupont, Jean Ybarnégaray, Paul Estèbe, Henri Massis, tous ex-pétainistes non repentis, le très entreprenant Bernard Lafay également, tous ceux-là, non condamnés ou amnistiés, avaient (ce qui était, en droit, normal, mais idéologiquement significatif) repris du service.

****

Deux événements, en ces deux années qui nous séparaient de l'avènement de la Ve République, furent porteurs d'espérances. Deux autres les ruinèrent. Les premiers, je les ai reconstitués, lorsque je couvris les premiers chaotiques et désolants cheminements de l'Algérie indépendante. Les seconds, je les ai vécus intensément avec douleur et rage. Et ça ne s'efface pas.

L'espoir : le gouvernement Guy Mollet engagea et poursuivit, en catimini, deux fers au feu, des négociations secrètes avec les représentants de ceux que nos armées cherchaient à éradiquer. Georges Gorse, du côté français, et M'hamed Yazid, du côté algérien, qui participèrent à ces rencontres, m'affirmèrent tous les deux que, les deux parties ayant fait des concessions, elles étaient arrivées à esquisser un protocole d'accord possible (que, soit dit en passant, on aurait été incapable de faire accepter en Algérie et à l'armée et qui devait surtout servir à amadouer l'ONU mobilisée par nos adversaires).

Surtout, s'était déroulé, en Algérie même, un événement inouï, ce dont je ne pris vraiment conscience que plus tard : au sein du FLN s'était imposé un personnage récemment sorti de prison, Abane Ramdane. Il avait profité de son enfermement pour dévorer des livres, ce qui en faisait, avec Aït Ahmed, le plus cultivé de ses compagnons de lutte. Il s'était adjoint un ex-communiste qui lui avait apporté son bagage marxiste. Or, ce Ramdane avait réussi, en août 1956, exploit peu ordinaire, à réunir en Kabylie, dans la vallée de la Soummam, en échappant à tous les ratissages militaires, un véritable congrès du FLN auquel, cependant, les chefs rebelles de l'extérieur, ceux du Caire ou de Tunisie, ne parvinrent pas à participer.

Les décisions que prit cet aéropage étaient stupéfiantes : priorité du politique sur le militaire, de l'intérieur sur l'extérieur, direction collective, ouverture aux Européens et à la minorité juive, refus du culte de la personnalité, non-référence à l'islam, interdiction des égorgements et des mutilations. La réaction de Ben Bella et des commandants de l'extérieur (dont Boumediène) fut brutale. Ils refusèrent cette orientation (en particulier l'impasse sur le caractère islamique de la révolution). On allait à la scission. Un autre FLN moins panarabe, moins « exclusif », plus démocratique, allait peut-être s'imposer.

Et patatras ! En octobre, un avion qui transportait Ben Bella et la direction extérieure du FLN est intercepté et détourné par l'armée française qui n'en réfère même pas au chef du gouvernement. Le ministre, Max Lejeune, qui était au socialisme ce que Francis Lopez est à la grande musique, donne son feu vert. Tout s'écroule. Plus question de contester Ben Bella, embastillé, devenu héros emblématique. Le FLN refait son unité. Abane Ramdane tentera bien de sauver les meubles, mais il sera assassiné (exécuté ?), sans doute par le dénommé Abdelhafid Boussouf, représentant l'aile droite du FLN. Quant aux négociations, elles étaient à l'eau. Ben Bella m'affirmera qu'il avait en poche, au moment de l'arraisonnement, le protocole d'accord.

Ce calamiteux acte de piraterie fut, exactement comme la calamiteuse expédition de Suez, applaudi d'enthousiasme, en France, par la quasi-totalité des grands médias et les politiques, à la seule exception des communistes, de quelques mendésistes et d'un socialiste scrupuleux, Alain Savary. « L'opération la plus inouïe de l'après-guerre, la fin des combats », trancha *Paris Match* aux anges. Un beau coup. Un coup fumant. Le FLN ne s'en relèverait pas. Même Jacques Fauvet, dans *Le Monde*, souligna « les conséquences heureuses de ce fait nouveau et inattendu. Depuis trop longtemps le monde arabe paraissait braver impunément le prestige français. La tendance la plus autoritaire du nationalisme algérien peut être désarmée au profit de la tendance la plus politique ».

On sait que ce fut l'inverse.

Les députés font un triomphe au gouvernement. Les socialistes exultent. François Mauriac, encore une fois, est l'un des rares qui refusent de se laisser embarquer. Il résume, implacablement, dans son bloc-notes de *L'Express* : « Guy Mollet montre d'abord de l'humeur et même de la fureur d'avoir été tenu hors du coup. Et puis, il s'avise que les gens redressaient la tête. Les jolis mouvements de menton se multipliaient. Le Parlement acclamait. La presse délirait. Paré des plumes du coq comment ne ferait-il pas la roue ? Mais un jour, peut-être, on lui demandera des comptes. Alors il dira "ce n'était pas moi, je ne savais pas". »

La seconde catastrophe fut la décision de confier, à Alger, tous les pouvoirs à l'armée, en l'occurrence à ces mêmes parachutistes qui entreprendront, plus tard, un coup contre le général de Gaulle. Toute autorité civile, garante de l'État de droit, était anéantie, toute légalité s'épuisait dans le déploiement sans contrôle de la force armée.

Les conséquences ? Cela ne s'oublie pas, ne peut s'oublier : elles furent terrifiantes.

La grève lancée par le FLN fut, certes, brisée. On arracha, avec des treuils tirés par des half-tracks, les rideaux de fer et les devantures des magasins qui avaient fermé. La gauche socialiste écrasa un mouvement social (ou politico-social) comme aucun gouvernement conservateur ne l'aurait osé.

Et puis ? La course à l'ignominie. Ici, côté FLN, attentats aveugles dirigés contre des civils européens, femmes et enfants compris, dont les seuls crimes étaient d'être ensemble, rassemblés en des lieux festifs. Scènes insoutenables. Là, contre-terrorisme illégal et légal. On rafle, on arrête, on martyrise, on achève, on tue. Aucun contrôle, aucun recours. Avalanches de témoignages insupportables. L'année 1957 sera infernale. Ce fut à cette occasion que Maurice Audin, avec beaucoup d'autres, avec des Européens libéraux et chrétiens également, fut précipité (croyait-on) aux oubliettes.

Les chiffres sont terribles. Ils ont été établis par notre propre direction de la police algéroise. Qui, encore aujourd'hui, les connaît ? Parmi les suspects arrêtés, simplement dans l'Algérois, trois mille deux cents ne réapparurent jamais. Disparus, évaporés. Morts sous la torture ou abattus d'une balle dans la tête parce qu'ils n'étaient plus présentables. Puis (pourquoi s'embarrasser des corps ?) jetés à la mer par hélicoptère après avoir été lestés de ciment. On parla de « crevette Bigeard ».

L'avocat Ali Boumendjel, un modéré qui avait condamné la violence, fut arrêté. Interrogé, officiellement, il se suicida comme Brossolette en se jetant d'un balcon. En fait, on l'avait « achevé » en le précipitant dans le vide. Le général Aussaresses devait le reconnaître dans un livre : il avait été torturé, on lui avait planté (selon le rapport officiel) une lame de couteau derrière la tête et on appuyait un peu plus à chaque refus de réponse (ce n'est qu'en mars 2021 qu'un président de la République française reconnut le crime et il y eut des journaux pour s'en offusquer).

L'exécution d'un certain Fernand Iveton me bouleversa. Moi, qui ne retiens jamais les noms, j'ai retenu celui-là. Il avait, certes, ce qui était hautement condamnable, déposé une bombe au siège de la société de gaz dans laquelle il officiait. Mais, outre qu'il avait fait en sorte (de nuit) qu'elle ne fasse aucune victime, elle n'explosa pas. Son procès n'eut rien à envier, tout le public trié sur le volet se déchaîna, à ceux de Moscou.

Le président de la République, René Coty, interpellé par les avocats du condamné, reconnut « la noblesse du mobile, les conditions aberrantes du procès, l'absence d'instruction préalable, les tortures subies » mais refusa la grâce. Et le ministre de la Justice, François Mitterrand, signa l'ordre d'exécution.

Quelques instantanés qui se sont agrippés à mes souvenirs :

Le 17 mai (1957), un para est victime d'un attentat à Alger. Ses camarades se précipitent, regroupent des passants musulmans, les placent contre un mur et mitraillent : vingt-sept morts, vingt blessés.

Cela se passerait-il, aujourd'hui, en Algérie, en Birmanie ou ailleurs, que la presse y consacrerait des gros titres. Là, rien !

Une très officielle « commission de sauvegarde des libertés » rapporte que soixante-dix individus « suspects » - soixante-dix ! - avaient été enfermés dans des caves à vin et intoxiqués à mort.

Cela se passerait-il, aujourd'hui, en Russie que les médias y consacreraient des manchettes. Là, rien !

Une « ratonnade » commise, à Bône, par des paras de Bigeard indigne même les autorités locales ; à Médéa, le commissaire Becker se déclare épouvanté par la sauvagerie d'une répression : « des chiens policiers ont été lâchés sur les blessés qui n'avaient pas été écrasés par les automitrailleuses » ; à la maison forestière de Merbach, en Oranie, un sous-lieutenant, qui se veut justicier, torture systématiquement, puis exécute les suspects. Les cadavres sont enterrés aux abords de la maison ; vingt-sept « suppliciés », pris au hasard, exécutés en trois semaines. Le témoignage sera envoyé à Max Lejeune qui ne bronchera pas. Un « indigène » de 18 ans est suspendu à une branche d'arbre, enduit de confiture et abandonné à un essaim d'abeilles : un rapport en fait foi... pas de sanction ! Dans la commune mixte de Khenchela se multiplient tortures, exactions, viols, pillages. Les faits sont établis. Le capitaine responsable de ces exécutions est condamné à trente jours d'arrêts de rigueur, puis acquitté ; dans le village des montagnes kabyles de Bordj Beni-Tamou, vingt-six femmes et dix-sept enfants tombent, victimes d'une action répressive. Le capitaine responsable est jugé, acquitté, puis simplement mis à la retraite.

Si tout cela se passait en Serbie, en Tchétchénie, cela mobiliserait légitimement toutes les indignations médiatiques. Là, presque rien. Si ce n'est les émotions d'intellectuels, de professeurs, de quelques journaux comme bientôt *Le Monde*, les mêmes finalement que du temps de l'affaire Dreyfus.

De tout cela, je pris systématiquement note.

En janvier 1957, une commission parlementaire présidée par le « socialiste » Victor Provo et un radical nommé Antoine Quinson avait établi que la torture était régulièrement pratiquée... mais n'existait pas !

On ne le soulignera jamais assez : ce sont des militants chrétiens, des prêtres parfois, relayés, en particulier, par *Témoignage chrétien*, qui parviendront à fissurer le mur du silence. À sauver l'honneur.

J'avais cru, au début, que la torture n'était qu'un moyen de devancer un attentat terroriste en en faisant « avouer » le projet par le « terroriste » présumé. Mais non. J'eus l'occasion, en 1962 et 1963, d'accumuler les témoignages prouvant qu'elle fut systématique, systémique même, presque mécanique, normalisée ; que les « corvées de bois », liquidation de prisonniers, ne furent nullement exceptionnelles...

Un dirigeant musulman du mini-Parti communiste algérien, expert en musique andalouse, me raconta qu'un militant FLN torturé, avec qui il partageait une cellule, n'avait qu'une idée en tête : se venger un jour en torturant à son tour... les méchants. Peut-être a-t-il fini par exercer son souhait ? Dans l'Algérie indépendante, sous Boumediène, on tortura en effet.

Et en face ? D'autres horreurs. Le FLN, à sa façon, faisait le ménage. On se ralliait à lui ou on était mort. Y compris dans la région parisienne où l'élimination des derniers partisans de Messali Hadj se poursuivait, implacablement. Lorsque j'habitais à Aubervilliers, j'en eus l'illustration.

Une information m'horrifia. Trois cents habitants d'un village près de Melouza, suspects (chacun avait les siens) d'être rétifs à l'emprise FLN, avaient été massacrés dans des conditions atroces. Cette fois, cela fit la une des médias, les mêmes qui faisaient l'impasse sur nos propres turpitudes. Le FLN rejeta la responsabilité sur l'armée française. Les Algériens le crurent. Or, en 1963, à Alger, un chauffeur de taxi m'avoua qu'il avait fait partie de la katiba FLN qui avait commis le carnage. En 1963, je visitai l'hôpital psychiatrique de Blida (celui où officia Frantz Fanon). Il y avait là des ex-« égorgeurs » de l'ALN (égorgeurs de cadavres... ou de blessés, en l'occurrence). Devenus fous, ils demandaient qu'on leur désigne de nouveaux « méchants » à égorger.

Deux événements, à la fois effarants et surréalistes, se déroulèrent qui, à l'époque (et encore aujourd'hui), me laissèrent abasourdi.

Un général nommé Jacques Faure, adjoint au général commandant la division d'Alger, monarchiste maurassien, rallié à Poujade, ami du jeune Jean-Marie Le Pen son ex-élève à Maixent, avait entrepris - il était en avance - de réaliser un coup d'État. Il avait obtenu, prétendait-il, l'accord de plusieurs généraux : René Frandon (celui de l'interception de l'avion de Ben Bella), André Dulac, Alain de Maricourt. C'était un crétin. Il décida de tout raconter au secrétaire général de la police algéroise, Paul Teitgen, un homme probe, qu'il croyait pouvoir mettre dans son jeu. « Nous sommes quelques-uns, lui expliqua-t-il d'emblée, à avoir décidé de prendre le pouvoir. » L'idée : on mettait Robert Lacoste, qui n'aurait opposé aucune résistance, à l'ombre, on arrêtait ses collaborateurs, on s'emparait du central téléphonique de la grande Poste, de la radio, de la direction de la Sûreté. L'armée suivrait. Teitgen, ayant tout enregistré, avertit les autorités. (Détail significatif : l'immense majorité des officiers supérieurs ne lui pardonnèrent pas.)

Et alors, que se passa-t-il ? Le général factieux fut condamné à... soixante jours d'arrêt de rigueur pour tentative de putsch ! Le général de Bollardière, résistant héroïque, un personnage magnifique qui, lui, avait démissionné pour protester contre l'usage de méthodes qu'il réprouvait, fut plus sévèrement sanctionné que lui. Lacoste parla des « incartades d'un cœur léger ». Bourgès-Maunoury, responsable des armées, demanda qu'on « ne l'emmerde pas avec cette histoire ». Faure, qu'on laissa prévenir ses complices de la découverte du complot, participa, ensuite, à toutes les autres tentatives de coups de force.

L'autre épisode extravagant prit la forme d'un attentat au bazooka dirigé contre le nouveau commandant en chef, le général Salan, et dont un commandant, nommé Rodier, fut victime.

Évidemment, sur l'instant, on incrimina les communistes. Mauvaise pioche ! On découvrit avec stupéfaction que les auteurs étaient, en réalité, un groupe « contre-terroriste » d'extrême droite dirigé par un certain docteur

René Kovacs. De quoi donc s'agissait-il ? De se débarrasser de Salan, en effet, qu'on estimait louche, qu'on soupçonnait d'être franc-maçon, opiomane et de parler chinois (!), pour le remplacer par le général Cogny, que les « ultras » estimaient plus sûr. Ce sont deux affidés de ce dernier, l'avocat Jean-Baptiste Biaggi et Alain Griotteray, qui avaient convaincu les « contre-terroristes » (qui n'en étaient pas à un méfait près) de passer à l'action en leur faisant croire qu'ils représentaient un mystérieux Comité des six, parmi lesquels on comptait Jacques Soustelle, Michel Debré, l'activiste corse Pascal Arrighi et un certain Giscard-Monservain. Confusion sur le nom car le jeune député de droite Giscard d'Estaing n'avait pas encore accédé à la notoriété (il y avait un député Monsservin). Autour du général Cogny on constituerait un Comité de salut public, ce qu'on fera, finalement, mais... autour du général Salan et avec l'apport... du général Faure.

L'affaire fut étouffée. Griotteray passa en Espagne, puis se fera élire député giscardien et deviendra chroniqueur au *Figaro Magazine*.

Tout cela tournait à la farce sanguinolente. Il y eut des révoltes de conscience. Un André Mandouze, spécialiste de saint Augustin, dont je devins ami plus tard, fut admirable. Raymond Aron tenta de tirer la sonnette d'alarme en se prononçant, dans un livre courageux, en faveur de la négociation et de l'indépendance. Vercors, Malraux, Martin du Gard, Mauriac toujours, Paul Ricœur, Emmanuel Roblès, Jean Rous, des centaines d'autres avec Sartre honorèrent leur fonction d'intellectuels. Certains signèrent un manifeste dit « des 121 » que je réprouvai parce qu'il cautionnait la désertion. Mille deux cent quatre-vingts délégués socialistes au congrès de Toulouse (contre deux mille cinq cents) tentèrent de mettre le holà ! Certains de ces dissidents créeront le PSU. François Mitterrand finit par rompre. Le jeune Michel Rocard commença à s'ébrouer. Mais un monseigneur Saliège ou un monseigneur Feltin, un Albert Bayet, un Georges Duhamel, un Jules Romains, Thierry Maulnier bien sûr, la quasi-totalité des académiciens, des dirigeants syndicaux de la CGC (cadres) et de FO, cautionnèrent toutes les dérives.

Guy Mollet ayant fait la politique exigée par la droite fut, c'est classique, renversé par la droite. Il fut remplacé par des silhouettes. La France se surpassa. Le 8 février 1958, l'armée, qui avait pris l'habitude qu'on ne lui refuse rien, bombarda le village de Sakiet Sidi Youssef, en Tunisie, aux alentours duquel, effectivement, le FLN avait établi un camp d'entraînement. Comme toujours, les bombes tombèrent où il ne fallait pas. Le village fut dévasté, des écoles détruites, deux camions de la Croix-Rouge atteints, faisant plus de soixante-dix morts et cent quarante blessés.

Indignation universelle.

L'Amérique estimant, après Suez et le piratage, que cela commençait à faire beaucoup (le président Eisenhower dénonçait « la stupidité des Français qui refusent d'aborder la réalité telle qu'elle est ») imposa ses « bons offices ».

On entrait, en fait, dans le processus qui allait emporter la IVe République.

Alger, notre jeunesse écorchée vive, rouge
Comme la honte à notre front collée,
Lambeaux de chair au bracelet de barbelés ;
La politique découverte comme un bouge
Et le mépris de ceux qui nous mentirent
En ce temps on débattait comme on tire.

Poèmes politiques, 1990

Chapitre 21

La chute d'une République

Ce jour-là, 28 mai, il faisait beau. Mais seul le fond de l'air était doux. Nous défilions. Quel parcours ? Toujours le même. Éternellement, ridiculement le même. Mais je ne le savais pas encore car, pour moi, c'était la première fois.

Nous étions très nombreux. Mais moins, sans doute, que ma perception ne me le fit croire. Ce qui nous rassemblait, en rangs moins serrés qu'il n'eût été nécessaire, un rien, un tout petit rien : la survie d'une République. De la République, estimions-nous. Le devenir de notre démocratie.

À un moment, je me suis retrouvé presque bras dessus, bras dessous avec un vieux barbichu qui s'appelait Paul Ramadier. Ça ne vous dira rien, mais c'était le président du Conseil socialiste qui, après la Libération, avait chassé les communistes du gouvernement. Cette fois, la majorité de ceux qui défilaient autour de lui étaient, sans doute, communistes ou sympathisants.

Donc la République avait été déclarée en danger. Légitimement. Elle l'était. Le 13 mai de cette année 1958, des civils d'extrême droite avaient, à Alger, entraîné les chefs militaires dans un coup de force. Les régiments parachutistes, qui étaient placés sous leurs ordres, menaçaient de sauter sur la métropole et s'étaient déjà emparés de la Corse à l'appel de Pascal Arrighi, qui deviendra, plus tard, un ponte du Front national. Leur radio diffusait des messages qui plagiaient ceux de Radio Londres pendant l'Occupation : « les carottes sont cuites », « l'aubergine accueillera la pastèque à vingt heures »... Ces « intoxications » étaient concoctées par un gus, que j'eus l'occasion de me coltiner plus tard, qui n'était pas un aigle, mais qui deviendra ministre de l'Intérieur (ministre de l'Intérieur de Charonne et de l'affaire Ben Barka) : Roger Frey.

Quelques jours plus tôt, en compagnie de mon ami italien Francesco Burgio, j'avais participé à une très timide contre-manifestation sur les Champs-Élysées où défilaient d'éventuels supplétifs métropolitains du « putsch » avec, à leur tête, un député poujadiste du nom de Jean-Marie Le Pen. Nous accompagnait un communiste hollandais du genre plus dogmatique tu meurs et comme (il y a, comme ça, des concours de circonstances) nous tombâmes sur une équipe de la radio/télévision néerlandaise, ils lui sautèrent sur le poil et sur le mode du citoyen batave qui passait là par hasard, il leur fit, de la situation, une description hallucinante dont il découlait que nous étions déjà au lendemain de l'incendie du Reichstag.

Ce que je n'oublierai jamais, c'est le lourd, le très lourd malaise que je ressentis quand je constatai que les policiers, massés dans leurs cars, manifestaient ostensiblement, en tambourinant leurs cars avec leur matraque au rythme d'*Algérie française*, leur solidarité avec les manifestants. Je compris, en effet, à cet instant, que les carottes étaient cuites.

Pourquoi la présence de Ramadier (c'est le seul que j'aie retenu) ? Parce que, le 16 mai, le groupe socialiste à l'Assemblée nationale avait commis un appel, évidemment solennel, qui clamait : « [...] la République est menacée. Une insurrection civile et militaire en Algérie et le manifeste du général de Gaulle (qui se disait prêt à assurer la responsabilité du pouvoir) témoignent que l'assaut contre le régime républicain est lancé : c'est de l'union et de l'action des démocrates que doit surgir la volonté ardente de défendre la liberté. »

Donc, tous les partis de gauche, le social-démocrate en tête, avaient appelé à battre le pavé pour faire barrage au coup de force.

J'étais con, j'y croyais. « Le peuple rassemblé », poil au nez !

Or, pendant que nous remplissions de façon pédestre notre devoir civique, certains de ceux qui nous y avaient conviés négociaient, en fait, leur reddition. C'est-à-dire, rétorqueraient-ils, se sacrifiaient à la grande cause de la paix civile !

****

Que s'était-il passé au juste ? Comme Blum en 1937, Guy Mollet avait été « dégagé » du gouvernement par ceux, c'est classique, dont il avait fait la politique. Son successeur (après Bourgès-Maunoury), le radical Félix Gaillard, un Daladier à la fois en plus fringant et en plus terne, l'avait remplacé. Mais, comme il avait accepté l'offre américaine de favoriser une reprise des négociations pour sortir du bourbier algérien, et le Parti communiste jouant la politique du pire, il avait été « dégagé » à son tour.

Un nouveau gouvernement, dirigé par le démocrate-chrétien Pierre Pflimlin (dont j'eus l'occasion de vérifier, quand il était maire de Strasbourg, que c'était un fort brave homme), devait se présenter le 13 mai devant le Parlement. Il se prononçait prudemment en faveur d'une solution négociée en Algérie. Les ultras avaient donc décidé de faire échouer cette timide ouverture, comme ils avaient mis fin aux velléités réformistes de Guy Mollet. Le FLN algérien leur en donna l'occasion en exécutant trois soldats français qu'il avait faits prisonniers.

Une confédération de sept organisations d'ultra-droite avait donc arrêté un plan, qui consistait à profiter d'une manifestation de protestation organisée le 13 mai afin d'initier un coup de force et d'y entraîner l'armée.

En fait, quatre complots différents, mais complémentaires, se nouèrent et convergèrent : celui d'une extrême droite fascisante qui visait à renverser le régime né de la Libération. Je devais rencontrer, plus tard, certains des meneurs de cette faction, les Robert Martel, Maurice Crespin, docteur Bernard Lefèvre, Joseph Ortiz ou Pierre Lagaillarde et je pus témoigner qu'en comparaison, le Front national d'aujourd'hui (devenu Rassemblement national) est un parti démocratique modéré (à ceux-là s'ajoutèrent d'authentiques tueurs et même un pronazi).

Le deuxième complot était celui des chefs militaires qui refusaient que l'on mette fin, par la négociation, à une guerre qu'ils affirmaient être en train de gagner (ce qui était en partie vrai, mais au prix d'une défaite politique, morale et diplomatique, et même économique).

Quelques jours avant le coup de force, quelques-uns de ces hauts gradés, les généraux Salan, Jouhaud, Allard et Massu, avaient envoyé une lettre collective au président de la République, qui contenait cette transparente menace : « L'armée française, d'une façon unanime, sentirait comme un outrage l'abandon de notre patrimoine national. On ne saurait préjuger de sa réaction de désespoir. »

De Gaulle recevant une telle missive les eût destitués. Les socialistes au pouvoir, eux, chaque fois qu'ils furent mis devant le fait accompli, se prosternèrent.

Le troisième complot était celui des porte-voix des colons (une partie du petit peuple pied-noir, la « majorité » sans doute, était sous leur influence, car ils contrôlaient la presse) qui avaient précédemment fait échouer toutes les initiatives de réformes et provoqué la chute du gouvernement Mendès France. Leur porte-parole était le patron de *L'Écho d'Alger*, le pétainiste Alain de Sérigny.

Le quatrième complot avait été tramé par des « gaullistes » de choc, dont deux émissaires, Delbecque et Neuwirth, avaient été envoyés sur place pour faire monter la mayonnaise. Mais ces deux-là, que j'eus l'occasion, plus tard, d'interroger longuement sur leur rôle, n'étaient, en réalité, pas sur la même longueur d'onde. L'un d'eux, Léon Delbecque, voulait avant tout faire triompher la cause de l'« Algérie française » dont il croyait le général de Gaulle ardemment partisan. L'autre, Lucien Neuwirth, proche de Jacques Chaban-Delmas, un type très estimable, vrai héros de la Résistance, ne songeait qu'à favoriser un retour au pouvoir du Général, dont il n'excluait nullement qu'il pût être partisan d'un règlement négocié de la tragédie algérienne.

Ce pourquoi le premier rompit avec de Gaulle au nom de l'« Algérie française », alors que le second, au nom de de Gaulle, rompit avec « l'Algérie française ».

Tout se déroula comme prévu. Grande manif sur le « forum » dominé par le bâtiment du Gouvernement général, forum qui, en vérité, ne pouvait pas contenir plus de trente mille personnes bien tassées ; assaut et prise de ce bâtiment officiel mythique par des « activistes » entraînant ainsi l'armée et l'incitant à cautionner la formation d'un Comité de salut public, dont Massu pris la présidence et... appel au général de Gaulle par le général Salan.

Ce que certains protagonistes du coup de force me confièrent, quatre années plus tard, c'est qu'ils pensèrent, un instant, avoir échoué. Le gouvernement Pflimlin avait, en effet, été investi par 274 suffrages contre 129 (et 137 abstentions).

La grande presse feignit, un temps, de condamner la tentative de putsch. Les gauches et les centres firent assaut d'intransigeance républicaine.

En fait, ce que les insurgés n'avaient pas pu obtenir, d'emblée, de l'extérieur, par la force, ils étaient déjà en train de l'obtenir, de l'intérieur, grâce à un délitement des institutions, à la subversion des forces de l'ordre, à la menace que faisaient peser certains régiments métropolitains, au relais que leur offraient les élus conservateurs et de droite extrême, au basculement des « modérés » dès lors que s'affirma l'alternative de Gaulle, bientôt à la démission du président de la République en titre, le brave René Coty, et au double-jeu de Guy Mollet et de la direction socialiste.

Car voilà ce qui, intervenant après la désillusion de la terrible année 1956, me marqua de façon indélébile : alors même que les socialistes avaient appelé à la manifestation de défense républicaine à laquelle je participais (cette lamentable tranche d'illusion lyrique, ce camouflage cynique des maquignonnages en coulisse, cette grand-messe arnaqueuse offerte aux enfants de chœur que nous étions), la direction socialiste négociait, en dessous de table, un ralliement à la solution finalement imposée par les insurgés, qui étaient, au sens propre, des « putschistes ».

Oui, mais... J'entends déjà des exclamations.

Que scandait-on, lors de ce défilé qui se révéla être un enterrement ? Des stupidités comme : « Massu, si tu continues, tous les travailleurs te botteront le cul ! » Les masses contestataires sont enfantines. Je ne suis pas sûr que, depuis, on ait beaucoup changé de comptines.

Mais aussi, tout aussi increvable, « le fascisme ne passera pas ! », qui date d'une époque où il était passé.

Or, effectivement, il n'est pas passé. Grâce à qui ? Grâce au général de Gaulle. Preuve, comme la droite devait par la suite le répéter en boucle, que la suspicion que sous-tendait ce slogan était totalement fallacieuse ? Qu'on jouait à se faire peur ?

Au contraire. Car si, à la fin des courses, au prix de convulsions épouvantables, le général de Gaulle barra, en effet, la route au fascisme, cassa les chefs factieux de l'armée, prit des mesures draconiennes contre les activistes d'extrême droite dont certains furent même exécutés, osa tout ce devant quoi le gouvernement socialiste avait reculé, c'est bien que le risque invoqué existait, que cette menace était effrayante, que le Général lui-même faillit en être victime et qu'il fallait donc, à cette menace, tenter de faire barrage.

La preuve que s'opposer au « putsch » était juste c'est que, faute de l'avoir clairement mis en échec, il y en eut un second et, auparavant, presque un troisième. La preuve qu'il n'était nullement fallacieux d'invoquer un fascisme qui risquait de passer, c'est que, alors que le terrorisme OAS se déchaîna, il fallut employer les moyens les plus coercitifs pour qu'il ne passe pas.

Ce n'est pas une opinion. C'est un constat. Une évidence.

D'où trois chocs qui me secouèrent et me turlupinent toujours : la réalisation que, quinze années après la victoire des démocraties, un putsch initié par l'extrême droite restait possible ; que l'évidence de cette menace factieuse pût être aussi facilement évacuée de la mémoire collective pour des raisons purement politiciennes ; que l'effarant double jeu de la direction socialiste n'ait pas servi de leçon, au point que cette même direction qui offrit le pouvoir à un général de Gaulle promu par les partisans les plus extrémistes de l'« Algérie française », passa dans l'opposition la plus virulente après que le général de Gaulle se fut retourné contre les ultras et les factieux : allant même, au premier tour des élections de 1962, jusqu'à esquisser une alliance avec les plus rugueux des antigaullistes de droite.

Comment peut-on oublier ? Comment peut-on nettoyer notre mémoire de la stupéfaction, qui fut la nôtre, quand on découvrit que c'est au lendemain même de la grande manifestation de défense républicaine que Guy Mollet renonça à toute velléité de résistance républicaine ?

Le 1er juin, le général de Gaulle était investi. Ayant obtenu les pleins pouvoirs que la moitié des députés socialistes votèrent (mais que refusèrent Mendès France, Mitterrand et quelques démocrates-chrétiens), il se rendit en Algérie où les militaires poussèrent les musulmans, dûment encadrés, à des scènes totalement artificielles de fraternisation prises tout à fait au sérieux par les grands médias. (Certains des organisateurs de ces « spectacles », qui travaillaient dans les « services d'action psychologique » de l'armée, m'expliquèrent, plus tard, comment l'opération avait été fignolée.)

C'est alors que fut prononcée la phrase fatale, au nom d'une France « qui allait de Dunkerque à Tamanrasset », la phrase qui devait faire couler tant de sang dans le sillage des déchirures qu'elle provoqua : « Je vous ai compris ! »

Comment n'en aurais-je pas conclu : « C'est maintenant clair : il les a compris ! » Comment aurai-je pu imaginer qu'en fait, il avait compris autre chose que ce que cette foule incandescente hurlait sous son nez, ou qu'il cherchât, déjà, comment la rouler dans la semoule parce qu'il l'avait trop bien comprise ?

On s'est généralement interdit de le souligner, mais : combien, parmi ceux, poujadistes et droite extrême inclus, qui votèrent les pleins pouvoirs au Général, combien, de Jacques Soustelle à Georges Bidault, qui contribuèrent activement à sa prise de pouvoir, devinrent ensuite ses plus fanatiques opposants, Léon Delbecque compris ? Au point que dire « non » au coup d'État c'était, en fait, dire non aux plus furieux des antigaullistes d'après. Et combien de ceux, en revanche, qui s'opposèrent au coup de force, un Emmanuel d'Astier de La Vigerie par exemple, ou un André Philip, se rallièrent ensuite au de Gaulle que cherchèrent à renverser, et même assassiner, les putschistes de 1958 ?

Oui, confronté au putsch initié, pour l'essentiel, par des ennemis de notre démocratie et à la lâcheté de ceux qui, si promptement, se couchèrent, je me reconnaissais dans les quelques-uns, dont Mendès France, qui refusèrent de voter l'investiture et les pleins pouvoirs.

Dois-je le regretter ? Reconnaître une grave erreur d'appréciation ?

En vérité, analyser en fonction de ce que l'on a vécu par la suite, on ne saurait concevoir dilemme plus traumatisant : oui, le retour du Général fut une chance. Mais oui, le putsch et sa lâche régularisation furent une catastrophe. Au point qu'il fallût, par la suite, ardemment soutenir (ce fut mon cas) de Gaulle contre les initiateurs et les complices du putsch. Au point que, trois ans plus tard en effet, nous répondîmes à l'appel de de Gaulle menacé par un nouveau putsch.

La victoire provisoire des initiateurs et acteurs du coup d'État eut cette conséquence que beaucoup de ceux qui s'enthousiasmèrent, partisans de « l'Algérie française », réactionnaires de droite, cadres de l'armée ou pieds-noirs d'Algérie, s'estimèrent ensuite trahis.

Mais une autre conséquence fut, également, que la guerre dura encore quatre ans, que l'Algérie connut deux insurrections européennes, une explosion arabo-musulmane, un nouveau putsch suivi d'une sanglante vague terroriste qui déborda sur la métropole, que l'indépendance inévitable intervint, de part et d'autre, dans les pires conditions possibles, que la rébellion indépendantiste se radicalisa et que c'est dans les pires conditions possibles que les Européens d'Algérie, manipulés, instrumentalisés, trahis, furent tous conduits à quitter le pays dans lequel ils s'étaient totalement investis et qui constituait pour beaucoup leur seul horizon.

Ce qu'il eût fallu, c'est parvenir à dire « non » clairement au putsch et « oui » au général de Gaulle.

Je le ressentais confusément. Mon père, devenu fervent gaulliste, plus encore, mais était-ce possible ? Ce le fut, trois ans plus tard, quand ceux qui avaient organisé l'assassinat d'une République au nom de de Gaulle, tenteront d'assassiner de Gaulle à son tour. Mais, en 1958, ce n'était pas seulement du cancer algérien que la République était atteinte, c'était également de cet ulcère cancéreux provoqué par les espérances bafouées et les illusions détruites.

Toute cette période je l'ai vécue de façon intense, haletante et oppressante.

Je n'oublierai jamais l'omniprésence, dans les rues de Paris, le 14 juillet, de ces parachutistes moulés dans leur uniforme de camouflage qui en faisaient fantasmer certains et certaines, démarche chaloupée de vainqueurs découvrant une proie qu'ils avaient imaginé conquérir et qui leur avait été offerte. Surenchère de déférence des grands médias, rouleaux compresseurs de propagande presque univoque qui permit d'assurer un score pré-poutinesque à l'adoption, avec l'aval de Guy Mollet, d'une nouvelle Constitution jupitérienne, élection au si pernicieux scrutin majoritaire d'arrondissement d'une Chambre « introuvable » à l'issue d'un massacre (dans les urnes) de la Saint-Valentin qui permit de liquider, Mendès France en tête, les fleurons de notre démocratie parlementaire.

****

En 1967, j'eus l'occasion d'être confronté au général Massu à l'occasion d'un procès que m'intentait un de ses subordonnés de l'époque, le commandant Faulques, devenu mercenaire, dont j'avais évoqué le passé tortionnaire.

C'est maître Badinter qui me défendait...

Inoubliable : figure sèche, visage en biais mais non biaisé, taillé à la serpe avec quelque chose qui respirait, irradiait même, l'authenticité quelque peu bornée. Ce Massu-là, qui finira par regretter, contrairement à Bigeard, l'utilisation de méthodes qui heurtaient ses convictions religieuses, s'était rallié à de Gaulle dès 1940, le hissera au pouvoir en 1958 et, bien que se sentant trahi, le sauvera en 1968.

Rarement le destin d'un personnage ne fut à ce point lié au destin d'un autre.

De ce dernier acte, je ne fus même pas figurant. À la sortie de l'été, une République avait chuté et je la suivis. Début diagnostiqué de tuberculose (ma mère était elle-même en sanatorium). Je dus décrocher de tout, des études et des activités annexes. Précure, postcure. Hors course. Comme une hospitalisation. Ma mise entre parenthèses durera un an.

Chapitre 22

Mise entre parenthèses

C'était un peu comme une prison, mais en plus coquet et avec large vue sur jardin. Comme dans *L'Ange exterminateur* de Buñuel : on peut sortir, mais on ne sort pas. La grille est mentale. Installation dans la redondance, normalisation de la répétition. Dodo sans boulot et sans métro. L'écoulement des heures comme ce goutte-à-goutte qu'on m'infiltrait chaque jour dans les veines. Tout à coup « stop » et tous les jours encore. Je n'avais pas quitté les beaux quartiers, puisque cette manière de sanatorium estudiantin était située dans le XVIe arrondissement. On vibrionnait et, soudain, on se contente de réitérer en vase clos. On courait dans tous les sens et on s'installe dans le parcours unique, de la chambre à la chambre. On referme l'horizon sur soi. On banalise les recommencements. Franchir un étage, c'est sauter d'un monde à l'autre. On ne court plus, on se déplace. Je militais, je « lite » seulement. On grignotait à toute heure, on mange à heure fixe. On veillait tard, on éteint les feux tôt. Après la dispersion créatrice, la régularité normalisatrice.

Je ne trouvais, en guise de grande aventure, qu'une délégation aux distractions, ce qui me donna l'occasion (outre l'organisation du premier récital de Jacques Brel) de concevoir et d'animer une émission musicale sur la radio interne de l'établissement. Un signe. Ma première expérience dans le genre.

Mais, avant tout, une idée fixe me travaillait : comment ne pas transformer l'absence de plein en vide ? De trop-plein en grand vide ? La parenthèse en rature ?

Le couperet était tombé sur ma vie active, ma courte vie active, donc sur le cours de mes études. Tant d'investissements passés par profits et pertes ? Les premières pages déjà effacées ? J'étais seul. J'étais démuni. Pas de base arrière. Je n'avais pas encore de métier. Pas encore de diplômes. Dès ma sortie, je devrais gagner ma croûte.

Alors s'ancra en moi cette injonction, qui me suivit même après la convalescence : refuser la rupture, combler le pointillé, apprendre le plus possible, encore plus, sans répit, compulsivement. Lire. Découvrir. Assimiler, comprendre.

D'où le tournant : d'abord parce que, dégagé de toute activité positive, presque de toute autre exigence, tentation, nécessité, sans injonction oppressante, j'en appris plus en un an, comme investi par l'intériorisation de cette directive, qu'en trois ans de terminale et de fac. Ensuite, parce que, tandis que je faisais « litière », j'appris que, je ne sais à la suite de quelle intervention (ou, plutôt, je préfère ne pas le savoir), mon sursis avait été cassé. J'étais appelé à me présenter immédiatement sous les drapeaux, alors que j'étais immobilisé dans mon lit. Résultat : dispense du service militaire sans même avoir besoin de comparaître. Près de trois ans de gagnés !

Paradoxalement, j'étais à terre et en sortis mieux armé. Je creusais des sillons dans trois directions : l'histoire, l'économie et la philosophie à laquelle je m'étais initié sous la férule de mon philosophe de père. Trois disciplines dont je ne cessai, ensuite, de tenter de faire la synthèse tout en les confrontant à un acquis expérimental, qui suppléa l'acquis universitaire inachevé. Acquis expérimental que devait enrichir l'apport de cette matière première que deviendra pour moi l'actualité.

C'est ainsi, pendant mon long arrêt maladie, que j'effectuai un travail sur les philosophes présocratiques, que je devais réutiliser plus tard malgré certaines insuffisances.

Reste que, lorsque je sortis du centre de postcure situé juste à côté de la Grande Mosquée de Paris dont je découvris le couscous, je n'avais plus de logement, pas de sous, pas de diplôme (et les nécessités matérielles excluaient que je passe deux ans à l'obtenir) et pas de métier.

J'avais simplement assuré des corrections de copies (de français) pour une officine de cours par correspondance.

Ce qui me plaça, un jour, devant un dilemme : un des thèmes de dissertation était le commentaire d'un texte de Jean Jaurès qui magnifiait les immortels chefs-d'œuvre issus de la main (et du cerveau) de l'homme. Un élève avait rédigé un texte enlevé, intelligent, bien écrit... sauf qu'il avait pris pour exemple le gouffre de Padirac, ses stalagmites et ses stalactites ! Quelle note méritait-il ?

Rendu à la vie ordinaire, j'errais un temps de piaule en piaule, dont j'ai oublié les emplacements, sauf une, rue Ordonner, parce que s'y était déroulé un crime célèbre. Ensuite, je fis escale chez ma grand-mère, qui habitait la très chic rue de Lisbonne. Elle continuait à désigner les lignes d'autobus par des lettres, comme avant guerre, et non par des chiffres, et me demandait d'aller acheter du foie de veau pour son chat et du foie de génisse pour elle. Un jour de vote, elle me demanda, car c'était son seul critère, quel était le candidat le plus résolument anti-communiste. Je lui affirmai que c'était le PSU et elle vota PSU.

Finalement, j'atterris dans deux pièces d'une HLM de Boulogne-Billancourt, proche de la porte de Saint-Cloud, dont j'ai gardé un cuisant souvenir, car je dus accueillir, je ne sais plus trop dans quelles circonstances, une réfugiée gauchiste turque, laquelle y accueillit un amant algérien, de telle sorte que les nuits devinrent torrides et pour tout dire infernales.

Mais, pour crécher, il fallait travailler. J'essayai d'abord de me faire embaucher chez Renault dans le secteur des « études de marché », domaine qui, je ne sais trop pourquoi, me fascinait. Échec. J'eus alors cette idée *a priori* étrange : puisque je ne pouvais plus reprendre mes études d'histoire, faute du moindre revenu, pourquoi ne pas enseigner cette discipline, au moins cela me rapporterait. Et, au culot, je trouvai. J'enseignai deux ans dans deux établissements privés (dont je me souviens vaguement qu'ils avaient pour nom cours Jaillard et cours Lamirand).

Bien que j'eusse le même âge que certains de mes élèves de première, ce fut une expérience particulièrement enrichissante, car j'appris à m'adresser à une collectivité, à l'intéresser, à la captiver si possible.

Les rudiments pédagogiques que j'y acquis, à quoi m'avait déjà initié mon père, me furent utiles par la suite quand je fus amené à aborder des questions *a priori* complexes à la radio ou même à la télévision.

Un jour, pour intéresser les élèves d'une classe de sixième à la guerre civile à Rome (car l'Antiquité était à leur programme), je les fis jouer les deux parties en présence, plébéiens contre patriciens. Succès total : cela se termina en bagarre généralisée.

Je n'évoque pas, dans ce livre, les problèmes intimes et personnels. Une exception, cependant, parce qu'elle a un soubassement social. Je connus, en cette période, une grande passion amoureuse. Le père de la jeune fille était un bourgeois installé, haut ou moyen fonctionnaire au ministère des Finances. Il était horrifié à l'idée que sa fille fréquente un garçon sans fortune, sans métier et donc sans avenir. Et (du moins je soupçonne que cela rentrât en ligne de compte) portant un nom juif. Il lui intima l'ordre de rompre, l'exila. Elle s'inclina. Signe d'une fragilité qui me révéla à moi-même une dangereuse faiblesse, je le vécus comme un drame absolu et qui me ravagea. La totale ! Le réel me faisant la gueule, je n'ai jamais tant imaginé.

Chapitre 23

Journaliste, vraiment ?

Mon père avait un ami (sans doute un parent d'élève) qui officiait dans les hautes sphères de la presse Hachette. Il dut lui glisser un mot et celui-ci me recommanda (bien que je n'eusse rien demandé) à la direction du journal *Paris-Presse*. Laquelle, en la personne de Pierre Charpy, un granit à tête humaine, me convoqua et s'enquit de mes références : je soulignai que j'avais suivi les cours de l'Institut d'études du développement économique et social (ce qui était vrai, mais sans préciser que son objet était les questions économiques liées au développement du tiers-monde), que j'enseignais l'histoire (ce qui était également vrai) et que j'étais licencié en la matière (ce qui était faux, puisque j'avais été empêché de poursuivre le cursus jusqu'au bout).

Ce pieux mensonge me suivit.

On me proposa donc un stage au service économique, que j'assumai tout en poursuivant, au début, mon activité de prof.

Je me retrouvais donc journaliste. Ou presque. L'idée ne m'en était jamais venue. Aucune vocation particulière. Réaction de fuite peut-être ou solution de facilité. Du courage j'en ai manifesté dans le métier, mais pas dans l'accès au métier. J'avais rêvé, au fil des âges, d'être capitaine de navire, commissaire de police, général d'armée, explorateur, archéologue, spécialiste en études de marché, d'être à la tête d'une entreprise exploitant la verticale du cochon (du boudin à la brosse à dent ou de la charcuterie à la godasse pur porc) - j'en rêve encore -, d'enseigner la philosophie comme Papa, d'être écrivain (un grand écrivain forcément), de contribuer à changer le monde, de conquérir la tribune parlementaire... d'être journaliste jamais ! Aussi, en l'absence de feu sacré, n'ai-je nullement été, comme on dit, un « grand journaliste ».

J'étais affecté d'handicaps, *a priori* rédhibitoires, qui auraient dû me faire détester mes parents, mon père surtout, si je ne les admirais pas intensément : d'abord, je ne savais pas conduire, n'ai jamais obtenu le permis, mes parents, ne possédant pas de voiture, ne m'y ayant nullement incité. Je n'avais pas les moyens d'acheter un véhicule et, lorsque je les ai eus, les moyens, je me trouvais trop longtemps en reportage à l'étranger. Ensuite, ce fut trop tard. D'autant que je commençais à savourer les avantages de ce manque. Pour accéder au réel (il paraît que cela constituait l'essence de mon improbable profession), rien de mieux que les transports collectifs.

Ne pas conduire, être dépourvu de voiture, eut deux conséquences : certains inconvénients et beaucoup d'absence d'inconvénients. Plus de temps libre, des économies, la possibilité de travailler en voyageant. Une vision, enfin, du monde sur pieds plutôt qu'une vision du monde sur roues.

Ensuite, hélas, on m'épargna l'anglais. L'espagnol, un peu de russe que j'oubliai aussitôt, mais pas l'anglais. On me poussa à apprendre le grec ancien et le latin, ce qui, pour faciliter les rapports à l'autre quand on parcourt le monde, est d'une utilité extrêmement limitée.

Je découvris vite que, sorti de la sphère francophone, on parlait plus communément l'anglais que le latin. Le grec ancien à Prague (et même à Athènes), le latin au Laos n'ont pas favorisé outre-mesure mes plongées au plus profond des sociétés que je m'échinais à comprendre. Ne fut-ce pas à cause d'une assez bonne connaissance du latin et du grec que je crus qu'un haltérophile était un philanthrope et, Marcel Aymé aidant, qu'un pédéraste (ça se disait à l'époque) était un coureur à pied ?

Mon rapport au latin avait, au demeurant, été traumatisant, car je n'essayai de me servir de mes connaissances en la matière qu'à deux reprises, en tentant de déchiffrer le texte latin des *Confessions* de saint Augustin et, sous la pression paternelle, en essayant de rentrer dans *L'Éthique* de Spinoza en me référant aux deux versions française et latine.

Au moins, au cours de mes différentes pérégrinations, ai-je été peu influencé par la version anglo-saxonne des événements : parcourir les États-Unis en tous sens en ne parlant (outre le latin) que le français et l'espagnol (car, en revanche, de longs séjours en Espagne m'avaient permis de parler assez correctement cet idiome) est une expérience que je recommande.

Enfin, troisième handicap, je ne savais pas taper à la machine. Sans doute des cours de sténodactylo m'eussent été plus utiles que ma capacité à résumer les grandes lignes de la *Phénoménologie de l'esprit* de Hegel. Comme mon écriture est illisible, je dus sans cesse recourir à d'invraisemblables gymnastiques. Heureusement je parvins assez vite à dicter directement un article sans l'avoir préalablement écrit. Après 50 ans, en revanche, j'en devins incapable. Mon écriture y gagna.

Ce qui n'arrangeait pas les choses c'est que, ayant embrassé cette profession presque par raccroc (et, pour toutes les raisons exposées plus haut, ayant plutôt pris la presse en grippe), je ne me suis jamais vraiment senti à l'aise dans le milieu journalistique et je soupçonne qu'il me le rendit bien. J'ai eu des fiertés en tant que journaliste, je ne me suis jamais senti « fier » d'être journaliste. J'ai toujours traîné ce boulet psychologique d'être à côté. C'est une manière de fuite qui me conduisit à cette profession, ce qui entretint sans cesse chez moi la tentation de la fuir.

Je dois admettre un dernier handicap : n'adhérant pas, philosophiquement, au mythe de l'objectivité journalistique, j'estime, avec Emmanuel Kant, qu'on ne saurait assimiler la chose pour soi à la chose en soi. L'objet d'une quête, reportage ou enquête, est, certes, objet hors-sujet, donc « en soi », mais il ne devient objet journalistique que capté et traité par le sujet. Il n'y a donc objectivité que passée au tamis de la subjectivité. C'est-à-dire traitée au colorant de notre éducation, de nos origines, de nos convictions, de notre milieu, de nos engagements... En conséquence de quoi, comme il n'y a jamais eu, pour moi, d'idéal ou d'absolu journalistique en soi, je n'ai jamais abordé le journalisme comme une finalité, mais comme un moyen. Moyen, non d'accéder à une vérité du perçu, mais de tenter d'approcher la vérité en s'appuyant sur le perçu tout en le dépassant. Aussi ai-je toujours répudié l'idéologie « positiviste », qui pèse tant sur la doxa journalistique, et selon laquelle les choses ne peuvent être que ce qu'elles paraissent et qui correspond nécessairement à ce qu'elles sont. Le « *esse est percipi* » de Berkeley, dogmatique journalistique par excellence, est à la fois une banalité et une aberration, tout le reste de cet ouvrage l'illustrera.

Anticipant la suite, j'en donnerai un exemple : étant « grand reporter » à *L'Express*, je me trouvais à Amman, en Jordanie, quand se déroula la série des événements que l'on résuma sous l'appellation « Septembre noir ». Je logeais dans le même hôtel que la plupart des journalistes internationaux et en particulier français, quand se déchaînèrent, en pleine ville, les affrontements entre l'armée jordanienne, formée en majorité de Bédouins, et les fedayin palestiniens. Le hasard voulut que, pour me rendre à un rendez-vous, je sortis très tôt de l'hôtel, juste avant que les commandos palestiniens ne le bouclassent et y tinssent les journalistes prisonniers. Je fus donc l'un des rares « reporters » témoins de la bataille. Témoin étant un bien grand mot, car mon activité consista, caché derrière un mur, à tenter de distinguer les agissements d'individus cachés eux aussi derrière un mur et qui tiraient sur d'autres individus cachés derrière un mur.

La vérité c'est que, à part la sensation de me trouver au milieu des combats, je n'ai pas compris grand-chose à ce qui se passait, au point que, le calme revenu, je ne savais même pas qui avait gagné. Finalement, quand je revins à l'hôtel, ce sont ceux qui, y étant confinés, n'avaient assisté à rien et n'avaient donc rien vu, qui m'expliquèrent le sens de ce à quoi j'avais officiellement assisté car ayant, eux, écouté les différentes radios des protagonistes, ils me décryptèrent ce à quoi je n'avais rien compris.

D'une certaine manière, j'avais perçu, je n'avais pas vu. Eux n'avaient rien perçu, mais ils avaient vu.

En 1968, je fus aveuglé par ce que j'avais vu : le dirigeant tchèque réformateur Alexander Dubček et le dirigeant soviétique Leonid Brejnev se rencontrèrent à Karlovy Vary, je crois (en fait à Cierna). Je les vis s'étreindre, s'embrasser et j'en conclus qu'on n'était nullement à la veille d'une intervention soviétique en Tchécoslovaquie. Je ne l'ai pas écrit, mais je l'ai pensé. Et j'aurais pu l'écrire.

De même, en 1967, ayant assisté aux grandes manœuvres de l'armée égyptienne dans le Sinaï, spectacle qui consiste à se convaincre soi-même qu'on est quasiment invincible, et d'autant plus qu'on affronte un adversaire fort peu réactif puisqu'il est purement imaginaire, j'en tirai la conclusion, quand la vraie guerre éclata, qu'Israël, certes, la gagnerait, mais qu'elle serait longue. On sait qu'en fait elle ne dura que six jours.

Le journalisme comme moyen. Mais de quoi ? De faire comprendre, de faire découvrir, de faire réfléchir, de faire réagir, de faire douter en ébranlant des certitudes, de faire - eh oui ! - passer des messages.

Des messages ? Sauf à être adepte de l'archaïque « théorie du reflet » (le journaliste se contentant de refléter le réel, journaliste-miroir en quelque sorte), que véhiculons-nous d'autre que des messages tendant à formaliser non seulement notre appréhension, mais aussi notre conception du réel ? Notre compréhension du réel. À le conceptualiser.

Il n'y a pas de messages neutres : « il ne faut pas frapper les enfants », « la démocratie c'est mieux que la dictature », « le racisme est une perversion », « l'asservissement de l'autre est un crime » ou bien encore « le libéralisme est plus efficace que le communisme », ce sont-là des messages, non des faits. Ces messages sont-ils neutres ?

C'est Einstein qui, dans son ouvrage sur « l'évolution des théories en physique », comparait le chercheur-scientifique au détective qui ne peut faire parler des indices que s'il les confronte au soupçon qu'il a de qui est le coupable (sa théorie) pour conforter ainsi, ou infirmer, son apriorisme.

De même, le chercheur ne rendra loquace une expérience que s'il la confronte à la théorie préalable qui l'a incité à l'entreprendre.

L'enquête du reporter, de la même façon (outre qu'il perçoit surtout ce qu'il cherche à percevoir), pour faire parler les faits bruts, pour leur donner sens, doit lui aussi les confronter à l'idée préconçue qui l'a conduit à les rechercher et à les sélectionner.

Les faits sont-ils des poissons que le pêcheur à la ligne remonte au hasard des oscillations de son bouchon ? Évidemment pas... Parmi des millions de faits, dont quelques milliers sont possiblement « remontables » et quelques centaines dûment sélectionnables, le journaliste (comme l'historien) trie, il ne les prend pas au filet. Et, puisqu'il les trie, il y a choix, donc analyse implicite et préalable qui oriente vers ce choix.

J'en ferais plus tard l'expérience, lorsque j'assurerais, chaque matin, sur la radio Europe 1, la conception et la présentation d'un journal suivi d'un éditorial. Chaque jour, je pouvais retenir soixante ou soixante-dix « faits » qui eussent mérité de devenir informations. J'en choisissais une dizaine, ce qui impliquait un critère de choix, donc un jugement, donc une idée. Ces dix informations-là, je les hiérarchisais et en choisissais une pour « ouvrir » le journal et faire titre : ce qui doublait le poids du critère, du jugement et donc de l'idée.

Chaque jour, ou presque, il eût été possible d'ouvrir sur un fait divers sanglant. Mais, tout aussi bien, de l'exclure, sauf exception, de la sélection. Or, en fonction de ce choix sélectif, ne contribuait-on pas à faire monter, ou baisser, dans les sondages, le pourcentage des partisans de la peine de mort ?

En réalité, la conception du journal, la hiérarchisation des « nouvelles » qu'elle impliquait, avait valeur implicite de commentaire, commentaire plus lourd que le commentaire lui-même et d'autant plus efficaces qu'il ne se donnait pas pour commentaire.

La conception, radicalement idéologique en vérité, d'un neutralisme journalistique au-dessus de la mêlée (la mêlée, en fin de compte, étant la vie), m'était tout à fait étrangère. Ce que j'avais vécu, jusqu'ici, c'était l'hypocrisie, la duplicité ou l'outrance partisane d'une presse qui se donnait cyniquement pour objective. « Presse d'information » disait-on - tu parles ! Aussi engagée, en fait, que la presse engagée.

Je ne pus qu'être conforté dans cette approche, dubitative et critique, quand le journal auquel je collaborais, lorsque, par exemple, la CGT appelait à la moindre grève, ce qui était déjà un rituel, titrait à la une sur la tentative, quasiment insurrectionnelle, de paralyser le pays par une grève générale pour mieux insister, le lendemain, sur l'échec total de cette tentative.

Question : simple déclinaison de faits bruts, le neutralisme formellement hors mêlée impliquait-il que l'on renvoie dos à dos, sans porter de jugement de valeur, dictature et démocratie ? En vérité, il suffisait que la dictature fût communiste pour qu'on ne s'y résolve pas.

C'est parce que, d'emblée, je ne crus pas à l'objectivité journalistique que je n'ai cessé de tendre (de tenter de tendre, si on préfère), contre vents et marées contraires, parfois, à l'honnêteté journalistique : refuser obstinément le faux, qui est un absolu comme le mensonge, tout en reconnaissant la relativité évolutive du vrai. Une tyrannie est une tyrannie, absolument, mais une démocratie ne l'est toujours, plus ou moins, que relativement et c'est le caractère évolutif de cette relativité qui fait toute la supériorité de la démocratie. Le mal est le mal, il est de plomb. Mais le bien, lui, est d'argile et non d'airain. Il est toujours, possiblement, à remodeler, à recomposer. C'est aussi en cela qu'il est le bien.

Cette dichotomie du vrai et du faux, du mensonge et de la vérité, me préoccupera assez pour que j'y consacre le premier livre à dimension philosophique que je devais publier : *Esquisse d'une philosophie du mensonge.*

Elle me rattrapera lorsque, à propos des événements de Syrie en particulier, dans les années 2015-2017, confronté à une autre dérive médiatique qu'est le manichéisme, mentalement structurant, je devais insister (là encore contre vents et marées) sur le fait que le mal (le régime tyrannique et limite crapuleux d'el-Assad) était le mal, mais que « l'en face », les rebelles à cette oppression, pouvaient véhiculer un mal infiltré qui se révélait encore pire.

Un cas d'école : l'honnêteté et l'objectivation relative des données du problème algérien ne permettaient pas, à mon sens, de défendre une autre voie que celle de la négociation avec ceux qui nous combattaient sur la base du droit de ce pays à l'existence nationale. Pour autant, dira-t-on que je défendais journalistiquement cette cause au nom d'un objectivisme absolu et, surtout, que c'est en fonction de cet absolutisme objectif que je couvris les événements qui ensanglantèrent ce pays ? Évidemment pas ! Eût-il fallu, en d'autres termes, que je maintinsse la balance égale entre gaullistes et ultra-antigaullistes, que je m'abstinsse de tout préjugé radicalement défavorable à l'endroit de l'OAS ?

Si l'objectivité journalistique était un absolu (les faits sont les faits), comment expliquer que des journalistes différents et de sensibilités différentes, confrontés exactement aux mêmes faits, n'en rendent généralement pas compte, aussi « honnêtes » soient-ils, de la même façon ?

Comment se fait-il que des organes de presse, parmi les plus honorables et affichant volontiers leur « objectivité », se définissent, sans honte, comme « de droite »,

« de gauche », « libéraux », « conservateurs », « socialistes », « d'opposition », ce qui revient à préciser, donc à reconnaître ceci : « Notre appréhension, notre vision, notre restitution des événements et des faits ne sont pas comparables à celles de nos concurrents dans la mesure où elles découlent de notre positionnement à droite, à gauche, dans la majorité ou dans l'opposition » ? Donc, les faits ne sont pas, en soi, photographiables par un objectif neutre et unificateur, leur réalité « pour nous » évolue en fonction de la couleur du manipulateur des objectifs qui les capte et les fixe.

En 2017, le site internet du *Figaro* m'ayant précédemment demandé des réactions, je lui envoyai une tribune qui analysait, de façon critique, la tendance à l'ultraradicalisation d'une fraction de la droite, ce qu'on pourrait comparer, expliquais-je, à une forme de restalinisation à gauche. J'en soulignais, pour elle, la droite, le danger. Le journal, comme c'était son droit, refusa de la publier en précisant, très honnêtement, que ce n'était pas « dicible » dans ses colonnes. Mon diagnostic, totalement objectif en l'occurrence, s'avéra juste : cette droite droitisée s'écroula aux élections européennes. Et, cependant, *Le Figaro* avait sans doute raison : ses lecteurs, et surtout ses internautes, n'auraient pas accepté mon propos. Ce qui délimitait clairement l'espace dans lequel pouvait se déployer cette « objectivité »-là : elle devait non seulement ne pas heurter le positionnement global du journal, mais encore ne pas prendre à rebrousse-poil son lectorat.

À la limite, le faux plébiscité par les lecteurs prendra toujours l'avantage sur le vrai qui le défrise. Je devais en faire l'expérience à Europe 1 : ayant repris à mon compte une fausse information qui confortait les auditeurs les plus pro-israéliens, ils me criblèrent de lettres critiques quand je reconnus « qu'elle était inexacte ». C'est pourquoi, quand je créais *L'Événement du jeudi*, je prévins d'emblée les lecteurs, qu'ils ne devaient pas attendre de nous qu'on leur fasse plaisir ; que notre honnêteté impliquerait nécessairement, qu'assez souvent, on les mécontente.

****

Voilà le paradoxe : je me retrouvais rentrant dans un journal, un journal qui se situait plutôt du côté du manche, alors que, confronté à l'aberrante autocensure, à l'auto-intoxication d'une grande partie de la presse, de la « grande presse » surtout, concernant, en particulier, les événements d'Algérie, j'étais réceptif aux critiques les plus justifiées (à l'expérience, je découvris que c'était souvent pire), mais aussi aux préjugés les plus contestables concernant la profession journalistique. Ce qui ne plaidait évidemment pas en faveur de la solidité de mon engagement dans la carrière.

Chapitre 24

Pendant ce temps-là

À la sortie de ma mise entre parenthèses, je n'avais pas repiqué au militantisme. L'immobilité et le travail de fond auquel je commençais à me consacrer avaient assagi mes passions sinon endormi mes colères. Cependant, malgré la rage que je mettais à acquérir le plus de connaissances possibles et, accessoirement, la ferveur avec laquelle j'accompagnais la victoire de Federico Bahamontes, mon champion de référence, au Tour de France, malgré la préparation scrupuleuse de mes cours d'histoire-géo, je me faisais difficilement à l'idée de n'être plus qu'un témoin passif des événements qui défilaient sur le grand écran du monde et, parfois, se projetaient sur le petit écran noir intérieur de mes nuits blanches : Fidel Castro, le barbu mirifique, un mixte, au physique de Victor Hugo et de Landru, ayant pris le pouvoir à Cuba, allait s'offrir, à New York, un grand show à faire pâlir, aujourd'hui, les inconditionnels de notre Mélenchon imberbe ; le Tibet s'était soulevé contre la férule communiste chinoise et le Dalaï-lama avait fui en Inde, ce qui devait lui permettre de devenir le premier dieu vivant adulé par la gauche progressiste et laïque ; Nikita Khrouchtchev, épi de maïs à la main, s'en était allé découvrir l'Amérique, cornaqué par un vice-président Nixon qui, quand il faisait l'Auguste, lui servait de clown blanc ; Mao Tsé-toung allait bientôt se heurter au fiasco de son « grand bond en avant » qui avait enthousiasmé une extrême gauche prétendument déstalinisée ; la tentative de fonder une République arabe unie, unissant l'Égypte à la Syrie, avait échoué, comme tous les grands projets émanant de la région, en fonction de quoi on assistait à une réémergence du parti Baas au sein duquel attendait son heure, en Syrie, un certain Hafez el-Assad. En Irak, c'était un autre baasiste inconnu, nommé Saddam Hussein, plus ou moins instrumentalisé par la CIA américaine, qui tentait de renverser le président progressiste Kassem, soutenu par la gauche kurde (il avait pris le pouvoir un 14 juillet !) ; en Indochine, se mettaient irrésistiblement en place tous les ingrédients qui allaient déboucher sur la seconde guerre du Vietnam. Se bousculèrent également au portillon de mon appétence non satisfaite à l'actualité : l'enlèvement d'Adolf Eichmann qui s'en alla, ensuite, à l'issue d'un procès en mondovision, vers sa solution finale ; le scandale des « Ballets roses » : la vedette, le sympathique socialiste André Le Troquer – ex-président de la Chambre –, malgré les apparences, car manchot, n'avait pas les deux mains dans la poche ; la catastrophe du barrage de Malpasset, près de Fréjus, qui fit (on imagine, aujourd'hui, les télés en continu) près de quatre cent cinquante morts ; le tremblement de terre d'Agadir au Maroc... pour ne retenir que les impondérables qui tamponnèrent ma mémoire...

Surtout, deux secousses eurent effet d'électrochocs : d'abord les barricades d'Alger, énième entreprise insurrectionnelle initiée par les ultras de l'« Algérie française », ceux-là mêmes qui avaient déclenché, moins de deux ans plus tôt, le processus qui avait permis l'arrivée au pouvoir du général de Gaulle, mais qui, sous prétexte qu'il avait parlé d'« autodétermination », ne songeait plus qu'à l'en chasser. Ce qui offrit au Général, particulièrement à mes yeux, une formidable occasion non point de se racheter, mais de se révéler aux yeux de ceux de ses sectateurs colonialistes d'alors qui l'avaient imaginé à leur image.

En ces jours, le Général fut grand. Il ne devait plus rapetisser.

La deuxième secousse, en revanche, rapetissa un personnage à cheval entre Maupassant et Stendhal, synthèse de Fabrice Del Dongo et de Bel-Ami, dont la vigueur et la rigueur républicaine m'avaient accroché en mai 1958 : François Mitterrand. Il avait échappé de justesse à un attentat d'extrême droite. Émotion considérable dans le Landerneau de gauche. Or, l'exécuteur supposé, un nommé Robert Pesquet, avait soudain révélé qu'il s'agissait, en réalité, d'un coup monté avec la complicité de Mitterrand lui-même. Le sentiment quasi général fut que le futur président de la République, recroquevillé dans son trou, était cramé, dévasté et n'avait plus d'autre perspective que de se faire politiquement oublier.

Six ans plus tard, cependant, le cadavre ayant miraculeusement ressuscité. Alors que nous enquêtions sur cette affaire avec Jacques Derogy, le même Pesquet nous révéla le fin mot de l'embuscade : il s'agissait bien d'un attentat, d'un vrai attentat, mais bien différent de celui qui avait fait crier, dans un premier temps, au terrorisme fasciste. L'objectif n'était pas la mort physique de Mitterrand, mais sa mort politique. Son déshonneur. Son florentissime esprit manœuvrier aidant, il s'était fait avoir comme un bleu.

Il se trouvait, nous révéla ou nous avoua Pesquet, que, lorsque Mitterrand était ministre de l'Intérieur du gouvernement Mendès France, il lui avait servi d'informateur au sein des mouvances d'extrême droite. Le futur président avait donc pleinement confiance en lui.

Quelques jours avant ce qui fut, en réalité, un vrai-faux coup-fourré, il vint le voir et lui confia qu'on l'avait chargé de perpétrer un attentat contre sa personne, haï qu'il était dans les milieux « extrémistes », mais, qu'en souvenir de leur ancienne collaboration et même de leur amitié, il le prévenait de façon que lui, Pesquet, fasse semblant d'avoir rempli son contrat, mais que Mitterrand en réchappe en se mettant à l'abri à temps. C'est en cela que résidait le complot. Le vrai complot. La proposition avait d'abord été faite à Mendès France qui, ne mangeant pas de ce pain-là, avait refusé de se laisser prendre au piège diabolique : faire croire à un chef emblématique de l'opposition qu'on prévoyait d'attenter à sa vie (Mitterrand le crut réellement) pour l'amener à jouer la comédie, qu'on révélerait ensuite pour le ridiculiser.

Selon Pesquet, c'étaient des « ultras » de droite, mais aussi des « activistes » gaullistes bien placés, avec l'aide d'un célèbre magistrat, qui avaient monté le coup.

Nous publiâmes, à l'époque, ces aveux-révélations mais, étrangement (étrangement ?), ils furent médiatiquement étouffés.

Chapitre 25

Je n'ai pu interviewer Kant

Un troisième électrochoc, heureux, coïncida presque avec mon entrée à reculons dans le journalisme : l'élection de John Kennedy à la présidence des États-Unis. J'avais 22 ans. Il est évident que je ne fus nullement associé à l'effervescence que ce surgissement fluorescent suscita.

On me chargea, en revanche (car j'avais intégré le service économique), de couvrir un minuscule événement, dont nul ne prévoyait qu'il annonçait une autre effervescence dont les conséquences furent, tout compte fait, plus considérables encore, parce que plus durables, que la première : un type bizarre sillonnait les rues de Paris en poussant une petite charrette et en proposant aux chalands de leur vendre des artichauts bretons en direct, sans intermédiaire, ce que mon rédacteur en chef trouvait tout à fait extravagant. Je m'y rendis. Je vis. J'interrogeai le bonhomme. Je rendis compte. Le type s'appelait Édouard Leclerc. Ce fut mon premier article.

****

Je me retrouvais donc apprenti journaliste. Rien n'était plus facile que de se faire une place dans ce journal-là. Étrange monde que celui de *Paris-Presse*. C'est comme *L'Express*, Europe 1 ou le Parti communiste (j'ai échappé à la franc-maçonnerie et aux dîners du Siècle), il faut en avoir été. Tout y respirait une atmosphère balzacienne. Le spécialiste de la diplomatie, qui se rendait chaque jour au Quai d'Orsay où on lui indiquait ce qu'il devait écrire, personnage ridicule, qui eût déjà paru suranné dans les années 1930, était déguisé en ce qu'il tenait à paraître, c'est-à-dire en spécialiste de la diplomatie, parapluie compris. Le « baroudeur » avait tout naturellement revêtu la panoplie du parfait baroudeur reçue en cadeau de Noël, tout juste s'il y manquait un gilet pare-balles. L'expert en politique « politicienne », car il y en avait un, ayant son rond de serviette au Palais-Bourbon, emprisonnait son ventre très arrondi dans un gilet de flanelle non pas pare-balles mais à goussets, et vous enveloppait d'une onction onctueuse et sucrée qui, comme son style, accompagnait de façon tout à fait adéquate son approche très convenue des subtilités interpartisanes. Le critique d'art, lui aussi d'un autre temps, s'était rendu célèbre en couvrant en direct, par pur hasard, l'assassinat, à Marseille, d'Alexandre de Yougoslavie en... 1934. Le spécialiste du cinéma l'avait été, sans états d'âme, sous l'Occupation. Les ex-résistants côtoyaient les ex-collabos, l'ex-déporté Louis Martin-Chauffier, le toujours fasciste François Brigneau. Le grand patron, toujours absent, était un vieux beau infatué qui roulait en Bentley avec téléphone intégré et jouait naturellement au golf (il me demanda, un jour, de lui expliquer les règles du Gold Exchange Standard, croyant qu'il s'agissait d'une association de golfeurs).

Jamais, ensuite, je ne fus confronté à un tel mélange de pointures et de savates. En haut de l'affiche Claude Jannoud, alias Albo, alias Manon, qui écrivait partout sous des noms différents. Bien que nous devînmes très amis, je n'ai jamais su quel était le vrai. Agrégé de philosophie, ex-communiste, viré cynique nietzschéen et anarcho-conservateur, tripotant compulsivement une pelote de ficelles qu'il avait toujours en poche (comme le capitaine d'*Ouragan sur le Caine*), c'est lui qui me demanda de le suppléer, pour cause de vacances, en tant que correspondant d'un journal marocain (car il avait enseigné au Maroc), période très courte mais qui correspondit à la visite du jeune roi Hassan II (d'où la scène du Louvre avec André Malraux).

À cette occasion, je fus invité à un grand banquet élyséen. L'occasion de serrer la main du général de Gaulle, qui me lança, mécaniquement, après l'énoncé de mon nom par le crieur : « Je vous lis, Monsieur ! » Lequel crieur, lorsqu'il dût annoncer Paul Guth, un écrivain que tout le monde croyait académicien, hurla : « Monsieur et madame Goethe ! »

Ridicules agapes, en vérité, où des grappes de pingouins en habit, harnachés de celluloïd, plastrons et queues-de-pie assortis, votre serviteur itou (j'avais loué l'armure mondaine au Cor de chasse), échangeaient ou plutôt négociaient, toutes décorations exotiques dehors en guise de marqueurs de classe, leurs lieux communs enrobés de visqueuses démonstrations d'empathie aussi franches que des déclarations d'amour de gigolos, tout en avalant des plats insipides aux appellations à faire dessaliver des membres du Club des Cent le tout au rythme délavé d'une musique bastringue propre à réveiller la nostalgie de vieilles douairières accompagnées.

À une heure du matin, je me rendis à la grande Poste de la rue du Louvre, dans cet accoutrement, pour y expédier une bafouille. J'eus un petit succès.

Au-dessus du lot officiait, également, Jacques Frémontier, visage surmonté d'un bec d'aigle au-dessus d'un corps sec, longiligne et nerveux. Il devint, plus tard, communiste et, entre autres ouvrages de qualité, il publia une remarquable plongée politico-sociologique dans l'univers de la Régie Renault citadelle ouvrière de Billancourt. L'écrivain militariste Jean Lartéguy, un obsédé du centurion aux gros biscotos moulé dans sa tenue de camouflage, cohabitait avec le jeune Gilles Perrault qui, auteur lui aussi d'un livre sur les « paras », n'avait pas encore, au contact des injustices de ce bas-monde, viré sa cuti au rouge, comme la couleur du pull-over du dernier condamné à mort qu'il réhabilita.

Le critique littéraire vedette, Kléber Haedens, cultivait les effluves nostalgiques de l'académisme réactionnaire des années trente. Certains feront des étincelles : un Alain de Sédouy, alors chevelu et droitier, ou une Georgette Elgey, exemplaire historienne de la IVe République, qui n'avait pas encore rencontré Mitterrand, Anne Andreu et la si talentueuse Odile Grand, travailleront plus tard avec moi à *L'Événement du jeudi*.

Le service des « informations générales » vedettisait de parfaits incultes – c'était courant à l'époque. L'un d'eux, qui officiait à *France-Soir*, le journal d'en face, avait omis de signaler la mort d'André Gide, parce qu'il s'agissait d'une « mort naturelle » !

Un personnage me fascinait : gaulliste pur et dur, patriote intransigeant, il s'appelait Claude Couband, était riche, jouait compulsivement en Bourse, possédait un avion, dont il me fit profiter à l'occasion, en particulier en période de grèves des transports, et je n'arrivais pas à comprendre pourquoi il se sentait obligé de se lever de bonne heure, tous les matins, pour gratter des articles de politique étrangère.

Dois-je préciser que les secrétaires, à qui on ne la faisait pas, étaient émoustillantes (en ce qui me concerne j'épousai l'assistante du grand patron) et que, finalement, plus libres que plus tard à *L'Express*, je ne fus jamais censuré, sauf une fois... et je démissionnai.

Bizarrement, *Paris-Presse* était le premier journal qui avait créé une rubrique « Idées » qui s'étalait sur une ou deux pages. Mais, beaucoup plus bizarrement encore, elle avait été confiée à un type sympathique au possible, fringant, qui, n'en avait aucune. Pas plus de culture que d'idées. Il s'appelait Philippe Chatrier et deviendra un mémorable président de la Fédération française de tennis.

Lorsque mourut le philosophe Maurice Merleau-Ponty, comme j'étais apparemment le seul, avec Daniel Albo (dit Claude Jannoud) à l'avoir lu (en l'occurrence *Les Aventures de la dialectique*), je fus réquisitionné par la rubrique « Idées ». Dans mon article, je citais Berkeley et Kant (Emmanuel !). Chatrier se déclara très intéressé et me suggéra d'obtenir d'eux une interview pour le lendemain. Je n'y parvins pas.

Chapitre 26

Les secrets d'une vente record

Deux séismes accompagnèrent mon intronisation. Le premier fut le putsch militaire d'avril 1961 à Alger.

Ce matin-là, à l'aube, je me rends à mon travail. Je croise, porte de Saint-Cloud, un quidam qui, marchant d'un pas altier, fredonne « tiens, voilà du boudin ! », chant de marche de la Légion étrangère. Ce qui me paraît *a priori* incongru. D'autant que, une demi-heure plus tard, rue du Louvre, je suis dépassé par un autre pékin qui, lui aussi, rythme sa marche saccadée en entonnant à mi-voix une marche militaire. Je pense à la réplique de Ionesco : « Comme c'est curieux, comme c'est bizarre, quelle étrange coïncidence ! »

J'arrive au journal déjà en pleine effervescence et, là, j'apprends quoi ? Qu'à l'issue d'un putsch mené par un régiment de parachutistes, un quarteron de généraux, comme le baptisera le général de Gaulle, les habituels plus Challe, avait pris le pouvoir à Alger.

Ainsi, la tentative de coup d'État militaire d'avril 1961 finira par se ramener, dans mes souvenirs, à un passant qui, à l'aube, porte de Saint-Cloud, marche au pas cadencé en fredonnant « tiens, voilà du boudin ! »

Plus ineffaçable encore : on m'envoya au ministère de la Culture (ou de l'Intérieur ?) où Malraux avait entrepris de lever une sorte de milice de défense républicaine qui lui rappela sans doute les Brigades internationales. Quelques volontaires s'étaient effectivement présentés et rassemblés dans la cour du ministère attendant qu'on leur distribue battle-dress et pataugas. Ces héros, cependant, donnaient plus l'impression de participer à un salon du livre qu'à une martiale entreprise de résistance antifasciste. Parmi eux se remarquait un intellectuel gaucho-gaulliste et mondain, bien connu à l'époque, qui s'était présenté (je n'oublierai jamais cette image) avec un caniche sous chaque bras !

Il est heureux que les paras, finalement, n'aient pas débarqué.

Le chef du service Publicité du journal, une grande gueule, spécialiste des publi-reportages régionaux, militant gaulliste affirmé, subodorant que je n'avais aucune sympathie pour les factieux, nous réunit, avec deux autres jeunes journalistes supposés fermement républicains, et, nous expliquant qu'il savait où acquérir une mitrailleuse, nous demanda de l'aider à la hisser sur le toit de l'immeuble du journal, situé rue du Louvre, afin de contribuer à arrêter la vague d'assaut attendue des paras putschistes. Bien que dubitatifs nous acceptâmes, par respect pour son courageux dévouement, décidés cependant, au cas où, à nous joindre à d'autres formes de résistance... Cette fois, le coup de force échoua lamentablement. Face à lui, il n'y avait ni Guy Mollet, ni René Coty, ni Pierre Pflimlin, mais le général de Gaulle. Lequel réagit (ce dont la gauche, elle, s'était bien gardée) en mobilisant le contingent contre les « putschistes ». J'assistais à l'arrivée de Challe, qui s'était rendu, à la prison de la Santé. L'attendait un petit groupe de manifestants qui criaient « À mort ! » Cela me dégoûta.

Le second séisme intervint en pleine période de terrorisme OAS. Il y avait, au service des Sports, un jeune homme discret, néophyte comme moi, fils d'un écrivain, Jacques Perret, qu'un livre presque culte avait rendu célèbre : *Le Caporal épinglé*. Ce matin-là, il était absent et impossible de joindre. Un accident, gravement malade ?

La nouvelle tomba comme un bloc de bronze : il avait fait partie d'un commando OAS qui s'était introduit dans un hôpital, le Val-de-Grâce, pour y achever, à la mitraillette, dans sa chambre, un certain Yves Le Tac, frère du député Joël Le Tac, désigné comme « barbouze » parce que gaulliste militant et actif. Il avait déjà été blessé (d'où son hospitalisation) dans un précédent attentat.

Un malaise un peu poisseux fit que, plutôt que d'en débattre, on ensevelit ce drame dans le silence.

****

Bien que je ne prétende pas devoir figurer dans une anthologie du journalisme, il m'est arrivé d'être à l'origine de diffusions (ou de taux d'écoute) records.

Ce fut le cas à *Paris-Presse*, mais par le plus grand des hasards, mes hypothétiques qualités professionnelles n'y étant strictement pour rien.

Alternativement nous participions à la conception du journal, ce qui impliquait une présence très matinale, ou bien nous assurions, à partir de midi, le « repiquage », c'est-à-dire que nous rafraîchissions, en tenant compte de l'évolution de l'actualité, des éditions plus tardives.

Ce jour-là, j'étais de « repiquage », tout juste avant le bouclage définitif. Un signal caractéristique de l'AFP nous avertit d'un flash, c'est-à-dire une information majeure. C'était l'agence Chine nouvelle qui annonçait la publication imminente d'une déclaration de première importance. Je présumai qu'il s'agissait de la confirmation d'une rupture Moscou-Pékin. Nouvelle énorme, en effet. Je n'eus donc aucun mal à convaincre la direction de retarder le bouclage. Second crépitement d'un flash. C'était toujours l'agence Chine nouvelle qui nous mettait l'eau à la bouche. Nouveau report, plus difficile à obtenir. La troisième fois, j'eus le plus grand mal du monde à arracher un ultime répit. Lorsque, de nouveau, l'annonce d'un flash retentit et que je me précipitai vers les télescripteurs, de lourds et méchants regards pesèrent sur moi. Je sentais dans les yeux défiler la somme que je leur avais coûtée. Je lus. La dépêche disait : « Attentat contre le général de Gaulle au Petit-Clamart ».

Édition spéciale. Notre bouclage très tardif faisait que nous étions les seuls à l'annoncer : record de ventes. Sauvé sur le fil.

La déclaration historique claironnée d'avance par Chine nouvelle, c'était du pipeau.

****

Une image, longtemps, me poursuivit : celle de ces Algériens raflés sortant, dépenaillés, amochés, déglingués, du palais des Sports de la porte de Versailles où, en octobre 1961, à la suite d'une manifestation contre un couvre-feu initiée par le FLN, on les avait entassés.

J'avais assisté, dans l'après-midi, au niveau du cinéma Le Rex, à une charge policière, non pas brutale mais furieuse, véritable défouloir, contre une foule musulmane, totalement désarmée quoi qu'on en ait dit, dont l'apparence se voulait plus familiale que militante. Beaucoup de femmes s'étaient jointes à la protestation. Je ne fus pas témoin, en revanche, des violences assassines, noyades et pendaisons, que je n'appris que quelques jours plus tard d'un informateur, le photographe Élie Kagan, qui me confia des photos accablantes. Malgré mon insistance, je ne parviens pas à ce que le journal auquel je collaborais y fît, ne fût-ce une timide allusion. Sujet tabou : combien de victimes ? Cinq cents ont prétendu, plus tard, le FLN et l'extrême gauche. Évidemment faux ! Mais une cinquantaine, certainement. Imagine-t-on, aujourd'hui, manifestants tués, assassinés après arrestation, à Moscou et... pas un mot dans la presse ? D'une façon presque générale, les grands médias firent le silence sur ce massacre. (C'est pourquoi je tins, quand je dirigeais *Les Nouvelles littéraires*, à ce que ce magazine consacre à cette tragédie, cette ignoble forfaiture plus exactement, un dossier appuyé sur une contre-enquête.)

Lors de la manifestation anti-OAS, en février 1962, qui se solda par les neuf morts du métro Charonne, bien que je la couvris, je ne fus pas témoin direct du drame, mais la gratuité de la violence répressive me stupéfia. Comment pouvait-on aussi « allégrement » se déchaîner contre des manifestants qui protestaient contre des attentats, dont l'un avait défiguré une fillette, commis par des factieux désireux de renverser le gouvernement légal ? Et, accessoirement, de tuer le chef de l'État.

À l'occasion d'une charge par l'arrière, précipité vers l'avant, je me retrouvai face à une amie que je n'avais pas revue depuis que mon père nous avait donné des cours de perfectionnement en latin. Mais, au moment où nous allions échanger nos coordonnées, une charge, par l'avant cette fois, nous rejeta vers l'arrière et nous sépara. Scène de film.

Je n'eus pas l'occasion de rendre compte de cet événement : le lendemain matin, en effet, j'arrive au journal encore traumatisé par ce que j'ai vécu la veille.

Cette police, qui s'en était donné – c'était le mot – « à cœur joie », c'était la même dont les matraques tambourinaient

« Algérie française », quatre ans plus tôt, dans des cars stationnés sur les Champs-Élysées. C'était celle qui, en octobre de l'année précédente, s'était déchaînée contre les manifestants algériens et en avait, après coup, liquidé quelques-uns, dont on avait retrouvé les corps dans la Seine ou dans les forêts environnantes. C'était celle, également il est vrai, dont certains des membres avaient été victimes d'activistes, non pas OAS, mais FLN.

C'était, enfin, la police qui obéissait aux ordres de son préfet de l'époque, Maurice Papon.

J'avais donc la tête envahie par ces scènes de charges furieuses, « bidules » haut levés et lourdement assénés, contre les manifestants qui n'esquissaient pas le moindre geste de résistance ou de riposte (d'où ma surprise en Mai 68 quand des étudiants contestataires cessèrent d'être passifs) et se contentaient de scander en chœur des slogans du type « Paix en Algérie » ou l'increvable « Le fascisme ne passera pas ! » Flux et reflux enchevêtrés de foules fuyantes, décidées et paniquées à la fois, se dispersant et se reformant à l'aveuglette.

Surtout, je savais, bien que ne me trouvant pas à l'endroit précis où ce drame avait eu lieu, que neuf manifestants avaient péri, pris au piège, entassés dans les escaliers de la bouche du métro Charonne vers où les policiers les avaient précipités.

Je croyais, donc, qu'on allait se précipiter vers moi pour solliciter mon témoignage. M'indiquer la place qu'on accorderait à mon reportage. Rien ! On ne me demande rien. Je me revois, debout derrière le rédacteur en chef du service Politique, attendant qu'il termine une conversation téléphonique qu'il avait entamée. Et, peu à peu, en en captant des bribes, je comprends qu'il est quasiment en conférence avec le ministère de l'Intérieur qui lui dicte le récit de la manifestation. Je reste là, les bras ballants. Sidéré, humilié. Indigné aussi, mais nullement en situation de laisser exploser la moindre colère.

Quelques années plus tard, je tentai de faire réagir Maurice Papon aux trois drames, car c'était lui, également, qui officiait à l'époque de l'affaire Ben Barka. Nous faisions partie, l'un et l'autre, d'une délégation française officielle qui, pour la première fois, parcourut la Chine maoïste pendant trois semaines. On ignorait encore ce qu'avait été son attitude à la préfecture bordelaise (pétainiste) pendant l'Occupation. Et on avait passé l'éponge de l'oubli sur les exactions qui avaient ensanglanté la région de Constantine sous sa férule. Depuis, devenu député « gaulliste », secrétaire d'État, il avait commis un ouvrage consacré à Descartes et au *Discours de la méthode*. C'était le seul sujet (avec ses impressions de Chine) qu'il acceptait d'aborder. À mes questions sur son préfectorat, il opposait un silence bougon, sauf à affirmer qu'en octobre 1961, à Paris, il n'y avait eu aucune victime algérienne. Ou, plus exactement, que les Algériens s'étaient tués entre eux.

Neuf morts en une seule journée de manifestation pacifique... Aujourd'hui, aucun mort (mais des centaines de blessés) après quarante manifestations hebdomadaires tournant à l'émeute, cela s'apparente à une implacable répression digne du régime de Pinochet !

Chapitre 27

Un monde qui chavire

Tout sert. À part le latin et le grec quand on n'est ni curé ni archéologue.

Mon année d'immobilisation forcée, suivie de ma « réforme », m'avait épargné trois ans d'armée et offert, en échange, treize mois de lectures et d'écriture intenses.

Non seulement mon ex-militantisme politique m'avait familiarisé avec les soubresauts les plus brusques de l'actualité, mais mon engagement à gauche me fut utile puisque je fus préposé aux grandes manifestations qui marquèrent douloureusement l'époque, tandis, qu'en période d'élections, on me réserva le Nord-Pas-de-Calais, les chapeaux à plumes se partageant le Midi et les bords de mer.

Mes lectures compulsives, tout ce que j'avais ingurgité dans le domaine historique, ma courte expérience pédagogique, les apports paternels et également autodidactes en matière philosophique, me fournirent autant de viatiques ; mais, surtout, paradoxalement, mes deux ans de fréquentation de l'Institut d'études du développement économique et social, ainsi que mon âge, m'assurèrent l'avantage d'une différence.

L'année 1960, en effet, marqua, dans le sillage de la conférence afro-asiatique de Bandung que dominèrent les figures de Chou En-lai et de Nehru, l'émergence d'un « tiers-monde » qui s'émancipait dans les affres, le bruit et la fureur, alors que la rédaction du journal restait très majoritairement prisonnière de références eurocentrées et néocoloniales. J'étais, par exemple, seul à m'intéresser à ce qui se passait dans une Indochine que la France avait, non seulement politiquement mais également mentalement, larguée.

Je fus donc très rapidement jeté dans le grand bain de l'actualité internationale. Ce qui débuta par la couverture de deux conflits tribaux, le premier ne concernant ni le Rwanda où déjà Tutsis et Hutus s'entre-égorgeaient, ni le futur Zaïre, mais la Belgique où commençait à s'exacerber l'antagonisme Flamands/francophones. La marche des Flamands sur Bruxelles et les grandes grèves dans le pays minier wallon constituèrent, en quelque sorte, mon baptême du feu.

Le second conflit tribal était en train de plonger le Congo, qui cessait tout juste d'être belge, dans une fournaise. Plus tard, l'ex-ministre de l'Information de Patrice Lumumba, Anicet Kashamura, devenu sociologue, me confia vouloir écrire un ouvrage consacré au tribalisme linguistique... en Belgique !

Lumumba... Ce fut l'une des images qui me poursuivit.

Ancien employé des Postes devenu leader du mouvement nationaliste, il avait pris la tête, après avoir gagné les élections, du premier gouvernement du Congo indépendant. Le président de la République qui défendait, lui, des intérêts tribaux, s'appelait Joseph Kasa-Vubu. Comme il n'avait jamais ouvert la bouche, on présumait que, le jour où il s'exprimerait, ça casserait des briques. En fait, cela provoqua une tragédie.

Lumumba, qui représentait la tendance la plus « progressiste » (ou la plus radicale) de l'indépendantisme, fut aussitôt confronté à une conjonction de complots concoctés par un assemblage hétéroclite d'intérêts financiers et miniers belges, de revanchisme néocolonialiste, de communautarismes ethniques et d'ingérences étrangères décidés à le « dégager » de gré ou de force. C'est Kasa-Vubu qui prit l'initiative en le destituant. Le colonel Mobutu - alors stipendié par la CIA - l'arrêta et le livra aux sécessionnistes du Katanga (riche province minière) représenté par un certain Moïse Tshombé, mixte de Judas et d'Al Capone, qui me fit, quand je le rencontrais, l'effet de « l'affreux » des bandes dessinées. Il s'était fait élire à la présidence de sa province en concoctant une affiche où on le voyait enfoncer sa tête dans la gueule d'un lion. Lequel lion, attraction bien connue du palais du négus en Éthiopie, était totalement édenté.

C'est alors que commença le chemin de croix de Patrice Lumumba, que sa postérité réincarnera en Christ noir. Ficelé comme un saucisson, jeté dans un camion découvert semblable aux charrettes qui menaient les guillotinés à l'échafaud, visage d'ébène dont la sérénité était comme béatifiée, en guise d'auréole, par l'éclat d'une chemise blanche immaculée, il fut livré à ses tortionnaires et, là, un ministre truand lui enfonça doucement une baïonnette dans le dos. Après quoi, on l'acheva.

Comment oublier cet hallucinant remake, au bénéfice moral de ce prophète posthume de l'africanité et de la négritude, de *La Montée au Golgotha* ?

La scène ne décollera jamais des pages de mon album intérieur.

****

Côté oral, c'est une vanne qui fera son nid dans mon oreille. Le dictateur qui régnait sur la République dominicaine, Rafael Trujillo, un parmi beaucoup d'autres, avait été assassiné. Ayant été chargé, sans me rendre cette fois sur place, de rendre compte de cette manière d'exécution démocratique et sauvage, je m'appliquai à imiter le récit, en Technicolor et sur grand écran, qu'en aurait tiré une super-production hollywoodienne. Rien n'y manquait : même pas les frissons sous le vent des feuilles de plants de canne à sucre. Bien que l'exercice littéraire fût assumé, je n'affirmerais pas qu'il ait été très recommandable d'un point de vue déontologique.

Trujillo précipité aux enfers, un leader démocrate de centre gauche, Juan Bosch, gagna des élections libres, mais fut renversé par un putsch militaire auquel participa un certain général Imbert. Or, le directeur de *Paris-Presse* s'appelait Imbert et n'avait pas eu le temps de choisir le bon camp en 1944. Ce qui fit dire à un jeune journaliste nommé Jean-Pierre Renard (celui qui était censé manier avec moi la mitrailleuse lors du putsch d'avril !) : « C'est la première fois qu'un Imbert fait du mal à un boche ! »

Les événements de Saint-Domingue sont aujourd'hui oubliés. Or, ils se soldèrent par une intervention militaire américaine non pas dirigée contre un dictateur comme Saddam Hussein ou contre un régime totalitaire comme celui des talibans afghans, mais contre le pouvoir légitime d'un démocrate réformiste élu.

Il y a des événements dont l'Histoire se défausse ; mais elle vous les laisse en consigne.

****

Je revois les deux premières années passées à *Paris-Presse* comme dans un kaléidoscope. Un jeu, en miroir, d'images et d'éclats de phrases... toujours !

Ainsi, au début de l'année 1962, alors que je suivais les élections législatives dans le Nord-Pas-de-Calais – le socialiste

Guy Mollet ayant fait alliance avec la droite antigaulliste au premier tour et basculé Union de la gauche au second –, ce dirigeant PS local, député de Lens, à qui je demandais ce qu'il pensait de ses camarades qui avaient quitté le parti pour créer le PSA (Parti socialiste autonome) ancêtre du PSU.

« Vous n'avez rien remarqué ? » me demanda-t-il.

« Non, quoi ? »

« Tous des juifs ! »

Ou encore cet officier supérieur allemand, ancien de la Wehrmacht, qui venait d'être nommé inspecteur des saint-cyriens à Coëtquidan. Ancien adjoint du général Hans Speidel, il connaissait la France pour y avoir stationné, en tant que cadre de l'armée d'occupation, entre 1941 et 1944. Ses souvenirs ?

« Excellents », m'affirma-t-il, les Français étaient vraiment « très gentils ».

« Tous ? Vraiment ? »

« Oui, je n'ai eu que d'excellents contacts. »

« Mais les résistants ? Les maquisards ? »

« Je n'ai jamais confondu le peuple français avec quelques terroristes ! »

Lorsqu'il fut fait prisonnier, en 1944, l'a-t-on bien traité ?

« Pas du tout ! Les Anglais ont confisqué mes tenues de sport. J'ai protesté. C'était contraire aux conventions. »

Dans le genre saillie, l'une d'elles continue à m'écorcher les esgourdes. Je devais prendre quelques jours de vacances. On était en octobre. Je décidai d'aller là où irait le premier train partant de la gare Montparnasse. Ce fut Granville dans la Manche. J'y logeai dans un petit hôtel familial situé sur le port. J'en garde encore la vision extatique d'un plateau de fruits de mer d'une abondance coupable. La patronne, affable, était aux petits soins. Mais, des jeunes gens faisant pétarader leur vélomoteur, elle s'écria :

« C'est pas une honte ! On ne se serait jamais permis ça du temps des Allemands ! » En fait, c'était son grand regret. C'est à Trouville, face à la mer, que j'avançai le roman, une intrigue politico-policière, que j'étais en train d'écrire. Au retour à Paris, j'emmenai le manuscrit pour le relire dans un café du quartier latin (le Petit Cluny très exactement) et je l'y oubliai. Je n'avais pas de double. Peut-être est-il paru avec un autre nom d'auteur, qui sait ? Je n'ai plus jamais écrit de roman.

****

Je ne sais trop comment, je parvins à obtenir une interview de Youri Gagarine qui avait, le premier, été mis en orbite autour de la Terre. Naturellement, je n'ai rien retenu (des banalités de toute façon), sauf que, comme il avait déclaré à Chypre qu'il avait, de là-haut, très bien distingué l'île, je lui demandai s'il avait également bien distingué la ville de Paris et, pour me faire plaisir, il opina. J'aurais dû lui faire préciser quelle vue de la stratosphère on avait de la place des Vosges !

****

Le grand match international était chaud. Incandescent parfois. Et je le suivais avec une ardeur qui ne se contentait pas d'être professionnelle.

Un motif de sidération : l'érection soudaine du mur de Berlin. En une nuit, on enfermait un pays. Et de stupéfaction : le fiasco d'un débarquement contre-révolutionnaire armé et équipé par la CIA dans la baie des Cochons à Cuba. Une sorte d'expédition de Suez miniature : on offrait sur un plateau un triomphe à ceux qu'on se proposait de renverser.

J'étais donc devenu commentateur et éditorialiste en matière de politique internationale. Métier de vieux. On a 23 ans et on se normalise déjà. On est tout fier d'avoir écrit et signé ce qu'on est sans doute le seul ou presque à lire. Je ne quitte plus les salons de l'hôtel Crillon pour y rencontrer des Excellences, des princes, des rois, des roitelets, des chefs de gouvernement, des présidents, des empereurs même, de passage. Échanges de propos jaquettes surmontés de parapluies. Il y a des gens, n'existant que par l'honorabilité très affectée et affichée de leur apparence, à qui on ne peut tirer les vers du nez que s'ils ont quelques verres dans ce nez. Un Premier ministre laotien, prince de son état (comme le chef des communistes du pays), se mit, après deux verres de champagne, à me décrire par le menu les torrides chassés-croisés érotico-sentimentaux de sa royale famille.

J'avais encore beaucoup à apprendre. Le chef d'État camerounais m'explique que son pays pourrait exporter vers la France beaucoup plus d'avocats. Comme j'ignore même l'existence de ce fruit, encore très exotique, je m'interroge sur les raisons qui font que ce pays produit un tel surplus de profession juridique.

C'est alors que tout, pour moi, allait basculer.

Les accords d'Évian, qui marquaient l'accession de l'Algérie à l'indépendance, venaient d'être signés. D'où un cessez-le-feu. Ce tournant provoqua une crise au sein du journal. Sa ligne – plutôt droite gouvernementale – fût-ce en maugréant – fût-ce de mauvaise grâce, l'incita à se plier à cette évolution. L'aile droite qui, à force d'accompagner la cause de l'« Algérie française », l'avait totalement embrassée, rechigna ou refusa. Les plus durs claquèrent la porte. Certains rejoignirent *L'Aurore*. Ou même *Minute* qu'avait créé notre ex-responsable de la rubrique mondaine, communiste en 1945, facho en 1962. D'autres s'adaptèrent.

Un jeune homme du service Politique, en fait d'extrême droite musclée, même s'il ne le criait pas sur les toits, fut prié de se reconvertir. Dans quoi ? Dans la bouffe, puisqu'il en pinçait pour la bonne chère. N'était-ce pas l'occasion de créer une rubrique gastronomique ? Il protesta, se cabra. Il le vivait comme un déshonneur absolu ! C'était ça ou la porte. Il choisit ça ! On lui adjoignit rapidement, en guise de tête, pour réaliser chaque jour une page entière, le nouveau responsable de la rubrique Idées, Christian Millau. Lui, s'appelait Henri Gault. Il ne décolérait toujours pas : il venait, en fait, d'accéder à la fortune.

Plus tard, quand je dirigeais *Les Nouvelles littéraires*, dans le but de désenclaver le journal, de la même façon, je demandai à un jeune journaliste, militant socialiste et spécialiste de la poésie serbo-croate (c'est une image !) de se réinventer dans la critique gastronomique, la cuisine pouvant prétendre à une forme d'expression culturelle. Lui aussi, il le prit d'abord assez mal. Il s'appelait Gilles Pudlowski. De lui aussi cette métamorphose fit la fortune.

Deux guides parviendront à s'imposer face à la ringardise hégémonique du *Michelin* : le *Guide Gault et Millau* et le *Guide Pudlowski*.

Restait – au moment où l'OAS multipliait ses exactions et les vieux de la vieille ayant fait défection ou ayant été écartés – à renouveler la couverture de l'interminable désastre algérien qui était, jusqu'ici, trustée par les « stars ». Tout le monde savait, car je ne répugnais nullement au prosélytisme en la matière, que j'étais fermement partisan d'une négociation débouchant sur l'indépendance. Alors (ce fut comme les rebondissements improbables dans les mélodrames), la direction se retourna vers moi et me proposa d'assurer la relève.

Je n'avais rien à perdre.

Chapitre 28

Alger, année zéro

C'était la première fois que je prenais l'avion. À l'époque, on partait du Bourget. J'étais arrivé à Alger une semaine plus tôt. Je logeais à l'hôtel Albert-Ier, situé au bas du Forum, face à la grande Poste. Soudain, une énorme déflagration. Je suis néophyte, contrairement aux autres journalistes encore présents qui n'en sont plus à une explosion près. Celle-ci vient du port. Je me précipite.

Quand j'arrive, je tombe sur une petite foule surexcitée. Comme une rumeur rauque que percent des éclats de voix dont on ne perçoit même pas s'il s'agit de hurlements ou de sanglots. J'ai tout juste le temps d'apercevoir, sur des quais dévastés, devant ce qui fut un centre d'embauche, au milieu de flaques de sang, moins des monceaux de cadavres que des « morceaux de cadavres » : « des formes sans visages, des chairs sans formes, des formes sans membres, et le tas... le tas monstrueux de corps déchiquetés, brisés, désarticulés et, tout autour, sur les murs des entrepôts qui font écran, criblés par la mitraille, de longues plaques rouges ».

J'ai retrouvé ces lignes extraites de mon reportage de l'époque et je m'aperçois que j'ai procédé de façon discutable. Tout est exact, mais j'ai mélangé ce que j'ai personnellement vu, qui était horrible, à ce que des témoins du massacre, sur place, m'ont raconté et qui l'était encore plus.

Je crus apercevoir des centaines de morts. La froide statistique me ramènera, plus tard, à la réalité : soixante-deux... seulement ! Et des dizaines de blessés.

Des ouvriers dockers ou des chômeurs étaient massés là en attendant l'embauche : une voiture, bourrée de dynamite ou assimilé, avait explosé en plein milieu.

Je frissonnais devant ce spectacle quand je fus bousculé, happé, saisi. Je suis le seul Européen présent. Éthniquement coupable. Cris rageurs, insultes. Je hurle « journaliste ! », « journaliste ! », « journaliste ! » et me retrouve isolé par quatre grands gaillards armés de bâtons qui se mettent à taper sans ménagement sur les mêmes qui viennent d'échapper au carnage.

Ils m'embarquent. Une demi-heure plus tard, je suis à Belcourt, en plein fief FLN. Aussitôt arrivé, je tente de rédiger un article pour le journal avant l'heure de bouclage. Je n'y parviens pas. Mes mains tremblent. Comme un fanion sous le mistral. Impossible de tenir le stylo. N'en sortent que des gribouillis.

Je me trouve dans une grande pièce, le salon d'un riche commerçant qui a été transformé en hôpital. Autour, des lits de camp alignés sur deux rangs, des infirmières en blouse blanche et brassard du Croissant-Rouge s'affairent auprès des blessés, qu'on amène des quatre coins de la ville.

****

Je commence par ce coup de poing, parce qu'il a définitivement mis le grappin sur ma mémoire. La mort – et je ne suis jamais parvenu à la normaliser –, je ne l'avais jamais vue avant de la voir ainsi entassée. Ce que je devais vivre, pendant ces quatre mois de folie algéroise, jamais, nulle part, quelles que soient les circonstances, je ne devais le revivre. Ni au Vietnam, ni au Cambodge, ni en Jordanie lors de Septembre noir, ni au Liban pendant la guerre civile, ni lors des guerres israélo-arabes. Jamais. La quintessence des délires autodestructeurs et du fanatisme suicidaire. L'humanité comme compulsive et convulsive négation de soi.

Je n'aurais pas pu imaginer, à la défaveur d'une telle concentration dans le temps et dans l'espace de tous les pires, initiation plus brutale, déniaiserie plus radicale.

****

La première image qui m'assaillit, quand j'arrivai à Alger, c'était celle d'un soldat noir, assis sur le trottoir, suant à grosses gouttes sous son casque, se prenant la tête à deux mains et murmurant : « Quel foutoir, mon Dieu, quel foutoir ! »

C'était évidemment un des qualificatifs possibles. La ville semblait cassée, désarticulée. Des murs comme des lambeaux de cris. Les rumeurs tourbillonnaient tel un cyclone dans un charivari d'esprit froissé. Il y avait du bruit, il y avait de la fureur ; il y avait du sang et des larmes ; il n'y avait ni pain ni rose. Simplement la mèche de la désespérance dépassait du tonneau dans lequel on avait entassé la poudre des mensonges les plus extravagants. Et cela donnait l'OAS.

Ses sympathisants, refoulés du quartier des facultés, refluaient par la rue Michelet. Nous étions un petit groupe de journalistes en alerte. Nous essayâmes d'engager le dialogue. Mission impossible.

« Combien il vous paye, le FLN ? »

« Attention, vous voyez bien que ce sont des barbouzes ! »

« Allez, vous les aurez les "melons", jusqu'à Poitiers ! »

Un homme d'un certain âge, toutes décorations dehors, tenta de frapper avec sa canne l'envoyé spécial du *Figaro*.

Il y avait dans cette petite foule, écrabouillée sous un destin qu'elle cherchait à exorciser par la clameur, plus de stupéfaction encore que de désespoir. Obsession du barbouze asiatique. Un confrère nippon, après s'être affublé d'une pancarte « je suis journaliste japonais ! », avait préféré regagner son douar d'origine. Descendait déjà des fenêtres la voix éraillée de la radio OAS pirate. Des munitions pour le lendemain.

****

Ce lendemain, je préférai le laisser passer pour me rendre à Tizi Ouzou, en Grande Kabylie. Je rencontrai, au siège de la région militaire, deux chasseurs alpins faits prisonniers qui venaient d'être libérés par les soldats de l'ALN.

« Qu'avez-vous fait pendant vos seize mois de captivité ? »

« Rien du tout. Eux non plus d'ailleurs, ils se couchaient au pied des arbres et attendaient des ordres en se faisant dorer au soleil. »

Leur hantise : du couscous tous les jours !

Au retour, rue Pasteur, un musulman, assez bien habillé, marche tout seul. Le bruit d'un bouchon de champagne qui saute, une imperceptible bousculade et l'homme s'écroule, se débat par secousses sèches et s'immobilise comme collé au trottoir que le soleil frappe sans nuance. C'était ce jour-là, comme je l'ai déjà rapporté, que nous nous surprîmes à contourner les corps et, très vite, à poursuivre notre conversation. « Ne reviens jamais, horrible tango ! »

Le lendemain, on avait recensé pendant le week-end, simplement à Alger, quarante-six assassinats politiques.

Banalisation de l'insupportable. S'en libérer. Ce soir-là je me rendis à un concert non de casseroles, mais de vraie musique. Classique. J'avais vu une affiche qui l'annonçait à côté d'une autre qui précisait : « Pour la première fois à Alger, les concertos brandebourgeois ! » Cette fois, ce n'était que Mozart. Nous étions vingt auditeurs dans la salle. Moins que les musiciens. En final, une symphonie rythmée par quelques explosions sourdes de plastique. Le dernier mouvement fut exécuté sur un tempo de rock and roll à cause de l'approche du couvre-feu.

Avec la nuit commencèrent les feux d'artifice. Ici une épicerie tenue par un commerçant mozabite. Devanture éventrée. Une meute d'enfants se précipite. Ils se servent. Des adultes prennent le relais et entassent le tout dans des camionnettes. Un autre dépôt a sauté. Rue d'Isly. Il appartenait à une veuve européenne. Mais aussi a explosé le siège de la Caisse d'allocations familiales des commerçants à laquelle des milliers de pieds-noirs sont affiliés. Pourquoi ?

****

Un 1er mai que je n'oublierai pas. Nous prenons un verre au bar d'un café qui se trouve à droite de l'hôtel Aletti, sous les arcades des piliers derrière lesquels peut facilement se dissimuler un tireur. Plus loin, à côté de Gérard Marin, un confrère et complice du *Figaro*, un petit bonhomme de type espagnol très prononcé sirote une anisette en tenant à la main un bouquet de muguet. Soudain, deux coups de feu. Les consommateurs debout devant le zinc restent un moment figés, comme si chacun d'eux craignait d'avoir été la cible. Je n'ai rien vu. Je suis sorti, rassuré.

Mais quand Marin, doucement, tourna la tête, l'Espagnol n'était plus là. Il était à terre, me raconta-t-il, recroquevillé, quelques brins de muguet éparpillés sur son visage souriant. Un peu de sang au coin de la bouche.

****

Chicago, à côté d'Alger en ces jours de mai, c'était Disneyland. Quatre-vingt-dix-huit morts recensés en vingt-quatre heures. De longues files de voitures commençaient à prendre le chemin de l'aéroport de Maison-Blanche.

Le 4 mai, un record de victimes avait failli être battu. Un camion-citerne rempli d'essence avait été piégé : il devait descendre l'ex-boulevard du Maréchal-Joffre comme une boule de feu, grillant tout sur son passage, puis, plus bas, à la faveur d'un virage, déverser ses dix-huit mille litres sur le quartier musulman situé en contrebas. Il a explosé trop tôt. Ou, plutôt, à temps.

Cinquante voitures avaient été volées pour être transformées en bombes roulantes.

Le 5 mai, l'OAS avait diffusé un texte proclamant : « Qu'on ne s'indigne pas de la sévérité de nos coups. Quand les Américains et les Anglais combattaient pour la liberté, ils bombardaient quotidiennement les grandes villes allemandes et tuaient, sans hésiter, des milliers de femmes et d'enfants. »

****

Une question, aujourd'hui encore, m'obsède : pourquoi, chaque jour, plusieurs dizaines de musulmans, sans raison apparente, sortaient-ils de leurs quartiers et, calmement, comme s'ils faisaient du lèche-vitrine, s'enfonçaient-ils dans la ville OAS jusqu'au moment où un tueur mettait fin à leur promenade ? Allaient à la mort comme on va chez le coiffeur ? Pourquoi ces suicides par procuration ?

Celui-là, un turban crasseux autour de la tête, déchargeait une camionnette dans une petite ruelle qui donnait dans l'ex-rue Bugeaud, lorsque trois jeunes gens, en blue-jean et tricot de corps rayé, sont arrivés. Il n'a même pas bougé. N'a pas essayé de fuir. Deux coups à bout portant et il est tombé, sans un cri, comme un oiseau d'une branche.

Je suivis ensuite, de loin, le commando. Ils en descendirent deux autres en moins d'une demi-heure.

Lorsque j'eus Paris au téléphone (ce qui, en soi, n'était pas de la tarte), pour dicter l'article, mon interlocuteur me fit observer : « On ne pourra pas passer ça, c'est de la non dénonciation de malfaiteurs ! » Mais dénoncer quoi ? À qui ? Chaque jour on franchissait une nouvelle limite.

Le 12 mai, on apprit que l'ex-colonel Argoud avait donné pour consigne d'abattre les femmes de ménage musulmanes, espionnes supposées.

Et, pendant ce temps, à quelques kilomètres d'Alger, dans un havre artificiel de cubes blancs préfabriqués nommé Rocher Noir, univers lunaire où siégeaient le doux Abderrahmane Farès, caricature quelque peu adipeuse du bourgeois arrivé, président d'un éphémère « exécutif provisoire » et Christian Fouchet, représentant de la France, buté, tout d'une pièce, courageux, fidèle (il deviendra un ami), en ce lieu irréel, ce nulle part, des énarques distingués, flanqués de rebelles en vacances de rébellion, préparaient le passage à l'indépendance.

****

C'est le 12 mai, je crois, dans l'après-midi (il m'est arrivé de revivre ces instants), que je décidai de pénétrer dans ce lieu interdit, source de tous les fantasmes, la casbah. Un jeune cerbère à la mine exagérément farouche m'avait arrêté au premier barrage, la main fermée sur le revolver qui moulait sa poche de pantalon : « Rien à faire par-là, vous autres ! » J'avais dû parlementer. D'autres gardes improvisés, au vu des preuves de mon statut de journaliste métropolitain, m'avaient finalement ouvert la voie. « Mais attention à vos mains, tenez-les loin de vos poches et, surtout, aucun geste brusque ! »

Je m'en étais allé ainsi, marchant au milieu de la rue à pas comptés, les bras raides loin du corps comme dans une mauvaise séquence de western. Un étau m'enserrait les tripes. Chaque regard me semblait comme une arme braquée. Des grappes d'enfants silencieux surgissaient des portes cochères. La foule se faisait de plus en plus dense. Puis, d'un seul coup, craqua la méfiance. J'avais franchi deux cents mètres, c'est-à-dire un monde, un siècle. J'étais l'étranger qui venait de très loin. Un Martien.

Au retour, tout près de la place Nationale qui marquait la limite des quartiers européens, je rencontrai un cameraman français de la BBC. Nous étions en train d'échanger nos impressions, quand une explosion, très proche, nous fit sursauter. Encore une voiture piégée. Nous nous précipitons. Pas de victimes à première vue. Nous montons au premier étage d'une maison dont un appartement a été complètement dévasté, murs noircis, meubles éparpillés. Dans la pénombre on distingue comme un mannequin doté d'un buste peint en rouge carmin. « Oh, hurle soudain le caméraman, regarde la statue ! » Je regarde. Horreur : elle avance. C'était un vieillard que le choc avait d'abord assommé debout. Son visage n'avait plus de peau.

****

C'est le 15 mai seulement qu'une nouvelle incursion dans le quartier de Belcourt et une rencontre avec le chef de la « zone autonome » FLN d'Alger, le commandant Azzedine, me firent prendre conscience qu'une nouvelle tragédie se profilait derrière celle que, quotidiennement, nous vivions : il y avait cette « zone autonome d'Alger », réellement autonome. Il y avait, autour d'Alger, des wilayas qui menaçaient d'intervenir dans la ville. Il y avait, à Rocher Noir, un « exécutif provisoire ». Il y avait, à Tunis, un gouvernement provisoire algérien, GPRA, avec, à sa tête, un certain Benyoucef Benkhedda qui prônait la modération. Il y avait une armée des frontières placée sous la direction d'un certain Houari Boumediène. Et il y avait, enfin, Ahmed Ben Bella, libéré, mais dont on n'avait guère de nouvelles.

Et encore ignorais-je qu'un autonomisme kabyle commençait à se manifester autour de la wilaya III, qu'un courant islamiste s'affirmait dans le Sud, qu'un petit groupe trotskiste sévissait en wilaya IV et, surtout, qu'à l'occasion d'un congrès tenu à Tripoli, l'organisation nationaliste s'était scindée en deux factions irréductibles.

****

C'est le 16 mai, alors qu'on avait enregistré en ville, en vingt-quatre heures, soixante-quatorze attentats faisant cinquante-quatre morts et trente-cinq blessés, que je parvins à nouer pour la première (et dernière) fois contact avec de petits chefs et exécutants OAS.

« Ce que nous voulons, m'explique, dans l'arrière-salle d'un café de Bab El Oued, un "chef d'îlot", c'est faire sortir les musulmans, forcer l'armée à prendre parti pour nous et contre eux. »

Il y avait là, outre deux jeunes Européens, un musulman, grand et maigre, un Espagnol, un Italien et deux hommes plus âgés dont un Hongrois qui se présentait comme un déserteur. Le Hongrois avait fait une entrée mélodramatique. Pistolet à la ceinture, il avait jeté trois cartes d'identité poisseuses sur la table en s'écriant « et trois de moins ! » L'Italien, lui, ne cessait de jouer avec des balles comme avec des osselets.

« Vous savez, m'affirma le jeune homme, nous avons des fichiers détaillés sur tous les fellaghas d'Alger. Nous n'exécutons pas au hasard. »

Il me montra une caisse en carton remplie de fiches blanches de la police d'Alger, d'Oran ou du Deuxième Bureau.

Je risquai : « Et si j'écris, demain, que vous êtes des tueurs fascistes ? »

« Alors, vous seriez un ennemi et on vous tuerait », répondit calmement le Hongrois.

« Non, interrompit le jeune homme, si c'est votre opinion ! »

****

Ensuite, à partir du 31 mai, ce fut la tragédie dans la tragédie. L'exode. Tout un peuple qui s'arrachait à lui-même, qui s'amputait de lui-même. Qui se déracinait. Qui se disait adieu. Un peuple qui fuyait un pays pour avoir fui l'autre peuple de ce pays.

Depuis deux jours, près de deux mille personnes campaient « dans » ou « aux alentours » de l'aéroport de Maison-Blanche. Dans les magasins d'Alger, on ne trouvait plus de valises, plus la moindre mallette. Sur la route « moutonnière », qui allait d'Alger à Maison-Blanche, une file interminable de voitures pare-chocs contre pare-chocs. Dans le hall de l'aéroport des lits avaient été improvisés avec des valises en guise d'oreillers. De temps en temps cette foule, terrassée par la fatigue, s'éveillait. Les visages froissés par une nuit d'insomnie s'éclairaient l'espace d'une seconde : on venait d'annoncer, au seul guichet resté ouvert, qu'il y avait une place dans un avion.

Les musulmans, employés à l'aéroport, regardaient impassibles. Ni haine, ni joie, ni pitié.

Un des délégués FLN de l'exécutif provisoire m'avait dit : « Parmi ceux qui partent, il y a les meilleurs. Ils étaient notre plus cher capital, leur fuite est pour nous une terrible saignée. »

Fruit, surtout, de combien de mensonges, de trahisons, d'aveuglement.

À quoi sont parvenus les « héros » de l'« Algérie française » et leur bras armé ? Ils ont livré l'Algérie aux éléments les plus durs de la rébellion nationaliste, sacrifié cyniquement, sadiquement, à leurs délires la communauté qu'ils prétendaient défendre et fait couler un fleuve de sang dans le lit de la faille qu'ils avaient creusée entre l'Algérie et la France.

Le 16 juin, j'assistai au crépuscule des petits dieux. Le marché de Bab El Oued brûlait. Mi-marché de Provence avec ses odeurs envoûtantes, « poursuivantes », accrocheuses, d'ail, de thym et d'épices, ses alignements de chorizo et de soubressade, mi-bazar oriental avec ses rangées de têtes de mouton faisant, autour des sacs de semoule, comme des guirlandes blafardes, ce concentré de tous les ailleurs partait en fumée. Là, chaque matin, flamboyait un verbe impérial enrobé de tous les accents de la fête, s'exprimait, dans un festival de couleurs odorantes et de parfums écarlates, ce génie d'un petit peuple au cœur sur la langue, aux mots près du bonnet, dont le folklore n'était qu'une dimension du vécu. Tout ce qui restait du quartier était là, était encore là, accroché là, jeunes filles se tenant par le bras, vieilles dames vêtues de noir, gros bras en chemise à carreaux, tout un monde extraverti et soudain replié, muet, figé, comme hypnotisé par ces flammes qui emportaient non pas des vies mais des existences, des décennies d'existences.

Je revois encore cette vieille aux cheveux blancs qui leva les bras au ciel et entonna une longue incantation en hébreu. Ces gitans hilares, eux, qui psalmodiaient « Ça brûle ! Ça brûle ! », tandis que, soudain, on se mit à jeter des planches, des meubles même, pour attiser le foyer. Bab El Oued se consumait lui-même, disait adieu à Bab El Oued.

****

Un jour plus tard, l'émission pirate de l'OAS diffusait ce message : « Pour le renard des sables et pour le fennec à flaminaire : les briquets ne doivent pas être allumés ce soir. »

Cela signifiait quoi ? L'impensable, l'improbable, un accord de cessez-le-feu venait d'être signé entre l'OAS et le FLN.

Trois jours plus tard, à l'hôtel Saint-Georges (où, par 35 °C à l'ombre, on ne trouvait plus guère à manger que du saumon fumé au prix qui mettait le saumon au niveau de la Rolls-Royce), je devais rencontrer l'artisan de cette drôle de paix, le banquier Jean-Marie Tiné.

Je lui demandai : « L'OAS peut-elle devenir l'embryon d'un parti européen ? » (C'est un peu ce qui se passa en Afrique du Sud.)

« J'ai la conviction, me répondit-il, que l'Algérie de demain sera une vraie démocratie, ce qui exclut, évidemment, l'idée d'un parti unique. »

Le démenti me parvint très vite.

Je m'étais rendu à la frontière algéro-tunisienne, du côté tunisien. En l'occurrence, de frontière, il n'y avait plus. Je pus même pousser jusqu'à Tunis sans montrer la moindre pièce d'identité. Le but du déplacement : Ghardimaou, siège de l'état major du colonel Boumediène et de son armée des frontières. Un jeune officier, se présentant comme commissaire politique, m'avait reçu sous un portrait de Che Guevara. Je l'interrogeai :

« Que pensez-vous de l'accord OAS-FLN ? »

« Aucune importance. Si les accords ont été conclus avec les tueurs, alors ils n'ont aucune valeur. De toute façon les Européens ne s'habitueront jamais à l'indépendance. »

« Et les divergences chez vous ? »

« Nous savons que, de toute façon, la tendance la plus forte triomphera et que les autres devront fermer leur bouche. »

****

De retour à Alger, nous étions passés par Bône. Nous nous dirigions vers un garage. Moins d'une minute avant que nous y accédions, le garage explosait. Le hasard nous avait fait assister au dernier attentat OAS de l'histoire de l'« Algérie française ». Simplement parce que son responsable local, un certain Château-Jobert, avait voulu faire preuve de son originalité.

Chapitre 29

Le jour où ils y croyaient

Il faut l'avoir vécu.

Non pas une révolution, mais une métamorphose. Non pas une transformation de soi, mais le passage à un autre soi.

Basculement d'univers. Changement de galaxie. Non point prise d'indépendance, mais prise d'existence.

Il n'y eut pas un jour, même le 14 juillet 1789, de passage de l'Ancien au Nouveau Régime, pas plus que de la bête à l'homme. Les Français eurent-ils même, sur le moment, conscience d'un passage ? La Libération ne marqua pas, soudain, l'avènement d'une autre France, mais la victoire de la France sur sa négation. Avant-hier repointait derrière les falsifications d'hier.

L'Inde indépendante continua, un temps, à ressembler à l'Inde britannique.

Cette fois, presque instantanément, naquit une nation (et se dénia, en même temps, une petite patrie). Un peuple remplaça un peuple, une civilisation une civilisation, une religion une religion, une histoire une histoire, une culture une culture.

Le satellite devint planète.

Il faut l'avoir vécu.

Mais aussi l'immixtion subreptice de l'ancien dans le nouveau. L'ineffaçabilité de ce qui fut, même par la radicalité de ce qui devenait.

L'Algérie resta championne de pétanque.

****

Le 30 juin, le centre de la ville d'Alger était presque mort. Quasiment aucun restaurant ouvert. L'avenue de la Bouzareah, à Bab El Oued, alignait, sur cinq cents mètres, ses rideaux de fer tirés et ses volets clos. Les familles musulmanes commençaient à s'installer dans les locaux vides sans passer devant le notaire. Parfois, c'étaient même les policiers chargés des « biens vacants », comme on disait, qui s'installaient dans les meubles avec d'innombrables bambins. Impression de vivre un naufrage. Demain c'est le début du néant.

De l'autre côté, c'était déjà la kermesse. La casbah comme une gigantesque salle des fêtes. Sur les murs des slogans qui me mettent la puce à l'oreille. « À bas le culte de la personnalité ! » Quel culte ? Quelle personnalité ? Et ce codicille ajouté à toutes fins utiles : « Un seul héros, le peuple ! »

Puis, le 2 juillet, l'explosion. Dès l'aube, une aube déjà vibrante d'une chaleur électrique, les bidonvilles du ravin de la femme sauvage, lèpre agrippée au flanc du roc, avaient disparu sous une floraison de drapeaux verts. Avant même que les premières caresses du soleil aient rendu aux murs leur dorure de vin cuit, une formidable vague, folle, ivre, frénétique s'abattit sur la ville, inonda ses avenues, submergea ses places, s'engouffra dans ses ruelles, une seconde vague, plus énorme encore, bascula et recouvrit la première, et une troisième, et une autre encore, sans cesse s'emportant les unes les autres dans une sarabande infernale. Un recouvrement presque sauvage d'hier par demain. Alger envahissait Alger. Alger n'était plus dans Alger, mais était toute Alger.

Prise d'une ville par la ville elle-même.

Autobus, camions, voitures de toutes époques disparaissaient sous les grappes humaines, ballotaient de droite et de gauche, s'écrasant parfois contre les maisons en s'éparpillant comme des fruits trop mûrs, caracolaient en klaxonnant à perte de souffle tels des hordes de chevaux sauvages.

Tous sens interdits violés, virages pris à quatre-vingt à l'heure, piaillements aigres des trompettes, vrilles obsédantes des sifflets, tintements des casseroles frappées en cadence, charivaris des trompes de voitures, chevauchements de mille dissonances hurlées, hululées, scandées, modulées, ivresse collective se dissolvant dans le délire.

Un collègue, installé depuis longtemps en Algérie, devint fou, s'enferma chez lui et se mit à tourner en rond en criant : « *Yahya chouhada !* »

****

Pour fuir la capitale embourbée dans son ivresse, nous avions décidé avec André Pautard, envoyé spécial du *Monde*, crème des hommes, enrobé mais démesurément colérique, de gagner Oran. Nous avions loué, à cet effet, une 404 noire sans savoir, qu'en ces jours troublés, un gang des « 404 noires » récupérait systématiquement ce genre de voiture après en avoir dûment trucidé les occupants.

Arrivés près d'Orléansville, comme il fait nuit, nous nous arrêtons et nous allongeons pour essayer de dormir sur les banquettes de la voiture. Un bruit nous réveille. Tout autour de nous plusieurs dizaines d'énergumènes gesticulants, armés jusqu'aux dents, affublés de tenues de combat plus ou moins excentriques, font cercle de façon ostensiblement agressive, brandissant leur mitraillette à la façon des Apaches dans tous les bons westerns.

Notre présence, en pleine nuit, en ce trou perdu, est, prétendent-ils, extrêmement louche. Fouilles. Palabres. On explique. Ils insistent.

Soudain, un de ces maquisards de la dernière heure brandit une pièce de 100 francs.

« Et ça, s'écrit-il, qu'est-ce que c'est ? »

« Une pièce. »

« Mais dessus, qu'y a-t-il marqué ? »

Nous devons nous rendre à l'évidence, cette pièce est marquée du sigle OAS.

Pire que louche. Accusateur !

Nous argumentons. Notre voiture a été louée. Elle ne nous appartient pas. Cette pièce était déjà là, à l'intérieur. Et l'autre de secouer la tête et de répéter inlassablement d'un air rogue : « Peut-être, mais cette pièce est marquée OAS ! »

Dix fois nous donnons, sous des angles différents, la même explication. Dix fois nous avons droit à la même réponse butée. Autour des super-patriotes l'autoémulation s'intensifie. On inspecte nos bagages. Un des maquisards de « mars » fouille dans la trousse de toilette d'André Pautard. Celui-ci pète les plombs. « Touche pas à ma brosse à dents, si vous vous laviez les dents ça se saurait ! » À ces mots, une sorte de frisson m'envahit. La pièce OAS plus ça, ça commence à faire beaucoup. Pour eux aussi apparemment.

Je sens la communauté « résistante » de moins en moins hostile à l'idée de nous passer par les armes. Que risqueraient-ils ? Les règlements de comptes, on ne les compte plus. Plus de police, plus de justice. Les joyeusetés des entre-deux. Je prends alors une pause d'une grande noblesse exigeant d'être confronté à un « supérieur », à un « colonel », à un « général », bref à un vrai chef ! Ce qui impressionne et peut-être nous sauve. On requiert un boss. L'un d'eux affirme en faire office. Une carte de presse l'amadoue. D'autant que je disposais d'une carte de *L'Est républicain* et « Est » les met en confiance. Malgré Pautard, qui continue à fulminer, on obtient un laissez-passer impressionnant qui recommande « les frères Kahn et Pautard » à la bienveillance du peuple.

Un peu avant Oran, nous nous heurtons à un nouveau barrage de rebelles de la veille. Fiérot, je tends le document miracle à un maquisard qui le prend, le lit et salue. Nous pouvons passer. Je m'aperçois alors que je me suis trompé et que je lui ai montré ma note d'hôtel.

Ce qui conduit Pautard à fulminer encore plus.

Puis c'est Oran. Que nous recevons comme une gifle. Oran déserte, silencieuse, volets clos, magasins aveugles. Avec, de loin en loin, des carcasses de voitures calcinées et des tas d'ordures qui se consument en dégageant une fumée âcre. L'Oran de *La Peste* de Camus.

Des soldats de l'ALN, armés de fusils-mitrailleurs, sous le commandement de deux civils pistolet au poing, avancent comme dans une ville ennemie, à reculons, l'arme dirigée vers les terrasses des grands immeubles blancs, dont chaque fenêtre semble un œil clos. Une camionnette, conduite par un Européen de type espagnol, accélère au lieu de s'arrêter. L'un des patrouilleurs se jette à plat ventre et envoie rafale sur rafale. La camionnette disparaît.

Trois jeunes Européens portant collier de barbe sont arrêtés, mis le dos au mur et fouillés :

« Un conseil, faites couper votre barbe. »

« Mais pourquoi ? » demande le plus petit.

« Parce que tous les OAS ont une barbe comme ça ! »

Plus loin, une scène rapide m'avait particulièrement frappé : un soldat de l'ALN, qui contrôlait une voiture, avait instinctivement jeté les papiers du véhicule en pleine figure du chauffeur européen, exactement comme il l'avait vu faire si souvent en sens inverse.

Que s'est-il passé ?

Plus tard on parlera d'un véritable massacre d'Européens qui se serait produit la veille.

Nous sommes peut-être les seuls journalistes métropolitains présents à Oran ce jour-là. Raison suffisante pour nous interpeler : que s'est-il exactement passé ? Nous sommes censés savoir. Mais non, l'après ne saurait reconstruire l'instant.

Intégrer à notre témoignage les tueries de la veille telles qu'elles ont été rapportées, exemplarisées, parfois amplifiées serait une malhonnêteté. Mais les occulter sous prétexte que nous ne les avons pas vues, que nous n'en avons pas été les témoins directs, serait ridicule.

La vérité, une fois de plus, c'est que le fait d'avoir « été là » – « j'y étais » – ne nous confère aucune supériorité de témoignage. On peut avoir été là, mais à côté. Ou même, avoir été tellement au centre de l'événement, qu'on n'a pas vu les à-côtés. Sur le moment, et sur place, personne ne nous parla de « massacres ». Je n'en fis donc pas état.

Tout a pu être dit sur ce jour tragique et nul ne peut, en surplomb, corriger et confirmer quoi que ce soit. Il eût fallu publier la liste des noms des disparus. Pourquoi ne l'a-t-on jamais fait ? Ni d'un côté ni de l'autre. Qu'attend-on ?

****

Pendant ce temps-là, la toupie terrestre continuait de tourner. Deux disparitions, de ma mémoire, ne disparurent pas. Celle de Marilyn Monroe que j'avais découverte dans *Niagara*. Infusion de spirituel dans le temporel. Toute en incarnation. Elle avait résumé, en dix ans, dix ans seulement, la blondeur fatale, le parfum Chanel et charnel, la fascination diamantaire, le ukulélé, le baseball, l'intellectualisme de gauche, les liaisons dangereusement présidentielles, le rêve américain, les photos de pin-ups punaisées sur les murs des chambres d'adolescents, les jupes envolées, les rivières sans retour, les moulages sous robe rouge, les remontants et les somnifères, les gamineries torrides et les ambiguïtés brûlantes, en dix ans. En dix ans, toutes les mythologies de ce monde et de ce temps...

L'autre disparition, vécue comme un désastre national, fut celle d'Édith Piaf, l'icône de ma mère. Dont je n'oublierai jamais le contraste qu'elle offrait, sur scène, entre l'ouragan verbal et la petite brise corporelle, petite chose en noir, chiffonnée, qui flottait dans l'espace et, ce même espace, ce souffle sonore, qui semblait l'envahir.

Dans certains visages, toute une vie est gravée. Dans le vibrato d'Édith Piaf, c'était toute une existence qui était investie.

Jean Cocteau auquel, à tort peut-être, j'étais resté complètement insensible, mourut le lendemain : un envol éclipsa l'autre.

****

En réaction à l'implantation de missiles russes à Cuba, on fit semblant d'échapper à un conflit nucléaire, ce qui permit de faire semblant, en octobre 1962, d'avoir empêché que cela se produise.

Le général de Gaulle avait fermé la porte de l'Europe à la Grande-Bretagne, ce qui, si on eût persévéré dans ce refus, eût évité que, cette porte, elle nous la claque au nez.

L'Église, sous l'autorité d'un Jean XXIII qu'on avait présenté comme un pape de transition, avait entrepris, au concile Vatican II, de quitter le XVIIe siècle, puis, après un arrêt par le XIXe siècle, d'avancer timidement un pied dans le XXe siècle. Du coup, alors que la tête bien connue de Jésus Christ était apparue, pendant la guerre de Corée, au milieu des nuages, entre deux avions, et que plus de quatre-vingts personnes avaient prétendu l'avoir photographiée, tout à coup, nous fûmes privés de miracles. Jésus et la Vierge, sans doute mécontents de Vatican II, firent grève.

Plus tard, alors que j'avais été invité à faire une conférence à l'abbaye de la Pierre-qui-Vire, le jeune moine qui m'avait invité (et qui d'ailleurs se défroqua) s'excusa de l'absence d'une vingtaine de religieux. Pourquoi ? Parce que, m'expliqua-t-il, conservateurs, ils étaient en grève depuis Vatican II et refusaient de sortir de leur cellule. Il fallait même leur faire passer leur repas par une trappe.

Les papes moururent beaucoup à cette époque.

Cependant, un autre Christ, noir celui-là, comme Lumumba, nommé Luther King, avait réalisé une sorte de miracle. Mais lui, en s'adressant à la foule énorme qu'il avait rassemblée à Washington, appela cela un « rêve ».

Fallait-il qualifier de miracle, également, les deux millions et demi de livres qu'une bande de malfrats géniaux avait réussi à rafler dans le train Londres-Glasgow ?

Tout cela, que j'eus à commenter à mes retours d'Alger, tout au long de l'année 1963, sérieux précisément comme un pape, resta gravé dans mon agenda intérieur. En revanche, qu'est-ce que je découvre en consultant une éphéméride : qu'en octobre 1963, une catastrophe en Italie, un glissement de terrain affectant un barrage hydraulique, fit 1 970 victimes dont 487 enfants. Or, de cela - pourquoi ? -, je n'ai aucun souvenir.

Chapitre 30

La dernière bataille

En Algérie, cela avait rapidement tourné vinaigre. Il fallut y retourner.

À Alger même, au nom de la zone autonome du FLN, un gus fantasque, trotskisant (ce qui est pourtant antinomique) et néanmoins sympathique, avait provisoirement pris le pouvoir et s'en donnait à cœur joie. Il jouait au caudillo de sous-préfecture. Il annonça un jour qu'il allait déclarer la guerre aux États-Unis d'Amérique.

Les Algérois, excédés, finirent par sortir dans la rue au cri de « dix ans ça suffit » (Barakat !) pour exiger que le pouvoir légal exerce un pouvoir légal. Car, officiellement, il y avait un pouvoir légal, incarné - si l'on peut dire - par l'ex-chef du GPRA, le dénommé Benyoucef Benkhedda, dont aucun radar ne signalait plus l'existence. La foule se dirigea donc vers le palais présidentiel, situé sur les hauts de la ville, l'envahit et chercha partout ce Benkhedda pour le replacer, de gré ou de force, sur le trône. Il fallut aller le quérir quasiment dans les caves où il s'était réfugié.

Il ne me sera plus donné de vivre scène aussi surréaliste !

Ensuite, je filai à Tlemcen où, soudain, était apparu Ahmed Ben Bella flanqué de Mohamed Khider lequel, comme Krim Belkacem, sera liquidé plus tard !

De retour à Alger, nous apprîmes que l'armée des frontières, dont Houari Boumediène était le chef, avait pris le parti de Ben Bella et marchait sur Alger. Avec l'envoyé spécial du *Figaro*, Gérard Marin, nous nous précipitâmes, en empruntant une Simca Aronde bleue - détail qui, comme on le verra, n'est pas négligeable.

Ce à quoi nous allions assister fut, ni plus ni moins, qu'un *remake* très tardif et très miniaturisé de la guerre de 1870.

Donc, avec mon ami Marin, nous débarquons dans la petite ville qui s'appelait encore Aumale. Nuit d'hôtel cauchemardesque. Des types surexcités et avinés ne cessent de tambouriner sur les portes des chambres. Les lits étaient devenus des HLM à punaises. Des moustiques nous avaient fait, à l'aube, des gueules de pastèques.

De bon matin, nous prenons la direction du sud, quand, rapidement, il faut se rendre à l'évidence : comme dans *Hellzapoppin*, nous sommes tombés en plein milieu du film. Au milieu des Indiens.

À notre droite les uns. À notre gauche les autres. Les uns étaient des ex-rebelles, mais les autres aussi. Ça changeait. Les uns avaient des canons et des camions, les autres n'en avaient pas. Mais ça n'empêchait pas les autres de faire des cartons sur les uns. Et vice et versa.

Je n'avais, jusqu'alors, vu ça qu'au cinéma. Dans la réalité, c'est plutôt mieux. On est au grand air et le ciel est bleu. Sauf quand des obus tombent trop près, car, l'instinct nous poussant alors à nous aplatir face contre terre, on perd des épisodes essentiels du spectacle. En plus, il fait près de 40 °C à l'ombre et on ne vend pas d'esquimaux à l'entracte.

Ce qui nous apparaît, rapidement, c'est que les uns (l'armée Boumediène-Ben Bella) cherchent à avancer, ce que les autres (les wilayas IV Alger et III Kabylie) ont entrepris de leur interdire. D'où la bataille. Il s'agit, comme dans les foires, de faire tomber le plus possible de cibles d'en face. Lorsqu'un type portant casquette s'écrit « en avant ! », ceux qui n'en portent pas doivent sortir de leur trou et servir bêtement de cibles à ceux qui sont restés dans les leurs. Et ça dure.

Vers une heure et demie de l'après-midi, nous nous avisons qu'il serait opportun d'alimenter les prochaines éditions de nos gazettes respectives. Et donc de téléphoner du douar le plus proche, qui se trouve être Aumale, la ville où nous avions dormi et que nous sommes maintenant censés attaquer.

Pas d'autre façon d'atteindre cet objectif qu'en voiture et par la route.

Nous progressons, lentement, d'un bon kilomètre, quand, tel Zorro, un charmant jeune homme bondissant d'un rocher surplombant un virage atterrit, jambes écartées, juste devant notre véhicule, ramassé sur lui-même, mitraillette à la hanche, regard dépourvu de toute tendresse excessive. Un côté *Règlements de comptes à OK Corral*. Coup de frein brusque. Immobilité interminable du gus recroquevillé sur son arme, en face de nous, juste en face.

Quelques secondes au plus, en fait, puis il approche et nous lance : « Eh bien les gars, vous l'avez échappé belle ! » Ce qui prouve que l'Algérie était bien un pays francophone.

Explication : il nous avait pris pour des officiers de la wilaya III, kabyle (momentanément des ennemis), qui se déplaçaient dans une voiture semblable à la nôtre, une Simca Aronde bleue, et qu'il attendait, c'est le cas de le dire, « au tournant ». Il allait tirer, sûr de son coup, quand l'éclat de nos chemises blanches sous le soleil l'avait instinctivement arrêté. « Un miracle pour vous ! » susurra le brave garçon.

Un miracle vraiment : quand, après une retraite stratégique – tant pis pour le scoop ! –, on repassa, sous escorte cette fois, à l'endroit de l'embuscade, il était toujours là, hilare, la mitraillette en bandoulière au beau milieu de la route. Devant lui une voiture, une Simca Aronde bleue... et, dedans, trois individus en uniforme gisant dans leur sang.

C'est un fait qu'il ne pouvait pas les louper. Un bon type, quoi !

Échaudés, nous inscrivîmes alors « PRESSE » à la peinture rouge sur le capot de la voiture. Le chef des assaillants, le colonel de la wilaya VI (saharienne), Tahar Zbiri qui, par 40 °C à l'ombre, portait un passe-montagne en laine, nous prit alors à partie en nous accusant d'avoir utilisé, pour se faire, le sang des victimes.

Plus tard, il tentera un putsch et sera condamné à mort (mais finalement, je crois, pas exécuté !).

****

C'est alors que nous nous dirigions vers Aumale que je vis cette main blanche, portant une alliance, qui dépassait d'une couverture verte !

****

Ayant accédé à l'indépendance après huit ans de guerre, puis aussitôt basculé dans la guerre civile, l'Algérie s'offrit, en prime, une guerre contre le Maroc. J'en rendis compte, depuis Colomb-Béchar. Mon article fut quelque peu transformé pour correspondre au récit, haut en couleur (du genre *Le Massacre de Fort Apache* !), que le dénommé Lucien Bodard avait fait publier à la une de *France-Soir*, bien qu'il ait tout inventé.

En réaction, je démissionnai. Un saut sans filet.

Or, je reçus le lendemain un appel de la direction du *Monde* : son envoyé spécial permanent, André Pautard, venait d'être expulsé. On me proposait de le remplacer. Banco !

Chapitre 31

Un aquarium de poissons rouges

Un immense bureau. Au fond, la statue du Commandeur. En marbre blanc. Hubert Beuve-Méry, qui me reçoit, y préside à sa propre gouvernance.

Je suis intronisé.

Quelques jours plus tard, le flux me rejette sur Alger. Je viens de me marier avec Monique qui assistait la haute direction de *Paris-Presse*. Nous emménageons dans un vaste appartement situé rue Didouche-Mourad, ex-rue Michelet. La propriétaire, répondant au nom de Tanguy du Poët, l'avait meublé, signe d'intégration manifeste à la réalité algérienne, en rustique breton. Le rustique breton par 40 °C à l'ombre, c'est un peu comme une maison japonaise en papier en plein cœur de l'Alaska.

Le grand salon était surchargé de meubles surmontant des colonnes torsadées. Or, je ne sais plus dans quelles circonstances, nous avions adopté un fennec, alias « renard des sables ». Lequel, pour satisfaire son trop-plein d'énergie, de rapidité et d'agilité, s'était constitué un parcours du combattant. Un jour, donc, ayant déniché, dissimulées dans un recoin, une grosse caisse remplie de pelotes de laine, il entreprit de les saisir l'une après l'autre et de se livrer, laine aux dents, une partie de la nuit, à son sport favori. Si bien que, le lendemain matin, le salon, transformé en toile d'araignée, était devenu inaccessible.

La première fois qu'en présence du fennec nous écoutâmes de la musique, en l'occurrence une symphonie de Beethoven, la sablonneuse bestiole aux oreilles démesurées se lança dans une sarabande effrénée. Puis, peu à peu, se calma, apparemment conquis par les accents de la mélodie beethovénienne. Mais lorsque, ensuite, nous passâmes à Mozart, il reprit sa danse infernale avant de se laisser séduire et il fallut peu à peu l'habituer, un par un, à tous les rythmes et à tous les styles avant qu'il daigne accepter le déploiement d'un certain pluralisme musical. Un détour par le jazz le mit dans des transes particulières.

Alger, en cette année 1964, c'était comme la libération de Paris, comme *Paris-Presse*, comme *L'Express*, comme le Parti communiste, comme Europe 1, comme Mai 68 et comme le Tour de France, il faut l'avoir vécu.

Ben Bella au pouvoir avait engagé le pays dans une improbable expérience de socialisme autogestionnaire. Ce n'était même pas la peine de nationaliser puisque - merci l'OAS ! - la plupart des biens appartenant aux Européens, c'est-à-dire l'essentiel des biens, avaient été déclarés vacants. Officiellement, l'Algérie vivait, désormais (désormais ?), sous un régime de parti unique, mais la plupart des tendances qui, ailleurs, s'expriment à travers différents partis, se déchaînaient au sein du même parti prétendument unique, le FLN.

C'est avec Boumediène que s'instaura un vrai système de parti unique, alibi d'un pouvoir militaire de fait.

Il fallait y être : d'abord, parce que tout ce que le monde contenait de rebelles, de dissidents, de « libérateurs nationaux », de souverainistes, de révoltés, de révolutionnaires, de radicaux, de farfelus s'y était donné rendez-vous, y compris les différentes mouvances du trotskisme hexagonal, ce qui excluait en soi tout risque de s'ennuyer. Ensuite, parce que tout ce que le tiers-monde avait produit de leaders censément charismatiques, c'est-à-dire offerts à la surenchère des encensoirs, tint à y faire pèlerinage.

Même le leader communiste français Waldeck Rochet eut droit à sa tournée, mais personne ne s'en aperçut. Sauf le fennec puisqu'on le baptisa « Waldeck »

Vase clos. Aquarium à poissons rouges. Sous la férule de Mohammed Harbi, une jeune équipe de « pieds-rouges », comme on les qualifia, faisait preuve d'une lucidité critique décapante : l'idéologie immatérielle et intemporelle devait se confronter à la matérialité et à la quotidienneté du réel, ce qui, même pour eux, n'était pas de la tarte.

À la tête d'*Alger républicain*, qui sera interdit sous le régime des colonels algériens comme il le fut sous le régime des colonels français, le doux Henri Alleg ne mettait aucun frein à une verve contestatrice, à laquelle échappaient, hélas, les régimes communistes, en particulier celui d'Allemagne de l'Est pour qui il avait les yeux d'Héloïse. Lui ne frayait pas avec « l'autre monde », au sein duquel le tiers-mondiste Serge Michel, qui avait précédemment donné dans la révolution congolaise, croisait Gérard Chaliand, chantre du révolutionnarisme kurde, ou Georges Arnaud, auteur du *Salaire de la peur* en délicatesse avec la justice française.

Il y avait, dans cette Alger où une petite élite issue du néant colonial tentait de s'affirmer avec d'autant plus d'appétente vigueur qu'elle était souvent hors-sol, un côté village où tout ce qui comptait se retrouvait au même endroit, le même, exactement le même, que celui où se retrouvait, quelques mois plus tôt, le gratin de la colonisation qui ne comptait plus.

Le correspondant du *Monde* à Alger, à l'époque, avait presque un statut de sous-ambassadeur, voire de contre-ambassadeur, ce qui n'allait pas sans inconvénient. Un jour, à l'Assemblée nationale (algérienne), un ministre mécontent me coursa dans les couloirs et des députés firent barrage pour l'empêcher de m'agresser physiquement. Un autre jour, à l'occasion d'un congrès des entreprises autogérées, le ministre de l'Économie (il s'appelait Bachir Boumaza et finit par rompre avec le régime), me montrant du doigt, en représentant emblématique que j'étais de ce que tous qualifiaient de « certaine presse », me fit huer par toute l'assistance.

Mon père, qui était venu me rendre visite et que j'avais traîné là, fut un tantinet sidéré.

Je fus journalistiquement privé de l'assassinat de Kennedy (en 1963) et du renversement de Nikita Khrouchtchev (en 1964), mais la présence de vétérans du journalisme américain et russe me permit de suivre ces événements presque en direct. Cette communauté médiatocratique valait, elle aussi, le détour.

Outre mon camarade démesurément britannique chez qui le moindre choc émotionnel déclenchait le refrain « ne reviens jamais, horrible tango », un confrère américain portait, en guise de pochette, un tube dentifrice, dont il offrait généreusement à la cantonade de partager l'usage, qu'un médecin lui avait recommandé.

Un autre Américain, du *New York Times*, célèbre à l'époque, nous faisait frémir en racontant comment, en poste en Inde, et ne supportant plus d'être privé de viande de bœuf, il avait fait abattre et découper un veau dans son appartement, si bien qu'on aurait pu croire, à l'entendre, qu'un horrible massacre intrafamilial s'était déroulé dans la pièce principale, tant les murs, après l'opération, étaient maculés de traces sanguinolentes.

L'envoyé spécial de la *Pravda*, Projoghin, qui ne craignait pas de jeter un regard critique sur son port d'attache, était accompagné de son épouse, Svetlana, spécialiste de la littérature maghrébine en langue française avec laquelle aucun de nos concitoyens n'aurait pu rivaliser. La « compétitivité » de ce créneau universitaire laissant à désirer, elle se retrouva, hélas, au chômage lorsque l'Union soviétique se convertit au capitalisme, se contentant de publier quelques ouvrages sur le sujet qui firent autorité.

****

Il y eut, cette année-là, c'est presque un pléonasme, une insurrection en Kabylie, ce qui me conduisit à parcourir, des dizaines de fois, le massif du Djurdjura entre l'ex-Michelet et l'ex-Fort-National. La grande Kabylie : macédoine baroque de coloris libérés, tout soleil avalé, toute lumière bue, sorte d'immense Venise dont les canaux seraient des routes de montagne bordées de palais végétaux et minéraux sillonnées par des cortèges de femmes fluorescentes ; région bouquet, écrin d'elle-même qui, aussitôt qu'on la pénètre, déploie ses éventails de fleurs et de feuilles métaphoriques que strient ces robes multicolores.

Il faut avoir entendu Aït Ahmed, le Manzoni de l'affirmation berbère, citer Shakespeare en anglais devant des cascades de paysans dégringolés des hauteurs, d'autant moins surpris que, de toute façon, les caciques du FLN leur parlaient un arabe classique qu'ils ne comprenaient pas.

C'est en arabe dialectal, en revanche, que s'exprimait Tartuffe dans une adaptation de la pièce de Molière jouée dans une petite ville du bled non loin de Blida. Il fallut, à la fin de la représentation, protéger l'acteur vedette sur qui les spectateurs, reconnaissant en lui le type de ces faux dévots islamistes qui leur pourrissaient, déjà, l'existence, projetèrent tous les objets qui leur tombaient sous la main !

****

J'allais me sustenter intellectuellement à la « Librairie de l'Empire ». Sous la République ne conserva-t-on pas un « Palais-Royal » ? C'est là que j'allais acquérir le disque d'une « chanteuse » qui interprétait une mélodie qui m'avait charmé l'oreille : *Tombe la neige*. En fait, la chanteuse, il s'agissait d'Adamo.

Quelque chose naissait, qui avait été, en réalité, préfaçonné par ce qui s'estompait. Le aujourd'hui baignait dans hier et, bientôt, se bricolerait un anti-hier faute de parvenir à se confectionner un enviable demain.

Alger se dépouillait difficilement de ses réminiscences. La rue d'Isly, ensanglantée deux ans plus tôt - halte au feu ! -, resta longtemps dans les têtes la « rue d'Isly », comme le boulevard Bugeaud. Fort-National, planant au-dessus de la haute Kabylie, fit de la résistance. Et nous allions, quand sévissait la canicule, faire trempette à la piscine de l'ex-« Cercle des officiers ». Les nôtres.

La différence, c'était que les beaux appartements du centre et les belles villas de la périphérie avaient changé de propriétaires. L'élite du jour s'était, avec beaucoup de naturel, glissée dans les meubles de l'élite de la veille. L'ancien salariat musulman était devenu la nouvelle classe moyenne et la campagne, irrésistiblement, glissait vers la ville gonflant la masse des laissés-pour-compte urbains.

La différence, c'était aussi que, lorsqu'un cinéclub projeta *Les Parapluies de Cherbourg*, la lecture chantée d'une lettre d'un protagoniste envoyé en Algérie écrivant « nous sommes tombés dans une embuscade ! » faisait écrouler la salle de rire.

Alger se dépouillait d'elle-même en s'efforçant, comme un serpent qui change de peau, de rester elle-même. Ce n'était plus l'Europe qui débarquait en Amérique, c'était les ex-Indiens qui se réinstallaient à Manhattan, Gennevilliers qui investissait Passy. Ceux, qui avaient été français, prenaient possession de ce qui avait été la France et ceux-ci n'oubliaient pas encore ce qu'ils avaient été, quand l'espace restait marqué par ce qu'ils furent.

Dois-je évoquer ce qu'une amie, la première avocate musulmane algérienne, installée, après avoir poursuivi ses études en Suisse, dans un quartier qui avait été furieusement OAS, me rapporte : la découverte, comme dans la chanson de Francis Blanche *Mais qu'est-ce que je fais du carton à chapeau ?*, du cadavre, dissimulé dans une caisse, de l'ancienne femme de ménage découpée en morceaux.

****

J'avais envisagé de traverser le Sahara d'Alger à Tamanrasset. On ne me croira peut-être pas, mais ce projet fut annulé pour cause... d'inondations.

J'entrepris, cependant, de faire découvrir les portes du désert à mon père, peu voyageur, qui était venu me rendre visite. Nous avions pris la route de Laghouat. Splendeurs gothiques des gorges de la Chiffa, à partir de Médéa, lente fusion des formes et des couleurs pénétrant l'une dans l'autre jusqu'à se fondre en un ocre uniforme et envoûtant.

Dépassé Djelfa, nous allumons machinalement la radio de bord. Il était midi environ. Un flash. Un putsch militaire venait de se produire au Brésil dirigé contre le régime démocratique et relativement progressiste du président

João Goulart. C'était le premier d'une longue série, dont j'aurai plus tard à couvrir les retombées, jusqu'à Santiago, jusqu'à Buenos Aires, jusqu'à Montevideo, jusqu'à Phnom Penh, jusqu'à Bangkok, jusqu'à Séoul, jusqu'à Djakarta, jusqu'à Athènes... jusqu'à Alger.

Je ne sais pourquoi, cette nouvelle m'affecta, bien que je ne connusse pas, à l'époque, le Brésil : l'arme l'emportait sur l'urne. La liberté devenait dérisoire, quand se dressaient contre elle les dépositaires de la force brutale. Les privilégiés triomphaient : parce que seuls leurs défenseurs avaient le doigt sur la gâchette l'état de fait écrasait l'État de droit.

Or, dix ans plus tard, je me retrouvai sur cette même route en compagnie de Rachel, que je devais épouser en secondes noces. Il était onze heures. Nous arrivions sur Djelfa. Le soleil était presque blanc tant le ciel paraissait boire son incandescence. Rebelote : nous allumâmes la radio. Un flash : un putsch militaire venait de se déclencher au Chili. Le président Allende était cerné dans le palais présidentiel de la Moneda.

Ce coup d'État, j'en avais, sur place, reniflé les prémices : les « libéraux », une fois de plus, assassinaient la démocratie.

Toute redondance imprime.

J'ai comme gardé en bouche l'amère saveur du chemin de Laghouat.

Chapitre 32

Et voilà les caïds qui s'avancent

Bientôt je devais m'élancer au-devant du monde.

À Alger, cette année-là, je n'eus qu'à recevoir les envolées du monde. De ce monde dit « tiers » qui, dans l'illusion lyrique, se faisait, et dont j'aurai à accompagner la sinistre défaisance.

La première irruption fut celle de l'Égyptien Gamal Abdel Nasser. Le spectacle valut son pesant de loukoums.

Le colonel Nasser : une sorte d'armoire à glace ballotée par une foule d'apprentis déménageurs en délire semblables, déjà, à ceux qui, comme orphelins d'une partie d'eux-mêmes, le porteront plus tard en sa dernière demeure. Nasser, véritable image d'Épinal de soi, tout en angles droits, mâchoire de fer, œil de velours. Plus ce sourire de pierre pharaonique et cette provocation nasale à décourager un pamphlétaire antisémite. Roc massif, mais qu'humanisait une évidente timidité – cette façon maladroite de sans cesse porter la main à son nœud de cravate – et qu'un regard brouillé, comme si s'y reflétaient les vagues et contre-vagues d'une tempête indicible, rendait tout un coup frêle et fragile.

Rarement physique plus entier, plus carré, n'aura dissimulé âme plus complexe, tempérament plus contradictoire. D'un Mussolini levantin, il avait le masque, mille fois reproduit et dont une ferveur populaire ambiguë et malsaine avait fait sa propre caricature. Mais c'était précisément un masque, protecteur autant que mystificateur, derrière lequel on aurait sans doute découvert, en l'arrachant, tantôt un faciès torturé, malade, tantôt une figure presque tendre.

Il suffisait, ce jour-là, de le regarder, d'aussi près que nous nous trouvions, pour découvrir que, de cette foule en état d'ivresse, il avait peur. Une peur presque panique qui transformait son sourire en rictus.

Sans doute y eut-il maldonne et le socialiste français Guy Mollet n'y fut pas pour rien. À travers lui, Nasser, à sa manière « caudilliste » ou plutôt « raïsiste », l'Égypte réalisait, en fait, sa révolution nationale-sociale-bourgeoise non point démocratique mais moderniste et, en cela, dessinait une solide alternative à l'islamisme régressif. L'Égypte nassérienne s'occidentalisait, au fond, mais contre l'Occident dans la mesure où celui-ci avait perçu cette approche comme une menace et s'engagea dans la voie qui lui coûta très cher : soutenir le traditionalisme wahhabite saoudien contre le nassérisme.

Nasser eût-il fait la paix avec Israël ? Celui qui s'y risqua, son chaouch, Anouar el-Sadate, n'avait-il pas, dans le passé, poussé beaucoup plus loin que lui, jusqu'à la collaboration avec l'Allemagne nazie, la haine de ce qu'incarnait l'État juif ? Au fanatisme intrinsèquement nihiliste et meurtrier qui devait s'investir dans l'islamisme, n'était-il pas nécessaire d'opposer cette contre-mystique que fut, un temps (s'avéra-t-il finalement illusoire) le nationalisme arabe ?

Je me trouvais à Beyrouth lorsque, en 1967, à l'issue de sa désastreuse guerre des Six Jours, Nasser, à la radio, annonça sa démission.

Ce fut un moment inouï : d'abord comme un bloc de silence qui tomba sur la ville. Puis, très rapidement, se fit entendre, encore aigrelet, un premier filet de rumeur, qui devint rivière, fleuve, torrent et, explosion océane, se transforma en un raz-de-marée de cris, de pleurs, d'implorations, d'imprécations qui enveloppèrent puis submergèrent la cité tout entière. Comme si, au-delà de l'Égypte, tout un peuple arabe refusait d'être amputé de ce qu'était devenue une partie de lui-même.

Parce qu'en lui, Nasser, un rêve s'était incarné, il ne s'appartenait plus, bien qu'il sentît qu'il devait en assumer le naufrage. Le flot qui l'emportera jusqu'à son mausolée sera aussi un reflux.

Mais, ce jour-là, face à la foule exaltée, il ne représenta pas encore une clôture, mais encore un horizon.

Che Guevara : ce fut le second monstre, pas encore sacré, que je découvris. Légende en voie de formation qui, de lui-même, en se montrant, brandissait le poster. Il avait pris, dans l'anthologie de la chose publique, la place que lui assignait un poème de Rimbaud : il courait « et les péninsules démarrées n'ont pas subi tohu-bohus plus triomphants ». Visage de Christ transfiguré par Barabbas : barbe pelée comme une fourrure d'ours malade, regard enfiévré de soir de carnaval et ce béret qui, déjà, lui était auréole.

Il n'a, dira-t-on, réussi vraiment que sa mort. C'était peut-être l'essentiel. On pourrait peut-être le dire également de son supposé « sosie » sur sa croix.

Che Guevara, devenu une rock star pour T-shirt d'adolescents, n'avait pas encore accédé au statut qui immortalisera peut-être sa statue : le symbole par excellence de la révolution idéale parce qu'impossible, parce que, par définition, trahie, celle qui permet de communier dans le culte, ô combien romantique, de l'inaccessibilité à un absolu révolutionnaire simplement rêvé.

Je me retrouvai un jour dans un avion, assis à côté de Waldeck Rochet, alors à la tête du PC français : il lisait les mémoires du « Che » qui lui arrachaient des bouffées de soupirs consternés.

Sa survie aurait sans doute normalisé et dissous son image dans le constat de l'inéluctabilité du basculement des projets eschatologiques dans la tyrannie. Son martyre lui a permis de transcender cette inéluctabilité-là.

L'extrême gauche, trop souvent, gonfle les voiles de la réaction. Mais la réaction, ce qui rééquilibre, offre généralement ses saints à l'extrême gauche.

Assister à une grand-messe du Che, c'était comme figurer dans une bande-dessinée.

Il y a un autre visage qui s'est imprimé sur ma pellicule mémorielle : celui du leader communiste chinois Chou En-lai, que je devais revoir en Chine lorsque j'y accompagnai la mission d'Alain Peyrefitte. Plus encore qu'une « gueule », le modelage d'une vie. Comme un relief dont chaque ravine, chaque diaclase, chaque vallée représentaient autant de traces, d'empreintes, de rides laissées par cette séquence de l'évolution qu'on appelle l'Histoire. Visage froissé, ratatiné, un Claude Monet tout en touches sèches et tannées, couleur de patience, travaillé en même temps que - comment dire ? - reposé en lui-même et reposant sur lui-même. À la fois poli par l'expérience et torturé par l'épreuve. Hors du temps et agressé par le temps, statufié et ravagé ; il disait autant, ce visage, de triomphes que de tragédies, de résistances que de capitulations. Visage parcheminé, historicisé, dont l'œil malicieux paraissait dialoguer avec une bouche un peu lasse, l'éclat de l'un tempérant le scepticisme de l'autre, comme une normalisation de l'épique. Visage, dont on ne pouvait oublier qu'il était inoubliable.

Et, sous-titrant ce visage, une réplique d'une fulgurance prudhommesque...

Nous étions quatre à nous entretenir avec ce monstre sacré, dont un journaliste du *Nouvel Observateur* nommé K. S. Karol qui écrivait dans sa propre langue, indéfinissable, proche du français. Il voulait obtenir un visa pour la Chine. Il fit valoir à Chou En-lai qu'il projetait de consacrer un ouvrage à la spécificité de l'expérience maoïste et, bizarrement, commença à détailler longuement ce qu'il avait l'intention d'y montrer. Chou En-lai l'écouta avec une attention presque affectée. Un instant de silence. Puis il laissa tomber sentencieusement ces quelques mots que sa traductrice restitua avec un sérieux imperturbable : « Monsieur le Premier ministre dit que votre livre, ou bien il aura beaucoup de succès ou bien il n'en aura pas du tout ! »

Je l'entends encore.

Quand je le revis, dix ans plus tard, à Pékin, il venait de recevoir le président Richard Nixon. Spartacus s'était transformé en Talleyrand.

J'eus également deux longues conversations concernant la possibilité, selon eux, de « progressiver » l'islam, avec deux leaders africains de passage à Alger, formés à l'école du parlementarisme français : le Guinéen Ahmed Sékou Touré et le Malien Modibo Keïta qui, quels que fussent leurs errements, se haussaient à cent coudées au-dessus des dirigeants, pas plus démocrates qu'eux, qui leur succédèrent.

Je ne me souviens plus si le leader national indonésien, Soekarno, fit, à l'époque, le pèlerinage d'Alger. Mais une pénible anecdote illustre assez l'ampleur de la « contre-révolution », qui devait affecter le monde dans lequel tant de « progressistes », devenus « tiers-mondistes », avaient investi les séquelles de ce que n'avaient pas encore totalement annihilé leurs anciennes et nombreuses désillusions.

En fait, ce ne fut pas à Alger, mais dans un cabaret de l'hôtel Hilton du Caire, que je découvris la petite bouille de fouine à la peau grêlée de ce Soekarno, cet infatigable coureur de jupons ayant entrepris une plantureuse danseuse du ventre, qui d'ailleurs n'en portait pas. Il se rendait à Alger, mais le putsch surprise qui venait de renverser Ben Bella, l'Édith Piaf du nationalisme algérien (avec qui j'eus surtout des conversations concernant le football), l'avait bloqué au Caire.

Parmi les gens de sa suite se trouvait Nusantara Aidit, ministre de son gouvernement de cohabitation et secrétaire général du Parti communiste indonésien, qui avait adopté une ligne prochinoise. C'était alors l'un des PC les plus importants du monde en nombre de suffrages et de militants.

Ayant coincé cet Aidit dans un ascenseur, nous lui avions demandé à brûle-pourpoint : « Que pensez-vous du putsch qui vient de renverser Ben Bella ? » Il en pensait, apparemment, le plus grand bien. « Mais vous-même, reprit quelqu'un, ne craignez-vous pas d'être un jour, de la même façon, victime de vos propres militaires ? » « Aucun danger, répliqua-t-il en riant (et en anglais), la situation chez nous est tout à fait différente ! »

Aucun danger, en effet. Quelques mois plus tard, Soekarno n'était plus qu'un otage. Les militaires étaient au pouvoir en Indonésie et Aidit était mort ainsi que des centaines de milliers des siens. Le communisme ne s'étant pas encore dissous, on en massacrait allégrement les militants.

En Indonésie, mais aussi en Irak (par un certain Saddam Hussein) ou au Soudan.

Plus tard, je recueillis des témoignages terrifiants sur l'ampleur du carnage qui ensanglanta alors l'Indonésie tombée sous la férule du général Soeharto. J'en fis un article dans *L'Express*. J'y évoquais les têtes coupées posées sur chaque borne tout le long des routes de Bali. L'ambassadeur de France à Djakarta, Claude Cheysson, écrivit une lettre à ce journal pour nier les faits et recommander mon licenciement. Or, j'avais beaucoup sympathisé avec ce Cheysson à Alger où il défendait les intérêts pétroliers français.

Sous Mitterrand, il deviendra notre ministre des Affaires étrangères.

La relève, elle, c'est-à-dire les futurs dirigeants de pays encore colonisés ou « opprimés », s'était installée à Alger à demeure.

Un homme assurait la coordination entre ces différences mouvances : un mélange détonnant de raideur doctrinale, d'activisme joyeux et de je-m'en-foutisme jouissif.

C'était Mehdi Ben Barka, leader d'une « Tricontinentale » révolutionnaire. Je lui demandai, donc, de me faciliter certains contacts. Ce pourquoi il m'organisa un déjeuner qui rassemblait, pour autant que je m'en souvienne, une dizaine de dirigeants de ces mouvements nationalistes ou oppositionnels. La plupart des forces représentées autour de la table parvinrent ensuite au pouvoir, en Angola, Guinée portugaise, au Mozambique, mais aussi au Portugal ou en Iran.

J'imagine le chapitre que j'aurais pu consacrer à ces agapes si j'avais retenu l'essentiel de ce qui s'y était dit. Or je dois, là encore, le confesser : je ne me souviens de rien. Pas un mot. Au point que, sans doute, ce repas de travail, comme beaucoup d'autres, serait sorti de ma mémoire si... si, deux ans plus tard...

... Apprenant la disparition de Ben Barka, je retrouvai peu à peu les noms et les fonctions de ceux qui y avaient participé et m'avisai que presque tous, sauf évidemment Ben Barka et moi, étaient depuis morts de mort violente.

Ben Barka, pétillant, coureur, feignait de ne rien prendre très au sérieux et de rire de tout. C'est le seul leader révolutionnaire du tiers-monde à qui j'ai vu prendre une distance élégante et souvent humoristique à l'égard de son propre combat. Cela tranchait : Mondlane, le leader des nationalistes mozambicains, qui sera tué par colis piégé à Dar es-Salaam, s'exprimait, lui, en docte sociologue anglo-saxon. Amilcar Cabral, son homologue de Guinée portugaise, assassiné à Conakry, théorisait sa lutte avec une aérienne simplicité dialectique. Agostinho Neto l'angolais, le fondateur du MPLA, surjouait un peu son statut de leader. Le général Delgado, un des animateurs de l'opposition portugaise, assassiné en Espagne non loin de la frontière de son pays, homme de tradition fait pour l'obéissance, semblait un peu perdu avec des naïvetés d'enfant jouant à Zorro. Un Camerounais de l'UPC, dont j'ai oublié le nom, continuellement jovial, fut pendu. Quant à l'Iranien de l'opposition au Shah, qui parlait français avec une pointe de préciosité, il fut fusillé à Téhéran.

Faut-il ajouter les victimes d'une autre fournée : Krim Belkacem, avec qui j'avais partagé un méchoui berbère, historique kabyle du FLN, rondouillard aux aspirations confuses, sera étranglé dans sa chambre d'hôtel à Francfort. Mohamed Khider, qui s'était présenté à moi comme la caution droitière du benbellisme, l'homme qui détenait les secrets du trésor du FLN, velléitaire aux ambitions ambiguës, sera abattu à coups de revolver en Espagne.

Nous nous étions fait, à Alger, un solide ami kabyle, Aboubakr Belkaïd, qui joua, plus tard, un rôle au sein de l'opposition démocratique avant d'occuper un poste, quand Mohamed Boudiaf devint président, dans le domaine de l'information et de la culture. Il fut l'une des premières victimes des années noires, abattu par des islamistes comme Boudiaf.

****

Bien qu'ayant changé de crèmerie, je devais revenir à Alger, l'année suivante, à l'occasion du renversement de Ben Bella par le coup d'État militaire de Boumediène. Il y eut de petites velléités de résistance populaire. Quelques mini-manifestations à Alger. J'en suivis une, nocturne, quand, dans une rue adjacente, j'aperçus un bonhomme en train de tabasser sa femme, qui hurlait, avec une telle fureur qu'on pouvait craindre le pire. J'apostrophai quelques manifestants : « Vous ne pouvez pas laisser faire ça, il faut intervenir ! »

Réponse unanime : « C'est leur problème, ça ne nous regarde pas ! »

Chapitre 33

Le monde de *L'Express*

Début de l'année 1964 : nous attendions un enfant. Rester à Alger devenait difficile. *Le Monde* me proposa le poste de Bonn, capitale, à l'époque, de la République fédérale d'Allemagne. Mais je ne parlais pas un mot d'allemand. *L'Express*, qui s'apprêtait à passer au modèle « news magazine », m'avait fait des avances. Je les acceptai.

L'hebdo, qui avait tant accompagné ma prise de conscience politique, était en pleine mutation, en proie à des velléités d'américanisation qui s'avérèrent rapidement non applicables aux pesanteurs journalistiques hexagonales. La généralisation du rewriting et la non-signature des articles avaient même été un temps envisagées.

L'Express nouvelle version, c'était le grand luxe. Avec hôtesses accortes à chaque étage. Un trio, que la vie avait soudé, officiait très hiérarchiquement : en haut « Jean-Jacques », c'est-à-dire Jean-Jacques Servan-Schreiber, machine bien huilée dont les talents remplissaient toutes les cases sauf une qui lui manquait et qui devait, peu à peu, prendre une importance démesurée. Sorte de Rastignac qui aurait hérité de ce qu'il était, de toute façon, décidé à conquérir. Il était son héros.

Au milieu, Françoise Giroud, rayonnante, en grande prêtresse du Tout-Paris qu'elle mettait dans sa poche. Généreuse et dure, à la fois tendre et féroce, des éclairs de férocité striant des velours de tendresse. Chatte-tigre, elle fascinait les hommes qui, souvent, la fascinaient également et ne réservait sa douceur qu'aux femmes, telle la jeune Michèle Cotta, qu'elle avait prise sous son aile. Je devais, par la suite, nouer avec Françoise Giroud un vrai rapport d'amitié et elle accepta, quand je dirigeais *Les Nouvelles littéraires*, d'assurer le bloc-notes de dernière page.

Jean Ferniot, personnage de Maupassant, un côté Bel-Ami, image vivante et vivifiante du journalisme d'avant guerre, dont la Croix d'honneur avait pris la forme d'un nœud papillon symbole contagieux de la « bonne vivance », assurait la direction de la rédaction.

Le hasard voulut que, lorsqu'il fut chargé d'un éditorial quotidien sur RTL, nous fussions concurrents, puisque je remplissais la même fonction sur Europe 1. Plus tard, il accepta de présider le conseil de surveillance de *L'Événement du jeudi*.

En fait, planait au-dessus de la ruche une manière de classe dirigeante formée des différents tubercules de la grande famille schreibérienne, maîtresses et ex-maîtresses comprises. Jean Ferniot était l'époux de cette joie de vivre personnifiée qu'était Christiane Collange, sœur de JJSS, qui avait main sur les pages de la rubrique très innovante qu'était « Madame *Express* ». Une autre sœur, Brigitte Gros, collaboratrice occasionnelle et qui porta, au Sénat, les idées de son frère (elle fut la première élue à s'y rendre en pantalon) était mariée à un riche industriel, qui avait apparemment barre sur les finances de la publication. (Il était, je crois, maroquinier et il me proposa, un jour, sous prétexte que j'étais « jeune et entreprenant », d'aller chasser pour lui le crocodile en Éthiopie.) Le frère, Jean-Louis, qui devint à son tour un entrepreneur de presse à succès, jouait également un rôle administratif.

Quant à la mère, elle faisait les courses pour le restaurant de l'entreprise.

Il y avait chez « Jean-Jacques » un côté mâle dominant. Françoise Giroud, qui l'avait beaucoup aimé, ne pouvait rien lui refuser, bien qu'elle jetât à l'occasion sur lui un regard d'une percutante lucidité. C'était moins autour de lui, d'ailleurs, qu'autour d'elle, de son côté Sémiramis dardant, en souveraine, les traits d'une intelligence qui eût gagné à être moins « intégrée », que tendait à se constituer un phénomène de cour. Le soir, au dîner hebdomadaire de bouclage, elle dominait, elle régnait. C'était à qui parviendrait à s'imposer dans le cercle qui, autour d'elle, cherchait à faire farandole.

Un de ces soirs-là, se déroula une scène qui s'épingla à la page de garde de ma mémoire.

On venait de lui amener la une du prochain numéro. Elle l'examina, plutôt contente d'elle. La une en question était consacrée à la contraception sous le titre « Comment ne pas avoir d'enfant ! » Soudain, je vis son visage se figer et son regard chavirer. Dans le même numéro était publié un extrait du roman américain *De sang-froid*. Ce qui donnait un énorme streamer : « Spécial Truman Capote ».

L'autre fois où son impériale disponibilité se transforma en un décrochage brutal parcouru d'une électrique fureur, ce fut quand un journaliste économique d'origine corse, Xavier Marchetti, soudain agent involontaire d'un monde infiltré dans un autre, lui mit la main aux fesses.

Plus tard, alors que j'effectuais un reportage sur un village corse où des élections cantonales avaient donné des résultats suspects dans la mesure où les votants s'étaient avérés être plus nombreux que les inscrits, village d'où ce Marchetti était en fait originaire, je m'aperçus qu'il avait réussi à y faire voter presque tous les salariés de *L'Express* dont le nom se terminait par « i ».

Il tenta même, au nom de l'art pour l'art, de truquer les élections syndicales au journal.

Plus tard, il rentra dans le cabinet du président Pompidou.

Je ne connais rien, au fond, de plus intrinsèquement française que la manière dont *L'Express* s'y prenait pour se convaincre de devenir américain.

****

À mon arrivée dans ce journal, je pris conscience qu'il y avait eu quiproquo. Je gardais l'image de l'hebdomadaire avant sa transformation, c'est-à-dire du temps de son engagement mendésiste. Or, sa mutation n'était pas seulement formelle et matérielle, elle était également idéologique. La première élection présidentielle au suffrage universel qui devait se dérouler en 1965 allait être l'occasion d'actualiser ce nouveau cours. Le journal commençait à s'engager, en réalité, dans le processus qui devait conduire JJSS, comme on l'appelait, à devenir un très éphémère ministre de Giscard d'Estaing et à s'aboucher, auparavant, au sein d'une formation baptisée « Les Réformateurs » avec le centre droit, ou plutôt le pseudo-centre droit, de Jean Lecanuet, tout en opposant, par antigaullisme forcené, une orthodoxie de plus en plus « atlantiste » (et libérale) à la politique dite « nationaliste » (et étatiste) du général de Gaulle.

****

Quand je pris provisoirement racine rue de Berry, nouveau siège de *L'Express*, ce journal sortait d'une campagne, qui fit date, consistant à opposer à un général de Gaulle jugé indéboulonnable, un personnage fantôme, « Monsieur X », dont il s'agissait de décliner progressivement les spécificités, évidemment idéalisées, afin de créer une envie. Finalement, le pot-aux-roses fut découvert : il s'agissait du maire de Marseille, Gaston Defferre, choix futé car l'homme, à la chaleur très méridionale bien que protestant, représentait l'aile droite de la social-démocratie tout en s'étant opposé à la politique algérienne de Guy Mollet. Il gouvernait sa ville au centre, tout en s'appuyant sur une Fédération socialiste puissante, sinon tout à fait recommandable. « Monsieur X ? L'homme au masque Defferre », avait plaisamment deviné *Le Canard enchaîné*.

Mais, au-delà du personnage, la manœuvre visait, derrière le candidat, à entraîner le Parti socialiste dans une « grande fédération » aux côtés du centre droit : une manière de fusion, en quelque sorte, de la droite de la gauche avec la prétendue gauche de la droite. C'est ce que finira par réaliser, mais cinquante-deux ans plus tard, Emmanuel Macron. Intuition visionnaire, sauf que le gaullisme, à l'époque, débarrassé de son aile ultra-droitière « Algérie française », s'il charriait un contingent conservateur, n'était pas la droite et même de moins en moins la droite et, qu'en réaction purement tactique, la droite la plus effectivement droitière, ultra-libérale et ultra-atlantiste, par antigaullisme, se donnait comme « centre droit ».

La stratégie schreibérienne consistait, en conséquence, par rejet viscéral du gaullisme, y compris de ses aspects les plus rétifs au néolibéralisme naissant, à susciter un front commun de la droite du Parti socialiste (la SFIO) et allant bien au-delà du vrai centre (car le gaullisme était fondamentalement un centrisme), jusqu'à la vraie droite, voire jusqu'à l'aile droite de la droite. La preuve en fut qu'après le retrait de Gaston Defferre, les conjurés tentèrent de susciter la candidature d'Antoine Pinay.

En réaction à cette entreprise, l'acteur et directeur du TNP, Jean Vilar, avait lancé une pétition en faveur d'une « candidature unique de la gauche ». Or, l'un des journalistes vedettes de *L'Express*, du temps où il était considéré comme l'organe du mendésisme, Jacques Derogy (qui venait du journal progressiste *Libération*) ne se reconnaissait pas dans la nouvelle orientation du journal. Nous avions aussitôt sympathisé et devînmes inséparables. Nous décidâmes de signer le texte de Jean Vilar, ce qui nous valut une lettre de mise en garde furibarde signée JJSS.

Ça commençait bien.

En vérité, je ne désirais nullement que le général de Gaulle « dégageât », comme on dit aujourd'hui et, s'il avait été menacé, j'aurais sans hésitation voté pour lui au second tour.

Mais il me paraissait démocratiquement indispensable que se réaffirmât une vraie opposition de gauche et, surtout, m'était insupportable l'idée que la seule alternative se situât, en fait, à la droite du gaullisme.

Ce cauchemar politique prit d'ailleurs forme cinq ans plus tard, quand, au second tour de la nouvelle élection présidentielle, les manœuvres de JJSS n'y étant pas pour rien, fut opposé à Georges Pompidou ce condensé de conservatisme ringard qu'était Alain Poher.

Cette première friture sur la ligne aura cette conséquence qu'en réaction, Derogy et moi nous nous sommes totalement investis dans cette élection présidentielle, nous en avons accompagné tous les méandres, toutes les oscillations, tous les sauts et sursauts au point que nous finirons, ensemble, par en faire, dans un livre, le récit précis, circonstancié et exemplaire. Peu d'événements de politique intérieure n'ont déroulé à ce point, en effet, l'ensemble des fils qui tisseront peu à peu à toile de notre évolution ultérieure : crise du gaullisme, tentative ratée d'anticipation du macronisme, première émergence du lepénisme, rénovation mitterrandienne du socialisme, victoire future de la gauche, mais aussi les ambiguïtés qui *in fine* la saperont, et destruction programmée, enfin, d'une droite que déchireront ses contradictions giscardo-chiraquiennes.

Chapitre 34

Les secrets du ballotage

Tout y était. Les déterminants d'un demi-siècle futur étaient contenus dans les quelques mois dont nous avons exploré, espionné, débusqué, vécu les souterrains ruissellements.

J'avais couvert, par curiosité, la dernière réunion publique de Gaston Defferre. J'y avais amené la jeune stagiaire Catherine Nay. J'avais constaté que le courant ne passait pas. La tentative correspondait peut-être à une attente, mais pas à une aspiration. Elle avait été concoctée en haut, elle ne mordait pas en bas.

Étant installés, Jacques Derogy et moi, au sein de l'un des espaces, *L'Express*, où se nouait laborieusement le complot et mis assez régulièrement au parfum de son évolution par l'un de ses concepteurs schreibérien, un certain Olivier Chevrillon, nous nous transformions en taupes pour assister indirectement, par souffleur interposé, aux plus secrets des conclaves. Et cela avec d'autant plus de gourmandise que nous souhaitions l'échec d'une entreprise, qui consistait à marier, non la carpe et le lapin, mais le brochet et le chat sauvage en la personne, d'un côté, d'un Guy Mollet patron des socialistes redevenu cyniquement gaucho de tribune et, de l'autre, de pseudo-centristes qui avaient déjà un pied dans le camp qu'ils faisaient semblant de combattre. Politique à la française. En coulisse. Confinée à un monde de notables.

Nous récoltions avec délectation quelques perles. Ainsi, lors d'une séance de négociations secrètes, concernant cet épouvantail que représentait, pour certains, le seul mot de « socialisme ».

« Je sais que ce mot peut en choquer quelques-uns, déclara Gaston Defferre. Mais il ne faut pas le prendre dans son contexte collectiviste. Le socialisme moderne s'exprime dans une économie de marché et la règle du profit et de la concurrence est un moyen pour atteindre nos objectifs politiques. »

Définition reprise au bond par Jean Lecanuet : « En matière économique, consentit-il, cette façon de définir le socialisme correspond à ce que nous pensons : un socialisme humaniste ! »

Guy Mollet, de son côté, aurait sans doute accepté une définition du catholicisme qui eût exclu l'existence de Dieu.

Et les rapports avec les communistes ?

Pas question de s'entendre avec eux, jure Gaston Defferre, je pense l'avoir assez montré à Marseille.

« Mais, insiste Lecanuet, si votre congrès (prévu en juin) charge la barque. Si on ressort la laïcité ou les nationalisations ? »

« Vous pouvez compter sur moi, jure Defferre, à la Commission des résolutions je serai monsieur Niet. »

Dialogue d'autant plus facile à reconstituer qu'un certain René Schmitt, qui assistait aux réunions du côté socialiste, prenait des notes en utilisant un système de sténo personnelle qu'il prétendait avoir hérité... de Robespierre.

En réalité, au congrès socialiste de Clichy auquel nous assistons (JJSS et Chevrillon, dissimulés dans un petit bistrot proche, y communiquent secrètement avec Defferre rebaptisé « Georgette »), Guy Mollet, à la manœuvre, fait réintégrer les expressions honnies telles « laïcité » ou

« création d'entreprises publiques notamment dans le domaine des banques » et en charge la barque de la motion finale. Tout s'écroule !

La dernière réunion a lieu, le 17 juin 1965, chez le député Pierre Abelin, figure de l'antigaullisme de droite. François Mitterrand, qui représente une petite formation de centre gauche, y assiste, mais fait ostensiblement comme s'il n'était pas là. On aborde la question des désistements au deuxième tour des élections législatives. Pas question d'accepter les suffrages communistes ! Mitterrand tousse. Guy Mollet ironise :

« Dois-je penser que, si vous avez le choix, vous préférez élire un député de droite ? »

Lecanuet : « Oui, nous préférons l'élection d'un UNR. »

Guy Mollet, visiblement réjoui :

« Voilà, messieurs (car il n'y a aucune femme), c'est fini, il n'y a plus de fédération ! »

Le 24 juin, lors d'un baroud final, Mitterrand livre son diagnostic :

« Tout est terminé, il n'y a plus de combat présidentiel véritable. De Gaulle, désormais, a toutes les cartes en main. »

Le Général en est plus convaincu que quiconque. À des gaullistes qui s'inquiétaient, il avait manifesté son mépris pour ces « combines ». « Defferre avait une chance, s'élever au-dessus des partis. Il ne le fera pas. Il est foutu ! » Et à son compagnon Louis Vallon, gaulliste de gauche, il avait lancé, hilare :

« Vallon, je suis très optimiste. »

« Pourquoi mon général ? »

« Parce que j'ai un bon secrétaire général qui intervient au moindre danger. »

« Burin des Roziers ? »

« Non, Guy Mollet, Vallon, de qui voulez-vous que je parle ? »

Tout part alors dans tous les sens. Qui opposer à de Gaulle ? On ressort Antoine Pinay. En haut lieux, on fait aussitôt remonter, au cas où, d'anciens dossiers concernant des affaires de sexe.

De toute façon, les jeux sont faits. De Gaulle sera élu au premier tour. Les doigts dans le nez. Il n'y a plus d'opposition. Le professeur Maurice Duverger écrit dans *Le Monde* : « L'opposition n'a plus de possibilités, désormais, de dresser devant le gaullisme un adversaire capable de réunir un grand nombre de suffrages. Il est trop tard pour donner à un homme nouveau, ou relativement nouveau, une popularité qui en ferait un candidat sérieux. »

Guy Mollet, qui a déjà son idée, commente : « Décidément, il n'a rien compris ! »

Le 4 juillet, François Mitterrand assiste, à Saint-Gratien, à une réunion d'un groupuscule dont il est membre, la « Convention des institutions républicaines ». On déjeune chez le maire de la ville, Léon Hovnanian. Puis on s'égaye sur les pelouses du jardin. Un petit groupe se forme autour de Mitterrand. Un ancien commissaire au Plan, Étienne Hirsch, s'approche de lui et souffle : « Pourquoi pas vous ? »

« Je ne peux pas me lancer comme ça, répond le député de la Nièvre, mais il faut effectivement que l'opinion sente qu'il y a quelque chose à gauche. »

Et il ajoute, ce que captent les petites souris que nous sommes : « Une candidature sérieuse devrait bénéficier de trois conditions : l'appui des socialistes, le soutien de Mendès France et l'abstention d'un candidat communiste. »

Conçoit-on ce que représenta ce moment où une initiative, ô combien solitaire, dérisoire, constitua la petite, l'infime semence qui fit éclore, sur les ruines d'une gauche défaite et ravagée, dont un Parti communiste hégémonique dominait de tout son poids les débris, une nouvelle gauche socialiste totalement recomposée qui, après une brève rechute, allait prendre peu à peu l'ascendant sur le Parti communiste puis, dans un second temps, accéder au pouvoir et permettre de rebattre toutes les cartes.

Cela ne prit pas l'aspect spectaculaire des grandes mutations, mais ces quelques jours, ces quelques mois (dans le suivi desquels nous avons investi notre énergie journalistique et citoyenne) contribuèrent à remodeler la configuration politique et sociale des quarante-sept années qui allaient suivre.

Le 6 décembre, Jean-Jacques Servan-Schreiber s'étant invité à la table de François Mitterrand au restaurant Le Méditerranée, lui avait déclaré : « Un candidat de gauche qui accepterait l'appui du Parti communiste n'aurait aucune chance. Aucune ! »

L'un des dirigeants du tout jeune PSU, l'avocat Pierre Stibbe, avait fustigé, lui, ceux des potentiels candidats de la gauche qui « par opportunisme, arrivisme, goût de l'intrigue, ont eu des compromissions avec le régime de Vichy et ont pris part aux défaillances d'une grande partie de la gauche dans les épreuves de la colonisation ». Suivez mon regard...

L'organe du PSU, *Tribune socialiste*, avait déjà tranché dans son éditorial : « Le résultat d'une aussi médiocre opération (une candidature de Mitterrand) est facile à prévoir : le pourcentage le plus bas obtenu par la gauche depuis le Second Empire. » Ce qui sera le cas, en 2017, avec Benoît Hamon.

Jean-Paul Sartre est sur la même ligne. Raymond Aron écrit la même chose.

****

Pendant ce temps, l'Inde et le Pakistan, en guerre, s'offraient un affrontement de squelettes nationalistes. Les stars télévisuelles du moment étaient Belphégor et Thierry la Fronde.

On avait découvert à Paris, avenue Rapp, le cadavre d'une baronne ficelée sur une chaise renversée, un poignard japonais planté dans le dos. On n'en conviendra que plus tard : elle s'était en fait suicidée, mais voulait faire croire à un crime, ce pourquoi elle s'était attachée à la chaise et s'était fait tomber, en se renversant, sur le poignard fiché dans le parquet.

Je n'ai jamais pu oublier ce fait divers.

Un sondage d'opinion publié par l'IFOP montrait (le lecteur qui lira ces chiffres aujourd'hui n'en reviendra pas) que, déjà, en ces temps de gaullisme triomphant, 32 % des Français seulement étaient satisfaits de la politique sociale - contre 51 % - (29 % de satisfaits chez les ouvriers), 31 % seulement étaient satisfaits de la politique économique, 21 % contre 41 % de la politique agricole et que seule la politique étrangère était plébiscitée. Une constante.

Une lourde incertitude planait : le Général allait-il se représenter ?

Comme le disait une hôtesse de *L'Express* : « C'est le mystère de la boule de gomme ! » S'il était candidat, l'élection était faite. Personne en face. Mais s'il n'était pas candidat ?

Le 9 septembre, conférence de presse à l'Élysée. Spectacle de gala. On allait avoir la réponse. Du moins, on le croyait.

Le rideau s'entrouvre. Il apparaît. Un léger murmure de satisfaction policée vient mourir au pied de la tribune impériale. Grand, plus grand vivant assis que vivant debout, costume croisé - c'était idiot et moche, mais ça se faisait à l'époque - dont la veste garde quelque chose de militaire, le regard immense, immensément absent, il entre en scène, solennel, Charlemagne et Mounet-Sully à la fois, solitaire dans sa solitude, Auguste cornélien confident de lui-même dialoguant avec un de Gaulle Cinna. La salle se lève d'un seul mouvement. Un geste impérieux et tout le monde se rassoit. De Gaulle va parler. De Gaulle parle.

« Monsieur le président, comptez-vous vous représenter ? »

« Vous le saurez, je vous le promets, avant deux mois d'ici. »

Mitterrand s'est replié chez lui, rue Guynemer.

En mai 1958, il avait lancé devant un Parlement acquis au sauveur (et cela, je l'avais encore dans l'oreille) : « Lorsque de Gaulle s'est présenté devant l'Assemblée nationale en septembre 1944, il avait deux compagnons : l'honneur et la patrie. Ses deux compagnons d'aujourd'hui, qu'il n'a pas voulus, se nomment le coup de force et la sédition. »

Ce n'était pas faux et, pour une fois, il le pensait.

Le Général, donc, parle. Comment s'arracher à ce son et lumière ? À ce face-à-face entre soi et soi sous le regard d'un « nous » fasciné ?

Geste sec, œil fixe, déroulement majestueux des phrases amplement drapées, juste pimentées, ici ou là, d'un mot volé dans les casernes. D'abord le débit semble plus lent, l'expression un peu lasse, une hésitation, une expression sur laquelle il trébuche, regards inquiets des ministres alignés comme à la foire, puis le ton s'élève, le fleuve grossit, le verbe claque. Non, il n'est pas un personnage « à se contenter d'inaugurer les chrysanthèmes » !

La preuve en est, puisqu'on lui fait un procès en « lèse-européisme », qu'il n'y va pas par quatre chemins : « On sait, Dieu sait si on le sait, qu'il y a une conception d'une fédération européenne, dans laquelle les pays perdraient leur personnalité nationale et qui, d'ailleurs, faute d'être une Europe telle que tentèrent de la fonder, chacun à sa façon, Jules César, Charlemagne, Charles Quint, Napoléon, Hitler, et telle que s'y essaya Staline, serait régie par quelques aréopages technocratiques apatrides et irresponsables ! »

Le pouvoir personnel dont on l'accuse ?

« Si on entend par là qu'un président de la République a pris personnellement des décisions qu'il lui incombait de prendre, cela est tout à fait exact ! »

Bien frappé. Et bien joué.

Charles Hernu (un de nos informateurs) saisit la balle au bond et, en bon chien, la rapporte aussitôt à Mitterrand qui vient de rédiger sa déclaration de candidature. Celui-ci y ajoute, hélas, ce codicille ridicule et lamentable (mais que Jean-Jacques Servan-Schreiber aurait pour le coup approuvé) : « L'essentiel de ce qui a été dit souligne, une fois de plus, l'incompatibilité d'humeur qui existe entre le général de Gaulle et la démocratie. »

Conception du débat politique à la française : l'en-face comme domaine du diable.

Mitterrand s'est donc lancé. Il a obtenu le soutien de Pierre Mendès France. Le feu vert de Guy Mollet. Mais il n'a aucune base sociale. Ne s'appuie sur aucune organisation. Sa déclaration de candidature s'est réduite à une courte dépêche anonyme de l'AFP coincée entre deux énormes extraits de la conférence de presse du Général.

Personne n'y croit.

Pourtant, le Parti communiste, qui a invité à la Fête de l'Humanité Charles Trenet, Annie Cordy et Maurice Biraud, n'attend qu'un prétexte pour sortir de son isolement. Il suffit que le « candidat de la gauche » lui présente une manière de programme (« surtout pas de programme » avait conseillé Guy Mollet) pour qu'il donne son imprimatur. Ce qui donne lieu à un quiproquo délicieux que nous serons les seuls à relever. Parmi les divers points du programme en question, bouclé et bâclé à la va-vite, on insiste sur la construction d'une « autorité européenne ». De toute façon, depuis le traité de Rome, c'est dans les tuyaux et ça ne mange pas de pain.

Comment les communistes auraient-ils réagi, aussi décidés qu'ils fussent à tout avaler ? On ne le saura jamais.

La secrétaire, en effet, a mal compris ce qu'on lui dictait. Elle a tapé une « autoroute européenne ». Le fringant avocat Roland Dumas court au siège du PC (où se tient une réunion plénière) porter le texte. Jacques Duclos, tout en boule de billard, s'empare de la feuille, la lit rapidement et, de sa voix de terroir, arrondie comme une courgette, s'exclame : « Une autoroute européenne, c'est une bonne proposition que nous ne pouvons qu'approuver. »

Dès lors les jeux étaient faits. On ne put jamais revenir sur cette « autoroute », dont personne ne saura jamais où elle devait commencer et finir.

La gauche a donc son candidat. Qui prétend rejouer l'« archaïque partition du Front populaire », répètent ses contempteurs avec mépris. Totalement dépassée ! On n'est plus en 1936. Les effluves de la modernité sont passés par là. Aucune chance !

S'ouvre, en conséquence, un espace. À côté ? Ailleurs ? Au centre ?

Ce centre droit (en vérité, cette droite antigaulliste) qui se cherche ou, plus exactement, qui se trouve sans vraiment se chercher, va effectivement trouver son candidat. Sur catalogue. Jean Lecanuet.

Épisode oublié. Devenu presque dérisoire. À tort, car il s'agit de l'autre mutation décisive du temps. Le macronisme, en filigrane, est déjà là. En option. Dans sa pire version. Le droitisto-centrisme, donc, va renaître. Réalité et illusion à la fois : car privé de son aile gauche, et délaissé par un centre gauche dont Mitterrand est issu. Or, le vrai centre, à l'époque, réellement situé entre la gauche et la droite, entre l'État centralisé et l'argent centralisé, entre l'idéologie qui étouffe et le pragmatisme qui asphyxie, c'est, en vérité, le gaullisme, le gaullisme en partie (mais en partie seulement) allégé de sa fraction la plus réactionnaire, qui le représente. Ou, plus exactement, qui le représente le mieux.

Tout se joua, ai-je dit, en ces quelques mois. L'expérience Lecanuet, à laquelle JJSS et les siens se rallièrent sans sourciller, aura, au fond, cette conséquence, qu'elle obligera ce néocentrisme (que rejoignirent non seulement des nostalgiques de l'« Algérie française », mais aussi tous ceux qui s'opposaient au gaullisme par ultra-atlantisme et ultra-libéralisme en matière économique voire, par ex-vichysme), à se débarrasser de son faux-nez et à se droitiser de plus en plus. L'apparition, dans un premier temps, d'un « centrisme d'opposition » débouchera, dans un second temps, sur l'offrande d'une force d'appoint à la droite majoritaire.

Tiraillé entre réformistes de sensibilité démocrate-chrétienne, solides conservateurs et libéraux dogmatiques, ce courant, faute de cohérence idéologique, devra tout miser sur la personnalisation (privilégier une bouille sur une photo) et, pour ce faire, recourir à une ultra-communication à l'américaine. Ce qui constituera, en soi, une révolution politico-sociétale : ringardisation des réunions dans les préaux d'école auxquelles se substitueront les grand-messes et les shows télévisés.

Ultime conséquence, à terme, dont nous vivons encore les retombées : ce « centre » droitisé et réintégré dans la droite disparaîtra peu à peu en tant que centre autonome, ce qui ouvrira l'espace dans lequel s'engouffreront d'abord François Bayrou, mais sans succès final, parce que la gauche restée forte le comprimait, puis, avec succès cette fois, Emmanuel Macron, parce que la gauche, faute d'un nouveau Mitterrand, s'était entre-temps effondrée.

****

Fontanet ayant assuré que Mitterrand « était le plus mauvais candidat que pouvait présenter la gauche ! », vas-y pour Lecanuet !

Il hésite. Il nous raconte cette anecdote : « Un paysan avait dit à l'un de mes amis candidats : "C'est un homme comme vous qu'il nous faudrait." Ce candidat, finalement battu par un adversaire gaulliste, s'étonne : "Je vous avais dit qu'il nous fallait quelqu'un comme vous, rétorque le paysan, j'avions point dit que c'était vous !" »

Ce qui le décide ? Les signes, nombreux, que le monde patronal, celui de la finance, de la grosse paysannerie représentée par la FNSEA, se détourne du général de Gaulle : « C'est un dirigiste, dit le roi du sucre Ferdinand Béghin. Depuis trois ans en France, gagner de l'argent est considéré comme honteux ! »

Reste donc à dépasser les contradictions. On trouve une synthèse : le culte de la personnalité. Puisque ce centrisme est indéfinissable, il faut l'incarner. Lui donner un visage avenant, sourire au vent, belle dentition, carrure athlétique. Ensuite, pour dissimuler la jambe gauche perdue et l'énormité de la jambe droite, on va proclamer, qu'à l'époque de l'automobile et de l'énergie atomique, les jambes, c'est complètement dépassé. Les idées de droite et de gauche sont à reléguer au salon des antiquaires. D'un côté, la droite extrême de Jean-Louis Tixier-Vignancour (car le vieil avocat pétainiste est candidat flanqué d'un certain Jean-Marie Le Pen) ; de l'autre, la gauche extrême et dépassée. Seule issue, la modernité Lecanuet. Le Kennedy français.

Plus de cinquante ans plus tard, on réitérera l'opération. En mieux !

Et le gaullisme (disparu entre temps), on le place où ?

****

Précisément ce 4 novembre, le Général va tomber le masque. A-t-on jamais tant scruté un visage... De profondes rides encerclent l'œil, creusent l'orbite et rendent le regard à la fois plus profond ou plus lointain, comme s'il se fatiguait de regarder hors de lui-même. Un soupçon de moustache, une vague suggestion pileuse ponctuent des lèvres minces que prolongent deux plis qui se refusent avec dédain d'être rides. La bouche est encadrée par deux longues et profondes encoches qui rejoignent l'arc de cercle d'un faux redoublement de menton. Le front est strié. Les traits se sont exagérés comme si l'homme légendaire se conformait, par mimétisme mémoriel, à la statue que l'Histoire, de lui, serait amenée à sculpter. Il y a quelque chose de sombre et d'immense, comme un reflet d'océan, dans ses yeux démesurément agrandis par les cernes du temps. Il semble livrer un corps-à-corps terrible contre lui-même, contre son propre personnage auto-envahissant qui projette l'ombre du monde d'où il vient sur la réalité de celui dont on ne sait pas où il va. Il paraît dialoguer avec un passé magique d'où ne monte plus que l'écho des *Te Deum* qui accompagnèrent les gloires satisfaites. Ne s'exclama-t-il pas, un jour, sérieux comme un pape : « Il y a mille ans que je dis cela ! »

Il y a des gens qui sont, dans la vie, Tartuffe ou le Père Goriot. Ou le *Contrat social.* De Gaulle était à lui tout seul les *Mémoires d'outre-tombe* et *La Légende des siècles.*

N'était-il pas devenu le grand prêtre de son propre schisme ?

À vingt heures, il s'adresse à la France.

C'est-à-dire à lui-même.

De Gaulle à la télévision, c'est un masque. Ce masque que, précisément, il est censé tomber. Un visage signature, comme un renvoi estampillé à l'Histoire qui, à travers lui, en lui, par lui, a pris corps.

Il y a des portraits qu'il faut légender. Il y en a qui sont par eux-mêmes légendes. Figures au sens figuré. De proue, de toute façon. Effrayante d'expressions, celle-là, avec ces deux orifices par lesquels s'insinue ou s'impose un regard bourré d'ironie extériorisée ou de colère rentrée, regard du héros homérique à l'heure de la ruse décisive.

Il est vingt heures quarante et les deux bras en croix, légèrement pliés, la main droite refermée, le pouce en l'air, la main gauche ouverte, la bouche ronde, la ride moqueuse, il prononce la phrase attendue : « Aujourd'hui, je crois devoir me tenir prêt à poursuivre ma tâche. »

Contrairement à celui qui, à gauche, va l'affronter, le Général domine le petit écran. Il a découvert, tour à tour, ces deux armes absolues de la guerre moderne : les chars et la télévision. Il n'a vraiment commencé à exister que le jour où le hasard a mis en contact ces deux phénomènes de la nature inventive : de Gaulle et le micro.

À l'époque, il n'était pas encore Jeanne d'Arc, il lui manquait une voix. Depuis, il l'a trouvée. Henri Tisot, son imitateur, a, sans le vouloir, été son maître. Il s'est défait de certains travers que le chansonnier exploitait.

Le casting est complet, ou presque. Les jeux sont faits. *A priori*, c'est dans la poche.

Mais que se passe-t-il exactement ? Une ombre, un courant d'air, un reflet traître, image furtive d'un Louis XIV laissant tomber cette phrase fameuse : « Après moi le déluge ! » Malgré la mise en scène remarquable, malgré le talent, l'allocution présidentielle passe mal.

****

Mitterrand est à Lyon. Il tient l'un de ses premiers meetings. Avant d'entrer en scène, il réagit à la hussarde : « Eh bien, c'est fait, le général de Gaulle a choisi le meilleur candidat gaulliste, le général de Gaulle. Qu'ai-je à dire là-dessus ? Puisque je combats le pouvoir personnel, je combattrai celui qui l'incarne. Les pions sont sur l'échiquier. De Gaulle se présente, moi aussi. »

Ce soir-là Mitterrand prend le billet qui lui donnera le droit d'exercer... le pouvoir personnel.

****

Nous sommes le 4 novembre 1965. Cinq jours plus tôt s'est déroulé un événement qui va nous projeter, Jacques Derogy et moi, dans les coulisses d'un film noir.

À midi et demi, devant le drugstore de Saint-Germain-des-Prés, Mehdi Ben Barka a été enlevé.

Chapitre 35

L'affaire Ben Barka

D'abord un flash sur le télescripteur : l'annonce de la disparition-enlèvement de Ben Barka, le leader de l'aile dure de l'opposition marocaine reconverti en animateur d'une Internationale révolutionnaire tiers-mondiste.

Aussitôt, m'assaille le souvenir du déjeuner d'Alger.

Maintenant, lui ?

Tous sont morts de morts violentes.

J'alerte Jacques Derogy, et aussi la jeune Michèle Cotta, qui, tous les deux, connaissent le personnage.

Nous décidons de savoir.

Nous apprenons rapidement que Ben Barka arrivait de Genève (nous y avions une très bonne informatrice) et avait rendez-vous, chez Lipp, avec le journaliste Philippe Bernier, le cinéaste Georges Franju et le commanditaire d'un film dont il avait accepté d'être le conseiller technique, un certain Georges Figon. Figon, dont nous découvrons très vite qu'il s'agit d'un petit truand nihilisant et frimeur reconverti dans les activités « artistiques », ce qui lui a permis d'approcher des intellectuels fascinés par la marginalité, telle Marguerite Duras, mais qui s'avérera faire aussi des extras en tant qu'indicateur de diverses polices.

Et c'est, à l'évidence, ce second rôle qui l'a fait collaborer à une entreprise qui consistait à attirer Ben Barka dans un piège.

Il se trouve que nous connaissons Bernier. Nous prenons aussitôt contact et entraînons à ce rendez-vous la néophyte Catherine Ney, émoustillée et ahurie de se retrouver au milieu de cette improbable histoire de barbouzes. Car il nous apparaît très vite évident que cet imbroglio, mystère devenu drame, tourne autour de ce monde trouble, interlope, qu'entretiennent les services secrets et les polices parallèles.

Ce monde, Derogy l'avait rencontré au cours d'une enquête concernant la mort et l'enterrement de plusieurs de ces « contre-terroristes », appelés « barbouzes », victimes d'un attentat contre la villa d'Alger dans laquelle ils résidaient et avait découvert, à cette occasion (détail important !), qu'ils étaient liés à un avocat et député gaulliste, Pierre Lemarchand, lui-même proche du commissaire des renseignements généraux, Jean Caille.

C'est à ce moment que nous entendons citer le nom d'Antoine Lopez et évoquer sa villa dans la région parisienne, où Ben Barka aurait été emmené. En fait, Ben Barka a été transporté dans une villa de Fontenay-le-Vicomte, qui appartient au gangster Boucheseiche qui a participé à l'enlèvement aux côtés de Lopez. Nous ignorons alors que ce Lopez, officiellement agent d'Air France à l'aéroport d'Orly, est, en fait, un très officiel agent du SDECE, le contre-espionnage français, et, moins officiellement, des services secrets marocains.

Je dois l'admettre : aujourd'hui, avec le recul, beaucoup d'éléments de ce sinistre imbroglio ou bien s'embrouillent, ou bien, sauf à me replonger dans le copieux dossier de l'affaire, ce qui ne serait pas tout à fait le jeu, sont sortis de ma mémoire.

À partir du moment où nous disposons du nom de Lopez et de l'information selon laquelle l'opposant marocain aurait été emmené dans une villa de l'Essonne, dont il n'est apparemment pas sorti, nous tentons de remonter toute la piste, de tirer tous les fils. Ainsi apparaît-il que le ministre marocain de l'Intérieur, le général Mohamed Oufkir, est arrivé à Paris le lendemain de l'enlèvement, est parti pour Genève, puis, après un nouveau passage par Paris, a pu impunément regagner son pays flanqué de son chef de la police, le commandant Dlimi. En vérité, au moment où Oufkir repassait par Paris pour participer à une réception officielle à laquelle assistait le préfet Papon, le ministère de l'Intérieur savait qu'il était le principal complice de l'enlèvement. C'est Figon qui avait informé son avocat maître Lemarchand, qui en avait informé le commissaire Caille.

Je me rends au Maroc, à Casablanca, où je rencontre des membres du parti de Ben Barka (certains étant sortis de prison où ils ont été torturés) qui me rapportent l'atmosphère de terreur que fait précisément régner la police d'Oufkir. Derogy creuse, lui, du côté du monde barbouzard. Nous allons repérer la villa de Fontenay-le-Vicomte qui paraît abandonnée, mais nous recueillons les premiers éléments concernant le personnage de Lopez. Une information nous révèle que quatre ex-gangsters, qui firent leurs premières armes à la « Carlingue », c'est-à-dire la Gestapo française, pendant l'Occupation, Georges Boucheseiche, Julien Le Ny, Pierre Dubail et Jean Palisse, lesquels, semble-t-il, ont repris du service dans la police parallèle barbouzarde (ils auraient participé à l'enlèvement du leader OAS Antoine Argoud en Allemagne), ont tous les quatre été présents à la villa où a été emmené Ben Barka. Le gestapiste Boucheseiche, ex-membre du « gang des Traction Avant » avec Pierrot le Fou, gérait des « maisons de rendez-vous » à Paris et des bordels au Maroc.

Bientôt, il sera révélé que ce sont deux policiers français, du service des stupéfiants, Louis Souchon et Roger Voitot, qui ont procédé à l'enlèvement, camouflé en interpellation.

Nous écrivons les premiers articles où nous évoquons, à partir des premiers éléments recueillis, quelques hypothèses.

C'est alors – il en est toujours ainsi – que l'information décisive, celle qui permettra de tout éclairer, va nous tomber du ciel.

Ayant lu nos articles, un homme d'affaires marocain qui avait, du temps où il était étudiant, milité avec Ben Barka, nous fit savoir qu'il disposait d'informations de première main. On me donne un rendez-vous à Paris, je m'y rends et, là, surprise, je crois reconnaître la très lumineuse jeune dame qui m'ouvre la porte : il s'agit effectivement de l'actrice aux yeux d'or, Marie Laforêt. Elle me présente son ami, le Marocain en question, lequel m'explique qu'un de ses camarades de jeunesse, qui a mal tourné, un certain Joseph Zurreta, lui a confié être en mesure de lui livrer, ou plutôt de lui monnayer, le témoignage de quelqu'un, Figon en l'occurrence, qui savait, et pour cause, ce qui était exactement arrivé à Ben Barka. Je lui dis, en éludant l'aspect monnayage, que nous sommes intéressés.

Rendez-vous est donc pris avec ledit Zurreta, dont je crois comprendre que sa bande de truands a pris le contrôle du dénommé Figon. Nous nous retrouvons un soir, je ne sais plus dans quel petit appartement. Le malfrat est flanqué d'un acolyte. Il nous explique que Figon a été témoin de ce qui est arrivé dans la villa de Fontenay-le-Vicomte : Ben Barka aurait été descendu dans la cave, attaché à une chaudière quand, soudain, aurait surgi Oufkir en personne, coiffé d'un grand chapeau noir, accompagné de son chef de la police

Ahmed Dlimi. Le ministre de l'Intérieur marocain aurait aussitôt entrepris d'interroger le prisonnier visiblement paniqué, saisi un petit poignard très effilé, et commencé à lui piquer la gorge pour le terroriser et le faire parler.

Ensuite, Figon se serait retiré. Il serait prêt à enregistrer son récit. Un contact, dans des conditions rocambolesques, me le confirme et m'en résume de nouveau la trame. Exactement la même.

Décision est donc prise de se retrouver, en compagnie des deux truands, avec Figon qu'un de leurs amis doit nous « apporter ».

Ce jour-là, le temps est lourd. Nous attendons. Zurreta m'explique une histoire de hold-up en Italie, à Milan autant que je me souvienne, d'où un besoin d'argent pour faire sortir un complice ou comparse qui est en taule là-bas. Le temps passe. Nous sommes en plein deuxième tour de l'élection présidentielle. Et voilà que nos deux « caïds » se lancent dans un débat philosophico-politique : lequel des deux candidats, de de Gaulle et de Mitterrand, serait, selon eux, le plus favorable à la défense des libertés ?

L'un en tient pour de Gaulle, l'autre pour Mitterrand. Je suis à deux doigts d'être touché par la hauteur de vue de leur échange… quand je comprends qu'il s'agit, en fait, de savoir lequel des deux serait le plus disposé à rouvrir les maisons closes.

Les heures tournent. Pas de Figon. Et si, finalement, il refusait de se mettre à table ? L'un des deux m'assure, alors, qu'il y aurait le moyen de le faire parler. Je frémis. Finalement pas de Figon ! On me fait savoir qu'il avait été « récupéré » par un autre groupe, proche du député Lemarchand, son avocat. Et donc du pouvoir.

M'apparut alors clairement (ce qui eût mérité des investigations en soi que nous eûmes tort de ne pas creuser) que, dans le milieu de la grande truanderie, une véritable scission s'était produite, comme à Marseille, opposant des truands ancrés à la majorité et d'autres qui jouaient l'opposition. Le recours à de grands voyous dans la lutte anti-OAS et, plus tard, dans la mise sur pied du SAC, en fut les révélateurs.

Restait que ce témoignage enregistré de Figon (l'aurions-nous payé ?) nous avait échappé.

Or, qu'apprenons-nous : qu'il l'avait réitéré auprès d'un certain Jean Marvicr, journaliste donnant volontiers dans le marginal (le hasard voulut que, plus tard, je le rencontrasse dans un avion allant de Vientiane à Savannakhet au Laos, haut lieu des trafics de drogue). Les deux hommes s'étaient connus en collaborant au même magazine, *La Vie des bêtes*.

Ce récit, qui correspondait très exactement à celui que nous avions recueilli, il l'aurait enregistré.

Nous décidâmes donc de publier celui que nous avions pu reconstituer, dont Figon nous avait confirmé l'exactitude et qui recoupait nos différentes investigations.

Sauf que JJSS qui, compte tenu de l'ampleur qu'avait prise l'affaire, voulait s'en emparer, changea notre titre sans nous avertir et cela donna, à la une du journal, « J'ai vu tuer Ben Barka ! »

En fait, il semblerait plutôt qu'il ait succombé d'une crise cardiaque.

C'est à partir de nos révélations sur cette affaire que les ventes de *L'Express* s'envolèrent.

L'enregistrement Marvier, nous parvînmes, finalement, à le récupérer, mais là – stupeur ! –, Marvier affirmant que son appareil avait mal fonctionné, il contenait un extrait d'une conférence de presse du ministre de l'Information, Alain Peyrefitte. Figon, qui n'avait jamais changé de version (il s'était même confié au journaliste d'extrême droite Brigneau qui avait tout gardé pour lui !), malgré un vague démenti, allait-il la confirmer ? Très vite il apparut que c'était fort peu probable car, localisé par la police, encerclé dans sa planque par une véritable armada, il se donna la mort.

Assassinat déguisé, prétendit-on aussitôt. Comme Stavisky. (Deux balles dans la tête.) Je ne sais. Le plus probable est qu'il s'agisse effectivement d'un suicide, le type était un peu dingue, mais tout se passa comme si on avait voulu le provoquer.

Ensuite, de révélation en révélation (nous n'étions pas seuls sur cette affaire et chacun se mit à y projeter ses fantasmes), apparurent de plus en plus évidentes les interférences néocoloniales entre autorité marocaine, police et services français, le tout sous l'éclairage d'une CIA à qui le général Oufkir ne cachait pas grand-chose (et avec sous-traitement par le Mossad).

Une énorme question restait en suspens : qu'avait-on fait du corps ?

Une information me fit croire qu'il avait été réceptionné dans une sorte d'entrepôt situé dans les faubourgs de Bruxelles. Je m'y rendis et tombai sur une madame « Vanderput », propriétaire des lieux, qui me prit pour un fou. Une autre fois, revenant d'un rendez-vous confidentiel, je pris un taxi revêtu d'un imperméable que je n'avais pas enfilé depuis mon séjour algérois. Or, il restait imprégné de l'odeur de Waldeck, notre fennec amateur de musique classique. La dame qui conduisait le véhicule était flanquée d'un énorme clébard qui, reniflant ce relent de bestiale sauvagerie, se rua sur moi et se mit à déchiqueter l'imperméable à belles dents. Au retour, on imagina que je venais de m'extraire d'un guet-apens et on m'accueillit en héros.

La dépouille (je ne cesse d'y penser quand j'écoute la chanson interprétée par Reggiani *Arthur, où t'as mis le corps ?*) ? Autant que nos recoupements nous en aient convaincus, elle a été rapatriée au Maroc (peut-être dans l'avion utilisé par Oufkir) et, là, l'une des thèses les plus probables est qu'il ait été soit coulé dans du béton, soit dissous dans de l'acide.

Plus tard, quand il y eut le procès, Tixier-Vignacour étant l'avocat de la partie marocaine (représentée par Dlimi), Zurreta, retrouvé, prétendit être un simple grossiste en fruits et légumes et ne m'avoir jamais rencontré.

Il semble que s'étant, par la suite, mis au service d'une milice secrète, ou privée, espagnole anti-ETA qui commit un certain nombre d'assassinats, il ait été lui-même abattu.

Outre Figon, les protagonistes de cette saga en forme de roman noir n'eurent pas le loisir de la raconter à leurs petits-enfants : Oufkir fut abattu après avoir tenté un coup d'État contre le roi, Dlimi fut « inopinément » écrasé par un camion et les quatre gangsters, dont Boucheseiche propriétaire d'un réseau de bordels, furent « liquidés » au Maroc. Le SDECE et sa direction furent purgés, l'avocat Lemarchand fut battu aux élections (par Jean-Pierre Soisson qui, du coup, nous fut reconnaissant). Quant à Lopez, j'eus l'occasion, des années plus tard, quand il fut sorti de prison, de partager avec lui un déjeuner. Il me dressa un tableau saisissant du milieu carcéral au sein duquel il s'était improvisé éducateur.

****

Les oppositions s'emparèrent de cette affaire qui mettait gravement en cause tout ce qui tournait autour du ministère de l'Intérieur, des services secrets et des polices officielles ou parallèles. L'attitude du général de Gaulle et de Pompidou fut, en revanche, exemplaire.

Chapitre 36

Mitterrand décolle

L'affaire Ben Barka ne fut quasiment jamais évoquée à l'occasion de l'élection présidentielle. Seul, plus tard, un député socialiste me contacta pour être « briefé » : il s'agissait d'un certain Georges Frêche de Montpellier.

Tous les rôles étant distribués, la campagne prit peu à peu son envol. À l'exception d'un « Barbu » qui s'avançait, les mêmes rôles, avec changement d'acteurs, que ceux qui allaient structurer notre vie politique jusqu'en 2017.

Conçoit-on, aujourd'hui, à quel point cette seconde élection présidentielle au suffrage universel direct (la première vit le triomphe du futur Napoléon III) fut structurante. La gauche, le centre, la droite, l'extrême droite, du déjà-vu. Mais cette fois, en l'occurrence, une gauche unie, un centre *a priori* exclu de l'affrontement final, une droite abandonnée, pour son meilleur, à un gaullisme qui n'était pas encore de brocante et une extrême droite marginalisée.

Pendant cinquante ans, ensuite, à quoi a-t-on assisté ? À une recomposition évolutive de cette invariance structurelle : toujours la gauche, mais de plus en plus balkanisée. Le centre, mais répétitivement à côté. Une droite duale, à deux têtes possibles, échangeant progressivement sa peau gaulliste contre un pelage libéral-conservateur, puis libéral-réactionnaire. L'extrême droite, enfin, en progression presque constante.

Jusqu'à ce que, après un demi-siècle, tout s'effondre.

C'est, parce que nous avions perçu que tout se mettait en place, que les rôles allaient être distribués pour longtemps, que nous nous sommes, avec Jacques Derogy, à ce point investis dans cette répétition générale.

Depuis sept ans, un acteur unique, héritier de lui-même, multiplicateur mondialisé de soi, dominait et écrasait la scène. Il était l'Histoire, il était la France, la France n'allait pas lui faire des histoires. Et lui n'allait pas s'abaisser au niveau de tous ces canidés nains qui, pluralisme démocratique oblige, venaient lui mordre les chausses.

Il refuse donc de faire campagne.

Jupiter se commet volontiers avec des mortels (on le constatera cinquante-deux ans plus tard), pas de Gaulle. Ce n'est pas lui qui eût trompé Junon pour s'enticher d'une Léda de passage.

Résultat : soudain, les Français ne le voient plus, ne l'entendent plus, mais voient et entendent tous les autres. Ce sont les autres, cette fois, qui s'invitent chez eux. Et – on ne le disait pas encore comme ça – « c'est chaud ! »

« Ça craint ! »

Voilà Lecanuet qui déboule. Les Trente Glorieuses ? Le moment magique d'une France dominatrice ? L'âge d'or ? Tu parles Charles ! « Savez-vous, décoche-t-il d'emblée, que la France est la dernière en Europe pour la croissance de sa production, la construction de logements, la hausse des salaires, l'amélioration des revenus ? Savez-vous qu'il y a plus de huit cent mille personnes âgées qui doivent se contenter pour survivre, ou plutôt pour ne pas mourir, de quatre francs par jour ? »

Lors d'un débat qui l'oppose à Michel Debré, un grand moment, Pierre Mendès France remet le couvert. Tout en France va moins bien que dans les pays d'à côté : « Ceux qui étaient derrière nous se sont rapprochés et nous ont rattrapés. Notre croissance sera la plus faible de toutes celles des pays du marché commun. » Et puis, surtout, surtout, horreur : « Notre cinquième Plan est fondé sur l'hypothèse d'un chômage de six cent mille personnes ! six cent mille personnes ne seront plus mises au travail, seront retirées de la production ! »

Six cent mille chômeurs, c'est extravagant, c'est une folie. « Une économie dans laquelle il y a six cent mille chômeurs procurera-t-elle du travail aux femmes ? » Et puis « c'est la manière de faire baisser les salaires ! » S'il avait su !

Le seul qui avait reçu du Général une permission de sortie pour monter au front, c'était Alexandre Sanguinetti, un aventurier baroudeur doté d'une jambe de bois, l'ancienne s'étant trouvée « malencontreusement » sur le trajet d'une balle. Voyou magnifique, reître rhéteur qui eût pu se retrouver à la tête d'un commando ou d'un gang, un côté Bayard, un côté Al Capone. Gaulliste comme Ignace de Loyola était chrétien et qui, habité par la chose militaire, pouvait (j'en fis l'expérience) vous dire exactement le nom du tambour-major du troisième régime de la garde pendant la bataille d'Austerlitz ou le nombre de boutons de guêtres des uniformes de parade des paras commandos du San Salvador. J'ai kiffé ce type. De la tripe dans la tête. De la tête dans la tripe. L'antithèse à la fois du conservateur astiqué et du social-démocrate délavé.

Il sillonne le pays en brandissant sa croix de Lorraine. C'est moins lourd que de la porter. Je recueille son impression : « Vous ne pouvez pas savoir les crétins que l'on rencontre au cours de ces réunions. Des idiots, des analphabètes, des gens qui posent des questions stupides. Les Français sont d'une ignorance crasse. » Un nationaliste !

Il est confronté à Jean-Marie Le Pen – « un imbécile ! » – sur Europe 1. Ça donne :

« Qu'est-ce que vous faisiez à Tunis au commissariat des Affaires juives ? »

« Vous voulez que je vous mette ma main sur la gueule ? Et ma jambe de bois, je l'ai gagnée dans la LVF peut-être ? »

Jean Lecanuet, lui, paraît s'envoler. Tante Yvonne le trouve très bien. Petite révolution, dont on n'a pas fini d'évaluer les conséquences, il a été pris en main par un organisme de promotion publique intitulé « Service et méthodes » dont la fonction consiste à placer sur le marché un produit, savonnette, bas sans couture, boisson pétillante, vedette de cinéma et, désormais, candidat à la présidence de la République. Cette officine a été à l'origine de « l'opération James Bond » consistant à vendre un bien qui n'existait pas encore. Pourquoi ne pas faire de Lecanuet le James Bond de la politique française ? Le contrat stipule, d'ailleurs, que le candidat sera transformé en « Kennedy tricolore ».

Le 22 novembre, premier contact avec François Mitterrand dont je serai par la suite proche, puis éloigné, éloigné quand j'étais proche et resté proche quand je m'éloignais.

Il affronte un public en majorité étudiant dans la grande salle de la Mutualité. À son arrivée, depuis les balcons, on crie : « Vietnam, Saint-Domingue, US assassins, Algérie, Guy Mollet... »

« Certains puristes et penseurs suprêmes du marxisme, réplique-t-il, cherchent encore un candidat pour le bénéfice du ministère de l'Intérieur... »

« Hou ! Hou ! » dans la salle.

« ... et déchirent mes affiches, mais pas celles de de Gaulle. »

Un silence... et il lance, les bras ouverts : « Je vous prends tous à la fois, ceux qui veulent plus et ceux qui veulent moins. À condition que la ligne de départ soit la même. »

Je découvre un vrai orateur. Des inflexions de voix théâtrales et chaudes avec, parfois, quelque chose d'affecté, des parenthèses interminables qui finissent par retrouver leur tête au moment où l'on s'attend à ce qu'elles se mordent la queue, des sorties de route contrôlées, une rhétorique d'avant la télévision. Ses mains frémissent dans l'espace, comme surgies d'une invisible robe noire d'avocat, elles tremblent, caressent un objet-idée, tirent une ficelle un peu grosse, l'index se pointe vers l'accusé fugitivement évoqué et incarné quelque part dans les recoins obscurs de la salle, le poing se ferme pour mieux empoigner une riposte, mais la voix, artificiellement et excessivement modelée au gré des sentiments, laisse deviner que ce sont les sentiments qui sont modelés par la voix. Elle se fait doucereuse, bonhomme, aiguë, une pincée d'accent champêtre la pimente ici et là, des silences la brisent opportunément et théâtralement, entre le tic et le toc, tandis que l'orateur se penche vers son public, comme pour lui parler à l'oreille.

Éloquence qui se donne, s'offre ou fait semblant. Gambetta recyclé par Sarah Bernhardt. Jean Gabin dans *Le Président* plutôt que *L'homme qui rit* à la Chambre des communes. Générosité ou facilité. On accroche ou on déteste.

Le général de Gaulle, lui, avait fini par entrer en scène. Il avait été mis en ballotage. Crime de lèse-majesté. François Mitterrand, le candidat qui devait se planter dans les grandes largeurs, avait, au premier tour, atteint les 32 %. Tout le monde en rêverait aujourd'hui (Chirac est devenu président avec 19 % au premier tour, Hollande avec 28 %, Macron avec 24 %).

De Gaulle, donc, redescend sur terre. Ce n'est plus Jupiter, c'est Amphitryon. Il a décidé de se faire interviewer par le journaliste Michel Droit comme le premier politicien venu.

Au dernier moment, il a comme un haut-le-cœur. Mais qu'est-ce que je fais là ? Puis il se lance. Comme une décharge électrique. Soudain, il ressemble à un vieillard majestueux à qui on a mis un ballon entre les mains et qui se met à gambader comme un enfant et à dribler comme un jeune homme.

Il pétille, il mousse. Ses grands bras tournent comme les ailes d'un moulin à vent. Sa bouche esquisse des mimiques vaudevillesques. Il sautille sur son fauteuil, se tape sur les cuisses, pousse des petits cris aigus, puis s'exclame de son énorme voix graisseuse vulgairement impériale : « Alors, vous avez des enfants de chœur qui ont bu la burette et qui crient "l'Europe ! L'Europe !" »

Cette saillie sera-t-elle conservée ? Je ne sais plus. Lui y tenait.

Quand il faut s'arrêter, il regimbe : « C'est dommage, cela me plaisait de jaspiner comme ça. »

On lui glisse à l'oreille qu'il a fait quelques erreurs de chiffres, qu'il a dit « Assurance sociale » au lieu de « Sécurité sociale ». « Bah ! Ça ne fait rien, tout le monde s'en fout ! »

Morceau d'anthologie.

Le dernier meeting gaulliste se tient au palais des Sports. Malraux en vedette. Je m'y précipite. Alignés au premier rang du parterre Louison Bobet, Samy Frey, François Mauriac, Germaine Tillion, le poète Pierre Jean Jouve.

Maurice Schumann, ridicule, annonce en reprenant, ou plutôt en caricaturant, sa voix de Radio Londres : « Honneur et patrie, voici le général de Gaulle ! » Et le Général apparaît sur un immense écran. Comme les fantômes dans les romans de Walter Scott.

Un petit vieillard, debout, tout émoustillé, s'écrie : « Qu'il parle bien ce Schumann, je ne l'avais jamais entendu ! » On avait envie d'ajouter : « Et pour cause ! »

Public hétéroclite. Convergence de la France du 18 Juin et de celle de l'armistice. Celle qui se souvient d'avoir dit « non » et celle qui ne se fatiguera jamais de dire « oui ».

Malraux à la tribune. Frissons. Synthèse des deux France : la Résistance, mais celle de 1944. Il faut avoir assisté au concert. Oratorio pour un homme seul.

La voix souffle comme un mistral mystique, rebondit contre les charpentes métalliques, rend aux bassons l'hommage des contrebasses, fusionne les timbales et la grosse caisse, submerge le petit fonctionnaire ébloui, chahute la Rosette du directeur général, émoustille l'indéfrisable de madame la colonelle, noie les mirettes embrumées de la secrétaire de direction, soulève de son strapontin l'ouvrier qualifié en costume trois pièces. Relents de notaire radical, intonation d'agitateur d'Action française, tonitruance de tribun bolchevique, incantation de grand sorcier qui se voudrait grand prêtre, Malraux déroule du Malraux comme Aristide Briand déroulait du Aristide Briand. Il s'accroche à la tribune, une mèche de cheveux rebelle se balance de droite à gauche lui cachant un œil puis l'autre comme un essuie-glace, des gouttes de sueur coulent de son front et semblent vouloir venir dégager les brumes d'un regard perdu et hagard.

La bouche se tord et s'ouvre démesurément comme celle de *La Marseillaise* de Rude après passage des Gilets jaunes. Marqué de tics qui le saccadent comme des hoquets physiques d'après-boire, le visage vit, lutte, souffre. Surgissent, en un cortège qui frise la sarabande, les soldats de l'an II, les grognards de l'an VI, les oubliés de l'an mil, les rescapés de l'an quarante, les zouaves de Sébastopol, les sacrifiés du Vercors, les chevaliers échappés des tombes qui jalonnent l'Orient désert ; des brigadistes se couchent sur le sol âcre de Castille, des ombres affrontent des ombres, les nuits se peuplent d'étranges plantes exotiques qui semblent figurer les illusions d'avant rattrapant celles du jour d'après.

Il a fini. Il défaille, épuisé. On le soutient.

À chacun ses intellos. À chaque intello son ancrage.

Du côté de Gaulle : Jean Paulhan, Armand Salacrou, Olivier Messiaen, Pierre Emmanuel, Françoise Sagan, Jérôme Lindon. Du côté Mitterrand : Adamo, Hervé Bazin, René Clair, Jean Giono, Jean Guéhenno, Christiane Rochefort, Max-Pol Fouchet, Aragon, Jean-François Revel, Marguerite Duras. Avec de Gaulle, certains qui s'amarreront à la gauche. Avec Mitterrand, d'autres qui se livreront à la droite.

On entend Jean-François Revel féliciter chaudement Mitterrand pour avoir réintégré les communistes dans la communauté nationale.

Le summum est atteint, dans *Paris Match*, par l'affrontement Sagan/Duras.

Sagan : « J'ai vu Mitterrand à la télévision, c'était grotesque. “Mon père, mon grand-père du même village, mon terroir”. Pour un peu, on sentait qu'il aurait invoqué son origine aryenne... C'est dégoûtant... »

Duras : « Et quand de Gaulle parle de Jeanne d'Arc ? »

Sagan : « Au moins, c'est de la folie, mais ce n'est pas dégoûtant. C'est cinglé, quoi... Le discours de Mitterrand, lui, est paroissial. Il y a une chose qui me scandalise. Mitterrand a proposé cinq cent mille HLM de plus. Quand on sait ce que sont les HLM, le bruit, la promiscuité, et que Mitterrand veut en donner encore plus au peuple... !! »

Duras : « Vous verrez ce qui arrivera, si de Gaulle a encore les pleins pouvoirs pendant sept ans. Vous verrez s'étaler la réaction... »

Sagan : « À ce moment-là, nous ferons des barricades ensemble comme dans *Viva Maria !* Ce sera extrêmement drôle... »

****

Au second tour, François Mitterrand, que j'avais accompagné à Toulouse où il tint son meeting final, frôla les 45 % de suffrages contre de Gaulle.

Lorsque j'écris ces lignes, 45 % c'est presque le score que les enquêtes d'opinion promettent, toujours au second tour, à une candidature néofasciste *soft*, alors que la gauche fait tout juste de la figuration.

Chapitre 37

Aller se faire voir chez les Grecs

Époque épique. On peut dire ça. J'y fus balloté. 1966-1967 : guerre au Vietnam, interminable. Au Proche-Orient aussi, mais rapidement terminée. Du moins on le crut. Intervention russe à Prague. Révolution culturelle en Chine. Coup d'État en Grèce, autant d'impondérables qui constituèrent les cases de ma marelle. J'y sautais de l'une à l'autre, parfois à cloche-pied. Et, au creux de ces désastres planétaires, une France bien sage, bien stable, au budget en équilibre, à l'économie en expansion, qui avait définitivement fermé la parenthèse de ses effervescences d'antan.

C'était, à *L'Express*, notre philosophie officielle : l'ère des révolutions est close. C'était déjà, selon Tocqueville, le « mantra » déroulé par les conservateurs en 1857.

Jean Ferniot avait été remplacé à la direction de la rédaction, rondeur affable contre rondeur affable, à femmes aussi, par un personnage délicieux, mi-Talleyrand, mi-monsieur Perrichon, volubile et heureux, tout juste échappé d'un XVIIIe siècle version Régence qu'il incarnait presque physiquement.

Pompidou à Matignon, Claude Imbert à *L'Express* : mise à niveau.

Mai 68 n'était pas dans les tuyaux. Ailleurs, un ailleurs dont on n'imaginait pas qu'il se désamarrât de cet ailleurs, des événements, certes, faisaient désordre. Mais c'était ailleurs.

La Grèce fut ma première nouvelle occasion d'aller voir ailleurs chez les Grecs.

En août 1965, les Grecs s'étaient dotés d'un gouvernement de centre gauche dirigé par un vieux politicien libéral à l'allure de statue du Commandeur qui s'appelait Georges Papandréou.

Ce Papandréou dirigeait le gouvernement pour la bonne et simple raison qu'une majorité de citoyens l'avait, en votant pour son parti au cours d'élections libres (c'était nouveau), désigné à cette fonction. C'est une chose toute bête, la démocratie parlementaire. Seulement il y avait, en Grèce, un roi. Celui-là, personne ne l'avait élu, mais les rois, comme disait le Figaro de Beaumarchais, ça se contente de naître. Le roi avait une mère qui était non seulement reine, mais allemande. Et les rapports entre un vieux démocrate grec qui se voit en Périclès et une vieille reine allemande qui se prenait pour le Kaiser, cela faisait des étincelles.

Frederika, donc - c'était son nom -, avait mobilisé la cohorte de ses courtisans d'opérette et mit son rejeton en demeure de choisir entre ce Papandréou et elle. Celui-ci, plus versé dans les sports équestres que dans la chose publique, s'était exécuté et avait contraint Papandréou à la démission. D'où une explosion populaire. Des manifestations quotidiennes sous un soleil de plomb.

Comment étouffer cette exigence de démocratie qui montait de la rue ? Papandréou ne bénéficiait-il pas d'une majorité parlementaire ? Heureusement, on peut être député et avoir des ennuis d'argent. Le « Palais », bénéficiant de quelques réserves, on acheta un certain nombre de députés et, à d'autres, on offrit un maroquin inespéré. Ici, les trente deniers et là, les portefeuilles. Et l'on constitua, ainsi, des gouvernements de politiciens marrons qui tombèrent l'un après l'autre, jusqu'à ce que la droite, battue pourtant aux élections à plate couture, revienne au pouvoir avec le dénommé Kanellopoulos, un grand honnête homme momifié dans sa tête qui, confronté à la colère des foules de plus en plus déchaînées, lançait, du haut de la tribune du Parlement, se prenant pour Démosthène : « Messieurs, sachez que les barbares sont à nos portes ! »

J'avais retrouvé à Athènes un confrère du quotidien *Le Monde* qui, quatre ans plus tôt, avait partagé avec moi un prix, bidon comme la plupart des prix, du « Jeune journaliste », le seul que j'aie jamais obtenu.

En fait, il se trouvait là par hasard, en vacances, mais portant l'âme à gauche et la carte du PSU dans sa poche droite, il se sentait très concerné par les événements. Il couvrait, à Paris, le conseil municipal de la capitale et le conseil général du département de la Seine, milieu fort peu sujet, à l'époque, à d'incandescentes effervescences et se retrouvait, soudain, plongé au milieu d'une manière de révolution dont il ne ratait, sous un soleil en folie qui éclaboussait la cuvette athénienne, aucun défilé. « *Demokratia* », scandaient les protestataires. J'ai déjà évoqué ce mot d'une touriste : « C'est formidable, ils ont repris notre mot ! » Le résultat fut spectaculaire. Il devint fou, complètement fou. Il manifestait en rond sans discontinuer. Il fallut le barder de piqûres calmantes, le revêtir d'une camisole et le réembarquer par avion pour Paris. J'avais échappé au pire.

Cette façon de dissoudre, sans passer par de nouvelles élections, une majorité de gauche afin de restaurer un pouvoir de droite (ce que la France avait vécu au crépuscule du Front populaire et de nouveau dans le sillage des élections de 1956) devait se reproduire un peu partout, à jet continu. Ainsi au Brésil.

Sauf qu'en Grèce, la machine à se jouer du suffrage universel se détériora très vite et il fallut prévoir de nouvelles élections. Que le centre gauche avait toutes les chances de gagner de nouveau. Alors, que fit-on ? Un vrai coup d'État. Militaire celui-là. Et le peuple grec bafoué, trompé, et par son roi et par beaucoup de ses élus, ne bougea pas le petit doigt lorsque des colonels, surgi d'on ne sait où, menés par un certain Papadopoulos, terminèrent avec des chars et quelques mitrailleuses le travail commencé par une royauté décrépite et des politiciens corrompus.

« Horreur ! » s'écrièrent, alors, les représentants politiques les plus respectables, les mieux éduqués de la bourgeoisie la mieux pensante : « Ces soudards incultes étranglent la démocratie ! »

Sans doute. Mais, eux, qu'avaient-ils fait, précédemment, même si à la force des baïonnettes ils avaient préféré la trahison et la ruse ?

Cette histoire eut, au fond, une morale : le roi, premier responsable de cette tragédie, dut céder sa place à une République prétorienne et prendre le chemin de l'exil avec sa famille et sa Cour. Kanellopoulos, le chef de la droite « libérale » qui avait accepté un pouvoir éphémère que le suffrage universel n'avait pas sanctionné, passa des années en garde à vue et c'est en quasi-prisonnier que je le rencontrai, glacé par l'expérience d'un refus courageusement solitaire pour lequel il n'était pas fait.

Tous ceux qui, dans son propre parti, avaient trahi le vieux Papandréou pour l'illusion de la puissance ou de la fortune, je les ai retrouvés, par la suite, proscrits, exilés, condamnés à un enfermement politique, social et moral.

****

Il y a toujours, à gauche, à l'extrême gauche plus exactement, cette idée latente : qu'ils osent la dictature, le peuple se soulèvera !

Ils osent. Et le peuple ne se soulève pas. Jamais. Ou alors tardivement.

Sans l'invasion de la France à la suite du désastre de Leipzig, quinze ans après le 18 Brumaire, Napoléon, le Napoléon tyrannique, aurait-il perdu le pouvoir ?

Et Napoléon III, sans le désastre de Sedan ? Et Mussolini, sans l'effondrement militaire italien ? Et les généraux argentins sans la guerre des Malouines ? Et les colonels grecs, donc, sans le fiasco chypriote ?

En 1969, je me retrouvai à Athènes, sous le régime des colonels cette fois. L'année précédente, une manifestation étudiante avait été noyée dans le sang. Je sortais de la résidence surveillée de l'éphémère Premier ministre conservateur Kanellopoulos, visage confit dans sa droiture retrouvée, qui m'avait lancé : « Le peuple est contre les colonels. Aucun parti, aucun ne les soutient ! »

C'était vrai. Mais quand je voulus l'interroger, le peuple, le résultat fut éloquent. La première personne à qui je m'adressai accéléra le pas, effrayée, affolée. La seconde, presque nerveusement, mit un doigt sur la bouche. Une troisième réagit très exactement comme si elle venait d'apercevoir le diable.

Même un ami, mi-clandestin, mi-illégal, jeta un coup d'œil effrayé autour de lui lorsque je prononçai le nom de l'un des colonels au pouvoir, en l'occurrence Pattakos, ministre de l'Intérieur, que je venais de rencontrer et qui m'avait tenu des propos totalement extravagants.

La peur qui paralyse, qui désagrège !

Une scène m'est restée à l'esprit.

Le type n'avait rien d'un conspirateur manteau sombre et chapeau rabattu sur les yeux. Plutôt le genre vacancier en chemisette. Il m'avait donné rendez-vous. Au fond, dans le crépuscule tiède, les guinguettes de Plaka distillaient les notes aigrelettes du bouzouki au milieu des rires collectifs garantis « cargaison Cook » alourdis de vin résiné.

« Je suis le porte-parole de l'opposition clandestine », me déclara-t-il.

L'énoncé avait quelque chose d'irréel. D'une voix douce, il continua : « Il faut alerter l'opinion. Ils ont torturé le professeur Karayorgas, il est dans le coma. »

Le journal *Acropolis* décrivait, à la une, les frasques de l'impératrice Soraya qui se dorait les fesses à Mykonos. Béatrice de Savoie se faisait bronzer à Hydra. La mère de la reine de Belgique hantait les boîtes de nuit d'Athènes et, pendant ce temps-là, m'informa mon mystérieux informateur, Dionysos Karayorgas, professeur à l'École des sciences politiques, intellectuel libéral, nourri non de Marx mais d'Aristote ou de Tocqueville, rien moins que révolutionnaire, se mourrait dans un lit d'hôpital.

Que s'était-il passé ? Quelque chose de rare : l'adéquation entre la théorie et la pratique. Ou, plus rare encore, l'expression radicale d'une modération qui se révolte. Cet homme, pétri de latinité, avait vu Catilina au pouvoir, Cicéron se taire et les Brutus en herbe laisser leur couteau au vestiaire. Alors – ces choses-là arrivent –, le professeur voulut faire quelque chose. « Se salir les mains. » Et, le soir, après le dîner, dans sa cuisine, il se mit à confectionner d'étranges mixtures. Dans son réseau de résistance « Défense démocratique », sa tâche consistait à relier détonateurs et explosifs reçus clandestinement de Suède. Le professeur, un jour, fit un faux mouvement. Tout explosa. C'était un professeur !

La police, alertée, le trouva étendu, une main et un œil arraché.

La semaine suivante, on avait raflé d'autres professeurs, mais aussi des avocats, des hommes de science, des journalistes. Dont un ami, Constantin Kaligas, avec qui j'avais passé de si agréables soirées dans les restaurants du Pirée.

Un matin de la fin juillet, madame Karayorgas put voir son mari. Mal en point, certes, mais très conscient. La police la pria d'écourter la visite. Le professeur réussit simplement à lui dire : « Je n'ai pas parlé, tu sais. »

Le soir, elle le revit. Il avait de nouvelles blessures, de nouveaux pansements et il était cette fois dans le coma. Il n'avait toujours pas parlé.

« Bah ! me dit, en haussant les épaules, un partisan prudent du nouveau régime (car même de ce côté-là on était prudent), tant que l'opposition se réduira à des bricolages de professeurs ! » Il avait raison. Ces pétards chatouillaient les colonels à peine plus que les malédictions des Antigones en exil.

Contre eux, ils avaient le peuple grec. Massivement. Ce n'était pas suffisant.

En France, l'écrivain et essayiste post-maurrassien Thierry Maulnier, star de la presse conservatrice, s'était fait leur porte-parole. Le correspondant du *Monde* à Athènes ne leur était pas défavorable. Les touristes affluaient. Aller se faire applaudir chez les Grecs séduisait toujours autant les artistes. J'ai encore à l'oreille les soupirs de désespérance du compositeur Iannis Xenakis : pas d'issue !

Il y avait un directeur de la sûreté dont on disait qu'il avait permis de dater une statuette antique dont l'origine troublait les archéologues. « Il avait réussi, lui, à la faire parler ! »

C'est une évidence, une banalité même, allègrement occultée pourtant, qui me sauta très vite aux yeux au fil de mes périgrinations, qu'il est plus facile d'être révolté en démocratie qu'en dictature. En fonction de quoi, il y a apparemment beaucoup plus de révoltes en démocratie qu'en dictature. Une manif par jour sous Macron, aucune pendant les décennies Salazar au Portugal. Le désordre est évidemment inhérent aux sociétés libres, pas aux régimes d'ordre. Ça bouillonne sous Allende. Ça ne bouge quasiment plus sous Pinochet. Jusqu'au jour où (comme en Grèce, comme en Argentine, comme en Iran, comme en Italie en 1943, comme à Moscou en 1989, comme en France même en 1870), ébranlé par une première vraie secousse, le château de cartes s'écroule. D'un seul coup. Et qu'il n'en reste rien. Alors que, de secousse en secousse, secousse après secousse, les grandes démocraties, elles, tiennent bon.

****

Athènes sous les colonels me renvoyait à Madrid sous Franco.

C'était le 1er mai 1968. Le syndicat clandestin avait appelé à des manifestations. Des centaines, des milliers de jeunes, d'étudiants, d'ouvriers, d'employés, s'étaient rassemblés par petits groupes, marchaient de long en large sous l'œil vigilant des « grises », la police du régime, se saluaient du regard, inquiets, attentifs, passaient et repassaient, esquissaient à peine un geste ou un signe, attendaient, espéraient, quoi ? L'étincelle, le premier cri, la première esquisse de cortège, la première banderole. Rien ! Le silence répondait au silence. Alors on était reparti, dans le silence. Presque personne n'avait osé commencer.

Croyez-vous que le 11 novembre 1940, les étudiants qui tentèrent de se regrouper autour de la tombe du Soldat inconnu auraient osé occuper et dégrader l'Arc de Triomphe ?

****

Franco, je m'étais retrouvé à quelques mètres de lui. C'était, je crois, en 1954. Je passais l'été dans une résidence du lycée français de Madrid située à Puerto de Navacerrada dans la montagne. Un paysage sublime. Il était venu inaugurer un centre de jeunes. On peut difficilement imaginer personnage moins charismatique. Moche, déjà rabougri, caricature de l'ordinaire, presque transparent, une petite voix ridicule.

N'empêche : il mourut au pouvoir.

Chapitre 38

C'était JJSS-land

Avec Jacques Derogy, nous avions poursuivi nos expériences investigatrices en enquêtant sur les conditions de la mort de Jean Moulin. Ce qui nous avait permis de repérer l'endroit, en Bolivie (et sous quel nom), où s'était réfugié Klaus Barbie, responsable SS à Lyon, qui avait repéré, arrêté, interrogé et torturé ce chef de la Résistance intérieure. Mais aussi de démontrer que c'était bien le dénommé Hardy qui l'avait donné aux Allemands.

René Hardy, que toute une tendance de la Résistance incarnée en particulier par Pierre Guillain de Bénouville, député de droite et grand ami de François Mitterrand, avait tenu, et pour cause, à innocenter après la Libération.

L'Express constituait un monde en soi, étrange, ambivalent, Janus fait journal, à l'image, au fond, de son concepteur et patron, le toujours fringant JJSS, visage et style en lame de couteau, dont la pensée oscillait des deux côtés de l'affûtage.

Il avait engagé son hebdo dans un soutien à la candidature Lecanuet (il crut d'ailleurs, jusqu'au bout, que celui-ci obtiendrait plus de suffrages que François Mitterrand), mais pratiquement personne parmi ses salariés n'avait voté Lecanuet. Même pas, soupçonnais-je, Françoise Giroud. La dichotomie entre le sommet et la base atteignait là un paroxysme, sauf peut-être au service Économie. En vérité, elle était même double cette dichotomie : entre JJSS, son entourage et sa rédaction qui portait à gauche, mais aussi entre ces deux niveaux et une hiérarchie intermédiaire qui se retrouvait tout à fait dans le pompidolisme. Lui était au milieu. Centriste d'opposition, radicalement centriste et radicalement d'opposition. C'est-à-dire d'un antigaullisme forcené et aveugle.

Fasciné par le miracle américain qui lui était mirage, atlantiste affirmé en cela, européaniste de raison cependant. Ébloui par ce que nous annonçait la révolution technologique en général et informatique en particulier, en avance dans certains domaines (il anticipa l'affirmation régionale), intelligent, très, et déconnant, très, il rêvait en permanence, macroniste avant l'heure (il l'eût été), de larguer le vieux monde : les luttes de classes étaient derrière nous, les classes moyennes avaient pris l'ascendant sur les séquelles d'un monde ouvrier en voie de disparition, l'ère des « managers » avait rendu le capitalisme caduc et donc l'aspiration socialiste par voie de conséquence. La guerre d'Espagne était finie et il fallait se résoudre, fût-ce dérangeant, au principe franquiste de réalité. La guerre du Vietnam était peut-être une faute, mais l'Amérique la gagnerait, forcément. Sans anticiper Internet et les réseaux sociaux, il avait bien vu ce que l'ordinateur avait de libérateur, en quoi il serait un facteur possible de revivification de la démocratie. Mais, tout à sa conception binaire du réel, il refusait même d'envisager les contre-effets de ce qu'il idéalisait. Je lui fis remarquer que, au service d'une tyrannie, l'informatique pouvait également en optimiser l'efficience et je lui donnai l'exemple de l'Allemagne de l'Est. Il en déduisit que j'étais un grand admirateur du régime communiste d'Allemagne de l'Est et le répéta partout, entre autres à la direction d'Europe 1 quand elle me fit des avances.

Un jour, il me convoqua chez lui. Je m'y rendis. On m'ouvrit. Pas de JJSS. On m'invita à m'asseoir devant une télévision. Une dame appuya sur un bouton et il me livra, par petit écran interposé, le message qu'il voulait me faire passer.

Il avait des phases, des engouements, de brusques passions. L'une d'elles l'incita à faire publier, en « bonnes feuilles » dans le journal, avec couverture (*cover*) à l'appui, le roman érotique *Histoire d'O*. Record de ventes, puis effondrement les semaines suivantes.

Un temps, il se fit maquiller en permanence pour être prêt en cas d'interview télévisée. D'autres jours, il entreprit de porter, au cas où, un gilet pare-balles.

Lors d'un échange, alors qu'on évoquait la question pétrolière et le rôle de l'Iran, il lança à sa secrétaire : « Appelez-moi le Shah ! » Le comble est qu'il aurait pu, effectivement, l'avoir au bout du fil. Il osait tout, c'était sa force. Il osa trop, jusqu'à se présenter à Bordeaux (contre Jacques Chaban-Delmas), alors qu'il avait été élu à Nancy. Ce fut sa faiblesse. Il n'était jamais à l'abri de son hubris. Il était capable d'être d'une rare lucidité (ses charges contre le Concorde), mais également d'un aveuglement par autoenfermement qui frisait l'autisme.

Du modèle journalistique américain, JJSS avait retenu l'importance du service de documentation et le recours généralisé au rewriting.

La documentation constituait, effectivement, à *L'Express*, un service pléthorique et très efficace. Comme beaucoup de jeunes femmes y officiaient, que les secrétaires étaient nombreuses et que s'y ajoutaient des hôtesses d'étage, ça baisouillait ferme. Parfois, ça allait même au-delà, de quoi insérer des actualités dans l'actualité. Une jeune collaboratrice vitriola un ami de Jean-Jacques qui lui avait été infidèle. Là encore, JJSS avait innové en féminisant son journal à tous les niveaux (sauf en ce qui concernait la politique étrangère et le grand reportage), en particulier le service de Politique intérieure, convaincu qu'il était que cela favorisait le recueil de confidences, y compris de ministres. Approche sexiste du féminisme en somme. Le résultat fut à la hauteur.

Côté rewriting, il y avait des résistances, les unes légitimes, les autres égotiques, le journalisme français n'étant pas formé à l'idée que moi pouvait être un autre. Et, pourtant (j'y fus confronté, plus tard, en tant que patron de presse), combien de « moi » auraient eu intérêt à être « eux » grâce à l'écriture d'un autre... ou, plutôt, combien de remarquables enquêteurs se seraient imposés si une bonne âme scripturale leur avait prêté le style qu'ils ne possédaient pas en propre ? (Combien de stylistes, en revanche, auraient eu intérêt à ce qu'on implante du réel au milieu des volutes de leurs littéraires épanchements ?) On me prêta de nombreux pseudos. J'écrivis, surtout, responsable de la forme sinon du fond, sous les noms, parfois célèbres, voire prestigieux, de personnages tout à fait existants. Y compris des membres de l'Académie française.

Au service Étranger régnait un individu extraordinaire, ex-communiste égyptien qui avait viré sa cuti, poète surréaliste fort prisé dans ce milieu refermé sur lui-même, Georges Henein, masque à la Michel Simon, qui rewritait certes avec talent, mais qui en profitait pour ré-instiller dans le texte traité tout ce qu'il pensait lui-même et éliminer toutes les idées qu'il ne partageait pas.

Il avait un disciple involontaire en la personne de Georges Suffert, ex-catholique de gauche qui était en train de devenir un sceptique de droite qui, lui, auteur désigné des fresques synthétiques intitulées « *cover stories* », devait intégrer l'essentiel des informations qu'une armada de petites mains lui rapportait, mais n'avait aucun scrupule à tout plier - effaçant ici, inventant là, réinterprétant entre les deux - à ce qu'il avait de toute façon décidé que la réalité devait être.

JJSS avait imposé à *L'Express* la nouvelle doxa selon laquelle le capitalisme était derrière nous (donc le contester n'avait aucun sens) puisqu'on était passé du pouvoir du capital à celui des « managers ». Comme si les « directeurs » salariés ne détenaient pas leur pouvoir du capital qui, au demeurant, pouvait leur retirer sur une simple décision du conseil d'administration représentant précisément les détenteurs du capital. Tous les événements postérieurs concernant la vie des grandes entreprises devaient infirmer cette théorie schrébérienne (que Galbraith avait reprise de Burnham), en particulier l'évolution de la gouvernance à *L'Express*. JJSS, en effet, de plus en plus habité par la politique, avait feint, un temps, de s'écarter pour laisser le pouvoir à des directeurs salariés ; mais, lorsque ceux-ci se mirent à prendre trop au sérieux leur fonction directoriale (d'autant qu'ils n'étaient plus sur la même ligne politique que lui), il opéra un retour en force, brandit le pouvoir du capital, en l'occurrence le sien, et les accula à la démission.

Il devait, ensuite, changer de pied puisque, lorsqu'il se fut emparé du Parti radical, il préconisa, dans un « manifeste », de taxer très lourdement les grandes successions afin d'affaiblir, précisément, le pouvoir héréditaire du grand capital.

Nous étions en 1967. La tradition voudrait que je montre, ici, en quoi on sentait intellectuellement poindre l'explosion de Mai 68, un peu comme la philosophie des Lumières laissait présager le coup de tonnerre de 1789. Déjà Napoléon pointait sous Bonaparte et Cohn-Bendit sous... sous qui, au juste ? Si le plus difficile à prévoir c'est l'avenir, il n'est pas sorcier de démontrer, *a posteriori*, qu'il correspond, cet avenir, à ce que ses antécédents voulaient qu'il fût. Autrement dit, le plus facile à prévoir ce sont les déterminants de l'avenir une fois que l'on a connu cet avenir.

Sauf qu'en l'occurrence, ce qui frappe, quand on se retourne sur cette période, c'est l'ampleur du décalage entre ce qui advint et le faisceau des réflexions et analyses portant sur ce qui devait advenir.

L'Express était un peu l'épicentre de ce décalage. Nos figures de proue, je l'ai évoqué plus haut, malaxaient ces quelques certitudes : les luttes des classes sont derrière nous, la parenthèse des secousses révolutionnaires est définitivement fermée, les « guerres d'Espagne » sont finies, le capitalisme s'est autoaboli et l'Amérique vaincra.

JJSS avait commis un best-seller, *Le Défi américain*, qui était, à Mai 68, ce que l'Évangile selon saint Mathieu fut à la révolution bolchevique.

C'était l'époque du neuf. Forcément neuf. Du largage automatisé du « derrière nous ». « Couches nouvelles », « nouvelle vague », « penseurs de notre temps », annonçaient « nouvelle philosophie », « nouvelle société » et « nouvelle cuisine ».

En fait, sous prétexte de se confectionner des diadèmes dégoulinant de mots étincelants et creux, on revernissait les vieux cuirs, on retannait les vieilles peaux, on chargeait le moindre gadget sociologique de quelques idées chromées et chacun de repeindre à neuf son piédestal personnel pour réactualiser sa propre prestance sociale.

Il fallait repenser avant même d'avoir pensé. Il suffisait de repêcher, dans les greniers de nos préhistoires, une idéologie qui n'avait pas trop servi et de lui mettre autour du cou une faveur rose pour la transformer en vitrine éphémère de la modernité en marche. Quitte, en vérité, à promouvoir une antiquité idéologique en mini-jupe avec un porte-clés en prime. On ne rencontrait que des « novateurs », mais qui se contentaient de chanter, sur un rythme nouveau, de vieilles chansons qui ne berçaient plus aucune misère humaine.

Le marxisme n'avait jamais été aussi dominant, à l'endroit, mais surtout à l'envers. On ne demandait pas (ou on ne demandait plus) à la réalité de se donner pour ce qu'elle était, mais éventuellement, ce marxisme, de le conforter et, surtout, de le contredire, de le réfuter, de le ringardiser, de le dépasser, ce qui provoquait, en réaction, une approche de cette réalité consistant à la soumettre à ce que le marxisme exigeait qu'elle fût.

On se gargarisa donc, avant de verser radicalement en sens inverse, de cette littérature qui, à la suite d'un Jean Fourastié ou d'autres, nous présentait un réel peuplé d'individus statistiques ayant des besoins globaux et des aspirations moyennes, transcendant les clivages sociaux et les antagonismes fonctionnels, au sein duquel tous les soubresauts suscités par d'humaines humeurs, les colères comme les angoisses, c'est-à-dire toute dimension aléatoire, étaient comme dissous dans un strict déterminisme économique.

Comment vivront les Français dans vingt ans ? Quels Français, les pauvres, les riches, les entre-deux, les dominants, les dominés, le haut, le bas, l'intermédiaire ? Questions vaseuses ! Mai 68 ne rentrait pas dans l'épure, et pas plus la spéculation monétaire ou la crise pétrolière.

Finalement, les platitudes infra-réformistes d'avant engendrèrent les ultra-déconnantes révolutionnaristes d'après. Les petits Crozier d'avant débouchèrent sur les petits Marcuse d'après. On piétinait en deçà de Tocqueville, on gambada au-delà de Karl Marx. La phraséologie était technocratiquement imbuvable, elle deviendra logomachiquement éthylique. On tartinait toute tranche d'« hier » de modernité, on donnera au retour à « avant-hier » la forme d'une rupture.

La sociologie devint le catalyseur de ce cul par-dessus tête : elle prétendait contribuer à rénover la maison, elle se donna pour but de casser la baraque. De l'objectivisme chiant, on devait passer au subjectivisme incandescent. On était antigaulliste par conformisme atlantiste, on le devint par surenchère tiers-mondiste.

Non, juste avant 1968, ce n'était pas l'effervescence des Lumières, mais la farandole des éteignoirs ! Au lieu du club des Cordeliers avec Danton, le club Jean Moulin avec Georges Suffert et Olivier Chevrillon. Et Roger Priouret à la place de Camille Desmoulins. Non pas *Le jour se lève*, mais *Bonne nuit les petits*.

Ce vide, l'ayant vécu de l'intérieur, puisque j'officiais au cœur de son quartier général, en infiltré distancié et moqueur, j'entreprenais de le combler en poursuivant une exploration systématique de l'approche structuraliste des phénomènes, dont l'appréhension avait été artificiellement regroupée sous l'appellation de « sciences humaines ». Je dévorais – ou, plus exactement, je digérais – les ouvrages qui entendaient appliquer cette méthodologie aux domaines les plus divers : ethnologie, sociologie, histoire, linguistique, psychanalyse, critique littéraire ou sociale, économie. Il m'apparaissait que cette démarche était propre à mieux dévoiler, en y intégrant l'indicible et l'inapparent, les tréfonds et les soubassements des différentes composantes évolutives du « politique » au sens le plus large, de « l'historique » si on préfère, que le mixte de positivisme et de psychologisme qui écrasait alors (et qui écrase toujours) le rapport journalistique au réel.

À l'époque, l'*Homo philosophicus* n'en finissait plus de se complaire avec délectation dans la récitation métaphysique de ce long poème que constituait l'introspection autofascinée de son propre souffle. Il fallait sortir de ce guêpier en approfondissant et en élargissant une méthode d'élucidation réunificatrice qui puisse s'appliquer à des disciplines de plus en plus éclatées, tendanciellement étrangères les unes aux autres, mais qui participaient cependant, de façon complémentaire, à l'élucidation du réel.

Le déclic, pour moi, avait été l'assimilation, extrêmement discutable mais parlante, de la « plus-value », ponction non affichée du capital sur le travail, et de l'inconscient en tant que non-dit dissimulé et tapi derrière le dire transparent (ou des catalyses chimiques avec des catalyses linguistiques).

Le problème c'est que cette salvatrice réaction, de même que la nécessaire et complémentaire contre-offensive humaniste, se plaçaient toutes les deux, même si un Claude Lévi-Strauss n'y succomba jamais, dans le sillage des « ésotérisations » jargonnesques précédentes qui avaient tellement contribué à refouler la réflexion philosophique dans un ghetto. Je ressentais ce double besoin d'une méthode qui permît de casser l'écorce des apparences, mais dont la nécessaire rigueur n'exclut pas l'émergence du vécu et la prégnance du ressenti.

Je ne pouvais me satisfaire de cette artificielle querelle qui poussait les uns à réinventer, la fusion avec le marxisme aidant parfois, un dogmatisme de laboratoire desséché et desséchant, vide d'existences (un certain « pédagogisme » à l'école en sera le fruit), et les autres à retomber dans n'importe quelle élucubration existentielle autour d'une essence métaphysique et transcendante de la personne désenclavée du monde.

Chapitre 39

Le discours de Phnom Penh

Je ne fus pas à Montréal quand le général de Gaulle lança son « Vive le Québec libre ! », qui fit fort enrager la direction de *L'Express*. Mais, en septembre 1967, quand il sauva l'honneur du monde libre depuis le dernier carré d'un monde qui, pour s'être soumis, ne le serait bientôt plus, j'étais à Phnom Penh.

La guerre, à cette époque, attendait derrière la porte, affamée. À Phnom Penh, on entendait encore, de temps à autre, les sifflets du train et je vis un Vietnamien pleurer à l'écoute de ce bruit que, chez lui, on n'entendait plus depuis vingt ans.

Nous avions, la veille, avec Jean Lacouture, parcouru en tandem les environs forestiers d'Angkor, sillonnant des enchevêtrements d'arbres-statues, de lianes et de troncs surgissant comme d'énormes tentacules de pieuvres, de têtes géantes torturées par le temps que cette effervescence transformait en méduses et dont les bouches vomissaient des racines. Jungle de pierres enchâssées dans des architectures de plantes, fusion du minéral et du végétal qui, le soir tombant, transformait des troncs de rocs en de surréalistes monuments d'où s'échappaient des branches minéralisées. L'histoire rattrapée, kidnappée et ensevelie par la végétation. La terre avait lancé ses légions à l'assaut des réalisations humaines qui prétendaient la recouvrir. La culture était comme mangée par une nature qui lui servait cependant d'écrin quand elle parvenait, ici et là, à en percer la coupole. La vie semblait ressusciter la mort.

Le soir, en présence du Général, à la lumière des torches, nous eûmes droit à un défilé d'éléphants dont les cornacs paraissaient avoir fait venir leur accoutrement des studios d'Hollywood.

Le lendemain, on avait concert avec, au programme, trois œuvres à l'évidence majeures signées Mozart, Beethoven... et Sihanouk. Lequel Sihanouk, roi-président, était également chef de l'opposition et rédacteur en chef de pratiquement tous les journaux. L'un d'eux, justement, reproduisait mon reportage... sur les trucages électoraux en Corse !

Au crépuscule, après que les « gorilles » du Général nous eurent annoncé « Ça y est, on a couché le vieux ! », Maurice Couve de Murville, notre ministre des Affaires étrangères, qui, pour l'occasion, avait avalé non un parapluie mais une ombrelle, était venu nous délivrer, d'une voix à ne réveiller personne, quelques sentences qui consistaient à envelopper dans du papier de soie satiné des propos à faire défaillir tout l'état-major de l'OTAN. L'OTAN dont le Général, toujours au grand mécontentement de la direction de *L'Express*, venait d'annoncer qu'il quittait le commandement unifié.

Mais, surtout, en début d'après-midi, il y eut l'événement. David, ou plutôt celui qui aurait pu être son grand-père, allait défier Goliath depuis l'arrière-cour de son pré carré.

Le grand stade de Phnom Penh - minuscule, en fait, mais que l'événement rendait gigantesque - croulait sous une foule multicolore. Des moines ou bonzes au crâne nu et poncé comme des genoux modulaient des hululements monocordes à faire passer nos *Kyrie* pour du hard rock.

Une technique nord-coréenne permettait, grâce à des panneaux brandis, à un signal, par des athlètes de la chose, de faire apparaître alternativement les binettes des deux héros de la fête puis, comme dirait l'autre, une scène de cueillette d'olives en basse Provence.

Alors le général de Gaulle avança vers le micro et parla. Il semblait d'autant plus grand et longiligne qu'étaient de petite taille la majorité des figurants de la houle qui le cernait. Il parlait et ses bras qui brassaient l'espace, le hachaient plus exactement, paraissaient de grandes faux fauchant les illusions environnantes pour préparer d'improbables moissons. Il parlait et chaque mot, par-dessus cette foule fascinée, ces mots indépendants, libres, solitaires, par-dessus, également, un moutonnement imaginé de têtes augustes, présidentielles et princières, résonneraient bientôt aux quatre coins de la planète comme autant d'invitations au refus, au « non », prononcées par l'homme qui en était l'expert.

C'était cela, en effet : un message français lancé au monde par-dessus les têtes des dominants du monde. Hier, la France était montrée du doigt et huée. Ce jour-là, elle montrait à son tour du doigt et on savait que, même aux États-Unis, elle serait potentiellement applaudie. Conçoit-on la fierté que l'on pouvait ressentir à ce constat qui nous parcourut comme un frisson ?

François Hollande à Phnom Penh, c'eût été une virée exotique. Sarkozy à Phnom Penh, une allégeance à l'oncle Sam. De Gaulle à Phnom Penh, c'était le remariage de la France avec l'universalité.

Il y avait, certes, à dire sur la conception que cet aristocrate dans l'âme avait du peuple, dont il pensait qu'on le servait mieux en ne l'aimant pas. Pour nous, la nation exprime, en le sublimant, le rassemblement libre de femmes et d'hommes conscients d'en être partie prenante. Elle porte notre dépassement. Pour lui, elle était cette transcendance qui seule pouvait faire rempart à la petitesse des passions humaines. Et, un peu comme le prêtre offre Dieu, le capitaliste le profit ou le communiste la classe ouvrière, il lui offrait la grandeur.

Qu'on y songe : qu'ont fait les Américains au Vietnam, en définitive, sinon suivre les conseils que leur prodiguait le Général dans son discours de Phnom Penh ?

Qu'ont fait, en fin de compte, les Anglais en s'extrayant de l'Europe, sinon reconnaître que le Général avait eu raison de ne pas vouloir les y faire entrer ?

Qu'a fait l'Allemand Willy Brandt sinon consacrer, après coup, une réalité européenne que de Gaulle avait été le premier à reconnaître et qui contribua à la libération de sa partie orientale ?

Qu'a fait Nixon, en se rendant à Pékin, sinon prendre le chemin que le Général avait pris avant lui, même s'il le prit, lui, avec beaucoup plus de bagages ?

Quelle Europe est-elle en train de se faire ou de se défaire sinon, au mieux ou au pire, cette Europe des patries qu'il avait tenté de définir ; qui oserait rejeter aujourd'hui, sans nuance, comme on le fit à l'époque, son analyse pessimiste du conflit du Proche-Orient et sa désignation des coresponsabilités ; négliger ses tentatives infructueuses pour parvenir à un accord de stabilisation du cours des matières premières ? Se moquer des propos qu'il tint sur l'inévitable crise du système monétaire et le rôle du dollar ?

Tout cela, la direction du journal auquel je collaborais l'avait accueilli avec un aigre mépris. Bien qu'adversaire d'une Constitution que le Général crut bonne pour la France, mais qui n'était bonne que pour lui, je suis de ceux qui n'en ont jamais ri.

****

À Phnom Penh, j'avais rencontré un « Vietcong ». En permission. Au repos à l'arrière comme un GI. Son récit n'a jamais quitté ma besace : il était blotti dans un trou lorsque des hélicoptères déposèrent tout un bataillon de soldats américains autour de lui. À un moment (il en riait encore), ils se déshabillèrent, tout le bataillon se retrouva à poil, d'autres hélicoptères surgirent, ils les aspergèrent de mousse de savon, puis d'autres, au bout d'un quart d'heure, les douchèrent. Lui ne fut pas repéré. Je sentais que, s'il survivait, il le raconterait longtemps à ses petits-enfants. C'est vers cette époque que je fis un saut dans la Roumanie de Ceausescu (dont on a oublié qu'il fut, un temps, le chouchou de nos médias, parce qu'il avait pris ses distances d'avec l'URSS et s'était rapproché d'Israël). Couve de Murville devait y faire une visite d'État, la première. Je me rendis, très tôt le matin, à l'aéroport de Bucarest pour repérer les lieux. J'étais seul. C'était désert. Venait d'être installée, pour l'occasion, une grande porte d'honneur en verre. Je ne la vis pas. Je me cognais brutalement dedans et la fendis de tout son long – je me carapatais aussitôt en priant pour qu'on ne découvre pas que j'étais l'auteur de cet attentat !

Chapitre 40

Vietnam : c'était ça la guerre

La guerre m'avait chargé d'aller à sa rencontre. En passant par Saïgon devenu un grand bordel comme Bangkok. De là, je rejoignis, par avion-taxi, la base d'An Khe, non loin de Da Nang, siège de la 1re division de cavalerie. Je n'y ai trouvé bien sûr, ce qui fut fort décevant, aucun cheval. Il s'agissait, disait le prospectus de la division, de la plus moderne et de la plus mobile unité militaire du monde. C'était bien possible. C'est d'ailleurs la modernité et la mobilité qui permettent, en cas de désastre, de se carapater à temps.

Dans un ciel chargé de nuages noirs, un ballet gigantesque déroulait ses pas de deux mécaniques dans un halètement de pales et un bruissement d'air froissé. Rodéo d'hélicoptères montés par des cowboys harnachés comme on l'est aujourd'hui dans les jeux vidéo. Partout ils en atterrissaient et ils en décollaient et, tout faraud, j'étais devenu capable de reconnaître le pedigree des Chinook, énormes bananes à deux hélices qui broyaient du vent, comme certains, dans un bruit de concasseur ; du Huey, petit appareil à une seule hélice, banal ; du Skycrane, sorte de libellule d'acier haute sur pattes qui projetait vers le ciel, en s'en jouant, bulldozers ou canons de 120. Car l'identité numérisée des canons, aussi, j'avais fini par l'intégrer.

Bien sûr, j'aurais pu nourrir un poème épique de la vision de ce carrousel qui se métamorphosait, dans la nuit, en un tourbillon d'étoiles filantes tissant une scintillante broderie de feu. Mais ce n'était pas ce qu'on me demandait. J'étais là pour voir et expliquer. Quoi ? La guerre. Le cours de la guerre, le devenir de la guerre, la signification de la guerre.

Et moi, je ne voyais que des choses qui courraient après des choses, des machines qui faisaient la nique à des machines et des hommes-canons perdus au milieu d'une abstraction d'engins en folie.

Fabrice à Waterloo ? Non. Car je ne la rapportais pas à moi, la guerre : il n'y avait aucun « moi » possible dans le chaos, en fait très régulier, du « nous ».

Quelques jours plus tard, je montais au front, comme on dit. Tu parles ! En réalité, j'allais à un endroit qui devenait le front à partir du moment où on était plusieurs à y aller et que certains avaient emmené leurs ustensiles. En plus, j'étais attifé en guerrier parce que c'était obligatoire. Comme mettre une blouse blanche dans une salle d'opération. Je n'avais pas la moindre idée de ce que représentait ce front-là, s'il était à l'aile droite ou à l'aile gauche, ou à l'arrière d'une espèce de zone indéfinie et invisible au milieu de laquelle était censé se trouver un adversaire tout aussi indéfini et invisible.

Quand je me présentai au départ, quelle ne fut pas ma stupéfaction de voir un journaliste yankee se précipiter vers moi, me poser des questions, mon âge, mon bled d'origine, mes violons d'Ingres et prendre des notes. Plus tard, j'appris que c'était ça son boulot. Il interviewait systématiquement tous les soldats qui partaient en opération. Chaque soir, il allait relever la liste éventuelle des morts ou des blessés graves et, aussitôt, proposait au journal du lieu de résidence de la victime un portrait à l'eau de rose du héros. Un métier ! J'aurais bien aimé lire le mien !

Pour me rendre sur place, j'empruntais un Chinook (je vous ai présenté le personnage) qui, pendant une heure, voguait au-dessus de la jungle. Que dire, sinon que l'océane verdeur, véritable moquette de jungle qui se déroulait en contrebas, comme à l'infini, était d'une envoûtante beauté. Univers clos sur lui-même que n'entrouvraient, ici et là, que quelques rizières dont les surfaces miroir, qui semblaient refléter un ciel imprégné d'eau, cachaient un autre monde, souterrain celui-là.

Entre cette toison et moi, il y avait un type bizarrement harnaché, courbé sur le manche de sa mitrailleuse comme sur le guidon d'une bicyclette. L'ennemi potentiel était en bas, c'est-à-dire, comme longtemps la Pologne, nulle part. Il arrivait que le mitrailleur aspergeât ce nulle part, pour des raisons qui m'échappaient totalement (d'autant que, outrageusement pratique, je me disais *in petto* que ça devait coûter bonbon !), mais je corrigeais ce scepticisme en me persuadant que la guerre est une chose trop sérieuse pour être pratiquée par des gamins qui font joujou.

Je n'étais d'ailleurs pas plus tôt arrivé sur les lieux de l'opération présumée, contre un ennemi présumé, dans un but présumé, que des coups de feu claquèrent autour de nous, comme si l'office du tourisme avait tout prévu.

Des morceaux de terre et de brindilles se mirent à sauter de façon ironiquement rigolote sous l'impact des balles. Sept ou huit coups seulement. En quelques secondes, tout le monde se retrouva à plat ventre ou à l'abri derrière des caisses de ration (ah, les rations qui auraient mérité trois étoiles Michelin si on les comparait à nos restaurants universitaires ! J'en pinçais, en particulier, pour le poulet au curry).

Le bidasse étasunien est un bidasse de luxe. On n'imagine pas le nombre de flacons d'eau de toilette et de crème de toutes sortes qu'il pouvait attacher autour de son casque.

En haut, sur une colline qui surplombait le camp (comment faire la guerre s'il n'y a pas au moins une colline ? À Dien Bien Phu, il y en avait même un peu trop !), devaient se planquer trois gus armés de vieux fusils qui tiraient sur une batterie d'artillerie ultra-moderne dont chaque obus représentait mille fois leur puissance de feu (et, là encore, je calculais mentalement ce que chaque décharge devait représenter comme loyer).

En vérité, je ne me souvenais pas dans le détail de cet incident, mais je l'avais consigné dans mes notes. Je me souviens, en revanche, de la riposte. Ah mes aïeux ! Déchaînement de l'enfer, les grandes orgues de cent cathédrales gothiques unifiées : artillerie par dizaines de batteries, puis mitrailleuses lourdes (du 12,7 pour les intimes) et enfin bombardements par l'aviation. Et ensuite ? Ensuite, rien. Au mieux (ou au pire, ça dépend pour qui ?), au hasard d'une patrouille, aura-t-on retrouvé le corps noirci, gonflé d'eau, d'un jeune homme squelettique, vêtu d'un pyjama noir, chaussé de sandales, qui aura coûté en moins d'une demi-heure à l'armée américaine ce que Onassis gagnait en un an.

Une guerre où, pour un « pet », vous faites donner dans le vide toutes les Grosses Bertha, peut-elle être gagnée ?

Mais, même à cela, il fallait donner un sens et il y avait des gens pour ça. On les reconnaissait parce qu'ils portaient sur la poitrine une batterie de brochettes. Non destinées aux barbecues, mais supports de décorations.

Donc, le surlendemain soir, revenu à la base, l'élégant général Norton présidait, baguette à la main, cette délicieuse cérémonie qu'on appelle un « briefing ».

Dans une baraque en planches tendue de toiles de camouflage, une scène à fond jaune et rideaux kakis, deux tribunes en forme d'écusson, des petites tables, des chaises, le tout faisant penser à un cabaret de la rive gauche. On s'attendait à tout moment à voir arriver le pianiste.

En fait, ce sont des cartes d'état-major éclairées qui apparurent, montées sur des cadres coulissants, seyantes au possible mais incompréhensibles comme toutes les cartes d'état-major. Alors le général (il aurait pu jouer dans *Le Jour le plus long*), puis le colonel, règle en main (car la règle c'est le fusil du colonel), firent le point de l'opération en cours. Les chiffres tombèrent comme des cours de Bourse : 7 hélicoptères touchés (on avait eu chaud !), un avion abattu, 300 000 munitions utilisées, 15 « vici » (Vietcongs) tués, 13 capturés. En fait, en face, c'était une troupe de théâtre aux armées. 62 obus de 105, de 155 et de 170 tirés, plus 42 obus de mortier, 32 missions aériennes de support, un mouvement de 52 tonnes de matériel, 6 armes récupérées (6 !), du matériel radio, un banjo et deux guitares.

Tout cela en un souffle. Le Vietcong n'était plus qu'une équation que l'on pouvait résoudre à coups d'algorithmes. L'être existentiel du banjo était assimilable à l'être existentiel de l'obus de 120. Et tout cela réduit à un carcan rationnel qui aurait séduit Zénon d'Élée, mais désespéré Descartes. Comment expliquer dans le journal que la flèche que décoche l'archer reste immobile... ?

Dans le réfectoire du camp de base, à l'heure des repas, un détail m'avait frappé : les soldats noirs mangeaient à la même table, les Blancs à la même table également, comme les Asiatiques, mais ils ne se mélangeaient jamais.

Je revins à Saïgon, toujours en stop, en sautant dans un transport de troupes. Nous étions assis de chaque côté de l'appareil, sur deux files, comme les parachutistes dans les films de guerre. Au-dessus de nous un filet était tendu qui supportait des manières de hamacs dans lesquels reposaient des blessés, mais aussi quelques morts. De temps à autre, des gouttes de sang tombaient.

****

C'est peu après que je me rendis à Hué, par la route (d'où la vision de cette patrouille surarmée qui traînait un pauvre cadavre de paysan rebaptisé Vietcong), à l'occasion de l'offensive du Têt. Le Vietcong avait réussi à s'emparer de tout le centre de la vieille cité, que les bombardements américains devaient quasiment raser (quarante ans plus tard j'eus l'occasion de rencontrer, à Hué, dont le centre historique commençait à être reconstruit, un des chefs militaires des Vietcongs qui occupaient l'ex-Cité interdite, et il m'affirma que pratiquement tous ses hommes réussirent à quitter la ville par des souterrains avant même que l'armée américaine ne la reconquît).

J'avais réussi à me loger dans un ancien centre français situé à la lisière des lieux de combats. Impossible d'y dormir tant les bombardements et les tirs d'artillerie trouaient la nuit de leurs hurlements incessants et faisaient vibrer les murs et les vitres. Or, j'avais déniché des collections entières de vieilles revues coloniales. Je passais d'interminables heures crépusculaires à en lire les numéros.

Chapitre 41

Guerre des Six Jours

Le 5 mai 1967, en réaction au blocage par Nasser du golfe d'Aqaba (ce qui était d'une imprudence coupable et folle), l'armée israélienne attaque dans le Sinaï et sur le Golan. *France-Soir* annonce sur cinq colonnes à la une que c'est l'armée égyptienne qui a attaqué.

Je revenais du Caire. J'avais assisté, dans le Sinaï, à de grandes manœuvres de l'armée égyptienne et, pris au piège des apparences, j'en avais conclu (mais sans l'écrire) que si guerre il y avait, Israël la gagnerait, mais qu'elle serait longue et éprouvante pour l'État juif.

Le matin du troisième jour de l'offensive israélienne, je me trouvais coincé dans le *no man's land* séparant la frontière libanaise de la frontière syrienne. J'avais pu embarquer à Chypre sur un rafiot commercial qui m'avait débarqué à Beyrouth. J'aperçus alors le « grand reporter » d'une grande radio, assez célèbre, micro au poing et Nagra à l'épaule, qui gesticulait sur la route sous un ciel bleu limpide. Vraiment limpide. Sans rien qui troublât sa lumineuse sérénité. Le journaliste en question était en train de faire le récit en direct d'un combat aérien. Mig soviétique contre Mirage français. Avantage forcément au Mirage. C'est comme si on y était. Sauf que j'avais beau scruter les cieux, ils étaient désespérément vides. Ni avions ni divinités ailées.

Le soir j'étais à Damas. Étrangement, rien ne renvoyait apparemment à la guerre pourtant si proche. J'avais pris rendez-vous avec le ministre de la Culture et de l'Information apparenté à la famille du président (qui sera renversé par Hafez el-Assad) et, comme lui, affilié à l'aile gauche du parti Baas. Entrevue surréaliste. À un certain moment, alors que nous évoquions la percée du front par l'armée israélienne, il m'interrompit, augmenta le volume de la radio et me déclara sentencieusement : « Le VIe brandebourgeois, excusez-moi, ça mérite un instant de recueillement, c'est sacré ! »

Nous reprenons l'entretien quand, soudain, quelqu'un, l'air abattu et passablement haletant, entre : il tend une dépêche au ministre. Celui-ci la parcourt, sans paraître s'émouvoir outre mesure et m'informe qu'elle annonce la prise de Quneitra par l'armée israélienne. Un désastre stratégique. Je m'attends à ce qu'il manifeste un minimum d'émotion. Qu'il ait du mal à maîtriser son désarroi : pas du tout ! Il reste zen, souriant. Bientôt, presque hilare, il me lance : « Avec tous les PD qu'il y a là-bas, je ne vous dis pas dans quel état ils vont sortir ! »

Cette saillie - passez-moi l'expression - s'est incrustée en moi. Non pas seulement à cause de son haut niveau atteint sur l'échelle dingomatique, mais parce qu'elle résumait, en fait, tout un aspect, qui ne cessa de me frapper et me frappe toujours, de la question syrienne laquelle défie et continue à défier les approches les plus rationalisantes.

En revanche, on peut difficilement avoir si peu de souvenirs visuels d'un événement dont les conséquences bouleversèrent si radicalement la région et, par extension, le monde entier.

En vérité cette guerre je ne l'ai pas vue, mais, sautant du Caire à Beyrouth (j'y étais quand Nasser annonça sa démission), de Beyrouth à Damas, de Damas à Amman avec retour au Caire où l'ex-collabo Jacques Benoist-Méchin nous expliqua, quelques heures avant la capitulation égyptienne, pourquoi Israël était militairement foutu, j'eus à l'intérioriser, puis à la penser. Or, elle n'était pas pensable.

D'abord à cause de la radicalité et de la brièveté du coup de tonnerre. Mais aussi de l'intensité de l'euphorie des « amis d'Israël » dont j'étais - et mon ami Jacques Derogy plus encore - (est-ce que, sur l'instant, en France, on fut capable de penser les conséquences du 11 novembre 1918 ?). La radicalité et la brièveté, donc, du triomphe israélien, l'image des milliers de godasses que les soldats égyptiens en fuite avaient abandonné dans le désert, le soulagement après la crainte qu'Israël fût anéantie, firent que le penser, ce triomphe, apparaissait comme un refus suspect de se contenter de le célébrer. En réalité (mais il était inimaginable d'en suggérer ne serait-ce qu'une pâle esquisse de l'hypothèse), c'était plus d'un demi-siècle de tragédie, dont les sanglantes répliques nous éclabousseraient, et nous éclaboussent encore, qu'annonçait l'effondrement arabe. En particulier l'effondrement du nationalisme socialisant arabe. Déjà le mythe, comme après la chute du mur de Berlin, d'une « fin d'histoire ». De cette histoire. Voir plus loin, ou essayer, était louche. La divine surprise faisait paravent. S'interroger même était tabou. Tenir compte de l'autre ? Mais il n'y avait plus d'autre.

L'Express avait dépêché au Caire un journaliste éprouvé, Georges Penchenier. Pratiquement pas une ligne de ce qu'il envoya ne fut publiée. Il n'était pas concevable que le journal relayât un autre son de cloche que celui qui provenait d'Israël. C'est parce que j'adoptais une attitude de « surplomb » que cette censure préalable me fut épargnée.

Notre père, Jean Kahn, que ses élèves connaissaient
sous le nom de « Monsieur Dessertenne ».

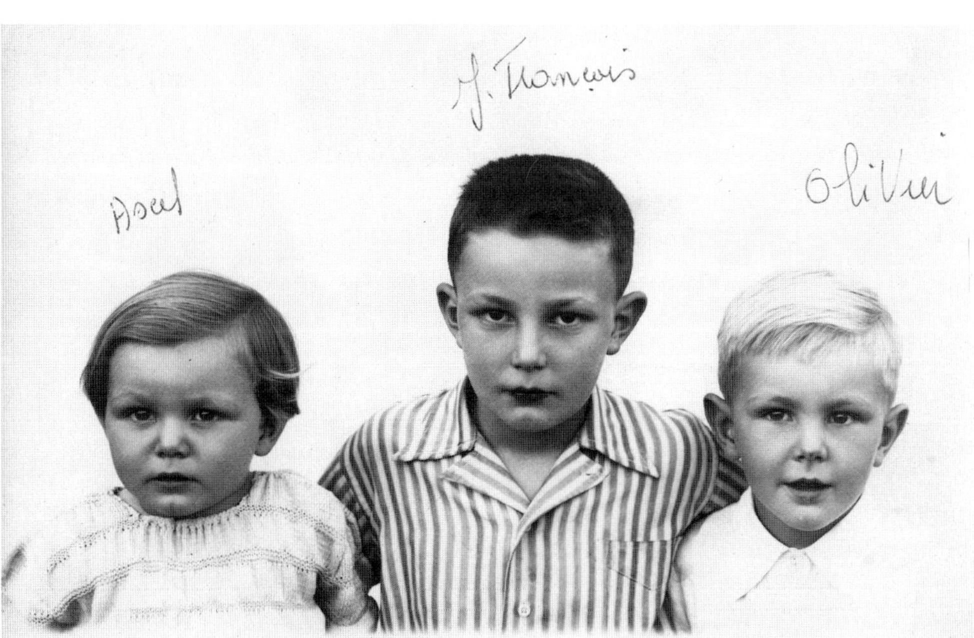

Les trois frères Kahn : Axel, Jean-François et Olivier.
On ne saurait se ressembler moins.

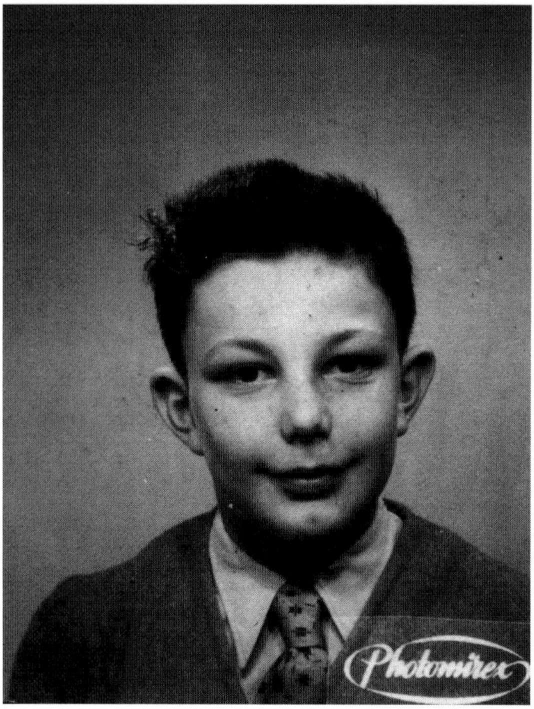

Tout le monde a été jeune.

À Moscou en 1964.

En Chine avec Alain Peyrefitte.

À bord d'un Chinook, pendant la guerre du Vietnam.

Jean-Christian Harvet… l'autre moi.

Réunion des *Nouvelles littéraires*, avec Jean-Christian Harvet (montage).

Réunion publique à l'Espace Rachi à Paris.

Avec l'équipe de l'émission de télévision *Chantez-le moi.*

Avec Françoise Giroux et Anne Sinclair.

Avec Coluche aux *Nouvelles littéraires*.

On n'est jamais assez prudents.

La première fois que, dans *L'Express*, je suggérais que l'heureuse réaffirmation, par un peuple qui nous était si cher, de son droit à l'existence en sécurité, n'oblitérait pas le fait que le peuple d'en face demeurait privé d'une patrie, ce fut un tollé. Le journal reçut une avalanche de lettres furibardes, d'où il ressortait que c'était avec ce genre de criminel constat qu'on allait susciter de nouveaux Auschwitz !

De toute façon, il n'y avait pas de peuple d'en face, simplement une large entité arabe, elle-même démoniaque, dans laquelle ce non-peuple était sommé de se fondre.

Un discours, je n'oserais pas dire négationniste, mais « négateur » des composantes de ce drame, se déclina sur tous les modes, au point que, trois ans plus tard, quand François Mitterrand (alors non inscrit) me demanda, dans le cadre d'un petit groupe de conseillers, de lui brosser une synthèse de la situation au Proche-Orient, et que, avec prudence, j'évoquais ce non-dit de l'existence d'un peuple condamné à l'inexistence parce que doublement sans patrie, il m'interrompit en clamant qu'il ne voulait pas en entendre davantage.

Qui, aujourd'hui, serait prêt à assumer les refrains qui nous furent assénés en boucle, et qu'entonnèrent en chœur pas seulement la droite juive, pas seulement la gauche sioniste, mais également presque toute la droite et presque toute la gauche, jusqu'à l'initiative d'Yitzhak Rabin : il n'existe pas de peuple palestinien, il n'est donc pas question d'accepter le moindre contact avec ces soi-disant représentants, le Sinaï et tout particulièrement Charm el-Cheikh sont des garants inégociables de la sécurité d'Israël et il est impossible de faire confiance à un pays comme l'Égypte intrinsèquement fourbe.

Qui se souvient de les avoir martelés ces propos ?

Les pseudo-Palestiniens ? Ils n'avaient qu'à prendre le pouvoir en Jordanie, c'était leur pays. Je ne cessais d'écrire, à l'occasion de mes voyages à Amman, que, même s'ils le voulaient, leurs divisions, leur manque « hâbleur » de rationalité feraient qu'ils n'y parviendraient pas. Or, ils essayèrent, sous la pression de leur extrême gauche, ce qui fut une folie. Et le pouvoir israélien, en cheville pour l'occasion avec le pouvoir jordanien, ne ménagea aucun effort pour les faire échouer. J'en fus témoin.

Longtemps j'acceptai de m'adresser, un peu partout en France (combien de week-ends ai-je sacrifiés), à des communautés juives. Le débat était possible. Utile. Enrichissant. À partir de l'arrivée au pouvoir d'Ariel Sharon, puis de Benyamin Netanyahu, il devint impossible. J'y renonçai.

Pourquoi cette évidence, cette absolue évidence même, que l'affrontement de deux nationalismes assis sur deux identités portées par deux peuples ne peut se résoudre que par l'émergence de deux patries, non pas l'une à la place de l'autre, mais l'une à côté de l'autre ; pourquoi cette banalité, tant ce constat va de soi, a-t-elle pu (et peut-elle encore) se heurter à un tel déni non seulement du réel, mais des principes qui régissent l'évolution du réel. Des lois de l'Histoire en somme ? Pourquoi ?

****

Je l'ai dit, ce sont des images, des sons (la rumeur qui, à Beyrouth, se transforma en protestatrice tonitruance quand Nasser annonça sa démission) ou des paroles flash qui finissent par faire durablement leur nid dans l'arbre feuillu de la mémoire.

À Damas, au sixième jour de la guerre éclair, j'allai déjeuner dans un restaurant qui ne payait pas de mine. Je demandai au serveur, sachant que c'est l'un des rares plats que l'on ne trouve strictement qu'en France, s'il y avait de la tête de veau. Il se mit quasiment au garde-à-vous et me lança cérémonieusement : « Monsieur la préférera sauce ravigote ou sauce gribiche ? » Preuve qu'une courte présence française avait laissé culturellement des traces.

De la guerre vue de Damas, ne m'est durablement resté dans la tête, outre un concerto brandebourgeois, que ce rapport syrien à la tête de veau.

Au Caire, à quelques jours du déclenchement du conflit, je prenais un verre avec un personnage très officiel. Soudain, il me désigna un individu qui nous faisait face et me glissa à l'oreille : « Celui-là, c'est l'agent de la CIA en Égypte ! » Je m'étonnai. S'il était certain de son information, comment se faisait-il qu'aucune mesure n'ait été prise à son encontre ? « Mais parce que celui-là, on le connaît, me rétorqua-t-il, si on l'expulse ou si on l'emprisonne il risque d'être remplacé par quelqu'un qu'on ne serait pas parvenu à repérer. »

Ce sont ces à-côtés qui ne s'oublient pas.

C'est encore au Caire que j'avais apporté à Boutros-Ghali, qui était plus ou moins chargé des Affaires étrangères, un plateau de fromages acheté à Orly. Il faisait 40 °C dans la capitale égyptienne. Il m'avoua plus tard que, pendant quelques jours, à cause de l'odeur, il avait dû changer d'appartement.

Chapitre 42

Blessé en Mai 68

Ça commence comme une farce à la Bruegel. Une bouille épanouie, celle d'un certain Cohn-Bendit apostrophant, à Nanterre, un ministre qui l'était moins. Épanoui. À propos d'autres transports que ceux dont son ministère avait la charge. Revendication, en particulier, du droit d'accès aux résidences des filles.

Ça tomba un 22 mars : l'arrestation, ce jour-là, de militants du « Comité Vietnam » fit de cette date un mouvement.

Le 5 mai - j'y étais -, récidive à la Sorbonne. Aussitôt bouclée. On ne passe plus. Sauf la police. Sottise mémorable. En réaction, des manifestations improvisées parcourent le Boul'Mich'. La police charge. Généralement, dans ce cas, les protestataires s'égayaient. C'était ainsi, du moins, que cela se passait jusqu'ici. Pour la première fois, les manifestants résistent. Chargent à leur tour. La police recule. Trois mille maximum d'un côté, deux cents de l'autre. Stupéfaction. Même à Charonne, en 1962, il n'y avait pas eu la moindre contre-charge.

Je m'en ouvre à la direction très pompidolienne de *L'Express*. Ce changement d'attitude m'intrigue. Cela les laisse froid : classique folklore estudiantin ! Un nouvel état d'esprit ? Influence de groupes plus structurés ? Un signe ?

Mes interrogations ne les intéressent pas. Pas du tout !

En vérité, cette explosion de Mai 68, je n'en avais prévu ni l'imminence ni la radicalité. Mais comme j'avais tenté d'attirer, sans aucun succès, l'attention sur certains de ses prémices, je fus amené dès le premier jour à en couvrir chaque soubresaut.

Je n'avais pas suivi par le menu les effervescences nantériennes. Mais la prolifération de « groupuscules » socio-libertaires (j'en découvrais même de sensibilité anarcho-maoïste) me turlupinait, bien que j'en sous-estimasse les capacités d'entraînement.

Surtout, m'avait frappé le développement en éventail, à la gauche du Parti communiste, issues souvent de l'UEC (Union des étudiants communistes), de mouvances trotskistes ou trotskisantes.

En mars, en utilisant le réseau des correspondants de *L'Express*, j'avais consacré une longue synthèse descriptive à la prolifération des mobilisations estudiantines que cimentait l'opposition à la guerre du Vietnam. Les universités américaines (Berkeley en Californie en tête) s'étaient portées en avant de la protestation. D'autres signaux clignotaient : émeutes aux États-Unis à la suite de l'assassinat du pasteur Martin Luther King ainsi qu'en Allemagne en réaction à l'attentat contre le leader étudiant Rudi Dutschke. J'avais assisté à l'agitation naissante à l'université de Prague et à la réception musclée que l'université de Madrid avait réservée à Jean-Jacques Servan-Schreiber venu y présenter son *Défi américain*.

Plus tard, il y aura le massacre des jeunes contestataires de Mexico.

Mais, malgré le renfort que je reçus d'un nouveau venu nommé Jean-François Bizot, tous mes efforts pour intéresser le couple Claude Imbert-Georges Suffert à ces signaux tombèrent à plat.

Quelque chose mûrissait, dont tout soupçon prémonitoire d'éclosion possible se heurtait à une espèce d'étouffoir flasque.

On dira - d'ailleurs on l'a dit et on le dit toujours - que l'explosion de Mai 68 était inéluctable, inscrite qu'elle était dans l'exaspération des contradictions qui travaillaient la société dans ses profondeurs.

Encore une fois, le révolu est le plus facile à prévoir. Pourquoi cela s'est-il produit ? Mais bien sûr, parce que ça devait se produire.

Je pourrais effectivement évoquer des conflits sociaux d'un genre nouveau qui, dans certaines grandes entreprises de l'ouest de la France, projetaient au premier rang de jeunes travailleurs issus du monde rural. Cela aussi j'avais tenté, sans succès, d'en alerter nos pompidoliens. De même que j'avais beaucoup insisté sur la dynamique fédératrice que portait, en sein de la nouvelle génération militante, l'opposition à la guerre américaine au Vietnam. Mais multiplierait-on les évocations de signaux annonciateurs (il y en a toujours par définition) que cela n'en relèverait pas moins d'une reconstitution. Toutes les conditions étaient peut-être réunies pour que ça « pète », mais plus de conditions encore étaient réunies pour que ça ne pète pas. Pourquoi ce calme glacial à la fin du règne de Louis XIV alors qu'il y avait beaucoup plus de raisons sociales objectives qu'en 1789 au déclenchement d'une révolution ?

Le croira-t-on ? En avril 1968, quasi-plein-emploi : au point que la perspective évoquée de cinq cent mille chômeurs confinait à l'apocalypse. Le CDI comme normalité. Ni précarité généralisée, donc, ni déficits publics faramineux, ni dette abyssale, ni relégation sociale de cités et de quartiers entiers, ni tensions communautaires confinant au sécessionnisme ethnique. Des inégalités beaucoup moins creusées qu'aujourd'hui, la progressivité de l'impôt étant beaucoup plus forte. Une France qui, débarrassée du boulet colonial, ayant retrouvé la maîtrise de son destin en s'émancipant des contraintes otanesques, fédérait un peu partout, dans ce qu'on appelait encore le tiers-monde, des passions émancipatrices et affirmait presque insolemment son autonomie d'action et de jugement. Son rôle retrouvé de puissance d'équilibre, réaffirmé à l'occasion du conflit israélo-arabe, lui avait permis, à cette France, d'accueillir la conférence sur le Vietnam.

On n'avait pas encore systématiquement dérégulé et privatisé même les autoroutes. Renault, La Poste, Air France, les aéroports, Le Crédit lyonnais, de nombreuses autres banques, demeuraient publics. L'État restait planificateur, incitateur, producteur, orientateur et amplement redistributeur.

En vérité, Mai 68 n'est pas assimilable, dans ses prolégomènes, à une dépression provoquée par la prégnance de la société du « moins » - pauvreté, misère, faillites -, mais par les effervescences suscitées par les limites existentielles de la société du « plus ».

Ici, une richesse sans horizon et, là-bas, au loin, des horizons sans richesses. Les fissures de plus en plus béantes qui fragilisaient l'univers d'en face, l'univers communiste, permettaient, à nos élites, de ne point se focaliser sur celles qui subvertissaient les fondations de notre univers à nous. Le mal chez l'autre semblait valoir confirmation du bien chez soi. Plus de pauvreté qu'aujourd'hui en fait, mais moins de misère.

Or, oui, derrière le paravent de la saga gaullienne, des fractures apparaissaient. De plus en plus. Entre les bulbes dorés et la grisaille de la nef. Comme si les flèches de la cathédrale de Milan chapeautaient ces glaciales villes nouvelles et ces sinistres grands ensembles dont le gaullisme avait fait ses modernistes Versailles. Sarcelles installé sous les voûtes de Notre-Dame. Contraste structurellement normalisé. Valse musette pour grandes orgues. Couverture NRF pour littérature de gare. Cuisine Borel signée Bocuse. D'un côté de l'épopée servie à la louche, de l'autre la normalisation de la banalité en tartine. Le Concorde et le train-train. La grandeur gaullienne charriait dans son limon, au milieu d'initiatives géantes et de scandales énormes, autant de petites corruptions que d'ambitions minuscules. Un de Gaulle de légende scrupuleusement servi par un gaullisme de brocante. Un Malraux en couverture, Mauriac en manchette, *Le Triporteur* et *Pouic-Pouic* en pages intérieures. Le gaullisme-Jean Moulin cultivait dans ses soutes le gaullisme-Papon et le gaullisme-Michel Droit. La grande Histoire se nouait au sommet sans que rien la relayât en contrebas. Face au ciel-à-ciel, le terre-à-terre. César ou Jacqueline Maillan, Auguste ou Darry Cowl. Un conformisme papelard au rez-de-chaussée alors que le yéyé se proposait en ultime avatar des déliquescences d'une musicalité rythmique que le rock avait parfois su enchanter. Tout à coup – ils auraient dû, en haut, se méfier –, le *Potemkine* de Jean Ferrat (l'un de ses opus les plus faibles) fit irruption en tête du hit-parade d'Europe 1.

Le corps social commençait à faire craquer les coutures d'habits trop étriqués. Quand les campus se déboutonnaient, la presse s'engonçait dans ses gilets de flanelle. L'information audiovisuelle se coulait complaisamment dans le moule d'une révérence amidonnée. Yalta de la communication de masse : l'info au gaullo-pompidolisme, le divertissement à Guy Lux et les dramatiques au Parti communiste. Toute parole officielle était ceinte de sa ceinture de chasteté. Fulgurances en haut, déballages en bas, médiocrités au milieu. On scandait « Hô ! Hô ! Hô Chi Minh ! » en sautillant, on héroïsait un Che Guevara déjà postérisé, mais on devait ingurgiter Michel Droit et René Barjavel.

J'étais donc préposé à couvrir le développement d'un mouvement, dont les pontes du journal que j'alimentais considéraient que ce n'était que clapotis.

Les manifestations, devenues quotidiennes, débordant le Quartier latin, se ritualisaient, s'étoffaient, prenaient de plus en plus de consistance et d'assurance. On commença à desceller quelques pavés et à arracher les grilles des arbres.

Paradoxe : plus l'extrême gauche issue de toutes les dissidences et exclusions du Parti communiste les quadrillait et les animait, ces manifestations, et plus leurs rangs s'élargissaient bien au-delà de l'extrême gauche. Je m'imposais de les suivre toutes, mais n'arrivais toujours pas à convaincre nos « *drivers* » pompidoliens de la réalité de cet effet boule de neige.

Avec Jean-François Bizot, nous parvînmes tout de même à convaincre Françoise Giroud, plus réceptive, de lire, pour comprendre l'émergence d'un courant marxisto-libertaire, *L'Homme unidimensionnel* d'Herbert Marcuse, ce qui lui permit d'affirmer plus tard qu'elle avait tout senti venir depuis longtemps, parce qu'elle avait lu Marcuse.

Je lui amenais également, pour une éventuelle interview, Daniel Cohn-Bendit. Je ne me souviens d'ailleurs absolument pas par quel miracle je parvins à prendre contact avec lui étant donné que je ne le connaissais pas et que j'étais totalement étranger à son espace de mouvance. De toute façon, il demanda de l'argent (pour la cause) et l'interview, me semble-t-il, ne se fit pas.

Sur les trottoirs et depuis les fenêtres des immeubles, la population paraissait sympathiser avec les manifestants. La moyenne bourgeoisie, outre qu'elle était volontiers antigaulliste, ne voyait pas sans émotion cette fraîche et chaude mobilisation de sa progéniture.

Du côté de l'*establishment*, c'était une autre paire de manches.

Hiatus. Déchirement. Une France de l'habitude disjonctait d'une France de l'émergence. « Étudiants, ces jeunes ? » s'interroge, dans *Le Figaro*, un certain Jean Papillon : « Ils relèvent de la correctionnelle plutôt que de l'université. » Dans *Paris Jour*, sous la signature d'un Camille Leduc, on pouvait lire : « Il faut que ça finisse. Ces trublions oublient un peu vite qu'ils sont des privilégiés. Laissez-nous tranquilles ! » De toute façon, Georges Bouvard, dans *L'Humanité*, l'avait prédit : « Ceux qui se sont laissé abuser ont déjà mesuré les conséquences graves auxquelles, inévitablement, conduit l'aventurisme politique. » Pour *Le Parisien libéré*, c'était simple : « Il s'agit de commandos manœuvrant, comme à la parade, menés par des dictateurs étrangers. » L'intérêt des médias écrits, c'est que la connerie s'y déploie avec plus de mémorable visibilité.

Cette dernière explication – l'étranger tire les ficelles –, qui avait été soufflée aux plumitifs par nos services de renseignements (le juif allemand Cohn-Bendit), eut beaucoup de succès, et fut massivement reprise par les médias arabes et, plus discrètement, par les médias soviétiques.

On s'en gargarise. Avec raison. C'est par réflexe mécanique que la droite la plus conservatrice vit, dans le mouvement soixante-huitard, un sous-produit de la subversion communiste internationale. Mais c'est un fait, qu'on ne saurait non plus occulter, que l'explosion de Mai 68 faillit porter un coup fatal – et le porta en fin de compte – à l'homme, au chef d'État qui, pour la première fois, venait de prendre quelques distances avec Israël, de condamner l'intervention américaine au Vietnam, de se retirer du commandement unifié de l'OTAN, de renouer des relations solides avec l'Union soviétique, de prendre langue avec la Chine communiste, de célébrer à Mexico, devant une foule enthousiaste, les volontés d'indépendance et de non-alignement des pays en voie de développement, autant d'initiatives que renieront peu à peu ses successeurs.

****

Ce fut dans la nuit du 10 au 11 mai que tout bascula. On s'était déjà essayé, les jours précédents, à jouer, mais petits bras, à février 1848. Cette fois, rue Gay-Lussac et aux alentours, une soixantaine de pseudo-barricades, à valeur surtout symbolique, furent dressées sans, étrangement, que les forces de l'ordre cherchassent à s'y opposer.

J'avais été alerté en fin de soirée. Je m'étais précipité. Et, en effet, les « insurgés » avaient constitué, quasi impunément, en utilisant ici et là des voitures retournées, une sorte de camp retranché qui leur donnait l'illusion lyrique d'avoir, métaphoriquement au moins, libéré un territoire, thème qui sera ensuite théorisé par un livre signé Serge July et Alain Geismar (*Vers la guerre civile*).

Scène surréaliste : à un certain moment, une mouvance trotskiste (celle à laquelle appartint Lionel Jospin) se forma en cortège et quitta solennellement le champ de bataille dont, si j'ai bien compris, le dispositif ne correspondait pas à une conception orthodoxe de la lutte des classes.

L'atmosphère, un peu irréelle, oscillait entre l'euphorie et la sidération, comme une scène étriquée de libération joyeuse. Une insurrection à laquelle tout le monde trouvait normal que des forces de l'ordre, dans un premier temps, ne s'opposassent pas ! On imagine ce que prendrait, aujourd'hui, à droite, un Castaner ou un Darmanin laissant, pendant trois heures, dépaver une avenue pour s'adonner à de la maçonnerie franche.

En vérité, on vivait cette situation improbable comme un rêve éveillé. Alertées par les radios, des cohortes de renforts avaient afflué et des cinq ou six mille manifestants habituels, on était passé à vingt mille.

Je ne sais s'il y eut sommation, mais, en pleine nuit, soudain, les forces de l'ordre, massées autour du réduit (qui constituait le positionnement le plus vulnérable qui soit), chargèrent et grenadèrent. Les barricades s'avérèrent des obstacles dérisoires et velléitaires les lancers de pierres contre les assaillants.

Soudain, je ressentis une vive douleur qui me fit chuter. J'avais reçu un éclat de grenade qui, à travers ma chaussure, m'avait entaillé le pied. Je saignais d'abondance. Deux journalistes, qui se trouvaient là, Claude Angeli qui dirigera *Le Canard enchaîné* et René Backmann du *Nouvel Observateur*, me soutinrent, m'emmenèrent jusqu'à une ambulance, laquelle me conduisit jusqu'à un hôpital (j'ai oublié lequel) vers lequel affluaient des éclopés. Je ne sais plus si on me recousit l'entaille ou si on posa des agrafes, mais la cohue, l'encombrement n'ayant pas permis qu'on m'anesthésiât localement, j'en garde un souvenir douloureux et cuisant.

Il y eut plus de mille blessés, légers pour la plupart. Mais, grâce en particulier aux consignes de modération données par le préfet Grimaud (ce que personne ne souligna sur le moment car on parle, au contraire, d'une répression effroyable), aucun mort, malgré les rumeurs qui firent état de carnages. (On imagine la tuerie si Maurice Papon avait toujours été en place comme en octobre 1961.)

Quand je sortis de l'hôpital en claudiquant, convaincu d'avoir vécu le tournant de la crise, je me mis laborieusement en quête d'un téléphone, hélai un quidam qui était apparu à sa fenêtre malgré l'heure avancée et obtins qu'il me laisse accéder à son appartement et donc à son appareil. J'appelai le journal, encore sous le choc. Et... et rien ! Un factotum me répondit que la direction (qui n'avait pas un instant pris la mesure de l'événement) avait clos le bouclage et demandé à tout le monde de rentrer chez soi. Impossible, donc, de dicter quoi que ce fût.

Un journaliste blessé, aujourd'hui, ferait la une de son propre journal. À l'époque, ce n'était considéré, non sans raison, que comme un accident du travail. C'était mieux ainsi. Ma blessure valait les mille autres.

Je souffris cependant d'un témoignage rentré (en fait, je n'eus pas l'occasion d'écrire sur cette nuit mémorable).

Dès le lendemain, en effet, le Premier ministre Georges Pompidou étant rentré en urgence d'un voyage en Afghanistan, l'équipe Imbert-Suffert nous annonça que, le grand manitou étant de retour, la récréation était terminée. Ce pourquoi on m'envoya rapidement à Prague couvrir une autre effervescence.

Chapitre 43

Comment on transforme une victoire en débâcle

Ce n'était, en réalité, qu'un début.

Pompidou prit effectivement des mesures sages : il fit libérer les étudiants arrêtés et rouvrir la Sorbonne, aussitôt occupée par des organisations d'extrême gauche qui y laissèrent, plus tard, s'installer des anarcho-loubards qu'on baptisa « Katangais », ce dont la droite fit évidemment ses choux gras.

Le général de Gaulle, lui, était partisan d'une répression décomplexée, quitte à permettre l'usage des armes. Il n'était pas hostile, m'affirma Christian Fouchet, alors ministre de l'Intérieur, à ce qu'on tirât dans le tas si nécessaire.

Le Premier ministre dut mettre sa démission dans la balance.

Son chouchou, un certain Jacques Chirac, déclarait, lui, avec une confondante naïveté ou sincérité : « Le phénomène est extrêmement complexe, je ne crois pas pouvoir, en vérité, en déceler les motifs profonds qui existent certainement. »

C'est alors que commencèrent à fuser, sous des signatures qui se reluquaient le nombril, des effluves logomachico-lyriques qui devaient, peu à peu, au milieu d'un flot de démagogisme incantatoire, submerger l'espace abandonné par la raison raisonnante.

Ainsi, dès le 10 mai, dans *Combat*, sous la plume enivrée d'un certain Jacques-Arnaud Penent : « Ne sommes-nous pas en train de vivre les retrouvailles des esclaves dorés et des esclaves en haillons, ce refus commun qui, de proche en proche, allumerait des incendies au cœur même du système et peut-être le brûlerait ! »

Effectivement le gaullisme finira par se consumer. Mais ce sont Pompidou puis Giscard qui joueront le rôle de brandons.

La « nuit des barricades », sa répression, qui, aujourd'hui, est jugée très retenue, mais, je me répète, fut ressentie, à l'époque, comme quasiment sauvage, agit tel un électrochoc : à l'appel de toutes les organisations syndicales, un impressionnant cortège populaire parcourut les avenues du Paris des grandes heures. Les journalistes de *L'Express* s'y rendirent, en groupe, banderoles au vent, y compris Catherine Ney qui prit plus de plaisir cependant à la contre-manifestation qui devait marquer dix-sept jours plus tard la grande reprise en main.

Fin de partie, grandes orgues de clôture, trancha la direction de *L'Express*. Ce pourquoi, je l'ai dit, on me dépêcha *illico*, et à cloche-pied, à Prague, où avait pris corps un autre mouvement contestataire qui ressemblait, par certains aspects, à celui de Paris, mais à l'envers. On ne brandissait pas de drapeaux rouges, on les eût plutôt arrachés. Parce que, dans les deux cas, les étudiants en furent les déclencheurs et certains intellectuels les relayeurs, on a voulu assimiler la révolte de Prague, à laquelle la classe ouvrière resta majoritairement étrangère, à celle de Paris. Il y avait du vrai : à ce détail près que la société que contestaient radicalement les insurgés parisiens était précisément celle à laquelle aspiraient beaucoup des insurgés tchèques. Confronté aux manifestants de Prague, le général de Gaulle, conspué à Paris, eût remporté un triomphe.

C'est avec effarement ou incompréhension que les jeunes Tchèques recevaient des images des événements de Paris qui leur paraissaient comme déphasés. De voir brandir des portraits de Karl Marx et d'entendre évoquer Lénine les plongeait dans un abîme de perplexité.

C'est juste au lendemain de mon départ pour Prague que se déclencha l'immense mouvement social qui, progressivement, paralysa totalement le pays et que, dans son sillage, la rébellion libertaro-estudiantine prit un tour encore plus radical.

Je n'ai pas directement assisté aux événements qui marquèrent cette semaine que l'on crut décisive et qui mirent même le feu à *L'Express*. J'avais emmené avec moi l'ultime saillie d'un Cohn-Bendit stigmatisant les « crapules staliniennes ». N'empêche : c'est sous l'impulsion d'une CGT encore puissante et restée communiste, émoustillée par une CFDT qui la débordait volontiers sur sa gauche, que les usines, les administrations, les services publics, avaient pris le relais des universités. Renault à Cléon et Sud Aviation près de Nantes avaient donné le signal.

Dès lors, le mouvement s'était répandu en cascade. Était devenu déferlante. Le travail cessait le travail. Le pays entier sembla faire sécession. Massivement, les salariés, y compris ceux qui participaient socialement et culturellement de la petite bourgeoisie, remirent en question les rapports de travail. Cela se mit à craquer de partout. Les bases contestèrent les petits chefs et les petits chefs les grands chefs. Toutes les verticalités branlèrent dans le manche. On occupa son temps à occuper les entreprises. La rébellion devient forcément massive quand elle peut se draper dans la toge de la normalité, quand un ordre contre-établi se substitue à l'ordre établi. Le peuple travailleur entrait dans la mêlée et c'était visible. Les classes moyennes commençaient à prendre peur, mais ça ne se voyait pas encore.

Après avoir quitté Antony, j'habitais alors à Montparnasse dans les grands immeubles de la rue du Commandant-Mouchotte qui surplombent la gare. Le bruit des trains et des haut-parleurs qui annonçaient les départs faisait partie de notre quotidien. Nos deux enfants, Jean-Christophe et Laurence, étaient nés avec. Quand, soudain, tout s'arrêta, ils se mirent à hurler tant ce subit silence les brutalisait.

On compta bientôt sept millions de grévistes. Même l'ORTF, ce haut-lieu de la parole d'État, fit défection.

Le Général, égaré en Roumanie, était rentré le 18 mai. Confronté à la paralysie de plus en plus généralisée du pays, il esquissa une première manœuvre. Une formule, « La réforme oui, la chienlit non ! », assortie de l'annonce d'un référendum... sur la « participation » ! Cela glissa comme l'huile d'olive sur toile cirée. La proposition ne parvint même pas à s'accrocher à elle-même. Le lendemain, les cinéastes, les écrivains, les auteurs fût-ce d'un simple opus publicitaire, les orateurs, les artistes, les architectes, les décorateurs, les chanteurs, les avocats, les chercheurs, les dessinateurs, les cracheurs de feu, les collectionneurs de timbres, les acrobates, les tailleurs de pierre, les œnologues, les scriptes, les écrivains publics, les conteurs, les doublures, les cyclistes, les champions de baby-foot et les montreurs d'ours à la retraite entrèrent dans la danse. Il fallait que non seulement jeunesse, mais également vieillesse se passât.

À *L'Express* aussi (mais j'étais alors à Prague) le bouchon sauta. Un JJSS exalté, brandissant le poignard de Brutus face à César, était réapparu. Et sa propre direction rigolait dans son dos. Comme cela se reproduisit (cette fois, j'y étais) en 1981 à la télévision, les « amortis » de la veille se transformèrent en enragés du lendemain. Un peu partout certains, qu'on avait connus couchés, se mirent à faire des sauts périlleux.

En mon absence, *L'Express* avait vécu une épopée qui se raconta longtemps dans les chaumières : faute d'imprimeries, en grève, le journal ayant revêtu son costume d'avant le « news magazine », était paru sur du vulgaire papier de quotidien et, surtout, l'ensemble du personnel avait été mobilisé pour le vendre dans la rue à la criée. Marie-Chantal en fut tout émoustillée.

Toute la société s'était mise - ou parut se mettre - en mouvement. S'ébrouait. Les premiers pavés, les premières grilles d'arbres avaient été descellés comme on aurait extrait des idées de leurs gangues phraséologiques. Les idées, à leur tour, furent projetées comme des pavés. Les concepts arrachés comme des grilles d'arbres. Les mots, en gerbes, en rafales, les dopaient plus qu'ils ne les exprimaient. Vertige de la fulgurance verbale. Explosion, tout juste signifiée, de sonorités signifiantes.

Il arriva que l'image, comme flashée, résumât et clôturât tout autre contenu que son « être image ». « Sous les pavés la plage ». Et sous la plage ?

Grand moment : le slogan comme poésie. Le mot d'ordre comme sonnet. Cascade de trouvailles surréalistes. Normalité de l'inventivité décapante. L'intelligence verbalement créatrice se substituait à l'ânonnement répétitif de vocables bourrins. Explosion du graffiti qui se signe en signant. Tel un cri qui se love sur lui-même ; qui rugit, mais se dissout dans l'amour de son rugissement. Affirmation de l'affiche devenue premier média de substitution. Comme en 1918 à Petrograd. Le tout-dire parut spontanément trouver ses traits. Les libertés guidaient le peuple mais en quatre coups de crayon. Prolifération des Lautrec de rue. Cavalcades autocréatrices d'inventivité, de talent, de génie anonyme parfois. Les Beaux-Arts devenus épicentre démiurgique. Des publicitaires - qui mettront plus tard ces fulgurances libertaires au service du grand capital - s'en souviendront.

Mais, en même temps, retour à l'invocation selon laquelle « au commencement était le verbe ». La formule comme fin en soi. La rationalité enchaînée à un verbalisme de lui-même enivré. Le sonore pour identité.

On se parlait, cependant. À soi et aux autres. Échanges et monologues mêlés. Enchevêtrement du non-dit, du jamais dit et du trop déjà dit. D'évanescences et de réminiscences. Nouvelles mixtures dans de vieux pots, mais aussi vieilles bouillies dans de nouvelles marmites. Méli-mélo dérisoire et jouissif à la fois : du Lénine dans du Lautréamont, du Mao dans du Debord, du Ferdinand Lop dans du Trotsky.

J'étais revenu de Tchécoslovaquie. Mais la grève m'avait contraint à prendre un avion pour Bruxelles et un car à Bruxelles pour Paris. C'est au cours de ce voyage que nous longeâmes un parc zoologique et que je vis une girafe au cou de laquelle on avait accroché un drapeau rouge !

On ne voulut pas le voir, mais il y avait, en fait, trois mondes face à face ou côte à côte.

Celui qui, résolu, solide, calme, concret, peu enclin à mépriser le « qualitatif », campait dans les usines ou les services occupés. Celui, à côté, emballé par les hussards du « qualitatif » qui submergeait son propre espace de ses abstractions effervescentes illuminées par ses acrobaties pyrotechniques.

Et un troisième monde, qu'on n'entendait pas encore, dont on préférait ignorer qu'il se sentait agressé et que, en conséquence, il rongeait non pas son frein mais sa montante exaspération : une France périphérique déjà.

Trois mondes. Trois sphères. Le réel, le rêve, la nostalgie. L'ancrage, la projection, le repli. L'ancrage dans le présent, la projection dans l'avenir, l'adossage au passé.

Trop simple sans doute. Ceux-ci projetaient leur présent dans l'avenir ; ceux-là articulaient le devenir au passé. Et les troisièmes, dont certains ouvrirent la porte à la modernité néolibérale, dénonçaient volontiers l'archaïsme des deux premiers.

N'empêche : on finit toujours par être prisonnier de sa sphère et le mur qui se dressa peu à peu entre ces trois sensibilités, les clivages qui en résultèrent, devaient faire des ravages. Le drame de ce qui devint le « soixante-huitardisme » fut de perdre le contact avec les deux autres sensibilités, donc avec les deux autres mondes.

C'est entre le 20 et le 30 mai, ayant plongé de nouveau dans les tourbillons de ce maelström, que des prémices d'inquiétudes me saisirent. Jusqu'alors, seule une assez artificielle exigence déontologique m'avait retenu de m'identifier à un formidable courant libérateur. Or, peu à peu, cette réserve déontologique ne fut plus nécessaire. Au sein de la seconde sphère où j'évoluais, je ressentis de plus en plus nettement des pesanteurs qui me troublèrent : plus de rejets que de projets. Réhabilitation salvatrice de l'utopie, mais culte dévastateur de la rupture en soi. Phobie de l'héritage : on ne cherche pas à construire le neuf sur des acquis, on appelle à la dévastation de l'acquis comme condition du radicalement neuf. « Du passé faisons table rase » : les Khmers rouges s'y essayèrent, mais aussi les plus ultras des néolibéraux. Pour changer l'esprit, on récuse le squelette. Quelques sublimes intuitions novatrices, anticipatrices, des ouvertures libératrices sur des « pas encore là » qui, depuis longtemps, auraient dû être là, mais, à côté, au milieu, mélange de consternantes déconstructions dont il ne pouvait surgir que champs de ruines. Des « en avant » débranchés de leurs arrières, cul par-dessus tête, mais sans cul ni tête.

Et, en même temps, comble du dérisoire, cet ultraprogressisme sans frontières portait sur ses épaules un ultrapasséisme sans rivages. Encordage à 1793, à 1848 (impasse sur 1830), à 1871, à 1945 au mieux. Relents de « Commune de Paris » mâtinés de « prise du Palais d'Hiver » et assaisonnés de « Longue marche ». Du Marcuse lesté de Jules Guesde. Du Ilitch à la sauce Robespierre. Charges en marche arrière. Reichshoffen à l'envers, mais débouchant sur le même final. Toutes les pilosités se donnaient le poil.

D'un côté, celui de la seconde sphère, on cherchait, parfois pathétiquement, à « aller vers ». Vers la première. Mais, de l'autre, celui de la première sphère, on s'écartait en préférant fermer ses portes même à Jean-Paul Sartre, qui ne cherchait pourtant qu'à ne pas « désespérer Billancourt ».

Ici on diffuse, on entropise. Là, on se met en boule.

Pompidou comprend alors à quel point cette dissonance recèle une faille. Il accule un patronat tétanisé à des concessions, qui eussent été estimées folles, inconcevables, un mois plus tôt : augmentation de 35 % du SMIG, de 10 % du salaire réel, extension des droits sociaux dans l'entreprise, reconnaissance de la section syndicale ! Le 22 mai, les accords de Grenelle sont ratifiés par toutes les parties contractantes.

C'était gagné. Victoire énorme. Historique. Possibilité ouverte à une convergence politique entre les ouvriers qui l'avaient obtenue et les étudiants qui avaient déclenché le processus permettant de l'obtenir. Une majorité de droite déboussolée, déphasée. Une opposition de gauche dopée par la diffusion des parfums de ce triomphe. Les salariés, partout, allaient, en impressionnants cortèges, fiers et joyeux, bannières au vent, reprendre, vainqueurs, le travail la tête haute !

Tout était gagné.

Politiquement, tout fut perdu. Dès le lendemain.

Présentés aux salariés de Renault réunis à Billancourt par le patron de la CGT, Georges Séguy, les accords furent rejetés par une assemblée générale, qu'exaltait, certes, sa première victoire, mais que surent également instrumentaliser des groupes d'extrême gauche trotskisants ou anarchisants.

Y a-t-il une assemblée générale, surtout quand elle se déroule pendant ou à l'issue d'une lutte sociale majoritairement soutenue, qui ne finit pas par basculer du côté des injonctions les plus radicales ? C'est également vrai quand il s'agit d'un public petit-bourgeois étudiant ou journaliste.

Georges Séguy, donc, verbalement bousculé, ébranlé, recule. Cale.

Erreur politique fatale. Tout allait dès lors basculer.

La gauche démocratique, politiquement et socialement, celle dont je me considérais encore partie prenante, avait toutes les cartes en main. Le lendemain, c'était râpé. Elle était dans les choux. Je le ressentis tout de suite ainsi. Une fois de plus, comme toujours, comme partout, comme j'aurai ensuite l'occasion de le vérifier, au Chili, au Brésil, le gauchisme intervenait objectivement, fût-ce inconsciemment, en renfort de la droite la plus conservatrice. Il cassait, il fracassait même, un processus qui se voulait révolutionnaire, qui aurait pu le devenir, et qui n'en entretint plus que l'illusion.

C'est à partir de ce moment-là que la dynamique, l'enthousiasmante dynamique, transformée en mouvement brownien, que l'activisme minoritaire, les surenchères groupusculaires, la poursuite de la paralysie des transports, la pénurie d'essence, la fermeture des banques, la « katanguisation » semi-délinquante de la Commune sorbonnarde, les occupations sauvages de lieux purement symboliques, la médiatisation intéressée du moindre happening psychédélique, l'autoenivrement des assemblées générales capharnaüm, l'accélération rythmique de mercuriales au sectarisme en béton armé et les enculages de doryphores nains, les élucubrations égotiques de nihilisme ostentatoire, les bouffées délirantes de logomachisme narcissique, que cette intra-agitation, donc, confinée en réalité dans des espaces de plus en plus rétrécis, même si le théâtre de l'Odéon occupé y avait été inclus, que cette incandescente coulée qui charriait encore du meilleur, du lumineux, mais de plus en plus, désormais, le pire, c'est à partir de cette bascule que le formidable élan originel, cette explosion de vie, ce moment magique ne cessa de se rabougrir, de se ratatiner, de s'isoler de la société réelle.

Pendant quelques jours, toute autorité gouvernante parut comme s'être évaporée. Les ministères semblèrent des coquilles vides dont l'encadrement s'était inscrit aux abonnés absents. Je rentrais dans un de ces hauts lieux du pouvoir régalien – je crois même que c'était le ministère de l'Intérieur – dépeuplé, comme dans un moulin à vent. Je n'y rencontrais, esseulé dans son bureau, que Paul-Marie de La Gorce qui constatait le vide avec une lucidité qui le repeuplait.

Autour de moi, sans chercher à trop s'interroger sur la substance de l'alternative ni sur la profonde hétérogénéité de la contestation, dominait largement cette conviction – en fait cette sensation – que le pouvoir était à ramasser. Par qui ?

La CGT y alla de sa puissante manifestation de masse. Je la couvris. Le contraste entre l'ordre, la discipline très encadrée, la relative mesure des slogans scandés (« Pour un gouvernement populaire »), comparés à l'inventivité bousculante et parfois déjantée des démonstrations plus proprement soixante-huitardes, me frappèrent et me firent apparaître la réalité des deux sphères, la troisième n'étant, elle, qu'à la veille de se réveiller, de se recomposer et de s'exprimer.

Ce qui deviendra la seconde gauche (à la droite de la gauche mitterrandienne), mais flirtait alors, en particulier par panurgisme, avec la gauche extrême, PSU de Michel Rocard et CFDT en tête, organisa, elle, son propre raout au stade Charléty où Pierre Mendès France fit de la figuration.

Là-dessus, François Mitterrand, qui n'était pas encore socialiste, demanda la formation d'un gouvernement provisoire (comme si de Gaulle ne se déclinait plus qu'à l'imparfait) confié précisément à Mendès France. Façon, en réalité, de court-circuiter l'extrême gauche, mais que la droite requinquée (et qui s'y connaît en putsch) présentera comme une initiative illégale et donc quasiment insurrectionnelle.

Car la droite, malgré les apparences, ne s'était pas dissoute. À partir des SAC (Service d'action civique), qui avaient servi à contrer l'OAS au plus fort du terrorisme pro-« Algérie française », les gaullistes, rejoints par une fraction de l'extrême droite antigaulliste, reconstruisant et remotivant leurs réseaux, avaient mis sur pied des CDR (comités pour la défense de la République) et jeté les bases d'une contre-offensive. Les surenchères de radicalités maoïsto-trotsko-anarchisantes en constituèrent le carburant. Les vainqueurs de la veille, à qui je faisais part de mes inquiétudes, n'avaient nullement pris conscience qu'ils étaient en passe d'être vaincus.

Tout allait se jouer en trois jours.

De même que Henri III, Mazarin et Thiers avaient quitté Paris tombée aux mains des ligueurs, des frondeurs puis des communards, de Gaulle disparut. Il avait quitté l'Élysée pour une destination inconnue. Au pouvoir en vacances, ce qui excite les contestations, il substitue soudain la vacance du pouvoir, ce qui suscite l'angoisse. Il laisse volontairement croire qu'il a donné sa démission. En réalité, il est à Baden-Baden, siège du commandement militaire français en Allemagne, où il est venu tester le général Massu. L'homme du 18 Juin aurait eu un moment de déprime. De doute. Passer la main, faire appel à l'armée ? Ces tentations l'ont-elles effleuré ? Peut-être. Certainement. Massu, ce vieux baroudeur, s'est targué d'avoir remonté le moral d'un homme qui était prêt à craquer. Je n'ai jamais réussi à avoir confirmation ou infirmation.

Toujours est-il qu'au retour, le Général, ressuscité, est redevenu celui qui, un 18 juin, avait bousculé le destin à l'aide d'un simple micro. Il annonce la dissolution de l'Assemblée, de nouvelles élections (il renonce donc au référendum) et en appelle à l'opinion publique, cette « majorité silencieuse » qui, pour une fois, était effectivement majoritaire et était effectivement restée silencieuse.

Effet immédiat. Partout (Charles Pasqua est, déjà, à la manœuvre) s'organisent des montées sur la capitale. Déferlement d'une foule légitimiste sur les Champs-Élysées. Un million de personnes, dira-t-on. C'était faux, mais ce fut effectivement énorme. André Malraux en tête flanqué d'un Michel Debré halluciné. Slogans vengeurs, certains cannibales. Que les grands journaux se gardèrent bien de reproduire.

Je n'ai pas assisté à cette méga-manifestation. Je me trouvais, alors, dans la cour de la Sorbonne où aucun des contestataires présents, oreilles collées sur leurs transistors, ne prit la mesure (ou ne voulut prendre la mesure) du renversement des rapports de force.

Aux fenêtres de l'immeuble que j'habitais, rue du Commandant-Mouchotte, quelques drapeaux tricolores apparurent le lendemain. En riposte, floraison de drapeaux rouges. C'est ainsi que l'étendard de la Révolution française fut offert à la « réaction ». Mauvaise pioche.

De « l'affaissement » au « redressement » : effet de contraste. Voulu. Offert sur un plateau. Comme une décharge électrique. Dès le lendemain, on distribue de l'essence. Dans les entreprises, les salariés reprennent progressivement le travail. Mais dans le désordre et la morosité. Le 16 juin, la Sorbonne est évacuée. Le slogan lamentable « Élections pièges à cons » apporte un renfort de plus au camp conservateur. Résultat : les élections de fin juin, raz-de-marée réactif, sinon effectivement réactionnaire, donnèrent, pour la première fois, une majorité absolue au parti gaulliste et à la droite (trois cent quatre-vingt quatorze sièges). L'Assemblée la plus potentiellement conservatrice de l'histoire de la République alors, qu'en 1967, les gauches (on l'a oublié) n'étaient pas passées très loin de la victoire.

Pendant la campagne électorale, je me rendis à une réunion du député gaulliste Michel de Grailly. Dans la salle, un contradicteur se leva, commença à prononcer quelques mots, dont l'un, « contestation », provoqua les hurlements de l'auditoire. On le fit taire. Je vins à son secours, il y eut une brève bousculade. J'y perdis mon imperméable, chouravé au passage. L'inconnu n'était autre que le jeune Jean-Pierre Chevènement.

Chapitre 44

L'introuvable socialisme à visage humain

Comment avait-on pu transformer une victoire annoncée en un tel désastre politique ?

D'emblée, engoncé dans le mythe, de plus en plus saoulé collectivement de soi, on refusa de se poser la question. On ne se la pose toujours pas.

Qui avait gagné ? La droite gaulliste ? Elle le crut. Un an et demi plus tard, son idole s'étant lui-même contraint à se retirer, elle s'abîma dans le pompidolisme avant de se dissoudre dans le giscardisme.

La droite conservatrice libérale ? Elle le crut. C'est elle, apparemment, qui avait raflé la mise. L'élection de Giscard fut son triomphe. Le néolibéralisme commença à prendre ses marques idéologiques. Or, sept ans plus tard, les soixante-huitards assagis formèrent l'armature du nouveau Parti socialiste qui portera François Mitterrand au pouvoir pour quatorze ans.

Alors, la gauche ? Elle le crut. Mais c'est l'infusion, en son sein, de l'héritage libertaire légué par Mai 68 qui fit basculer son électorat le plus populaire vers le parti lepéniste. Qui sait ? De cette vague le macronisme fut peut-être, fut sans doute (Cohn-Bendit l'a bien compris) l'ultime avatar.

Le libertarisme ne portait-il pas en lui l'embryon d'un néolibéralisme possible ? Si les ex-trotskistes se contentèrent de devenir de sages sociaux-démocrates (Henri Weber, Julien Dray, Jean-Christophe Cambadélis, Lionel

Jospin) ou, pour les plus ébouriffés, des sociaux-libéraux, les ex-maoïstes, eux, se transformèrent en furieux néoconservateurs néocapitalistes et le Medef en recruta quelques-uns qui devinrent ses penseurs. Sous un texte d'approbation enthousiaste de l'intervention bushiste en Irak, on retrouvera leurs signatures.

Finalement, on ne saurait occulter ce constat d'évidence : de l'ouragan de Mai 68, le capitalisme, cette invariance continuellement remodelable, recomposable, de plus en plus financiarisé et mondialisé, débarrassé du « vieux monde », sortit renforcé... et exacerbé. Et c'est le communisme, sous toutes ses formes, qui rendit ses derniers soupirs. L'URSS disparue, on n'y découvrit aucun trotskiste et la Chine maoïste adopta les fondamentaux d'un capitalisme à la Milton Friedman.

En novembre 1968, après que Jacky Kennedy eut épousé Aristote Onassis, tout un symbole : qui fut élu président des États-Unis ? Richard Nixon !

****

Une illusion, j'en traverserai une autre, en retournant à Prague. Soulèvement pacifique d'un peuple aspirant à l'instauration d'un socialisme à visage humain ? J'aurais tellement aimé. D'autant que j'avais beaucoup appris de l'école des sociologues réformateurs pragois. C'est donc presque en « croyant » que j'allais au-devant de cet idéal. Il se déroba. Ceux-là, avec lesquels je m'entretenais fiévreusement (il est vrai qu'ils étaient francophones) ne juraient que par une démocratie économiquement libérale à l'occidentale (ils étaient plus proches du giscardisme que du PSU !), ceux-ci se berçaient d'un nostalgisme néo-habsbourgeois ou penchaient plus à droite, beaucoup, dans les milieux ouvriers, restaient encore ancrés au socialisme version néostalinienne, tandis que prenait corps un courant social-démocrate que Tony Blair n'aurait pas renié. De véritables tenants d'un « socialisme à visage humain », je n'en aperçus que dans une large fraction de l'intelligentsia. Et, s'ils firent à ce point illusion, c'est qu'ils avaient, provisoirement, de l'intérieur, conquis la presse à laquelle ils collaboraient. C'était comme si la possession, chez nous, des médias par les journalistes avait donné l'impression que la France était très majoritairement PSU.

C'est cette réalité que je fus amené à décrire (et que l'évolution des pays d'Europe de l'Est confirma). Mais je me heurtais à une volonté farouche de lui préférer le mythe enchanté. Combien de fois, ensuite, ai-je été confronté à cette tendance à ne voir, dans les événements qui bouleversent un pays, que la confirmation d'une réalité qu'on avait préalablement projetée sur ce pays : les rebelles syriens sont presque tous des démocrates modérés ; les opposants russes à Poutine sont tous des démocrates libéraux. À notre image, toujours. Les « moudjahidin » afghans sont des nationalistes modérément musulmans.

Je l'ai confessé : je ne croyais pas à une intervention russe en Tchécoslovaquie. La vision des embrassades Dubcek-Brejnev m'avait induit en erreur. C'est à l'occasion d'un reportage en URSS (j'avais triché en prétendant que je voulais réaliser une enquête sur la révolution technologique dans ce pays) que mon guide-interprète, membre du Parti, me révéla que, lors d'une réunion interne, un haut responsable était venu leur expliquer pourquoi une telle intervention était inéluctable. Ce qui me permit d'annoncer, avec quelques petits jours d'avance, ce qu'en réalité je n'avais nullement anticipé.

C'est à l'issue de cette nouvelle plongée en Union soviétique que je pris conscience de l'extrême fragilité du régime. Je visitais une grande entreprise à Riga en compagnie du directeur, que le personnel (du moins la petite partie qui s'activait effectivement et n'était pas en vadrouille) méprisait ouvertement, et je découvris à cette occasion une dimension du je-m'en-foutisme dans le travail qui aurait ahuri, chez nous, même un partisan de la semaine de vingt-cinq heures. L'absentéisme était d'autant plus spectaculaire, que c'était la seule manière de pouvoir faire des courses (quitte à utiliser impunément les véhicules de l'entreprise) sans s'infliger des queues interminables pour accéder à des rayons en grèves perlées. À Moscou, par curiosité, je fis près d'une heure de queue pour du champagne géorgien débité au verre. Dans les boucheries, on commandait « du bœuf ! », qu'on vous découpait quasiment à la hache, sans avoir la moindre idée de quel morceau il s'agissait. Au restaurant, on vous refusait, d'une voix sèche, une place – « c'est complet ! » –, alors qu'il était visiblement plus qu'à moitié vide. Certains immeubles étaient dans un état de vétusté et de délabrement consternant.

La vie culturelle, en revanche, était non seulement riche, intense même, mais surtout ouverte à toutes les couches de la population. Le moindre « événementiel », comme on dirait aujourd'hui, attirait les foules, y compris, comme je le constatais à Erevan, un match d'échecs ou un défilé de mannequins d'Allemagne de l'Est. À Kiev, un romancier célèbre qui se déchaînait devant moi (et devant mon accompagnateur) contre les tares du régime, fut « rappelé à l'ordre » par la gardienne d'étage.

Or, ce qui m'avait frappé au début des événements de Tchécoslovaquie, c'est avec quelle rapidité une simple agitation estudiantine au sein de l'université avait pu déboucher (la crise se répercutant mécaniquement au sein du parti unique) sur un quasi-effondrement du régime, que seule l'intervention soviétique évita provisoirement. Un pays qui ne connaît ni manifestations, ni grèves (officiellement), ni émeutes, ni renversement du gouvernement par voie parlementaire, et qui, en conséquence, ne dispose pas de forces de l'ordre adaptées à une véritable contestation de rue, ne peut que trembler sur ses bases et s'écrouler à partir du moment où commence à se passer ce qui ne se passe normalement jamais. Des « Gilets jaunes » dans un pays totalitaire, le régime explose. C'est pourquoi j'imaginais ce qu'il adviendrait si, un jour, des ménagères moscovites, lassées de faire des queues dans le froid pour se retrouver devant des béances alimentaires, s'insurgeaient, leur rébellion rebondissant de lieu en lieu et faisant boule de neige : le système n'étant absolument pas apte à contenir un vaste mouvement social spontané, sauf à faire appel à l'armée, mais ici à sa propre armée, n'assisterait-on pas au même processus de radical délitement qu'en Tchécoslovaquie ?

Quelques années plus tard, après un nouveau séjour à Moscou, j'évoquai, dans un article, l'hypothèse selon laquelle le régime, extraordinairement fragile à y regarder de plus près, pourrait s'écrouler d'un seul coup. C'était en réponse à la théorie, sans cesse répétée par Jean-François Revel, selon laquelle l'emprise policière du système soviétique était telle, et tellement efficace, qu'il n'y avait aucune possibilité de billet de retour. On donna raison à Revel.

Cela ne se passa pas exactement comme ça. Je le fantasmais. Mais il n'y eut même pas besoin d'une révolte populaire pour que le régime s'effondrât, effectivement, d'un seul coup.

Chapitre 45

La « pensée 68 » d'après

Mai 68 eut sur moi l'effet d'un traumatisme.

J'ai parfois prétendu que je fus résolument de gauche, au sens classique du terme, jusqu'à ce « moment-là », qui me fit prendre de plus en plus de distance. Ce n'est pas tout à fait exact. Ma façon d'être de gauche, lestée de pesanteurs gaulliennes, prenait déjà quelques libertés avec les soubassements intello-culturels qui étaient progressivement censés servir de socle à un tel engagement... Pourquoi ? Parce que le processus, déjà, était lancé qui conduira peu à peu à l'émergence d'une gauche libérale-libertaire, d'une gauche néoconservatrice, d'une gauche a-républicaine et même, *in fine*, fût-ce sous les dehors d'une ultra-radicalité, d'une gauche réactionnaire et régressive. De cette évolution témoignera assez le parcours des plus emblématiques représentants de l'extrême gauche des années 1970-1980 (André Glucksmann en fut un brillant symbole).

Je me souviens avoir osé, à l'époque – horreur ! –, la remarque que ce fut une bévue gigantesque d'avoir abandonné à la droite ces valeurs constitutives de l'affirmation républicaine de gauche – le travail, la patrie, la famille – sous prétexte que la droite pétainiste, qui avait trahi la patrie, aliéné le travail et exploité les enfants, les avait kidnappées pour les mieux piétiner. Le nouveau courant post-68 eut sur moi peu d'emprise : ni l'avant-gardisme normalisé, automatisé et mécanisé, ni la répudiation de tout ancrage national, ni la déconnection affichée d'avec tout « déjà là », ni une « modernité » dont le formalisme éclipsait le contenu, ni l'application, en tout domaine, d'une lecture de classe nettoyée de tout vécu de classe ne m'embrumèrent l'esprit.

Je devais évoluer en fonction des données nouvelles et des acquis du savoir, en fonction, également, de prises de conscience parfois tardives, mais je crois être resté, en fin de compte, non pas fidèle, qualificatif peu pertinent, mais en phase, en ligne avec le tracé de la route que j'avais empruntée jusqu'alors. Moins par volonté que par pesanteur, au sens de poids de mon « être ».

À ce correctif près que j'étais réformiste (gentiment « progressiste » dirait-on) lorsque je me réclamais de la gauche, mais que la brutale contre-révolution néolibérale intervenue à partir des années 1990 m'emmena sur des positions plus radicalement transformatrices et, objectivement, plus révolutionnaires que réformistes dans la mesure où je ne crois pas, ou je ne crois plus, que de simples corrections, même progressives, suffiront à enrayer la désastreuse logique du système sans des initiatives qui la cassent. Une dynamique aussi puissante ne se réforme pas, elle se stoppe ou se détourne. C'est pourquoi j'ai consacré un petit livre au concept de révolution. C'est pourquoi, surtout, j'ai fini par me réclamer d'un « centrisme révolutionnaire » : refus de la centralité de l'État et de la centralité de l'argent, centralisation de l'humain dans toutes ses dimensions, ce qui implique le double rejet de l'individu s'affirmant au détriment du collectif et du collectif s'affirmant au détriment de l'individu.

C'est l'ampleur de la mutation qui, peu à peu, métamorphosa une large fraction, médiatiquement puissante mais hors-peuple, de la gauche, qui m'a éloigné,

« exclu », de ce qu'elle devenait, par fidélité (le mot, cette fois, est adéquat) à l'idée que je me faisais de ce qu'elle devait être et qu'elle fût.

Je serais resté proche d'une gauche démocratique, républicaine, laïque, sociale, ouverte, rétive au néoconservatisme en matière de politique étrangère et, surtout, authentiquement populaire, si celle-ci ne s'était pas évaporée, n'avait pas divorcé de son propre socle. Cette gauche-là, potentiellement la mienne, avait fini par se dissoudre. Elle ressurgira.

Le processus enclenché par l'électrochoc de mai-juin 1968, sur le plan idéologique, ne fut ni une évolution ni une rupture, encore moins une continuité, mais un phénomène entropique, un mixte de diffusion et de dissolution, une sorte d'autocarburation qui s'est lentement autocarbonisé.

****

Donc, au-delà d'incontestables avancées, en marge de la magnifique vague qui les porta, tout un aspect de Mai 68 et, surtout, de ses répliques, m'effara, me déchira. Quoi ? La démagogie panurgique dont firent preuve des cohortes de clercs qui, au lieu de précéder le mouvement la tête haute, le suivirent ventre à terre ; qui, plutôt que d'y insuffler de la raison, s'abandonnèrent à toutes les déraisons. Spectacle lamentable que celui de ces diacres, soutanes relevées, qui butinaient intellectuellement les enfants de chœur et dont l'abandon, sans garde-fous, à l'élucubrationnisme le plus déboutonné ouvrira les portes à tous les vents mauvais qui nourriront les dérives que l'on sait et, surtout, gonfleront les voiles de l'extrême droite, puis du néofascisme. La chair se fit verbe. Les mots cannibalisèrent les choses.

Le déni du réel fut promu en appréhension alternative du réel. Fantasme sans cesse recyclé d'un après qui ne saurait s'affirmer qu'à travers la dissolution de l'avant. Plus de chaînes, donc abolition des chaînons, quitte à ne plus être relié qu'à soi-même. Pour liquider « hier », obsession et continuelle réactualisation « d'avant-hier ». Enfermement dans des binarismes d'airain. Le bien, c'est ce qui est en face du mal. Insensiblement, abandon à la droite la plus réactionnaire et à l'extrême droite de tout ce sur quoi elles s'avisaient de poser fût-ce leur petit doigt : la Nation, la laïcité, la République.

La veille encore de Mai 68, le réformisme le plus fade faisait pièce au conservatisme le plus embaumé. Soudain, et provisoirement (car après quelques années beaucoup des plus exaltés passèrent dans l'autre camp), la tiédeur devint incandescence. On passa du fer blanc au fer rouge. Du petit doigt levé au poing tendu. De l'évolution à petits pas à la révolution par grands sauts... périlleux. On contesta, souvent à raison, mandarins et hiérarques, avant que les insurgés qui avaient gagné les concours d'insurrection ne rétablissent une hiérarchie dont ils bétonnèrent à leur tour chaque étage jusqu'aux sommets. En danger d'être déboulonnés, combien, d'ailleurs, de ces mandarins se déboutonnèrent ; combien de bonzes débonzèrent-il en public ? Même des vieux schnocks furent atteints de juvénilité galopante. « La barricade, c'est l'ordre du désir », écrivaient Serge July et Alain Geismar dans *Vers la guerre civile.* Se confronter non au réel, mais à la trace de son évocation imaginaire dans les esprits. « Il faut réintroduire l'ordre du fantasme dans celui de la tragédie », ajoutaient-ils.

Bientôt, la « gauche prolétarienne », qui assimilait le pouvoir gaullisto-bourgeois à une « occupation », comme en 1940, fera le procès d'un notaire de Bruay-en-Artois, assassin par définition, bien qu'innocent, parce que, gros bourgeois. Parmi les activistes de cette secte, beaucoup, on l'a dit, se convertirent au néolibéralisme ou au néoconservatisme, d'autres s'adonnèrent à une religiosité quasi mystique substituant la Torah au *Capital* de Marx.

Un journal d'ultra-gauche s'intitula *La Cause du peuple.* Le mot « peuple » fut mis un temps à toutes les béchamels, étant bien entendu qu'il désignait une population abstraite, rêvée, purgée de tous les éléments (surtout s'ils étaient majoritaires) qui ne pensaient pas comme soi. « Peuple », ce n'était pas une désignation, c'était une distinction. Une décoration.

Version inversée de ce que la droite appelle une « majorité silencieuse » et qui ne désigne, généralement, qu'une minorité bruyante. Les centaines de milliers de manifestants gaullistes ou néogaulliste sur les Champs-Élysées, ce n'était pas le peuple, c'était la droite : nuance ! La masse : pouah ! Les masses : ola ! « Contester » était devenu un verbe intransitif. La « spontanéité » désignait l'action « spontanée » de militants d'extrême gauche répondant aux directives de leurs chefs. Qu'était-ce qu'un « appareil bureaucratique », forcément « bureaucratique » ? La direction d'un syndicat ou d'une formation politique dont on eût aimé prendre le contrôle, mais qui résistait grâce à l'appui massif de ses adhérents. « L'imagination au pouvoir » indiquait une aspiration à prendre le pouvoir en imagination. Le prolétaire pervertissant son esthétisme de classe en s'achetant une machine à laver, c'est ce qu'on baptisait, péjorativement, « société de consommation ».

Le paradoxe (ou la contradiction), c'est que cette « pensée 68 » qui métamorphosa tout un pan de la gauche, en particulier de la gauche intellectuelle, souvent pour le pire, transforma le pays pour le meilleur. Elle fit rhétoriquement et idéologiquement du mal, mais pratiquement et concrètement du bien. Le changement le plus radical n'eut même pas besoin d'être légitimé et codifié pour s'avérer effectif. Sous tous rapports : rapports entre salariés et patrons, base et petits chefs, parents et enfants, maîtres et élèves, époux et épouses, hommes et femmes, jeunes et adultes, discoureurs et auditeurs, prestataires de services et usagers, producteurs ou consommateurs, Parisiens et provinciaux. Le féminisme s'affirma à travers une insurrection très masculine et l'écologisme pointa derrière une contestation très citadine. Échec politique, triomphe sociétal !

Tout cela eût mérité d'être décrypté, disséqué, analysé : les causes du désastre et les conséquences du triomphe. On préféra opposer une féérie dionysiaque à un psychodrame sinistre.

Avoir suivi presque de bout en bout, souvent de l'intérieur, le déroulé de la crise de mai-juin 1968 et en lire les récits reconstruits après coup, à partir d'une vision soit irénique, soit catastrophiste, de toute façon fantasmée, a quelque chose d'hallucinant. D'un côté on fait fi de l'humanité et de la fraternité qui infusaient le mouvement à son zénith, de l'autre on fait l'impasse sur l'intolérance sectaire, véritable néomaccarthysme inversé, qui caractérisera et caractérise jusqu'à aujourd'hui, plus encore aujourd'hui, le long processus de sa dégénérescence.

Deux ans plus tard, invité à participer à un débat dans un lycée (au sujet de la Chine maoïste d'où je revenais), après qu'on m'eut donné des assurances sur son caractère « pluraliste », je découvris que le pluralisme en question consistait à confronter un maoïste, un trotskiste, un anarcho-spontanéiste et un communiste bon teint lequel, le pauvre, ne put quasiment finir une seule phrase sans qu'on l'interrompe en le traitant de « réviso ! ».

Le dernier acte fut sinistre. Un certain Raymond Marcellin, ministre de l'Intérieur, se conforma avec application à sa caricature. Il infusa les « gauchistes » de flics et les gauchistes ne s'en aperçurent pas, parce que les flics se comportaient comme eux. Le pouvoir, euphorisé par sa victoire, purgea l'ORTF. On écarta ceux qui avaient conduit la grève. Je me revois encore, en signe de protestation vaine, dérisoire queue de comète, tourner en rond autour de la Maison de la radio, avec mon père, au milieu de quelques centaines de gus qui scandaient « Ce n'est qu'un début, continuons le combat ! »

Ces débuts qui ne sont « qu'un début » sont presque toujours la métaphore d'une fin.

Chapitre 46

L'autodégagement du Général

Le général de Gaulle triomphant, en juillet 1968, avait toutes les cartes en main.

Pourquoi va-t-il, en quelque sorte, se « défausser » ?

Il était apparemment en pleine forme. J'avais couvert son déplacement officiel en Turquie. Des foules énormes. Une présence et un impact immenses. Quelques allocutions inspirées. Et ce dialogue inoubliable avec Atatürk au bord de son mausolée, à Ankara. Je m'étais approché le plus près possible. Les lèvres du Général bougeaient. Il lui parlait, oui il lui parlait, comme Don Carlos, futur Charles Quint, interpellant Charlemagne par-delà son tombeau dans le *Hernani* de Victor Hugo, qui publiera ce dialogue entre celui qui était parti et celui qui s'en allait !

Je me souviens de ce voyage pour une autre raison, c'est, qu'à Ankara, ayant failli suivre chez elle une fort avenante créature, je m'aperçus juste à temps que c'était un homme !

Si le Général s'était séparé de Pompidou, c'était peut-être, c'était sans doute, parce que l'avait traumatisé, sidéré, la découverte du décalage entre cette France qui lui avait explosé à la figure et celle qu'incarnait, fût-ce brillamment, le « Joseph Prudhomme » de Monboudif. (L'ayant accompagné à Londres et visitant, à ses côtés, la National Gallery – ou le British Museum, je ne sais plus –, je l'avais vu et entendu, devant une édition très ancienne de *La Guerre des Gaules* de Jules César, réciter un long passage du livre en latin).

Surtout, Premier ministre, n'avait-il pas manifesté des velléités d'autonomie ?

Mais pourquoi Couve de Murville ? Pourquoi le choix d'un homme qui était à l'effervescence soixante-huitarde ce que le costume trois pièces était au blouson de cuir clouté ? Pourquoi un personnage dont la voix précieusement murmurante jurait tant avec les enflures vocales de l'époque ? « Sans être tonitruant, monsieur le Premier ministre, lui lançait le Général, pourriez-vous élever la voix ? » Pourquoi cette incarnation élégante et fine de la transparence distinguée ?

Couve avait ce petit avantage sur Pompidou que, d'abord vichyste, il avait rejoint le camp d'en face en 1943, alors que Pompidou, bien que socialiste dans sa jeunesse, n'avait pas bougé un orteil.

Ce choix de Couve, pour qui j'avoue avoir eu la plus indulgente considération, était d'autant plus étrange que cet homme, qui n'aurait même pas réussi à réveiller un insomniaque, sera chargé de procéder aux deux réformes objectivement les plus révolutionnaires du règne, l'une qui fut menée à bien (la réforme de l'université conduite par Edgar Faure), l'autre qui échoua et entraîna l'autodégagement de l'apprenti sorcier : il s'agissait d'enclencher le processus de la régionalisation et de substituer au Sénat, l'une des assemblées les moins démocratiques du monde démocratique, une Chambre qui eût représenté les forces vives du pays (économique, sociale et professionnelle).

Or ce projet, le Général tint à le soumettre à référendum. Un tic. C'était suicidaire : d'abord parce que la question posée portait sur deux propositions différentes, la régionalisation et la suppression du Sénat, et que tout le monde savait que le peuple de gauche voterait « non » par principe, alors que la base et l'élite droitières, en fait antigaulliste, ulcérées (comme Pompidou lui-même) par la relance du thème de la « participation » et, de toute façon, accros au conservatisme sénatorial, voteraient également contre. La crainte que de Gaulle tirât sa révérence et que la gauche prît la relève ? Effacée depuis que Pompidou avait fait savoir qu'il se proposait en recours, alors même que Valéry Giscard d'Estaing, qui jouait le « non », était déjà en embuscade.

Je votai « non ». Position de principe motivée par le fait que le projet de régionalisation excluait toute élection des assemblées régionales au suffrage universel direct.

J'eus tort, cependant, car ce fut l'unique occasion à saisir de se débarrasser d'une assemblée archaïque, a-démocratique et coûteuse au profit d'une représentation des différentes forces socialement déterminantes.

Le « non » au référendum l'emporta donc. *L'Express* s'était déchaîné (alors que JJSS proposa, ensuite, un véritable fédéralisme régionaliste). La gauche exultait. Or, cette fin de partie lui promettait un nouveau désastre.

J'imagine qu'à Washington on fêta ça.

Chapitre 47

De Calcutta à Recife : l'Internationale de la misère

J'ai côtoyé des révoltes, des guerres, des guerres civiles urbaines, des indépendances, des coups d'État, des révolutions, l'effondrement arabe, la folie maoïste chinoise, la stagnation russe, la glaciation espagnole, les espérances scandinaves, mais aucune expérience ne me griffa aussi cruellement que deux plongées au cœur de l'extrême misère, quand elle ronge les corps et les âmes : à Calcutta, en Inde, et à Recife, au Brésil.

Calcutta : trois grandes pièces sales, lumière froide, carrelage incolore. C'est la « mission » que dirige, en plein quartier populaire, une religieuse d'origine albanaise, mère Teresa. Jusqu'alors, je n'en ai jamais entendu parler. Mais de Calcutta, oui, dont la misère affichée était à cette cité surpeuplée ce que le Colisée était à Rome et la tour Eiffel à Paris. Pure abstraction, cependant, jusqu'à ce qu'on se cogne à elle car, en ce temps-là (je n'y suis pas retourné depuis), elle mangeait les visages, elle cassait les corps, elle arrachait les membres.

Déjà, dans le hall de la gare centrale, ils étaient des milliers, dégorgés par des trains bondés, comme des marchandises, et ils restaient là, couchés par terre à moitié nus ou enveloppés dans des chiffons que la saleté intégrait à la peau noire, carcasses presque sans chair comme clouées au sol par une fatalité qui n'avait plus la force de se transformer en espérance. Ils attendaient quoi ? D'échouer dans l'un des bidonvilles, agglomération de « riens » réduits en lambeaux, situés à quelques centaines de mètres de là, dans des ruelles-égouts, fange noirâtre et fétide qui semblait, sous la lumière crue du soleil, baignée d'une humidité lourde et moite, des croûtes de goudron. Ou bien ils avanceront dans la rue, s'allongeront et resteront, arrivés à bon port, c'est-à-dire au bout de leurs forces, jusqu'au petit matin où on les ramassera, loques humaines, comme j'en vis, à l'aube, sur les trottoirs, pas tout à fait mortes, pas tout à fait vivantes.

L'Inde, grande puissance en devenir et grand devenir en puissance que je ne soupçonnais pas encore : Bollywood, l'énergie atomique, Lakshmi Mittal, à l'avant-garde informatique, une Silicon Valley en gestation, bientôt des satellites... Volcan apparemment en sommeil dont les laves encore chaudes étaient susceptibles de s'engouffrer dans tous les canaux de diversion.

Je me trouvais donc au cœur du paradis-enfer de mère Teresa. La quintessence de la bonté investie dans l'essence du malheur. Un peu partout, casés là où il y avait de la place, des corps étendus, cadavres vivants ou morts en sursis, on ne savait plus trop. On les avait ramassés dans la rue, toute vie réduite à son souffle, puis on était venu voir ici s'il restait un coin libre. Par habitude. Une fois les locaux pleins, on avait renvoyé les autres. Une des pièces communicantes s'ouvrait sur une sorte de grand cagibi. Quand les squelettes étendus ici avaient rendu l'âme, ils devenaient des squelettes étendus là-bas. Les premiers, vivants, voyaient-ils les seconds morts ? Ou, plus exactement, auraient-ils pu les voir ?

Au fond de l'une des pièces, un enfant de 9 ou 10 ans. Pour la première fois, sans doute, il était sous un toit et mangeait autre chose que des détritus. Son bras droit était rongé jusqu'au coude. Les jambes atteintes. Il n'était pas content d'être là. Il disait que sa mère devait le chercher, car c'est grâce à lui qu'elle pouvait manger en le faisant mendier. D'autres, me confia-t-on, mutilaient leurs enfants pour leur donner au moins cette profession, la souffrance. Un autre passe. Fou ! Pas d'hôpital pour lui. On le nourrira, puis il partira. Toujours fou ! À côté, une femme répétait en boucle la même phrase : « Ne me jetez pas à la rue, les hommes profitent de moi. » Elle faisait sans cesse le signe de croix parce qu'elle l'avait vu faire. La seule protection qui lui restait. Un peu plus loin, un homme avec un visage si maigre qu'il semblait se réduire à deux yeux immenses au fond desquels veillaient des charbons.

Et puis, tout à coup, apparition digne d'un film d'horreur. Une femme se retourne. Elle n'a plus de visage. Simplement quatre trous dans une face lisse. Un œuf.

Plus loin, un homme gémissait. Il avait eu de la chance, il avait trouvé une place à l'hôpital. On l'avait opéré au ventre, mais les lits étaient trop disputés : l'opération terminée, il avait fallu le rejeter à la rue, le ventre lacéré d'une longue balafre pas encore cicatrisée.

La mère qui s'occupait en permanence de l'asile, une Indienne, passait des uns aux autres. Elle ne cessait de rire. Que faire d'autre ?

Dans une annexe, où on recueillait les enfants, ils étaient plus d'une centaine, retrouvés, certains sur des banquettes d'autobus, quelques-uns même dans des poubelles. À plus de 1 an, ils avaient la taille et le poids d'enfants de 3 mois.

Il y avait là une religieuse, une jeune novice originaire de Normandie. La seule Française : « Ceux, m'affirma-t-elle, qui sont logés dorment à sept par lit. À la saison des pluies, ils vivent dans l'eau et dans la boue. Presque un tiers de la population de Calcutta est à ce stade. »

Tout peut s'avérer relatif. La classe moyenne, à l'époque, à Calcutta, c'était, par exemple, ce couple, deux enfants et la belle-mère. Une pièce de trois mètres sur trois. Pas d'eau courante, mais une pompe à quelques mètres. Lui travaillait dans les chemins de fer. À partir du 15 du mois, un seul repas par jour. Les derniers jours, il négociait au marché noir sa carte de ravitaillement. Un privilégié...

C'était en 1969. À la porte des usines étaient assis des personnages ventrus et satisfaits qui attendaient leur proie : l'ouvrier traqué par son propriétaire auquel ils proposaient de prêter de l'argent lesté d'un taux d'intérêt de 10 %.

Calcutta était la capitale de l'État indien du Bengale. Le gouvernement régional, issu des élections, était communiste à tendance vaguement maoïste.

Cette évocation – que j'ai du mal, avec cinquante-deux ans de recul, à crédibiliser – n'a été possible que parce que j'ai retrouvé la description que je fis, à l'époque, de ma descente dans ce gouffre de sainte inhumanité. J'en ai gardé, en réalité, que deux souvenirs précis : celui de cet enfant sans bras, dont on m'expliqua que cette amputation par la lèpre constituait un bon gagne-pain familial et celui, ineffaçable, de ce visage comme raboté, poncé, dont les organes sensoriels n'étaient plus que des orifices. Ce sont les seuls chocs visuels que je n'ai pu totalement censurer.

Car le plus terrifiant, c'est que ce refuge de la sainteté pure (mère Teresa a été canonisée), cette manifestation du plus exemplaire, du plus sacrificiel des dévouements était totalement inutile !

****

De Calcutta à Recife, c'était comme passer de la misère moite à la misère sèche.

On sortait d'une contestation de la société de consommation et on eut droit, bientôt, au signal d'alarme tiré par un « Club de Rome » qui anticipait sur la thématique catastrophiste de l'obligatoire décroissance. Or, ces mondes-là n'auraient même pas osé rêver d'une petite part, d'une toute petite part du prétendu trop-plein de consommation et de croissance.

Recife, capitale du Pernambouc, État du Nord-Est brésilien où ils étaient alors déjà trente millions à se partager le même lot d'extrême pauvreté : des cocotiers altiers comme des panaches bordaient la blonde échancrure des plages, de vieilles églises portugaises aux blancheurs de chemises de gala se donnaient, tout soleil bu, des allures de grandes dames baroques. Mais, derrière ce mince rideau d'apparat, juste derrière, commençait la marge. Impression que ce décor-là n'avait qu'un revers.

On m'avait conduit – un prêtre en l'occurrence – dans le « mocambo » (à Rio, on disait favela) du Cock qui regroupait plusieurs dizaines de milliers d'habitants. L'anti-ville dans la ville. De loin, on eût dit l'allongement anarchique de campements de fortune. La rue centrale, l'avenue en quelque sorte, les Champs-Élysées, n'était qu'une bande marécageuse que les piétinements avaient aplanie et au long de laquelle se succédaient, accolées les unes aux autres, des cabanes de mauvaises planches dépareillées. C'était déjà un signe de richesse qu'elles fussent clouées. Je remontais la rue du « Bonheur », entre celle de « la Joie » et celle de « la Félicité ». Les « bourgeois » (car au sein de cette misère même s'était réimposée une hiérarchie sociale) disposaient d'une pièce de quatre mètres sur deux, meublée d'un unique bahut dépositaire des « trésors » de la famille : deux ou trois tasses à café, quelques petites cuillères, un bibelot. Au mur, l'ancêtre moustachu et au col dur, portrait qui avait été généralement acheté à un marchand ambulant. Marchand d'ancêtres. Il faisait face à une Vierge évaporée et triomphante. Un coin pour le réchaud à alcool, un autre pour le matelas.

Les moins favorisés, eux, étaient parqués dans de longs baraquements séparés en petites chambres que les propriétaires louaient au prix fort. L'eau, ce jour-là, était montée. La plupart des baraques étaient inondées. Des enfants au ventre énorme jouaient nus, en riant aux éclats, dans ce liquide glauque qu'investissaient les moustiques. Des cochons noirs et sales flânaient çà et là, comme s'ils étaient chez eux. Et ils l'étaient. Soudain, une grosse femme au visage grêlé avait levé les bras au ciel, à ce ciel auquel elle adressait cette lamentation : « Mais qu'est-ce qu'on va faire avec cette eau, nos enfants vont tous mourir ! » « C'est la faute à la Lune », lui avait expliqué le frère mariste qui enseignait à l'école du Cock. « Ah, la Lune ! » s'était exclamée la femme. Et, apparemment satisfaite, elle s'en était allée en rigolant.

Le soir tombait. Des jeunes filles, dont les robes de couleurs vives constituaient le principal investissement, commençaient à prendre le chemin des quartiers ouvriers. Donc riches. Pour exercer leur « travail ».

Ce n'était pas la misère physique qui, ici, était la plus insupportable (comme à Calcutta), mais la misère morale. La désocialisation de l'humain.

Mon ecclésiastique cicérone me présenta une femme qui attendait son neuvième enfant. Elle n'était pas mariée. Je lui demandai qui était le père. Elle éclata de rire : « Oh, ça dépend, chacun a le sien. » Elle les connaissait à peine. « Parfois, il y en a un qui passe et donne quelque chose ! » Sans quoi, de quoi vivrait-elle ? Elle gagnait mensuellement l'équivalent d'une aumône en faisant des lessives. Une autre, plus jeune, était poursuivie par deux garnements criards, l'un parfaitement blanc, l'autre complètement noir. « Ça dépend du père », me lança-t-elle en se fendant la pipe. J'avais auparavant interrogé les enfants. Ils m'avaient affirmé que leurs pères étaient morts à la guerre. Tous les deux ! Quelle guerre ? C'était, en fait, une réponse consacrée que les mères avaient comme institutionnalisé pour éviter les questions : morts à la guerre !

La misère, matière inflammable qui boue en son cratère ?

Pour s'en convaincre, ce n'était pas ici qu'il fallait venir. Frantz Fanon n'y aurait pas reconnu ses petits. Déjà, à Calcutta, c'étaient les fonctionnaires, nombreux, la petite bourgeoisie, les quartiers ouvriers qui avaient voté « communiste ». Les bidonvilles, eux, s'étaient abstenus.

Quand, au mocambo du Cock de Recife, un riche propriétaire avait voulu chasser certains habitants de leur cabane pour construire une usine sur leur terrain, ceux-ci, qui ne possédaient rien, fondèrent une association de « défense de la propriété ! ».

Une femme, dont le visage de glaise brune paraissait craqueler sous le soleil, m'avait apostrophé, l'air épanoui : « Je suis riche, vous savez. Dieu m'aide. Quand je n'ai plus rien à manger, il y a toujours quelqu'un pour me donner un morceau de pain. » Mais les gosses ? « Vous savez, quand on trouve un crabe, ils ont chacun une patte. » Et des crabes, énormes, il n'en manquait pas. On avait même théorisé le cycle : les crabes se nourrissent des morts et les vivants se nourrissent des crabes. Je ne sais pas si cette femme faisait de l'humour en ajoutant : « Ah, s'ils mouraient tous, ça arrangerait bien les choses ! Mais non, il faut toujours qu'il y en ait qui vivent. »

Si je n'avais pas retrouvé mes notes, je ne croirais pas qu'on puisse dire des choses comme ça !

Dans une cabane, qui servait de club pour les joueurs de cartes, un écriteau proclamait « Ordre et respect de la famille ! » La révolte ? Je n'avais entendu personne y songer. Un commissaire de police régnait en maître. Lorsqu'il arrêtait un homme accusé de larcins, il lui faisait mettre une jupe et le flagellait. Cette punition impressionnait beaucoup. Car tout, semblait-il, était accepté. Y compris (c'est ce qui m'avait le plus sidéré) les rapports d'exploitation qui s'étaient reproduits au creux même de ce total dénuement : l'hyper-capitalisme de l'hyper-pauvreté. Tel « privilégié », qui possédait un compteur électrique, vendait très cher à ses voisins la possibilité de se brancher dessus. Un autre, grâce à l'élevage de cochons, avait réussi à se procurer une vieille télévision et vendait des billets qui donnaient le droit de venir la regarder pendant une heure le soir. Le riche, ici, gagnait vingt fois moins qu'un ouvrier de São Paulo, mais il était dans une situation d'exploiteur.

Conscience politique ? Aucune. Aucune des personnes auxquelles je m'adressais ne savait qu'il y avait eu un coup d'État et que les militaires étaient au pouvoir. Le gouvernement c'était, à leurs yeux, une réalité vague, lointaine, éternelle, dont il n'y avait, de toute façon, rien à attendre.

Le frère mariste, qui vivait au contact de ce monde en marge, entendait, à l'en croire, « conscientiser » cette population. Entreprise « subversive » jugeaient, sur place, les militaires. Mais, plus encore qu'à ces galonnés, à quoi surtout se heurtait ce père ? À la religion opium : « Dieu l'a voulu », comme si l'Église de ce temps devait lutter contre les effets des semences généreusement jetées par l'Église du temps d'avant.

Joseph Servat, le prêtre français d'un diocèse toulousain qui travaillait depuis plusieurs années dans les plantations sucrières du Nordeste brésilien, m'avoua sa difficulté à nouer des contacts : il suffisait que le propriétaire prétendît que le prêtre était communiste pour que le vide se fît devant lui. Un communiste, c'est-à-dire le diable, le péché. Un tueur d'enfants.

Calcutta-Recife : c'était la nature du climat qui semblait faire toute la différence. Quand on mourrait rongé dans les soutes de Calcutta, on dansait dans les bidonvilles de Recife.

Dans un coin, un orchestre improvisé, accordéon, caisses, tabourets et fers à cheval, jouait une samba endiablée. Les femmes comme les gosses se mettaient à tourbillonner comme des toupies sans maître. Plus loin, dans un local sans fenêtre, on dansait encore, sérieusement, fiévreusement, sans un mot. Comme s'il s'agissait d'un substitut au boulot qu'on n'avait pas. Des hommes torse nu, en sueur, entraînaient des fillettes, des vieilles, des jeunes filles édentées. Des grosses mémères sautillaient en s'enlaçant. On oubliait.

Chapitre 48

Quand la gauche disparaît

Le général de Gaulle avait regagné définitivement Colombey.

J'y étais allé, un dimanche, assister à la messe, flanqué d'un célèbre photographe de presse, Manuel Bidermanas, bardé d'appareils et d'objectifs sophistiqués. Son épouse l'accompagnait munie d'une simple boîte Kodak qu'on offrait pour les premières communions.

L'Express publia, en une, une photo... mais c'était celle qu'avait prise l'épouse avec sa boîte Kodak.

La France se retrouvait avec un président nommé Alain Poher. Ainsi le voulait la Constitution puisqu'il était président du Sénat où il avait été élu... en 1946 !

C'était une incarnation. Mais de qui, de quoi ? De lui-même en tant qu'archétype. On aurait pu dire un « Poher » comme on disait une « silhouette ». Rondeurs partout : dans la chair, dans le verbe, dans la voix, dans la pensée. Un rien, mais enrobé. Un rien sénatorisé. Il y a des personnages dont une multitude de gens peuvent dire : « Il est comme moi ! » Là, même pas. Il était moins que beaucoup d'entre nous. C'est ce qui, à certains, plaisait : il n'était même pas comme eux. D'ailleurs, il n'était pas. Il était un genre, un monde. Un archétype, précisément. « Arché » étant plus important que « type ».

Or, à cet intérimaire, vint une idée baroque : succéder au général de Gaulle. Monsieur Perrichon après Bonaparte.

Le Trouhadec sans la débauche. Du moins voulait-on le croire.

Candidat pour représenter quoi ? Le « nulle part » qui espérait fédérer une majorité grâce au « partout ». Des socialistes mous à l'extrême droite dure en passant par le marais durement mou. On le disait « centriste », c'est-à-dire, dans la novlangue de l'époque, à la droite de la droite gaulliste.

Je n'ai jamais rencontré Alain Poher. J'aurais eu l'impression de ne rencontrer personne.

Donc, il se présenta à la présidence de la République. Face au favori Georges Pompidou, l'homme qui avait non pas poignardé de Gaulle dans le dos, mais l'avait canifé au flanc. Comment ? En rassurant, matois, « vous pouvez le dégager, ce n'est pas grave, je suis là ! »

Il n'en était pas moins le candidat de la droite gaulliste. Guy Mollet fut bien le patron de la gauche socialiste.

Poher était un Pompidou nul et flasque. Pompidou était un Poher talentueux et dense. « Blanc bonnet et bonnet blanc », dira le communiste Jacques Duclos. Mais il y a des différences de qualités, même entre les bonnets. De nuit ou de laine chez Poher. De jour et de haine chez Pompidou.

Duclos précisément : une boule qui ne marchait pas, qui roulait. Comme les « R » quand il s'exprimait : style enraciné. Sa fortune politique, il la devait à son terroir-caisse. Bien qu'il ne fût pas vraiment une bonne pâte, il avait été pâtissier.

Pourquoi était-il candidat lui aussi ? Parce que Jean-Jacques Servan-Schreiber avait réussi son coup à retardement : pas question de rééditer une candidature unique de la gauche. En fonction de quoi, puisqu'on avait écarté

Mitterrand de nouveau sulfureux, Gaston Defferre, qui s'en était décollé la première fois, cette fois s'y colla.

Pierre Mendès France aurait pu faire l'affaire, mais il refusait par hostilité aux institutions de la Ve République. Était-ce à dire qu'il fallait faire la grève de la consommation quand on était hostile au régime capitaliste ?

Mendès se présenta, cependant, en adjoint de Gaston Defferre à une élection qui ne prévoyait pas de vice-président. Doublement logique : c'était beau et ridicule.

Et puis on eut droit, normal, aux candidatures des représentants des grands mouvements de Mai 68 : aile gauche, Alain Krivine ; aile droite, Michel Rocard.

Rocard, on ne comprenait pas tout. Le problème de Krivine c'était qu'on comprenait tout. À eux deux, ils firent moins de 10 %. La part du « grand mouvement ». Mais ils prirent assez à Gaston Defferre, candidat des socialistes, pour que le score de ce dernier fût riquiqui. Krivine, du coup, s'incrusta, Michel Rocard se mit en selle.

Duclos, lui, et sa faconde de « crapule stalinienne » métamorphosée en éloquence ensoleillée de notaire de province radical, fit un malheur : 21 %. Rond pour rond, petit patapon, c'était autre chose que Poher. Il avait su capter l'élan social de Mai 68 dépouillé de l'idéologie libertaire soixante-huitarde laissée à Rocard et à Krivine. Le score de Jacques Duclos légitimait, en quelque sorte, la position qu'avait prise le Parti communiste par rapport au mouvement de Mai 68 : à la fois socialement accompagnateur et idéologiquement distancié.

Ensuite, le parti changea radicalement de position et il s'écroula. Personne ne s'avisa, cependant, de faire le rapport.

La gauche ne figurait pas au second tour. On ne savait pas que cela deviendrait une habitude. Bizarrement, on s'abstint de faire cette remarque : si elle avait été unie, comme en 1965, avec 35 % des suffrages c'est elle qui aurait affronté Pompidou.

Pompidou au second tour, bien sûr, écrasa Poher. Pour lequel avait demandé de voter le Parti socialiste qui avait peut-être anticipé François Hollande.

C'était une farce. Un sabotage de l'espoir de 1965.

Dois-je le confesser : au premier tour je votai pour l'horrible Duclos. Comme Mitterrand. Un coup de pied dans la fourmilière.

Au second tour, Pompidou. Il y allait de l'intérêt national et de l'honneur du pays.

Pompidou élu, il fit appel à Jacques Chaban-Delmas pour former le gouvernement.

Pompidou-Chaban : Raminagrobis et Bagheera. Le chafouin et le chat-fourré. L'un avait été résistant l'autre assistant. Résistant, Chaban, pas de la première heure, mais de la seconde et solidement de la troisième. Ce qui lui permit de gagner, à la force du poignet, la pochette-surprise dans laquelle se trouvait son grade de général. On ne pouvait concevoir personnages plus antinomiques. Le placide de fer et le fringant de velours. L'agrégé glouton et le sportif svelte. Personnage de Balzac, personnage de Stendhal.

Chaban, avec lequel j'eus des relations très amicales, était un être léger et attachant. Ce qui paraît *a priori* contradictoire. Agile, il occupa, une grande partie de sa carrière, la même place. Funambule assis. Un profil de sauteur et il sautait en effet. Quand il montait les escaliers, on eût cru qu'il était à l'entraînement. Sous la IVe République, il avait réussi à passer d'un parti à l'autre sans changer de convictions, ce qu'il expliquait par le fait que c'étaient les partis qui changeaient de convictions.

Sauteur, ai-je dit : sauf que, contrairement à François Mitterrand, il ne sautait jamais le pas. Il restait à bord. Il faillit avoir un destin, il eut une histoire. À la fois danseur mondain et capitaine de chevau-légers. Garçon coiffeur et mousquetaire. Athos au fond, plus que d'Artagnan. Les récits qu'il me fit de sa conquête de Bordeaux, dont il était maire et qu'il fallut libérer de la prégnance de l'ancien édile, Adrien Marquet, ex-socialiste devenu collabo (il neutralisa ses agissements occultes en feignant de lui faire faire la peau par des copains limite délinquants), ainsi que de ses pérégrinations d'après guerre, confinaient au roman picaresque. Son côté Gil Blas de Santillane. En fait, je voyais en Chaban une sorte de jeune premier des films d'avant guerre qui se serait fait lifter pour jouer les premiers rôles dans les films d'après guerre.

Y avait-il chez lui de la profondeur, de l'épaisseur ? Pas sûr. Sans doute pas, en vérité. Mais, technicien de surface, il avait su déléguer le fond à des « pointures ». Il avait fait partie du gouvernement Mendès France, et sa véritable sensibilité, de centre-gauche, était restée de ce côté-là. Pompidou, qui sentait bien que l'avoir emporté contre Poher c'était comme avoir gagné une course cycliste contre un unijambiste, l'avait-il choisi pour ça ? Peut-être. Mais, ce qui est clair, c'est qu'il le vira pour ça.

Plus probablement, l'inconscient de Pompidou lui fit choisir un vrai gaulliste pour se libérer de la culpabilité de ne l'être pas.

Chaban, donc, démarra sur les chapeaux de roues. Son discours d'investiture, qui appelait à la construction d'une « nouvelle société », se voulut casseur de baraques, même s'il se révéla surtout casseur de porcelaine. Il fut médiatiquement très bien accueilli. Autour de Pompidou, à qui le texte n'avait pas été préalablement soumis et qui en fit une jaunisse, on ne le ressentit pas comme une opportunité mais comme une mauvaise manière. Sans doute même une menace. « Autour de », « entourage » : expressions passe-partout qui désignaient, en fait, outre le frétillant Jacques Chirac totalement sous emprise, deux personnages qu'auraient pu prendre pour modèle Barbey d'Aurévilly : Pierre Juillet, l'éleveur de moutons et Marie-France Garaud, la femme à la cravache. Cette dernière, qui en avait dans le cigare, avait du chien et du chiendent. Ce qui motivait ces deux-là ? Le fait qu'un autre clan, autour de Chaban, contrebalançait la puissance de l'influence qu'ils exerçaient, eux, appuyés par Chirac, sur Pompidou. Il y a dans la politique un côté jeux d'enfants.

Chaban-Delmas reçut un accueil enthousiaste de la « majorité » à l'Assemblée nationale et il n'est pas sûr que, la jalousie faisant des ravages à l'étage du dessus, cela arrangeât ses affaires.

Ce n'était pas un orateur. Il parlait un peu du nez. Le tempo de sa gestuelle était souvent en décalage avec le contenu et même la rythmique du propos. Mais il était visiblement pénétré de l'importance novatrice de ce qu'il transmettait. D'autant qu'il portait le fardeau, dont il devait trouver l'impossible synthèse, du double message lancé, l'un par les insurgés de Mai 68 et l'autre par les électeurs conservateurs de juin ; et, à la limite, refiler, aux militants du « oui », le message qui était contenu dans la victoire du « non » au référendum.

J'assistai à cette séance. Je ressentis ce discours comme un moment fort (on n'en avait pas encore soupé des « moments forts »), mais, au-delà des formules qui marqueront, le « supplément d'âme », la « société bloquée » chère à Michel Crozier, je serais incapable, avec le recul, de résumer en quoi cette belle mercuriale, qui contenait des engagements sympathiques (concernant, en particulier, les cages d'escalier), esquissait un véritable projet de nouvelle société.

Du débat qui suivit, je n'ai retenu que cette formule, lancée par mon ami Christian Fouchet et qui visait non Chaban mais Pompidou : « Ça commence à Montoire et ça finit à Sigmaringen ! » Dernier cri du cœur et chant du cygne d'un vrai gaulliste.

La période que nous devions ensuite vivre, en matière de rationalité démocratique, fut assez hallucinante. C'est dire que, dans le cas de notre exemplaire Ve République, elle fut normale.

Qu'a-t-on vu ? La présidence déglinguer la gouvernance. Le pouvoir saboter le pouvoir.

En régime démocratique parlementaire, l'opposition au chef du gouvernement se fait à l'air libre, en pleine lumière, face à l'opinion publique, jusqu'à ce que, éventuellement, le Parlement, à l'issue d'un débat public, le renverse. En régime semi-présidentiel, semi-démocratique et non parlementaire, à côté de l'opposition officielle qui s'exprime au Parlement, ou dans la rue, il y en a une autre, opposition plus décisive en fait, celle d'en haut, qui agit dans l'ombre, dans les coulisses, non apparente, sans que l'opinion ait à en connaître.

De Gaulle-Michel Debré ; de Gaulle-Pompidou ; Pompidou-Chaban-Delmas ; Giscard-Chirac ; Mitterrand-Mauroy puis Mitterrand-Rocard ; puis Mitterrand-Cresson ; Chirac-Raffarin ; Hollande-Ayrault... autant de gouvernements qui furent renversés, remplacés sans que le public n'ait été pris à témoin des débats, des désaccords, des affrontements qui précipitèrent ces crises. Motions de censure décrétées au sommet sans débat parlementaire.

Turgot, Calonne, Necker furent renvoyés de la même façon et pour les mêmes raisons que Chaban-Delmas, mais personne ne prétend que la façon de les « dégager » procéda d'un républicanisme démocratique. C'était le bon vouloir du roi.

De l'inexpiable antagonisme Sarkozy-Fillon, l'opinion ne sut rien non plus.

L'affrontement Pompidou-Chaban, c'est-à-dire l'équipe Pompidou contre l'équipe Chaban, j'eus l'occasion de le suivre, de rencontres en rencontres, avec un mélange de délectation et de consternation. Drôle de manège en vérité. Un jour, je rencontrai le ministre Jacques Chirac qui vitupérait contre un gouvernement et un Premier ministre qui « faisaient la politique de [leurs] adversaires » (ils avaient - horreur ! - esquissé un processus de libéralisation de la télévision !). Un autre jour, j'échangeai avec Jacques Delors, conseiller de Chaban (avec Simon Nora), qui se déchaînait contre le « Château », c'est-à-dire l'Élysée, qui tramait en permanence des complots contre son propre gouvernement.

Sous la IVe République, il y avait un gouvernement sans cesse à la merci du Parlement, sous la Ve République, il y avait un gouvernement sans cesse à la merci de la présidence. Ici de grands orateurs, là des personnages de l'ombre menaient le jeu. Ici Clemenceau et là Pierre Juillet.

On arriva même à cette aberration, véritable affront à la démocratie parlementaire, manière de coup d'État, au fond, que le lendemain du jour où le Parlement lui avait voté massivement sa confiance, Chaban-Delmas fut limogé !

Chapitre 49

La mort du Général

Il y a des années qui marquent. Ce ne fut pas le cas de l'année 1970. Et pourtant... Y eut-il beaucoup d'années plus noires en temps de paix ?

En février, une avalanche de neige s'abat sur un immeuble de Val-d'Isère et fait trente-neuf morts.

En mars, le coup d'État de Lon Nol au Cambodge et le renversement de Norodom Sihanouk vont indirectement ouvrir la voie aux Khmers rouges.

En avril, un énorme ébranlement au plateau d'Assy, près de Saint-Gervais, écrabouille un sanatorium pour enfants et fait soixante et onze victimes.

Les Beatles se séparent en mai. Le même mois, à l'issue d'un séisme au Pérou qui a provoqué un effondrement de rochers, on recense plus de soixante dix mille morts.

En novembre, l'incendie du dancing le « Cinq-Sept » à Saint-Laurent-du-Pont, en Isère, fait cent quarante-six morts.

Le même mois, Hafez el-Assad prend le pouvoir en Syrie et, à l'orée de la nouvelle année, le 2 janvier, on relevait soixante-six corps à la suite de l'effondrement d'un stade à Glasgow, en Écosse.

Cette année 1970, disparurent Bertrand Russel, l'un des soleils intellectuels de ce siècle, l'un de ceux qui m'ont le plus apporté et influencé ; le coureur automobile McLaren tué accidentellement ; Alexandre Kerenski qui me fit le récit vécu, quatre ans plus tôt, du coup d'État bolchevique de 1917 dont il avait été la principale victime ; Luis Mariano qui, grande voix mais ridicule sur scène, illustrait ses airs de gestes d'enfants censés en souligner toutes les significations ; Elsa Triolet, François Mauriac, Jimi Hendrix, Bourvil (inoubliable dans *La Traversée de Paris* et improbable dans *Elle vendait des crayons*), Dos Pasos, Giono, Samson François, Fernand Gravey et...

Et le général de Gaulle.

****

J'eus ce privilège - je ne me souviens absolument pas pourquoi ni comment - de pouvoir me rendre à l'enterrement familial du Général, à Colombey, dans le train spécial affrété par les Compagnons de la Libération. Un wagon d'épopées. Des pans d'Histoire concentrés dans chaque compartiment. Je ne sais si la machine était à vapeur, mais les souvenirs l'étaient. Je voyageais dans l'année 1940. Les héros n'étaient pas fatigués. La SNCF les déshéroïsait et c'était mieux comme ça. Combien, parmi eux, avaient voté « non » à la Constitution de la Ve République ? Antigaullistes de 1958, parfois de 1969, ils étaient tous restés chevillés gaullistes de 1940.

Paris-Colombey : contraste voulu puisque ce formidable metteur en scène que fut le général de Gaulle avait tenu à organiser son départ mieux encore peut-être qu'il n'avait organisé son arrivée.

Quoi de plus efficace : opposer à des obsèques, un enterrement. À un cérémonial, une cérémonie. À Notre-Dame, il y avait les grands de ce monde. À Colombey, il y avait une parcelle locale de tout le monde, y compris les plus petits. Là-bas, un président solennellement enterré par les siens. Ici, un soldat porté en terre par son village. Là-bas, le gotha autour d'un catafalque et, ici, une foule ordinaire dans un cimetière de province. À Notre-Dame, le tonnerre des grandes orgues, à Colombey les pleurs aigres de l'harmonium. À Notre-Dame, le requiem d'une fin de sacre exceptionnel, la chorale du « Crépuscule des dieux ». À Colombey, le « Je crois en Dieu » qui monte les matins de recueillement des églises campagnardes. Ici, un ultime hommage. Là, un dernier adieu.

Ainsi s'en allait l'homme dont la dernière grandeur fut d'avoir osé dire « oui » à un « non » populaire, lui qui était, pour tant de peuples, ce géant qui avait osé jeter un jour son « non » solitaire à la face d'un « oui » misérable. Exceptionnelle osmose de ces vies villageoises comme autant d'histoires de chacun et de l'Histoire, cette collectivisation de ce que chacun donna de sa vie ; héroïsation de la normalité et normalisation de l'héroïsme, plus de différence : les anonymes voisins du libérateur se mélangeaient aux prestigieux compagnons de la Libération.

Ne pas avoir entendu, et pour cause, l'appel du 18 juin 1940, être trop jeune pour avoir encore à l'oreille l'écho des cloches de Notre-Dame qui, en août 1944, déchirait le silence de notre servitude ; ne pas avoir été de ceux qui, en mai 1958, appelaient de leurs vœux le retour de cette voix, avoir voté « non » au référendum de 1969 ne retirait rien, ce jour-là, à la lourde, à la presque oppressante impression d'absence.

Chapitre 50

Crise à *L'Express*

L'année 1970 fut aussi une année noire pour *L'Express* qui vécut une crise tout à fait emblématique.

En vérité, si la matérialité des faits (que Catherine Ney a très précisément rapportés dans ses mémoires) m'est clairement restée à l'esprit, leur étalement dans le temps y est devenu très flou. En résumé : JJSS, qui avait feint d'abandonner son journal à une équipe de « managers » et de responsables de la rédaction (et qui l'avait théorisé), entendait se ressaisir de son bébé, d'autant qu'il avait en tête d'en faire l'instrument d'un retour d'ambition politique.

Classique ! Presque banal.

Qu'on me permette, cependant, une parenthèse : il m'est arrivé de m'engager dans une aventure électorale. Je n'ai jamais demandé au journal que j'avais créé de la soutenir. Ni même de s'aligner sur mes propres éventuelles options. Je votai « oui » au référendum européen de 2005, mais je n'imposai pas cette ligne au journal que je dirigeais. Le « non » put s'y faire largement entendre. Et, en 2007, plusieurs choix présidentiels purent s'exprimer. Le mien ne fut pas dominant.

Surtout (en particulier à *Marianne*, mais il est vrai que je n'en étais pas propriétaire), je n'ai jamais cherché à récupérer un organe dont j'avais abandonné la direction sous prétexte que l'équipe qui avait pris la relève ne suivait pas exactement la ligne que j'avais impulsée (j'ai même, en vérité, par une forme de laisser-aller, de lâcheté peut-être, exagéré la propension inverse).

Donc, le fameux JJSS entendit reconquérir son journal, en même temps qu'il se lançait tête baissée dans la politique active. Coup fumant : à l'occasion d'une élection partielle, il s'était fait élire député de Nancy. Le hasard voulut qu'à l'époque je fusse éditorialiste de *L'Est républicain*, le quotidien de cette ville et de la Meurthe-et-Moselle (je le fus aussi, ce qui, avec le recul, m'apparaît tout à fait critiquable, de *Sud Ouest*, de *L'Alsace*, et de *La Dépêche du Midi*). Or, le directeur de *L'Est*, un patron de presse absolument exemplaire, Léon Chadé, qui était devenu un ami, avait totalement engagé son journal en faveur du perturbateur, m'expliquant, ce qui n'était pas faux, que la ville et la région ne pouvaient que profiter de la surface médiatique et du dynamisme de JJSS.

Il ne pouvait prévoir le pire.

L'Express, tout naturellement, avait été mobilisé pour soutenir la candidature de son patron quitte à se transformer parfois en feuille électorale. C'est tout juste si le siège de l'hebdomadaire ne fut pas transféré à Nancy.

La direction pompidolienne couinait. Moi-même, je multipliais - dans le vide - les mises en garde : mais c'était *son* journal.

Les choses se corsèrent quand le nouveau député lorrain s'empara, à l'abordage, du cacochyme Parti radical, qu'il rénova en le transformant en une machine de guerre schreibérienne et fit de *L'Express*, en quelque sorte, l'organe de cette formation politique (dont le « manifeste » fut presque intégralement publié en bonnes feuilles). Des cadres du Parti radical se retrouvèrent salariés par *L'Express* sans jamais y avoir écrit une ligne.

Plus tard, le Parti radical schreibérisé convergea avec le centre « lecanuétiste » pour former le « Mouvement réformateur » qui constitua le marchepied du giscardisme.

Comme disait l'autre, quand les frontières sont franchies, il n'y a plus de bornes. Déjà, les bénéfices de *L'Express* abondaient par gros flots l'activisme politique d'un JJSS, qui préférait la location de jets privés aux voyages en vulgaire chemin de fer, fût-ce en première classe, et descendait rarement - en fait jamais - dans l'équivalent des hôtels Ibis. À part le fait qu'il se nourrissait d'avocats vinaigrette, il menait une campagne politique comme d'autres faisaient la tournée de grands ducs, et trimballait volontiers sa « Cour » comme d'autres leur baise-en-ville. Elle en faisait d'ailleurs parfois fonction.

Mais le coup de massue était à venir. Voilà que se présente l'opportunité d'une nouvelle élection partielle, à Bordeaux cette fois, pour remplacer le suppléant de Chaban-Delmas. Le Premier ministre se porte donc candidat doté d'un nouveau suppléant. Il était maire de la ville, ce qui laissait peu de chance de le détrôner.

JJSS allait-il envoyer, à Bordeaux, un ponte de sa tendance ? Non ! Il s'envoya lui. Mais il était déjà député de Nancy ? Of course. Qu'importe ! Comme le général Boulanger en son temps, et comme Chirac après lui (député de Corrèze, maire de Paris, patron du RPR, candidat aux Européennes et candidat à la présidentielle), il était prêt à se présenter partout. On n'avait pas encore la possibilité de se faire représenter par des hologrammes.

Une fois de plus, *L'Express* fut mobilisé. Le journal couvrit l'improbable campagne de Bordeaux comme s'il s'agissait, ou presque, d'une élection présidentielle.

Naturellement, « Jean-Jacques » se planta. Dans les grandes largeurs. C'en était trop (expression qui lui était étrangère) : les directeurs salariés du journal qui, selon la théorie schreibérienne, étaient censés représenter le vrai pouvoir face à celui du capital, mirent les pouces. Ils démissionnèrent collectivement. Ils allaient, avec le soutien d'Hachette, et avec succès, fonder l'hebdomadaire *Le Point*.

D'où crise majeure.

Longtemps, à *L'Express*, n'exista qu'un seul syndicat, la CFDT, dont Georges Suffert était le patron, ce qui le mettait complètement entre les mains de la direction. Nous avions donc décidé, avec Albert Duroy, de créer une section concurrente que rejoignirent entre autres Danièle Heymann, Colette Gouvion, Michèle Cotta, Irène Allier, Serge Richard, Claude Roire et peut-être Jacques Derogy, mais je n'en suis pas sûr.

Mais c'est avec Jacques Derogy que nous entreprîmes une double action, ponctuée, bien sûr, d'assemblées générales continuelles : d'abord négocier une charte d'entreprise garantissant l'indépendance de la rédaction (l'avocat de la direction était Robert Badinter) et placer Françoise Giroud à la tête de la publication.

Nous campions, en réalité, sur une position intermédiaire : ni l'ancienne équipe éditoriale ni le pouvoir capitalistique schreibérien. On pourrait croire, avec le recul, que cela signifiait « ni avec les pompidoliens ni avec les pro-giscardiens », mais, en vérité, ces considérations politiques ne comptèrent pour rien. Notre objectif, totalement illusoire, et qui, à terme, échoua lamentablement, était de profiter de la situation pour asseoir l'autonomie de la rédaction.

C'est à l'occasion de cette crise que je devins très proche de Françoise Giroud et que je devais le rester.

Un soir, je me trouvais dans son bureau. On apporta une dépêche. On avait retrouvé le corps de son fils, qui avait disparu en montagne depuis assez longtemps pour qu'il n'y ait plus guère d'espoir. Elle la lut. Une sorte d'éclair de glace la traversa. Elle se raidit, se durcit. Elle ne cilla point.

Chapitre 51

Mes tribulations en Chine

La hargne de la droite pompidolienne contre Chaban-Delmas me rattrapa jusqu'en Chine. J'y accompagnais, en effet, la première délégation occidentale, en l'occurrence française, qui se rendait dans ce pays depuis le déclenchement de la révolution culturelle. Des parlementaires en faisaient partie, dont Maurice Papon et Alain Peyrefitte représentant le parti majoritaire. Ils ne se privèrent pas de poursuivre, entre Pékin et Shanghai, le débat qui enflammait notre droite hexagonale, Alain Peyrefitte étant de ceux qui déploraient le « gauchissement » de l'équipe Chaban (qu'il devait soutenir, cependant, lors de la présidentielle qui opposera l'ex-Premier ministre à Giscard... avant de devenir ministre de Giscard).

****

La Chine de la révolution culturelle c'était le trou noir. Un mystère. Des images d'hystérie collective, de lynchages instrumentalisés à glacer le sang. L'idolâtrie de masse haussée, sur ordre, au niveau d'un devoir théorique. Une Bible pour inquisiteurs remplacée par un Coran pour illettrés. Osera-t-on, un jour, déterrer les indicibles refoulés qui conduisirent certains, parmi les intellectuels, non seulement à normaliser, mais même à idéaliser ces himalayesques aberrations ? Certains, et pas du menu fretin, qui, presque tous, ensuite, hissés sur le pavois par une certaine presse de gauche, séviront d'une autre façon, de n'importe quelle façon, fût-ce en sens totalement inverse, ce qui en fera, alors, des héros des médias de droite.

Comment ces gens, dont l'arrogance du lendemain n'a apparemment pas pâti de leurs aveuglements de la veille, ont-ils pu en pincer pour un hyper-totalitarisme ratatiné sur lui-même qui ferait passer la plupart des fascismes pour de simples et presque aimables raidissements ?

****

Cette Chine en état de démence obligatoire et planifiée, avant d'y pénétrer, j'avais tourné autour, rencontrant à Hong Kong (la ville où je me suis le plus emmerdé) et à Macao des sinologues prétendument avertis, les plus pointus étant des jésuites apparemment plus au fait que ceux qui étaient liés aux services secrets britanniques.

De Macao, alors sorte de sous-Las Vegas aux yeux bridés envahi par les machines à sous, je ne me souviens que de petits bistrots portugais où l'on servait du vin jaune. Il est vrai que je garde surtout le souvenir, à Hong Kong, d'un petit restaurant nommé Le Trou normand, devant lequel un Chinois en sabots et coiffé d'un bonnet à pompon pouvait lancer aux potentiels clients « p'têt ben qu'oui, p'têt bien qu'non ! » (Un jour, à Hong Kong, un reporter de *Paris Match* me demanda s'il y avait des bateaux pour la Chine !)

Ensuite, je m'avisai que le Népal partageait avec la Chine une frontière commune qui traversait l'Himalaya. Je décidai d'y accéder pour tenter de recueillir les témoignages d'éventuels Tibétains ou Chinois qui fuyaient leur pays, sans me demander, légèreté impardonnable, dans quelle langue je m'adresserais à eux.

Depuis Katmandou, effectivement, une route menait jusqu'à la frontière chinoise. Je rencontrai un couple de coopérants français et leur proposai de tenter l'expédition en voiture, ce qui les émoustilla fort. Au bout d'une vingtaine de kilomètres : plus de route ! Elle était totalement effondrée, défoncée. Nous allions renoncer, quand un paysan descendu de la montagne nous fit comprendre, par gestes que, contre quelques pièces, il pourrait nous tirer de ce pétrin. Pourquoi pas ? Tope là ! Il lança, alors, une manière de cri et des dizaines d'individus - alors que tout nous avait paru désert - apparurent, dévalèrent les pentes et entreprirent, en entassant des pierres, de refaire la route devant nous. Quelques kilomètres plus loin, nouvelle absence apparente de route et même manège. Rééditée à trois ou quatre reprises.

C'est ainsi qu'au milieu d'un paysage époustouflant strié de cascades éblouissantes qui dégringolaient de pics vouvoyant en majesté les nuages, nous parvînmes à la fameuse frontière en empruntant une route que l'on refaisait à mesure devant nous.

Ce n'est qu'une fois arrivé au bout, alors, qu'en effet, quelques personnes isolées semblaient être parvenues à franchir la frontière pour se réfugier au Népal, que je pris conscience qu'elles ne parlaient que le chinois ou le tibétain, ce qui rendait toute communication impossible.

Je crus, en revanche, avoir une hallucination. Soudain apparurent, sur la route venant de Chine, deux personnages, correctement vêtus, bottés, portant chacun un gros sac à dos et coiffés d'une casquette sur laquelle était écrit « PTT ».

En effet, c'était La Poste. C'est ainsi que j'ai découvert que le français était la langue internationale en matière d'échange postal.

****

J'avais tourné autour mais, cette fois, j'étais en Chine.

C'était encore la Chine du costume unique, de la casquette Mao, du *Petit Livre rouge* et de la dictature de « Madame » sur la production culturelle. Lin Piao venait d'être liquidé (ou bien il aurait fui après avoir fomenté un coup d'État) et l'extrême folie n'était plus qu'une extrême tyrannie.

Nous parcourûmes le pays en tous sens, trois semaines durant, ayant droit, presque chaque jour, à un banquet gastronomique, les plats changeant d'aspect et de nature en fonction de la région. Il y avait même des régions sans riz. Rien à voir avec nos classiques restaurants chinois, devenus thaï, dont j'eus d'ailleurs l'occasion de vérifier que, à Paris, New York, San Francisco, Djakarta, Sidney ou Londres, ils servaient une cuisine radicalement différente selon les lieux auxquels ils l'avaient adaptée. Pour dégager la spécificité d'un pays, rien de mieux que d'analyser sa cuisine dite « chinoise ».

Expression culinaire très localement identitaire, donc, à ce détail près que, partout, on nous servit en entrée, et en guise apparemment de caviar, des holothuries - limaces de mer - que ne peuvent apprécier que ceux qui sont capables de se verser en fin de repas, en matière de digestif, un petit verre d'huile de foie de morue.

« Il faut bien comprendre, me dit un jour un Jacques Chirac qui n'était déjà plus à son top, que la Chine est un très grand pays. »

Très grand pays, certes, qui, outre la cuisine, nous fait changer, quand on la parcourt, de climat, de langue, de culture, d'ethnie. Ce à quoi, précisément, le communisme maoïste avait apparemment (autrement dit artificiellement) mis fin. Il avait réussi non seulement à unifier, mais à égaliser, à uniformiser à un point à peine croyable. D'une mosaïque, il avait fait un bloc. Les parties n'étaient plus constitutives du tout, elles avaient été dissoutes dans le tout, un tout qui avait éradiqué ses parties. Y être parvenu, c'est-à-dire l'avoir imposé, était à la fois inouï et effrayant. On n'allait plus d'une province à l'autre, on allait de la Chine à la Chine à travers la Chine.

Un jour, dans je ne sais plus quelle petite ville (un million d'habitants seulement), située à deux mille kilomètres de Pékin, je jetai une pointe Bic qui n'avait plus d'encre. Trois jours plus tard, à Pékin, solennellement, on me la rapporta ! Comment s'en débarrasser ?

Ce qui m'est resté de cette plongée dans une Chine maoïste fascinante et terrifiante, ce sont non des propos, car ils étaient eux-mêmes uniformes, répétitifs et lisses, mais, encore une fois, des images perturbantes, provocantes.

Ainsi, celle-ci : nous étions dans un hôpital, confinés dans un local carré entouré de vitres, transparent donc, en surplomb d'une salle d'opération afin d'assister à une intervention lourde. Pourquoi ce spectacle ? Pour nous montrer que l'invocation de la pensée Mao Tsé Toung permettait de faire l'économie d'une anesthésie. En l'occurrence, on trépanait une dame pour lui retirer une grosse tumeur de la tête. Pourquoi, bien qu'éveillée, resta-t-elle si calme ? Parce qu'elle tenait à la main le *Petit Livre rouge* !

On aurait pu faire remarquer qu'il faisait, donc, office d'opium.

Une autre opération consista à ouvrir un ventre pour en retirer une impressionnante boule, peut-être cancéreuse, le patient, apparemment non endormi, ayant été mis en condition grâce à la coalition de l'acupuncture et du *Petit Livre rouge*.

On nous rapporta, sans heureusement, cette fois, nous le montrer, l'amputation d'une main droite facilitée par l'intervention non du Saint-Esprit, mais de la pensée Mao Tsé-toung. Ce qui fit demander à un député de la délégation, face à des Chinois interloqués, comment ensuite le patient ferait pour pisser !

Mise en scène, évidemment, qui valait bien l'intervention de nos saints guérisseurs par simple imposition des mains. Je ne sais si Alain Badiou y crut.

Autre image, gratinée celle-là : un journaliste de radio, d'une maturité très intermédiaire, intégré à la délégation, avait, dans sa chambre d'hôtel, déchiré, peut-être pour s'en servir comme papier hygiénique, deux pages du *Petit Livre rouge*. Scandale énorme ! Crise diplomatique.

Alain Peyrefitte prit alors les choses en main : il nous ordonna de nous réunir tous, de faire cercle autour d'un officiel chinois et de lui-même, convoqua le délinquant pour, avec une incontestable autorité, lui intimer l'ordre de faire son autocritique publique.

Cela aurait pu être choquant. Ce ne fut que grotesque.

Nous eûmes droit à un opéra du genre *L'Orient est rouge*, avec ballet spectaculairement bondissant, à côté duquel le plus stalinien des films soviétiques s'apparentait à du Losey ou à du Fellini ; et aussi à un concert où l'on interpréta de grandes symphonies « révolutionnaires » qui étaient du Tchaïkovski en plus liquide.

Alain Peyrefitte me demanda deux notes sur cet aspect « culturel » qu'il utilisa pour son ouvrage *Quand la Chine s'éveillera.*

Un spectacle, politiquement neutre celui-là, intégra le congélateur de mes réminiscences. À Wuhan (je ne pouvais prévoir que cette ville deviendrait le foyer d'une pandémie universelle), centre métallurgique surnommé le « chaudron » de la Chine (j'ai compris pourquoi) où il faisait 44 °C à l'ombre, en particulier la nuit, sans la moindre esquisse d'air conditionné, sans même un seul ventilateur, simplement un bloc de glace dans une bassine qui fondait en une heure, je voulus, ne pouvant pas fermer l'œil, faire un tour dans les rues. Impossible ! Il n'y avait plus de rues. Elles étaient transformées en dortoirs : sur des kilomètres, elles étaient couvertes de lits que les habitants avaient sortis pour dormir dehors.

Je dois avouer, à ma grande et ignorante honte, que, visitant une usine textile, je fus impressionné par la primitive inventivité de machines à tisser qui intégraient un système de cartes perforées comme nos orgues de barbarie. Il s'agissait tout simplement des métiers que le dénommé Jacquard avait conçu, en France, en 1801.

Un autre « flash » fut la vision d'un appartement avec balcon situé dans un immeuble datant des années 1930 en face de notre hôtel à Shanghai. Ce devait être un deux-pièces cuisine de cinquante mètres carrés. Il pleuvait à verse. Aussitôt que la pluie cessa, une vingtaine de personnes se précipita sur le balcon. Une par deux mètres carrés et demi.

De nos nombreux entretiens avec des officiels représentant les domaines les plus divers, y compris avec Chou En-lai alors chef du gouvernement, je n'ai rien retenu tant les propos étaient mécaniques et stéréotypés. Il ne m'est resté à l'esprit que la confidence du jeune étudiant en français qui m'avait été adjugé en tant que guide interprète. Il me rapporta que des affrontements, faisant des milliers de victimes, s'étaient déroulés dans plusieurs villes, en particulier sur le grand pont de Canton, ville où nous nous trouvions quand il m'en fit l'aveu.

La Chine n'était pas le seul monde étrange que j'explorai à cette occasion. Il y eut aussi celui que constituaient les parlementaires qui formaient notre délégation. Ainsi un Maurice Papon, tiré à quatre épingles, droit dans ses mocassins, se posant en « philosophe » planant au-dessus de toutes les mêlées. Ce dont j'eus aimé qu'il m'entretienne, il ne voulait plus entendre parler.

Un député centriste de Vendôme avait failli provoquer un second incident, après celui du *Petit Livre rouge* : interpellant un certain monsieur Wong qu'il avait baptisé monsieur Tang, il s'était excusé ainsi : « Que voulez-vous, vous avez tous un peu la même tête ! »

Un autre gaulliste, Christian Poncelet, qui deviendra président du Sénat, avait une obsession : après chaque visite d'entreprise il demandait si les vestiaires étaient mixtes.

Un socialiste, de Saint-Nazaire je crois, se laissait aller sur la bouteille. De bière au mieux. Et un divers droite niçois ne cachait nullement qu'il attendait avec impatience la dernière étape, celle de Hong Kong, pour pouvoir, précisait-il pudiquement, « se faire masser ».

C'est lors de cette équipée qu'Alain Peyrefitte demanda à notre ambassadeur de pouvoir consulter les comptes rendus de la rencontre de Gaulle-Malraux dont il ressortait que Mao Tsé-toung n'avait pas dit un mot et que c'était Malraux qui était l'auteur des dégagements stratosphériques que, dans ses *Antimémoires*, il avait mis dans la bouche du Grand Timonier.

Chapitre 52

Septembre gris en Jordanie

J'ai évoqué, au début de ce livre, parce que cela interpelait le culte journalistique de « l'être là » (de la perception directe), le moment où, à Amman, en Jordanie, je ne compris rien à un combat, à un affrontement entre les troupes du roi Hussein et les Palestiniens, que j'avais pourtant vécu de l'intérieur, si bien qu'il fallut que des confrères qui, eux, piégés dans leur hôtel, n'avaient rien vu, me l'expliquassent.

Ce constat dérangeant a, certes, durablement imprimé ma réflexion sur le rapport au réel, mais il a fallu que je retrouve le compte rendu que j'en avais dressé à l'époque pour me remémorer le déroulement exact de cet épisode.

La ville ressemblait à l'Oran de *La Peste* de Camus. Comme une carcasse blanche qui gisait sous le soleil. Des monceaux d'ordures se consumaient, çà et là, en exhalant une fumée âcre. Plus d'électricité, plus d'eau, plus de transports publics.

Soudain, lorsque j'arrive au carrefour proche de l'ambassade américaine, retentit au loin le bruit étouffé ou mat des mortiers suivi du crépitement lent, maladroit des mitrailleuses lourdes. Puis, d'un seul coup, à droite, à gauche, tout près, partent des rafales de mitraillettes, au milieu desquelles surnagent quelques coups de fusil, que l'écho renvoie de colline en colline.

Le hasard fait, donc, que je me retrouve en plein milieu des combats, tout simplement parce qu'un rendez-vous m'a fait sortir de l'hôtel avant que la presse internationale n'y soit consignée de force par des commandos palestiniens.

Je partage une voiture avec le consul de France. Nous stoppons. Des balles sifflent (cette expression est totalement idiote, mais elle est consacrée) tout autour du véhicule. Nous, nous ne voyons rien. Qui tire sur qui, d'où, vers où et pourquoi ? Mystère ! Des gens s'en prennent à des gens. J'aperçois juste un jeune garçon de 14 ans au plus, presque un gosse, à genoux dans l'encoignure d'une porte, qui se crispe rageusement sur un fusil-mitrailleur trop grand pour lui. Il prend la rue en enfilade. Mais la rue est déserte. Des absences canardent des absences. Où est l'assaillant, où est l'assailli ? Dans quel camp suis-je ? Et, d'ailleurs, de quels camps s'agit-il ?

Un instant d'accalmie. Juste le temps de foncer vers l'ambassade américaine où des personnes, qui ne savent rien et qui voudraient sortir, échangent d'intéressantes informations avec d'autres personnes qui n'en savent pas plus qu'eux, et qui sont très heureuses d'avoir pu entrer. Le tout avec des mines défaites, car on vient d'apprendre que le conseiller militaire adjoint de l'ambassade a été abattu chez lui, devant sa femme et ses enfants, par un commando de « fedayin » en folie. Chuchotée comme si on se communiquait des adresses inavouables, cette nouvelle même semble flotter, comme irréelle.

Quelqu'un entre en coup de vent (le « coup de vent » est un ingrédient incontournable de ce genre de récit) et s'écrie : « Il paraît qu'un groupe du Fatah attaque en ce moment le siège de la radio. »

D'où tient-il l'information ? De quelqu'un, qui l'a dit à quelqu'un, qui l'a rapporté. Mais lui, le « coup de vent », au juste, qui est-il ? Trop tard : il a déjà disparu.

Je tente de jeter un coup d'œil dehors (un coup d'œil, comme chacun sait, se jette, mais ne se ramasse jamais). Aussitôt, cela se met de nouveau à hoqueter. Dans ces cas-là, on a toujours l'impression que quelqu'un vous en veut.

Retraite stratégique. « Ne vous faites pas tuer », lance le conseiller d'ambassade Drapper, comme s'il me proposait une tasse de thé. La sérénade s'intensifie, faiblit, s'éloigne, rebondit, se rapproche de nouveau, puis s'éteint sans raison apparente. Il est vrai que, pour qu'il y ait des apparences de raisons, il faudrait qu'il y ait des apparences. Même s'il y a des raisons. Or, une guerre civile urbaine ce sont des gus couchés derrière des murs qui tirent sur d'autres gus cachés derrière des murs, donc qui ne tirent sur rien et, de toute façon, comme soi-même on se cache, s'ils tiraient sur quelque chose, on ne verrait ni le quelque chose ni celui qui tire. C'est le seul concert où l'orchestre s'en donne à cœur joie sans qu'on perçoive le moindre instrument.

Nous sommes arrivés par des rues désertes, nous repartons par des rues désertes. Rien n'est plus spectaculaire que la vacuité totale d'un spectacle. Des barricades renforcées de vieux pneus barrent, ici et là, la route. Il n'y a personne derrière. Des morts ? Des blessés ? Il y en aurait plusieurs milliers, mais ces choses-là ne se rencontrent généralement pas sur la voie publique. D'ailleurs, un vivant qui se cache ressemble furieusement à un mort caché. Il faut donc se dire que les absences qui tirent doivent, de temps en temps, supprimer des absences qui ne tirent plus. Ou qui n'ont jamais tiré. On parle alors de « populations civiles cruellement éprouvées ».

J'ai souvent été confronté à ce dilemme : dans les guerres civiles, comment distinguer les pertes civiles des pertes de combattants qui sont des civils ? Quand on dit « l'armée tire sur des civils », il s'agit souvent de civils qui tirent sur l'armée.

Nous passons chez un correspondant français, qui tremble de peur dans sa cuisine. Des fedayin se sont embusqués dans la maison d'en face et font des cartons par les fenêtres de la salle de bains. Sur qui ? Sur rien ! Des cartons ! Ils tirent, voilà tout. Du moins, il me l'affirme car, pour le coup, je n'entends rien. De toute manière, si tout cela n'a aucun sens, on lui en donnera. Le sens, c'est comme l'essence, il suffit de faire le plein. Vais-je câbler à mon journal : voilà, en résumé, toute la journée, ça a fait beaucoup de bruit, mais je ne sais pas pourquoi ?

Justement, répétons-le, un certain nombre de journalistes ont eu sur moi l'immense avantage d'avoir été enfermés dans le grand hôtel où une cohorte de Palestiniens en armes (extrêmement lourde quant à ses armes, la cohorte, comme on dit dans les anciens textes grecs) les a gardés en otages. Ayant écouté les radios jordaniennes, palestiniennes, égyptiennes, israéliennes, la BBC, pouvant donc confronter les points de vue, ils ont eu tout loisir d'analyser la situation et de me l'expliquer : à moi qui ne pouvais pas embrasser globalement l'événement, puisque j'étais dedans. Je ne savais même pas qui avait gagné.

Je n'avais plus, alors, qu'à relier des images précédemment glanées à la trame qu'ils m'offrirent.

Ce jeune militant du FPLP de Habache, par exemple, dont la tête s'égarait dans un casque grand comme une soupière et qui patrouillait dans les ruelles de la vieille ville en faisant joujou avec sa grenade à main, exactement comme s'il s'agissait d'une balle en caoutchouc.

Ou ce commandant du Fatah qui (j'ai déjà évoqué cette scène) ayant découvert dans notre voiture une carabine munie d'un silencieux et, sceptique, l'ayant expérimentée, s'exclama « Mais si cela ne fait pas de bruit, à quoi ça sert de tirer ? »

Ou, encore, ce fedayi « édenté et boiteux » que nous ramassâmes sur la route d'Amman alors qu'il faisait de l'autostop avec sa petite valise :

« Mais que faites-vous là ? lui demandai-je par interprète interposé, on se bat en ville.

– J'avais droit, me répondit-il, à trois jours de permission. Je me reposais.

– Il paraît qu'il y a beaucoup de morts, ajoutais-je.

– Oh, nous, vous savez, fit-il, pas plus ennuyé que cela, on aime bien mourir. »

À la loterie du témoignage, j'étais tombé sur ce mélange d'amateurisme et de fatalisme. J'aurais aussi bien pu croiser l'héroïsme.

J'en tirai la conclusion, opinion qui n'était généralement pas partagée - et je l'écrivis -, que Hussein et ses Bédouins gagneraient la partie contre les Palestiniens. Il se trouve que j'eus raison. Au fond, cette fois, je n'en avais pas vu assez pour me tromper beaucoup.

****

Des images, des sons, il arrive aussi que l'on retienne des saveurs.

J'avais accompagné un groupe de combattants palestiniens, quelque part dans la nature, qui se donnaient à eux-mêmes le spectacle d'un très cinématographique entraînement. Tandis que certains escaladaient des hauteurs façon commando, d'autres, en contrebas, arrosaient la colline à la Kalachnikov, tout autour d'eux, à balles réelles.

Arrive l'heure fatidique du repas. Mais rien ne laissait supposer que quoi que ce fût ait été prévu pour la sustentation. Nous sommes cependant invités à nous asseoir en rond sur un semblant d'herbe. J'attends. Un commissionnaire essoufflé remet au chef un panier en osier à deux entrées. Je n'y prête pas trop attention, lorsqu'un journaliste algérien, assis à mes côtés, se lève soudain d'un bond, comme propulsé par un ressort : le chef vient d'ouvrir le panier et en surgissent deux serpents qu'il saisit l'un après l'autre pour leur arracher la tête avec les dents.

Démonstration de chef ! Il remet les deux reptiles dépouillés à son factotum, qui les enroule autour de deux bâtons, tandis qu'un autre improvise, avec quelques grosses pierres, une manière de barbecue. On nous explique alors que nous avons le choix, au menu, entre du serpent cuit et de la grenouille crue.

C'est la première fois de ma vie que j'ai mangé du serpent.

Chapitre 53

C'était mon père

C'est cette année-là, 1970, celle de toutes les tragédies, qu'un soir, je reçus un coup de téléphone qui me foudroya. C'était mon oncle, Jean-Claude, qui m'annonçait le suicide de mon père. Il avait sauté d'un train.

Comme un écroulement...

Pourquoi ? Qu'est-ce qu'il ne nous avait pas dit ? Qu'est-ce que nous n'avions pas cherché à savoir, que nous n'avions pas voulu savoir peut-être... ?

Avait-il attendu une main que nous ne lui avions pas tendue ?

Quelques semaines plus tôt, ce qui n'était jamais arrivé, il m'avait demandé de lui prêter de l'argent. Pas du tout une grosse somme.

Pourquoi avons-nous ignoré, pourquoi nous sommes-nous satisfaits d'ignorer qu'il était sans doute pris à la gorge ?

Il avait quitté le cours Godéchoux, avenue de La Bourdonnais, qu'il dirigeait depuis des décennies et dont il avait fait, de l'avis de tous ceux qui le fréquentèrent, un havre de disponibilité pédagogique. Les événements de Mai 68 l'avaient bouleversé, ébranlé. Et le fervent gaulliste qu'il était devenu (ou redevenu) avait retrouvé l'ardeur révolutionnaire, l'exaltation utopiste de ses 20 ans. Cette ardente volonté de transformation, il avait voulu la transmettre en entraînant toutes les équipes enseignantes dans un processus radicalement rénovateur. Frileuses, mentalement conservatrices (surtout les professeurs les plus marqués à gauche), elles ne l'avaient pas suivi. Il avait alors décidé de créer une école exemplaire, expérimentale (à sa demande j'y avais animé quelques échanges), mais comment et où avait-il trouvé les fonds, comment la finançait-il ? Pas un seul instant je ne m'étais posé la question.

Et, encore aujourd'hui, je l'ignore. Distanciation coupable ?

Je sens que j'aurais dû... quoi ? Précisément, je ne sais pas. Mais j'aurais dû... J'aurais dû savoir, chercher à savoir. Je suis convaincu, et ça n'a cessé de me travailler, de me tenailler, que j'aurais dû. Qu'il y eut sans doute une attente, même s'il était homme à l'étouffer. Une demande informelle et que, parce qu'on ne savait pas, que je n'ai rien fait pour savoir, rien n'est venu.

Il ne s'agit évidemment pas de culpabilité, mais de l'impossibilité d'une totale innocence.

Il y a une part d'égoïsme en nous, en moi, contre laquelle, au mieux, on ne cesse de lutter, nous le croyons, sans nous rendre toujours compte que nous saisissons toutes les occasions de multiplier les trêves et les armistices.

Il semble qu'ait agi comme un déclic, avant le geste fatal, une rencontre rugueuse, sans la moindre humanité, avec son inspecteur des impôts dans le XVIe arrondissement. Or, on apprit plus tard, à l'occasion d'un scandale qui défraya la chronique, que c'est précisément dans ce centre-là qu'avaient été négociés les arrangements délictueux en faveur de très grosses fortunes.

J'appris le suicide de mon père un soir, tard, un quart d'heure avant de recevoir chez moi à dîner un diplomate de l'ambassade d'Israël en France, Avi Primor, dont j'étais devenu l'ami après un voyage qu'il chaperonnait dans le Sinaï occupé jusqu'aux rives du canal de Suez.

Que faire ? Ne pas lui ouvrir ? Le renvoyer ? L'associer à mon anéantissement ?

Je n'ai rien dit. J'ai serré les dents. Nous avons dîné. Quand il fut parti, je me suis écroulé.

****

Je n'ai jamais oublié la lettre bouleversante que m'envoya Françoise Giroud à l'occasion de ce drame.

****

Notre père, Jean... Comment dire : s'il existait des saints, il en eût été. En mieux. C'est-à-dire en version humaine. Trop humaine. Un saint qui eût intériorisé son auréole au point que son visage même paraissait irradier cette auréole intérieure.

Une question m'a toujours obsédé, tourmenté : pourquoi une telle luminosité, une telle intensité intérieure n'a-t-elle pas été en mesure de se projeter plus puissamment dans l'espace et dans le temps ? Je veux dire : d'imposer une œuvre. Une grande œuvre. Pourquoi, de cette vivifiante lueur qui émanait de lui, notre monde ne put-il être plus largement éclairé ?

Un saint laïque. Il avait, en vérité, sa façon à lui d'être un saint et très particulière d'être laïque. Il parlait aux oiseaux. Ou il aurait pu. Il ne ressuscitait pas les morts, mais il réveillait les âmes endormies, rallumait les esprits éteints. C'était sa fonction. Il laissa venir à lui les grands enfants. Il n'entendait pas de voix. Encore que... Mais beaucoup entendirent la sienne qui les remit sur la bonne. Aucun ange ne lui apparut, mais en combien de cœurs, que même leurs proches envoyaient au diable, fit-il apparaître l'ange ?

Beaucoup des élèves du cours qu'il dirigeait, avenue de La Bourdonnais, étaient issus de la grande et bonne bourgeoisie. C'est dire qu'ils traînaient un handicap. Il les émancipa d'eux-mêmes. Il les rendit à la vraie vie. Car Jean Kahn - monsieur Dessertenne comme on l'appelait -, lui qui ne sut pas projeter au loin le monde qu'il portait en lui, eut ce don irremplaçable de révéler à beaucoup le monde qui résidait en eux.

Cette interrogation ne m'a donc jamais quitté. Pourquoi cet homme qui a tant donné, qui s'est autant donné, s'est-il à ce point retenu ? A-t-il autant retenu ? Pourquoi cet humaniste - ô combien ! - si généreux, pourquoi cet altruiste ouvert, largement ouvert à tous les grands vents non seulement de l'esprit mais de tous les esprits, trop estimais-je alors, a-t-il, en fin de compte (en fin de compte vraiment) verrouillé en lui le plus prodigieux, le plus immense, de ce qu'il recélait et avait à offrir ?

Il y avait chez lui (ça n'aide pas à atteindre un grand ou même moyen public) une quête janséniste, gnostique, cathare de la transcendance et de la quintessence. La transcendance comme fuite (il y a des fuites qui sont des recherches et des recherches qui sont des fuites), la quintessence comme camisole, autocamisole. La transcendance comme élan, la quintessence comme continuelle répression de cet élan.

Jeune, l'élan l'avait amené au communisme. Une part de lui allait au peuple, alors qu'une autre l'en exfiltrait. Évadé de son milieu familial, s'arrachant à sa classe qu'il prit en horreur pour aller au-devant de l'autre, idéalisée, il finit par s'arrêter, en quelque sorte, en chemin pour descendre en lui-même, quitte à creuser de plus en plus profond.

Le communisme ne fut pas son horizon, mais un moment de son ascèse. Ce n'étaient pas les « masses » qui l'avaient attiré, mais l'idée qu'une avant-garde pouvait les révéler à elles-mêmes. Ce fut au cœur finalement de sa pédagogie : être l'élu capable de révéler à l'élève l'horizon de ses potentialités. De se révéler soi à travers cette révélation de l'autre à lui-même.

Son rapport aux femmes fut peut-être du même ordre. C'est pourquoi il en changea.

La complexité était en lui. En lui qui, bien qu'il ait choisi la résistance gaulliste dès le 21 juin 1940, puis se fut engagé dans les FTP, ne cessa d'être habité, envahi et, en conséquence, déchiré, pendant l'Occupation (les lettres qu'a retrouvées mon frère en témoignent), par son rapport mentalement et tripalement passionnel à la musique, à la poésie et à la philosophie allemandes.

Mon père, donc, fut communiste, puis progressiste, puis ardemment gaulliste, puis, à sa façon, soixante-huitard. Non par engagement politique (je ne l'ai jamais entendu parler politique au sens strict du terme), mais par quête, là encore, d'une transcendance sécularisée. Terrestre.

Son refus, tout évangélique, du monde de l'argent le conduisit à ce chemin de croix qui se termina dans un train de banlieue.

A-t-on souvent poussé à ce point la tolérance envers l'autre et l'exigence envers soi ? Exigence si excessive qu'elle en devenait mutilante.

Fertilité inouïe, qui s'assèche peu à peu sous l'effet de la traque de toutes les facilités que cette fertilité aurait pu induire.

Ultra-concentration d'une pensée comme prise dans l'étau de sa propre rigueur en tant que pensée. Essorage de l'écriture par l'écriture même.

Paradoxe : le professeur Jean Kahn-Dessertenne s'imposa à des générations et à nous-mêmes, ses fils, par son sens de la vulgarisation didactique, par sa capacité à rendre même le plus complexe évident. Puis, dès lors qu'il était censé s'adresser non plus à des élèves, à des auditeurs, mais à des lecteurs espérés, il s'écrivait, en fait, à lui-même. Et en arrivait à complexiser jusqu'à l'évidence.

Il n'y a pas un domaine - littérature, poésie, musique, peinture, philosophie, épistémologie, morale, histoire et même, en ce qui me concerne, hélas, apprentissage du latin et du grec - dont notre père ne nous ait ouvert les portes. Au point que nous avons tous les trois été comme pénétrés, imprégnés par les apports de son influence.

Et, cependant, c'est en réaction à lui également que je me suis construit. Cet autoétouffement de sa puissance créative et créatrice, l'auto-oppression d'un aussi époustouflant talent n'ont cessé de m'interpeller et de me prémunir contre ce que, faute de mieux, j'appellerais l'« intellectualisme ».

Combien ai-je pu dévorer de polars après qu'il m'eut fait lire, à 14 ou 15 ans, *Le Tour d'écrou* d'Henry James et tenté de me faire ingurgiter jusqu'au bout l'*Ulysse* de James Joyce ? Ainsi que les Védas et les Upanishads hindouistes auxquels je n'ai évidemment rien compris.

Je me suis d'autant plus ardemment précipité vers Victor Hugo que son monde poétique oscillait entre Paul Valéry et un Saint-John Perse que je pris en grippe (mais aussi Novalis et Rilke).

Ma première clandestinité, n'ayant pas eu l'âge de la Résistance, fut de lire des illustrés en cachette non pas Karl Marx dont il m'aurait volontiers décrypté la dialectique (il le fit, d'ailleurs, plus tard, à propos de la *Phénoménologie de l'esprit* de Hegel), mais *Tarzan*, *Kit Carson* et *Bibi*

Fricotin. Ne fut toléré, grâce lui en soit rendue, que le *Sapeur Camenber.*

De combien de westerns et de péplums me suis-je nourri après qu'il m'eut régulièrement amené en pèlerinage à la Cinémathèque visionner des films muets, le parlant et la couleur s'apparentant, à ses yeux, à une manière de pollution. (Mais aussi, il est vrai, *Drôle de drame* de Carné qu'il portait aux nues). Je lui dois, entre autres, alors que ce n'était pas sa tasse de thé (mais rien, absolument rien, n'échappait à sa dévorante curiosité), la découverte des différentes approches structuralistes qui, pour ma propre réflexion, furent, pour le coup, structurantes.

Il s'en fallut de peu, en revanche, pour que sa tentative de me faire approcher l'*Éthique* de Spinoza dans sa version originale en latin ne me dégoutât de la philosophie.

Surtout, il y eut la musique, cet autre monde dont il sut faire notre monde commun, ces notes qu'il sut introduire goutte à goutte dans nos oreilles (bien qu'il fût incapable de retenir la moindre mélodie) et qui n'en sont jamais sorties. Au point que, comme la fameuse madeleine de je ne sais qui, tels accords des *Valses nobles et sentimentales* m'évoquent spontanément son visage.

Cependant, le rapport de notre père à la musique était un condensé de ce pourquoi je lui dois tout, en adhésion comme en réaction. Je l'ai dit, entre Monteverdi et Schönberg, avec une tolérance pour le prélude de *Parsifal* de Wagner, il y avait, selon lui, un trou que ne comblaient, de-ci de-là, que le *Clavier bien tempéré* et les derniers quatuors de Beethoven. Heureux qui n'a pas dû feindre, à 15 ans, de se pâmer à l'écoute de *Woyzeck* ou du *Pierrot lunaire.* Puccini, c'était de l'opérette. Une zone grise recouvrait les sonorités qui allaient de *La Bohême* au *Chanteur de Mexico.* Comme il chantait faux, à part Marianne Oswald parce qu'elle donnait l'impression de chanter faux également, et quelques adaptations de Prévert par Kosma, la chanson ne faisait pas partie de ses jardins secrets. D'où, comme une forme d'insurrection réactive, mon appétence pour l'opérette, la chansonnette et la comédie musicale.

Je dois à ce père l'accès à tous les livres qui, jusqu'à l'âge de 16 ans, ont peuplé ma cervelle et bouleversé mon âme (y compris, bizarrement, *L'Homme, cet inconnu* d'Alexis Carrel qu'il plaçait très haut). Mais je n'ai jamais oublié ce jour où, me surprenant à lire *Cyrano de Bergerac* qu'il paraissait assimiler à un roman de gare (du coup, je me suis farci des romans de gare), il me traumatisa, je l'ai dit, en me faisant remarquer, avec quelques condescendances, que cette Roxane ne valait pas tripette comparée à celle du *Bajazet* de Racine.

Je n'échappai pas non plus à ce classique qui consistait à dévaloriser le Waterloo brossé de façon épique et panoramique par Victor Hugo dans *Les Misérables* au nom de la bataille chaotique et pointilliste vue du petit bout de sa lorgnette que Stendhal fait vivre à Fabrice dans *La Chartreuse de Parme*. Il a fallu un livre de Régis Debray pour que j'ose avouer mon scepticisme à l'endroit de ce lieu commun (en réalité, si la totalité ne saurait étouffer le partiel, le partiel ne prend sens que par rapport à une totalité). C'est ce que j'ai tenté de montrer à propos des événements d'Amman en Jordanie.

Reste l'incommunicable, cette part seule de l'héritage de notre père auquel mes frères et moi nous arrivâmes à fermer totalement la porte : car, au-delà de sa recherche, toujours recommencée, de la quintessence, il poursuivit une quête, parfois compulsive, de la transcendance à travers sa fascination pour toutes, absolument toutes ses formes, de l'hindouisme au bouddhisme, zen ou pas, mais plutôt zen, du catholicisme originel au gnosticisme, y compris sous sa forme cathare, du jansénisme au calvinisme ou au piétisme, de saint Jean de la Croix (dont je lui suis reconnaissant de m'avoir fait lire les poèmes) à sainte Thérèse d'Avila, des mystiques et des ésotériques en général à la Gurdjieff (qui m'offrit, quand j'avais 10 ans, un magnifique cavalier mexicain en paille) et, *in fine*, de l'universalisme le plus éthéré à la fascination qu'ont pu exercer sur lui certaines sectes intellectuelles.

C'est ce côté « secte », au demeurant, ce rassemblement d'élus à l'avant-garde, qui l'attira un temps dans le Parti communiste d'avant guerre. Or, cela, comme boule de mercure sur toile cirée, glissa sur nous trois qui, d'abord croyants, élevés dans le catholicisme par une admirable mère chrétienne, avions basculé dans la radicale mécréance.

Contre lui ? Non. Ce fut la grandeur du personnage. Car c'est lui, en vérité, qui nous a fourni tous les instruments intellectuels, conceptuels, rationnels qui nous ont permis de nous dégager de ce qui, rationnel chez lui, l'était si peu.

Non seulement il n'a jamais cherché à nous intégrer à cet aspect de lui-même, mais, si nous n'y avons pas mordu, c'est parce que tout ce qu'il avait fait de nous, culturellement, philosophiquement, nous incitait à n'y pas mordre.

Penser contre soi-même. Jean Kahn en était capable. Mais, mieux que cela, il nous a appris à penser, grâce à lui, avec lui, malgré lui mais avec son assentiment, s'il le fallait, contre lui-même.

Chapitre 54

Derrière un micro

À *L'Express*, tout ce que nous avions négocié et obtenu était devenu chiffon de papier. Françoise Giroud avait été chapeautée, sinon remplacée, par un porte-flingue aux ordres, sorte de condottière de la Renaissance échappé d'un tableau de Goya, profil de rasoir à barbe, sans foi ni loi, mais « grande classe » !

Le journal était devenu l'organe inavoué du Mouvement réformateur lecanuéto-schreibérien.

Un dimanche, un candidat se réclamant de cette sensibilité gagna une très ordinaire élection cantonale partielle à Darnetal en Normandie. *L'Express* en fit un titre de une ridicule : « Le coup de tonnerre de Darnetal ! »

Je multipliais, quand je n'étais pas en vadrouille, les protestations. Un jour, je fus convoqué en haut lieu mais, quand je me présentai au rendez-vous, il n'y avait personne. Le soir, tard, un motard en gants blancs m'apporta chez moi, à domicile, une missive. Il y était dit que j'étais un journaliste formidable (on allait jusqu'à préciser « un des meilleurs de sa génération », ce qui était poussé un peu loin la flagornerie) d'où il résultait, si j'avais bien compris – et j'avais bien compris – qu'il fallait se débarrasser de moi. En bref, j'étais licencié. J'avais, en fait, déjà pris mes distances en assurant, de façon intermittente, des chroniques matinales pour la radio Europe 1 en clôture du journal de huit heures présenté par Claude Guillaumin. Mon renvoi de *L'Express* me permit d'accepter, sur le conseil d'Ivan Levaï qui intervint en ce sens, la charge d'un éditorial quotidien. La première prestation fut en dessous de tout. J'en tirai aussitôt les conséquences correctrices.

Un édito radiophonique était écrit (sans quoi impossible de le calibrer). Écrit de façon écrite. Et lu également de façon écrite. J'entrepris donc, d'emblée, de l'écrire dans un langage plus parlé de façon à pouvoir le lire comme si je le parlais… en laissant quelques espaces pour l'improvisation et même l'hésitation. Cela permettait, en l'insérant dans ma voix et dans ma respiration, de vivre le propos ou, plus exactement, de l'habiter. De le rendre, en quelque sorte, plus physique. Je tentais d'abolir la distance entre nous et l'auditeur qui ne nous voyait pas, de ne pas feindre la dé-responsabilité. Ce n'était pas un « hors de nous » qui déblatérait, c'était « nous » : en l'occurrence c'était moi, ce qui impliquait de ne pas jouer une fallacieuse objectivité froide, mais d'assumer le fait que c'était moi qui m'exprimait avec le plus d'honnêteté possible, c'est-à-dire sans nier la part ineffaçable d'apriorisme constitutif de ce moi.

Autrement dit, l'honnêteté exigeait que je ne camouflasse pas ma part irréductible de subjectivité.

En permanence m'obséda cette auto-interpellation : ce que je fais, ce que j'ai le privilège – car c'en est un – de pouvoir dire, est-il utile ? Rien ne m'a autant systématiquement obnubilé que cette question de l'utilité. Ai-je contribué non seulement à faire découvrir, connaître, comprendre, réfléchir, mais également douter ? Ma courte expérience enseignante me fut d'un grand apport.

Je m'appliquais à rééquilibrer le poids des événements de politique intérieure en ouvrant largement sur l'international et en intégrant le plus souvent possible les dimensions culturelle et sociétale. Éditorial engagé si l'on veut (comme si tout « dire public », ne nous engageait pas ?), mais, même dans sa reconnaissance de subjectivité, grâce à elle, plus objectif au fond que les mercuriales de ceux qui, pour faire passer la pilule (gouvernementale à l'époque) affectaient une mensongère neutralité. Mercuriales apparemment radicalement non militante, mais, en vérité, radicalement plus partisane.

Je choisis le risque inverse : apparaître militant pour radicalement récuser toute optique partisane.

Il y avait, cependant, le revers du médaillon : le danger de la personnalisation à laquelle il m'arriva, à l'occasion et à tort, de sacrifier. Au risque que le rapport de l'auditeur au propos devienne un rapport de l'auditeur à la personne. Et débouche, alors, sur ce paradoxe que mon militantisme assumé (au sens strict du terme où militer pour le vrai et le bien est un militantisme) brouille et relativise la radicalité de mon approche résolument non partisane.

De toute façon, à l'époque, sur les grands médias, toute saisie d'une réalité à travers un prisme normativement et consensuellement droitier était naturellement assimilée à la normalité, donc à une forme de neutralité, voire d'objectivité.

Pour assurer un édito quotidien à huit heures du matin et, ensuite, un journal à deux voix personnalisé, je devais me lever à quatre heures trente (ce qui, en hiver, partant dans le noir et arrivant dans le noir, n'incitait pas à l'euphorie) afin d'être sur place, rue François-Ier, avant six heures, de prendre connaissance des informations de la nuit, de choisir un thème et un angle et de rédiger une bafouille illisible qu'heureusement une secrétaire nommée Maria était capable - seule - de déchiffrer.

Ensuite, après avoir répondu à quelques coups de téléphone qui n'étaient pas tous de chaudes félicitations (il arriva que ces auditeurs réactifs fussent Giscard d'Estaing ou Jacques Chirac), j'allais au café L'Athénien prendre un petit déjeuner, certains en compagnie de Francis Blanche, qui assurait une séquence drolatique, puis je rentrais à la maison me recoucher, prenant un bain après mon réveil entre onze heures et midi, ce qui me donnait l'illusion de commencer une seconde journée.

L'éditorial de huit heures à l'époque, que Jean Ferniot assurait sur RTL, atteignait presque sept points d'écoute, quelque trois millions d'auditeurs, alors que trois points aujourd'hui feraient sauter au plafond.

Durant les quelque six années que j'officiais à Europe 1, et jusqu'à ce que je fusse débranché, je ne subis aucune forme de censure, ni même de pression. Ce fut tout ou rien. D'abord tout, ensuite rien.

Europe 1, bien qu'ébranlée par les purges de l'après-Mai 68, avait le vent en poupe. La station était dirigée par Maurice Siegel, dont les fastueux émoluments n'avaient nullement lissé le parler faubourien d'ancien collaborateur du *Populaire*. Son chauffeur, un type dont les pieds restaient enfoncés dans la mélasse du réel, et qui n'avait pas sa langue dans sa poche, représentait « son » peuple, (et il était très peuple en effet), si bien que le moindre de ses jugements devenait parole d'Évangile.

Jean Gorini, le patron de la rédaction, qui avait commencé avec Zappy Max dans les émissions sponsorisées par les shampoings Dop (un sosie d'un membre du duo des « Frères ennemis » qui avait mystérieusement disparu et qu'on n'a jamais retrouvé), était, bien que je le soupçonnasse de sophistication culturelle camouflée, le bon sens basique personnifié et partageait avec le mâle français, non pas moyen, mais emblématique, une solide misogynie.

La rédaction, assez soudée, fonctionnait encore comme une famille. On y était plutôt « de gauche », y compris l'ami Robert Chapatte, le Mozart du reportage cycliste, et Roger Coudert, qui transformait chaque match de rugby en bataille de Marengo. Très à gauche même, certains, comme Jean-Claude Dassier, excellent professionnel, un nerveux qui, par provocation, se définissait comme « stalinien » et devait l'être, effectivement, vu qu'il se donna ensuite à la droite la plus musclée tout en le restant. (Il devait devenir un ponte de TF1.) Gérard Carreyrou, l'intervenant politique qui venait du PSU, déserta lui aussi cette rive pour celle d'en face. Ivan Levaï excellait dans l'interview dirigée et hachée. Un certain Jean-Pierre Berthet, qui couvrira la justice sur le petit écran, moins joyeux drille que ses copains, me séduisait par sa belle conscience professionnelle. Un journaliste, chargé des flashs nocturnes et syndicaliste Force ouvrière, présentait cette intéressante particularité qu'il faisait collection de pots de chambre. Bernard Pivot fut en charge, un peu avant moi, d'une chronique humoristique. Ensuite était calée une séquence de divertissement qui anticipait, mais de façon plus détendue, sur la future mode de la dérision programmée. Elle fut assurée, entre autres, par Roger Pierre et Jean-Marc Thibault, Roux et Combaluzier version « Branquignols », mais aussi par Francis Blanche, ses canulars téléphoniques et ses détournements de publicités. C'est en sa compagnie, parfois, je l'ai dit (il était toujours en pantoufles), que je prenais mes petits déjeuners au cours desquels il laissait poindre une douloureuse sensibilité d'écorché vif (ses poèmes révélaient ses déchirures intérieures).

Un jour que je lui demandai bêtement sa définition du rire, il me répondit : « Quand on me pose cette question, je n'y suis pour Bergson ! »

L'homme auquel Europe 1 devait son assise financière, Sylvain Floirat, le « *deus ex machina* » de la société Matra, venait, à des occasions carillonnées, nous rendre visite et ne manquait jamais de nous vanter la qualité de ses châtaignes du Périgord. Un jour que je dînais à ses côtés, il se claqua les fesses et me lança : « Tu vois mon petit, ce cul-là il vaut tant de millions ! » En fait, je crois qu'il s'agissait de milliards.

Le problème, puisque je devais éditorialiser quotidiennement, c'est que je ne pouvais plus me rendre sur place, aux quatre coins du monde, pour confronter mon jugement à la réalité du terrain. C'est en arguant de ce handicap que j'obtins donc de la direction d'Europe 1 qu'elle m'organisât et me financât (en échanges publicitaires, je présume) chaque année, en juillet et août, pendant deux mois, un tour du monde qui me permettait de me rendre sur les lieux qui étaient ou avaient été « chauds » durant l'année, afin de nourrir mon approche des événements qu'ils avaient traversés ou traversaient.

Pour l'organisation de l'un de ces voyages, une jeune stagiaire, ravissante et bardée de connaissances, ex-collaboratrice de Mendès France, fut chargée de l'intendance. C'était Anne Sinclair.

Chapitre 55

Le monde Pompidou

Pompidou avait remplacé Jacques Chaban-Delmas par Pierre Messmer. C'est tout juste si on se souvient que, ministre des Armées sous le général de Gaulle (pendant neuf ans), il fut chef du gouvernement de la France deux ans durant.

C'était un type d'une fidélité, d'une authenticité et d'une simplicité rares. Pas génial, pas charismatique pour deux sous, assez peu agile intellectuellement, du genre à se mettre les médias à dos plutôt que dans la poche, aussi progressiste que Mélenchon est un réformiste mou, il n'en était pas moins un type épatant.

D'abord, lui - ils ne furent qu'une poignée - avait choisi de résister à l'occupant et à la forfaiture pétainiste dès juin 1940 (alors qu'en juin 1942, le futur maréchal Juin était encore au service de la politique de « collaboration » et allait négocier avec Goering). Mesmer avait gagné Londres et, au titre de la « France libre », avait participé aux combats de Bir Hakeim, à la bataille d'El-Alamein et à la libération de Paris. Je l'entends encore me raconter avec délectation, lui, le solide croyant, comment, après avoir participé à la tentative gaulliste ratée sur Dakar en 1941, il fut excommunié par l'évêque du cru résolument pétainiste.

Il était resté militaire dans l'âme et, lors de sa nomination à Matignon, son épouse s'attira de lamentables moqueries pour avoir osé ce clin d'œil : « Il sentait bon le sable chaud mon légionnaire ! »

Ministre, il avait « décolonisé » l'armée, l'avait purgée de ses prurits putschistes tout en la lançant dans l'aventure de la force de frappe nucléaire. Le genre d'asticot que les grands médias n'apprécient guère.

Il était si peu mondain que, lorsque nous déjeunions, il choisissait toujours le restaurant du Musée de la chasse !

À ses convictions (et à ses principes), il dérogea très rarement. Un buté. Il s'opposera au traité de Maastricht, préconisera le « non » au projet constitutionnel européen, soutiendra Chirac contre Giscard, mais, en 2002, votera Jean-Pierre Chevènement qu'il jugeait plus gaulliste que Chirac.

Pour le mettre au rancart, on le propulsa à l'Académie française, bien qu'il n'ait rien produit qui le justifiât. Justement pour ça !

****

Le gouvernement Messmer avait un an quand le président de la République, Georges Pompidou, m'invita à déjeuner à l'Élysée. Nous étions quatre ou cinq, dont le journaliste Philippe Alexandre. Au menu, ce qui constituait une innovation culinaire majeure : tripes à la mode de Caen ! Cela aurait pu être, compte tenu des goûts de l'hôte qui déteignirent sur son disciple, Jacques Chirac, du petit salé aux lentilles.

Ces plus de deux heures d'échanges, portant sur les questions qui faisaient débat à l'époque, m'ont si durablement marqué que, exceptionnellement, j'en ai retenu l'essentiel et que, tout aussi exceptionnellement, j'en ai rédigé un résumé le soir même.

Il y eut quelque chose de très profondément troublant dans cette longue conversation autour d'une revigorante table. (Pompidou, qui voulait me mettre en condition, me lança d'emblée, aimablement roublard : « Vous, vous ne nous aimez pas, mais au moins c'est intelligent ! », ce que son chargé de communication, Denis Baudoin, me rappela ensuite systématiquement quand il voulut me passer un message). Intelligent ? Rarement je n'ai recueilli, de la bouche d'un président, propos qui l'étaient autant, plus denses, plus brillants même, tout en ayant la sensation d'une déconnection de cette intelligence d'avec l'évolution d'un monde auquel elle appliquait des analyses déphasées. D'un monde dont, en fait, cette intelligence étouffait toutes les effervescences qui en troublaient la limpidité. Un monde dont les plus radicales mutations se diluaient dans le déploiement d'un éblouissant bon sens qui, en quelque sorte, les avalait.

Revenait, comme un leitmotiv, dans le discours pompidolien, tel qu'il se déployait devant nous, l'idée que Paris, haut lieu de l'avant-gardisme de gauche, était totalement décalé par rapport au traditionalisme conservateur qui dominait une province dans laquelle, lui, il était enraciné. Or, tous les scrutins électoraux avaient démontré que Paris, au contraire, s'était, pour un temps, ancré à droite, alors que la province, l'Ouest et l'Est en particulier, était en train de basculer à gauche.

La vieille SFIO, à laquelle il avait adhéré dans sa jeunesse, venait-elle d'esquisser sa transformation en devenant le Parti socialiste, le « PS », qu'il en riait. C'est quoi le PS ? Du menu fretin : ridicule !

La seule évocation du nom de François Mitterrand provoquait chez lui une réaction méprisante et presque haineuse ! Un rien dont suintait tout !

Surtout, une sorte de douleur et de rage mélangées le tenaillait. Il n'avait toujours pas digéré les rumeurs calomnieuses qui, dans le sillage de l'affaire Markovitch, avaient visé son épouse, en quoi il voyait une volonté « complotiste » de l'assassiner politiquement.

Les faits, pour les moins de 40 ans : le cadavre d'un certain Stevan Markovitch, l'homme à tout faire (c'était le cas de le dire) de l'acteur Alain Delon, traînant, comme on dit, « un passé trouble » - litote -, congédié parce que soupçonné d'avoir entretenu une liaison avec Nathalie Delon, sa co-patronne, avait été retrouvé, résidence inhabituelle même dans ce monde-là, dans une décharge publique des Yvelines. Plus mort que vif. Aussitôt des soupçons, légitimes, s'étaient portés sur un autre truand, François Marcantoni, proche lui aussi d'Alain Delon, qui avait lui-même beaucoup fréquenté ce milieu, autrement dit « le » milieu. Plus tard, le journal que je dirigeais alors, *Marianne*, fut lourdement condamné pour l'avoir rappelé, précisions à l'appui.

Or, un autre truand nommé Boriboj Akov, déterré à la prison de Fresnes, avait affirmé que Claude Pompidou, la femme du futur président, avait participé à des parties fines (pourquoi fines ?) en compagnie de Markovitch dans une villa de Montfort-l'Amaury. Le compte rendu de cette pseudo-révélation avait été transmis au ministre de l'Intérieur, Raymond Marcellin, qui en avait référé au ministre de la Justice René Capitant, un gaulliste de gauche anti-pompidolien. Des photos compromettantes, mais truquées, circulaient.

L'affaire était remontée jusqu'au général de Gaulle, qui avait laissé froidement tomber : « Voilà ce qui arrive quand on fréquente le monde et le demi-monde. »

Le couple Pompidou fréquentait, en effet, entre autres, le couple Delon.

L'hebdomadaire d'extrême droite *Minute* avait consacré au « scandale » plusieurs pages d'insinuations et, plus tard, l'avocat Jacques Isorni, qui avait défendu le maréchal Pétain, relança la rumeur.

Pompidou était convaincu qu'il avait été victime d'un coup monté et que c'étaient les gaullistes de gauche qui avaient été à la manœuvre. Il affirmait, et il le répéta devant nous, avoir conservé, dans un cahier relié cuir, les noms de tous ceux qui l'accusaient ou qu'il soupçonnait de lui avoir gravement manqué.

L'affaire continuait visiblement à l'obséder. Il y avait, cependant, quelque chose d'irrationnel dans sa hargne : d'abord, parce que celui qui avait retransmis les « révélations » sulfureuses en haut lieu, Raymond Marcellin, n'était pas, loin de là, un gaulliste de gauche et, qu'en outre, il le garda comme ministre. Et, surtout, parce qu'il était étrange, compte tenu du contexte criminel réel et du pedigree des personnages en cause, de reprocher au ministre de la Justice d'avoir diligenté une discrète enquête. Fallait-il, *a priori*, tout étouffer sous prétexte que le nom de l'épouse de l'ancien Premier ministre avait été cité ? Étouffa-t-on « l'affaire des fuites », autre coup monté dirigé, celui-là, en 1954, contre François Mitterrand ?

En fait, le seul auquel il aurait eu des raisons d'en vouloir c'était Couve de Murville qui, alors qu'on l'avait chargé de le prévenir, s'en était abstenu.

Propos intelligents et brillantissimes ai-je dit, même quand ils me paraissaient porter de redoutables contresens : c'est, en effet, avec conviction et verve que Georges Pompidou, après nous avoir déclaré qu'il faudrait dynamiter la tour Montparnasse mais développer les voies sur berges, défendit devant nous l'idée que ce n'était pas la circulation automobile qui devait être adaptée à la ville, mais la ville qui devait être totalement adaptée à la circulation automobile !

Brillant encore, lorsque, défendant son refus d'accorder la grâce à Buffet et Bontems, coresponsables d'un meurtre en prison, l'un ayant tué et l'autre regardé et sans doute approuvé, nous expliqua que le plus coupable à ses yeux était celui qui avait accepté, voire conseillé l'acte criminel sans oser le commettre.

Le Pompidou de 1970, je le revois très distinctement : le masque avait déjà pris de la rondeur, la voix était plus écorchée, la lèvre plus sceptique. Son regard, pointé comme une épingle, semblait venir de plus loin encore et le double menton prenait peu à peu ses distances. La maladie (que j'ignorais) déformait déjà les traits et gonflait outrageusement l'expression. Mais ce visage, chaudement chafouin, très « matou-vu », restait profondément rassurant. Il était à l'image non pas de la France, mais d'une France : la France de Pompidou précisément. Celle des gros bourgs qui sommeillaient doucement au rythme de l'angélus ; des volets qui s'entrouvraient quand passait l'étranger dans la petite ville du bord du fleuve ; celle qui oscillait le dimanche matin entre le bistrot et l'église, l'église et le cimetière, obsédée par ses murs mitoyens, réveillée par ses désirs, endormie par ses nostalgies et divisée par ses aigreurs ; qui, pour rien au monde, ne se serait dessaisie – on ne sait jamais – de ses emprunts russes que le grand-père avait relégué dans une lessiveuse ; celle des premières autoroutes le dimanche soir ; du fiston qui va au sport d'hiver grâce aux économies de papa.

Mais aussi, mais surtout, en fait, la France de l'expansion économique, de la modernité financière, du véritable décollage industriel, des villes nouvelles, des grands ensembles, du jeune cadre dynamique qui baladait son cœur dans un attaché-case, celle, enfin – sa marge en quelque sorte – qui ouvrait son œil avec la tombée des cours de bourse pour ne se réveiller totalement qu'aux accents de l'orchestre de Chez Régine. Un collier de chiffres pacotilles agrémenté d'indices en guise de diamants susceptible d'égayer même un visage d'énarque froid comme un vestibule de clinique privée. La France du tiercé, de la mercerie du coin, de l'hôtel Jeanne-d'Arc et d'Abyssinie réunis, des monuments aux Morts, des cafés de la Gare, du chou farci et du vin Préfontaines, du scoubidou, du bilboquet, du patte d'éléphant et du hula hoop, des wagons de 3e classe et de la 1re dans le métro, des cols Claudine et des élèves qui se levaient à l'entrée du prof, des avortements clandestins et des blagues « anti-PD », de la société des agrégés et d'André Bergeron, de la météo marine et de la famille Duraton, de Roger Gicquel et de Denise Fabre, de Jean Nocher et de Zappy Max, de la Vespa et de l'Aronde, de « Dop-Dop-Dop » et de Ripolin, de *Britannicus* diffusé en prime time et de *Bonne nuit les petits* en guise de clôture, de Robert Lamoureux et de Roger Nicolas, de Kopa et d'Anquetil, de Fernandel et de Jacqueline Maillan.

C'était cette France-là qui était en train d'imploser. Avait déjà implosé. Et Pompidou lui-même, au fond, qui avait décoré son bureau de l'Élysée de tableaux de Soulages et feignait d'en pincer pour « Johnny » (et en pinçait vraiment pour Guy Béart), l'avait intégré.

Il l'avait intégré, mais sans en prendre vraiment acte. Il était déjà un fils de la France montante, mais restait convaincu qu'il fallait politiquement et socialement s'accrocher à celle qui restait immobile.

Or, elle bougeait, cette France, et la tragédie fut que cet homme, à bien des égards remarquable, se refusera à accompagner et donc à corriger les retombées de ce bouleversement. Car elle bougeait pour le meilleur comme pour le pire.

Le meilleur : outre le zénith des Trente Glorieuses, la courbe ascensionnelle de la modernité économique, l'héritage de Mai 68 (la hantise de Pompidou), la réforme universitaire et scolaire (dont certaines dérives engendrèrent le pire), les prémices du féminisme et de l'écologisme, l'autorisation de la vente de la pilule contraceptive, la mensualisation, les avancées sociales obtenues à Grenelle, en constituaient l'armature.

Le pire, je m'étais échiné à le pointer sans beaucoup de succès à *L'Express*. J'avais effectué une enquête à partir d'un incendie très meurtrier qui avait ravagé un foyer de migrants maliens en Seine-Saint-Denis géré par des marchands de sommeil. J'avais également alerté sur les conséquences socialement dévastatrices de l'éloignement de plus en plus éprouvant des lieux de travail et des lieux de résidence, ce que, en tant que maire de Meulan, devait expérimenter et décrire Brigitte Gros, la sœur de JJSS, à qui j'en avais beaucoup parlé, dans un livre à succès, *Quatre heures de transport par jour* dont on fit également un film, *Elle court, elle court la banlieue* consacré à la détérioration du temps et des conditions de transport. À Europe 1, aborder ces questions devint plus facile. Elles constituaient l'un des leitmotivs du livre que je publiai en 1975, *Chacun son tour*.

J'y relevais que la distance moyenne de l'habitation au lieu de travail était passée, en vingt ans, de huit à quinze kilomètres, que 16 % des salariés utilisaient au moins trois moyens de transport pour se rendre à leur travail, que 30 % des personnes qui prenaient le train à dix-huit heures dans la région parisienne n'étaient pas chez elles avant vingt heures, que la gare Saint-Lazare voyait passer chaque jour l'équivalent de la ville de Toulouse : mille quatre cents personnes à la minute aux heures de pointe, les migrations alternantes ayant augmenté de 25 % en six ans. Ainsi, la moitié de la main-d'œuvre de Saint-Ouen arrivait chaque matin de Paris ou d'une autre banlieue et la moitié des habitants de Saint-Ouen allait chaque jour travailler ailleurs. Résultat : douze voyageurs au mètre cube aux heures de pointe.

J'insistais, dans cet ouvrage, qui allait, hélas, dans tous les sens, sur un phénomène qui, quarante-cinq ans plus tard, devait dominer toute la problématique économique et sociale : l'embourgeoisement des centres-villes tandis que les pauvretés et les précarités s'entassaient dans leur pourtour, disparaissant ainsi des regards de l'élite. Auto-mise à l'écart d'une France périphérique. J'écrivais : « La misère d'aujourd'hui, matérielle ou morale, peut-être, d'une certaine manière, assimilable à celle d'avant-hier qui commençait à quelques kilomètres de Versailles, avec ses paysans qui épouvantaient La Bruyère, mais La Bruyère les voyait quand il prenait la route, il ne pouvait pas ne pas les voir. Aujourd'hui, la misère a ses quartiers réservés. Cachée : hier, elle était partout ; aujourd'hui, elle n'est plus que quelque part : derrière. Hier, elle était ici, aujourd'hui, elle est là-bas : derrière. Boutée hors des villes, elle a sagement rejoint les réserves que la spéculation foncière lui assignait. Pleins feux sur nos centres enfin libérés. À défaut d'éteindre le paupérisme, on ne l'éclaire plus. Il y avait 40 000 ouvriers dans le XVe arrondissement de Paris, il en reste 25 000 en transit. 42 % de la population du quartier Glacière était ouvrière en 1954, 20 % en 1968. »

Je découvre même, avec stupeur, que j'y relevais déjà, alors que la polémique faisait rage autour de « l'horrible » prévision d'un chômage qui pourrait dépasser la barre des cinq cent mille, la difficulté de répondre à certaines propositions d'emploi à cause non seulement du manque d'attractivité des salaires et des conditions de travail, mais aussi de l'inadaptation des formations : « Il y avait, à Bordeaux, 800 jeunes sans emploi : on leur offre 100 postes à occuper immédiatement dans la mécanique et la construction électrique : 50 candidats, 33 se présentent finalement, 7 seulement se rendent sur le lieu de travail. »

À me relire, je découvre que je voyais - à tort - dans le pompidolisme apparemment triomphant, l'émergence de ce qui, dans le sillage du reaganisme et du thatchérisme, apparaîtra comme le « grand tournant néolibéral » :

> Tout gain premier doit être gros d'un gain second, même si la « réalité » qui a permis le gain a disparu entretemps, au point qu'il n'y a plus, entre l'offre et la demande, d'autre médiation que celle du vent. L'avoir efface l'être : il n'existe plus, en définitive, qu'un seul privilège qui est le pouvoir, détenu par une minorité, d'être capable, peu à peu, d'acheter tous les autres. On spécule sur la mer, on boursicote sur la terre, on vend de l'air à crédit, l'information est tributaire de la réclame, donc de l'illusion commercialisée. Agir, c'est s'enrichir !

Je n'avais rien vu. Et la France était plutôt en retrait.

Aucun grand patron ne gagnait deux cents (ou cinq cents) fois ce que recevaient ses employés. On ne parlait ni de « stock-options », ni de « retraite chapeau », ni de « parachute doré ». Les actions étaient encore connectées à des valeurs réelles, les entreprises n'appartenaient pas à des fonds spéculatifs.

Il faut toujours se méfier. Il arrive que ce qui apparaît comme le pire ne soit qu'un avant-propos.

Chapitre 56

Premier contact avec le populisme

« Les couilles du général sont un trésor national » : cette saillie inoubliable, je l'avais recueillie à Buenos Aires où venait de revenir le général Juan Perón, après des années d'exil à Madrid.

C'était le dernier reportage que j'avais effectué pour *L'Express*. Une plongée dont je n'imaginais pas à quel point, quarante-cinq ans plus tard, en pleine incandescence populiste, elle serait d'actualité.

Buenos Aires : j'aime cette ville au carré. Cité géométrique qui n'en finit pas de continuer. Cet hiver-là, les murs ne parlaient qu'un seul langage : le péronisme. Le graffiti au service du culte de la personnalité. Pas d'autres dérivatifs que les incantations amassées sur la tête d'un vieillard de 77 ans. Un pays à ses pieds, guettant ses désirs, mendiant sa volonté, s'opposant à lui en se réclamant de lui.

Quatre mois plus tôt, l'Argentine, sortie de la dictature militaire, avait élu triomphalement un président du nom d'Héctor José Cámpora. En fait, c'était une ombre portée. Un lièvre. Le peuple eût plébiscité une chèvre, ce qu'il était, si Perón le lui avait demandé.

Puis l'ombre avait regagné, en démissionnant, le royaume des ombres : plus rien qu'un vide peuplé d'arrière-pensées avec, en son centre, Perón qui attendait et se taisait.

Dictature, démocratie, socialisme, capitalisme : le choix ne semblait plus dépendre que des coups de tête de celui qu'une majorité du peuple avait décidé être son reflet, son inconscient. Perón obsédant, omniprésent, inévitable. Perón plus, Perón moins... car, n'avoir absolument rien de commun n'empêchait nullement le gauchiste et le fasciste, le libéral, le réformiste ou le collectiviste de clamer ensemble, de scander ensemble « Oui à Perón ! » Mais Perón plus ou Perón moins ? Les mêmes slogans incantatoires n'ayant plus, alors, le même sens. En cinq lettres, comme « merde », une communauté qui se prenait elle-même en otage, investissait toutes ses angoisses, toutes ses déchirures, toutes ses contradictions, ses mensonges et ses ruses.

Imaginons un instant : une foule menée par Cohn-Bendit, Geismar et Krivine défilant, aux côtés de Malraux et de Raymond Aron, au cri de « Nous voulons de Gaulle ! », tandis que le de Gaulle en question, flanqué de Pasqua, de Le Pen et de Poniatowski, concocterait les détails de sa prise de pouvoir et que tracteraient en sa faveur des rescapés de l'OAS.

C'est très exactement à une scène semblable que j'allais assister. Trente mille jeunes gens défilant comme au pas de charge, en cohortes serrées, le complet veston dernière mode côtoyant le poncho lessivé et les vieilles frusques qu'on se repasse de frangine à frangin, des visages pâles et des visages bruns, du sable et de la glaise mêlés, ceux-là qui venaient des beaux quartiers après passage à l'université et ceux-ci qui venaient des barrios après passage par l'école de la rue et tous de scander, accompagnés de tam-tams et de grosses caisses : « Si Evita vivait, elle serait guérillero ! » Slogan ésotérique qui résumait toute l'ambiguïté du péronisme ressuscité. Evita qui ? C'était, bien sûr, la première épouse de l'ancien Caudillo, la « madone des descamisados » (la « madone des sans-chemise »). Et les

« guérilleros », c'étaient ces jeunes péronistes qui avaient allégrement réalisé la synthèse de leur idole figée par l'âge et du « Che » immortalisé par sa mort, c'est-à-dire la dimension néofascisante du grand-papa général et le romantisme révolutionnaire marxisant de ses enfants chéris.

Et les voilà, eux, les gauchos radicaux qui n'avaient pas hésité à abattre un général Aramburu, un « réactionnaire » qu'ils avaient kidnappé, hurlant en cadence : « si Evita vivait, elle serait guérillero ! ». Et c'est ainsi que la star comblée, parée, qui savourait, dans le doux confort des manteaux de vison qu'elle affectionnait, l'ivresse d'un pouvoir presque absolu bien qu'occulte, mettant son aura de femme fatale au service d'un culte personnalisé dont elle était l'emblématique vestale, disparaissait pour ne plus laisser place qu'au mythe qu'elle incarnait : une voix qui avait rencontré un peuple, un peuple qui avait retrouvé une voix.

Le « peuple des sans-chemise » avait surgi un jour des faubourgs où devaient se consumer son anonymat et cette voix suave mais rocailleuse à la fois, comme dans les « films à téléphone blanc », avait su porter cette frustration et ces espérances, leur donner le visage lumineux d'une « étoile » dont la passion communicative, sincère sans doute, transfigurait l'altière beauté espagnole jusqu'à faire penser irrésistiblement à une Vierge de Murillo... Ruy Blas, le valet séduit par la reine intouchable, le ver de terre amoureux d'une étoile : c'était ça, pour un peuple trop longtemps aphone. Sortir de cette dualité : ou bien continuer à prier la madone des églises dissimulant ses charmes supposés immaculés sous des déferlements de perles et d'or ou bien fantasmer, dans les cinémas de banlieue, devant les divas aux jambes de déesse qui attrapaient leur amant au lasso de leurs œillades langoureuses. Intervint alors le miracle : Marie pleine de grâce sortit de sa chapelle et Maria Félix de son studio pour, en une seule personne, venir lui parler à ce peuple, de lui, de ses problèmes, de ses frustrations. Et à lui parler son langage. Il n'avait plus besoin, soudain, ce peuple, de voler ou de mendier, au cinéma ou à l'église, les rêves des autres. Les icônes des autres. Il avait désormais la sienne : Evita !

Il n'y a que le détournement de mineur qui soit sanctionné par la loi, pas le détournement de leader. Evita pensait le peuple à la place du peuple. Le peuple pense Evita à la place d'Evita. Le gaullisme aussi connaîtra, un jour, ce retournement de situation.

Seulement, le veuf remarié, lui, n'était pas mort. Et c'est vers un être de chair et d'os que se dirigeait la frémissante cohorte.

« *Perón presidente, urgente ! Urgente !* »

Or, si Evita n'était plus, lui n'était plus beaucoup. Ce n'était pas à une présence que l'exigence s'adressait, mais à quinze ans d'absence. Et ce qu'ils revendiquaient, au fond, ces péronistes qui n'avaient pas connu le péronisme, avec une espèce de fureur, c'était une manière d'exclusivité dans leur rapport avec celui qui était revenu, comme avait été exclusif le rapport de leurs pères avec celui qui était parti. Quiconque s'interposait entre eux et lui était donc un imposteur. Quiconque d'autre captait son attention l'avait, en fait, « kidnappé » (et, en plus, c'était vrai). L'intrus qui bénéficiait de la confiance de Perón n'était qu'un Shylock qui dévorait sa chair.

Car la vérité, la dure vérité, la terrible vérité, en effet, c'est que lui, Perón, le vrai, trônait là-bas, dans son palais-salle d'attente, entouré d'une camarilla d'adultes réactionnaires et d'aventuriers fascisants, pris en main par sa nouvelle épouse, Isabelle, qui était à la première, Evita, ce que Nadine Morano est à Arlette Laguiller. Et le « kidnappeur », secrétaire particulier du général, ministre du « Bien-Être social », un certain José López Rega, était un charlatan d'ultra-droite qui faisait tourner les tables et lisait dans le marc de café. Le « Libertador » était tombé entre les mains d'un sorcier. Et c'est de cet envoûtement qu'il fallait libérer le Caudillo. Ce qui donnait - si l'on conservait la rythmique rimée propre à toute formule magique - ces slogans destinés à effaroucher les mauvais anges :

« Oui, c'est vrai que notre but
est de chasser ce fils de pute. »
López Rega en l'occurrence.
« López Rega sorcier, si tu continues,
nous t'enfoncerons ta boule de cristal dans le cul. »
Ou encore :
« Ni femmelettes ni pédales,
nous sommes les guérilleros du général. »
Et enfin, le sublime :
« Les couilles du général sont un trésor national. »

Situation inouïe et qui serait inconcevable hors des engouements nationaux-populistes (mais Trump était-il concevable ?) : un vieillard malade en guise de « Líder Máximo », un demi-fou fascisant à la place de Richelieu, une danseuse de cabaret à la vice-présidence et à la future présidence et, comme garde prétorienne, des syndicalistes de la CGT argentine dont la mitraillette était le principal instrument de travail connu.

Perón mort (ce que seuls les plus lucides avaient prévu), la mystification apparut dans toute son affreuse nudité.

Chapitre 57

Basculement dans l'ère Giscard

Ce soir-là, la télévision (la deuxième chaîne, je crois) diffusait un film particulièrement traumatisant inspiré par un pogrom antisémite à Kiev au début du siècle dernier.

Soudain, arrêt sur image et apparition de la tête d'un journaliste que je connaissais bien : il annonçait la mort du président Pompidou. Or, officiant à l'époque à Europe 1, il avait commis en direct un lapsus et annoncé, déjà, la mort de Pompidou au lieu de celle du général de Gaulle. Jean Gorini, le patron de la station, toujours en direct, lui avait demandé d'aller se reposer. Si bien que ma première réaction devant mon poste fut de m'exclamer : « Mais c'est un tic ! »

Mais non, Pompidou venait bien de casser sa pipe. À vrai dire, elle n'était pas flambante. À Europe 1, Jean-Pierre Joulin, qui avait suivi son dernier déplacement, nous avait décrit la spectaculaire dégradation de son état physique. Mais ces choses-là, à l'époque, ne se disaient pas. Moi-même, je m'interdisais d'y faire la moindre allusion. (M'y serais-je risqué que j'aurais été fermement rappelé à l'ordre). Ce qu'on faisait de son corps faisait partie de la vie privée. L'état de son corps également. François Mitterrand privatisa son cancer.

Plus tard, au courant de l'existence de Mazarine, la « fille cachée » de François Mitterrand, dont François de Grossouvre m'avait entretenu, j'avoue avoir gardé l'information pour moi sans le moindre trouble de conscience.

En quoi cela, au fond, nous concernait-il en tant que citoyens ? Aussi anti-bonapartiste que je sois, je me fous des enfants illégitimes qu'a pu semer Napoléon.

Donc, motus, on s'interdisait de gloser sur les amours Giscard-Mireille Darc, Mitterrand-Dalida (et pourtant, il y eut quelques mois où leur seule activité consista à filer ces parfaites amours) et sur la supposée liaison de Chirac-Claudia Cardinale. Désormais, en revanche, surtout depuis que Sarkozy nous a faits témoins de ses conquêtes et que François Hollande ne nous a rien laissé ignorer de ses cavalcades et escapades, on déballe sans complexe. Il serait donc inconcevable qu'un président atteigne le même degré de détérioration corporelle visible que Pompidou sans que l'ensemble des médias, et tout particulièrement les télévisions d'information en continu, n'en fasse le sujet phare de leurs confrontations permanentes. Aujourd'hui, les quintes de toux d'Emmanuel Macron feraient la une. Un progrès ?

Le lendemain matin, à Europe 1, se produisit un « couac », comme on dit à tout bout de champ, tout à fait ahurissant. Cette radio, qui était à la pointe du « yéyé » et ne lésinait pas sur le rythme anglo-saxon, ne diffusait jamais de rengaines anciennes. Or, colossale surprise, très tôt ce matin-là, on put entendre à plusieurs reprises une « scie » datant des années 1920 qui racontait l'histoire d'un certain « Tintin » affecté d'une inflammation de son « fondement » et qui, devenu président de la République, lors d'une cérémonie officielle à l'Élysée, ne parvenait pas à s'asseoir car – c'était le refrain – « il a mal aux reins Tintin ».

Or, Pompidou, précisément, « avait mal aux reins Tintin ».

Par quelle aberration, ce matin-là, justement, et exceptionnellement, avait-on exhumé cette vieillerie ?

Deux jours plus tard, alors que les hagiographies du défunt inondaient les ondes, je reçus, juste après mon intervention, un coup de téléphone de Jacques Chirac. La raison exacte, je l'ai oubliée, il s'agissait de rectifier un détail, ce qui me parut surtout lui servir de prétexte à s'affirmer comme le garant d'une orthodoxie, donc comme le légitime héritier à terme du défunt.

Deux semaines plus tôt, alors qu'il avait été promu ministre de l'Intérieur, il m'avait inopinément et étrangement invité à venir le voir à une heure tardive, à son bureau du ministère. Pas un mot sur l'état de santé du président. Un échange convenu, presque surréaliste de vacuité (ce qui était assez rare chez lui), jusqu'au moment où, comme en passant, il se lamenta – j'hésitai à lui prêter mon mouchoir – sur le fait que *Le Canard enchaîné* s'apprêtait à publier (il le savait puisqu'il contrôlait les renseignements généraux) un article sur un château qu'il avait acquis en Corrèze et fait restaurer au titre des « monuments historiques », donc sur fonds publics. Un château ? Une simple bâtisse, pour ne pas dire une bicoque, m'affirma-t-il, ne comprenant pas plus de huit fenêtres : on lui aurait donné le bon Dieu, malgré l'absence de confession. Le pauvre homme !

En fait, j'en eus très vite la confirmation, il s'agissait bien d'un petit château.

À l'évidence, le travaillait la crainte qu'un impondérable dérangeât le plan qu'il avait déjà en tête.

Les grandes manœuvres démarrent effectivement très vite. Chaban-Delmas, qui subodorait un coup de Jarnac, tire le premier en se portant candidat. On lui reproche : il n'a même pas attendu que le cadavre refroidisse !

On tente, d'abord, de lui jeter le brave Pierre Messmer dans les pattes. Puis Valéry Giscard d'Estaing, qui ne pensait qu'à ça même entre deux rasages, sort du bois.

Les premiers sondages sont favorables à Chaban que soutient le parti gaulliste majoritaire.

C'est alors que Chirac entreprend de saper systématiquement cette candidature. Le restaurant chinois le « Tong Yen » (situé à l'époque près du métro Franklin-Roosevelt) servira de QG aux comploteurs qui cherchent à débaucher le plus de gaullistes possible pour les rallier à Giscard d'Estaing. Pour la petite histoire, lors d'un déjeuner que je partageais avec Chirac, justement dans ce restaurant, il parvint à se faire servir... une choucroute ! Il avait appris, en effet, que le chef chinois avait gagné, anonymement, le concours de choucroute de Strasbourg.

Les giscardiens auraient dû faire classer cet établissement qui fut l'antre de la trahison, mais, hélas, il n'existe plus (il est devenu « japonais »).

On assistera, trois ans plus tard, à cette incongruité que, Ganelon prenant la tête des héritiers de Charlemagne, l'assassin du parti gaulliste s'emparera du parti gaulliste.

Sur l'instant, il m'apparut que Jacques Chaban-Delmas représentait la faction la moins droitière des gaullistes authentiques, alors que Jacques Chirac et la cinquantaine de félons qui l'avaient suivi dans sa dissidence reformaient, avec les giscardiens et les pseudo-centristes, une droite archéo-libérale réunifiée.

La suite montra ce que cette classification interne à la mouvance majoritaire avait d'artificielle. Vingt ans plus tard, en effet, en 1995, on retrouvera ce même clivage, droite sociale gaulliste contre droite libérale conservatrice, sauf que, cette fois, Chirac, contre Balladur, représentera le candidat de la tendance sociale gaulliste et mènera une campagne qui le déportera à gauche.

La réalité, c'est que Chirac n'était ni gaulliste de gauche ni gaulliste de droite (ou même gaulliste du centre), il était

« chiraquien ». Réalisateur et promoteur de lui-même. Ce qu'il entendait étouffer, en Chaban-Delmas, c'était moins l'homme de la « nouvelle société » qu'un concurrent (il ira, lui, jusqu'à se réclamer d'un « travaillisme à la française » et, de toute façon, ces formules n'avaient, à ses oreilles, aucun sens). Ses « concurrents », il s'appliquera d'ailleurs (ce fut la seule cohérence de sa ligne de conduite) à les tuer tous : Giscard après Chaban, Barre puis Balladur après Giscard. Et, la trahison inspirant les traîtres, il fut, à son tour, tué par un Sarkozy qu'il avait inventé.

Son combat contre Chaban n'avait été qu'un combat pour lui-même. Contre Giscard, en 1981, il n'hésita pas à se poser en Chaban en plus énergique.

En ce sens, sa stratégie de 1974 fut moralement répugnante, politiquement perverse, mais, en matière de promotion personnelle à long terme, quasi géniale : dans un premier temps, il massacra Chaban en s'alliant, avec la complicité des plus a-gaulliens des gaullistes, avec Giscard d'Estaing contre l'engagement d'être Premier ministre. Ce qui le mettait en position, dans un deuxième temps, de trahir Giscard, de ramasser les ruines du parti gaulliste qu'il avait contribué à mettre en terre, et de porter, en 1981, le coup de grâce à son ex-allié au profit de François Mitterrand. Puis de liquider Balladur pour prendre la tête de l'opposition à la gauche.

Son travail de sape, la complaisance médiatique aidant, fut d'une diabolique efficacité : la cote de Chaban ne cessa de dégringoler. L'extrême droite, ralliée à Giscard, Poniatowski ayant fait la liaison, alimenta une ignominieuse campagne de calomnies dirigée contre le candidat Chaban : il avait lui-même organisé l'assassinat camouflé de sa femme, morte dans un accident de voiture, pour épouser sa maîtresse ! On diffusa même, devant les églises, des tracts invitant à ne pas voter en faveur d'un divorcé ayant épousé une divorcée. On rappelait à tout propos qu'une disposition fiscale, qu'il avait votée, lui avait permis, pendant une période donnée, de ne pas payer d'impôts.

Mais lui-même se révéla de moins en moins de taille à porter le message qu'on attendait de lui. On attendait du souffle, on n'eut que de la respiration. Au lieu de se dépasser, il se rétrograda. Son sens de la chronique ne parvint pas à se hisser au niveau d'un sens de l'Histoire. Le flambeur n'enflammait pas. Le tennisman manquait de puissance dans les fonds de court et de vélocité dans la montée au filet. Comme s'il était trop arrivé pour parvenir.

Premier ministre, il avait été épaulé par une équipe de premier ordre. Candidat, il ne pouvait compter que sur une camarilla de technos, de traîne-savates et de bras cassés. Les militants d'en bas ne lui conféraient plus le lustre que lui avaient fourni les experts d'en haut.

Il peinait. Il fatiguait. Face à des grands fauves, il paraissait un gentil félin.

J'allais « le jauger » à son quartier général de campagne. J'y découvris un amateurisme, une désorganisation dignes d'un jamboree de juniors PSU flanqués de supplétifs prêtés par la mafia corse. Ce n'était pas la ruche, c'était le bordel.

En dernier recours, il mobilisa André Malraux. Celui-ci, halluciné et hallucinant, lors d'une émission de télévision, proposa de remplacer l'école par le petit écran et Chaban, raide comme un poteau de but, ponctua le délire d'un « Nous le ferons ! »

Très tôt, le jeu était fait.

Chaban-Delmas, ô combien plus sympathique que son adversaire, était peut-être plus en phase avec la sociologie et la psychologie de la France profonde, mais il ne bénéficiait ni de l'agilité intellectuelle, ni de la solidité technicienne de son concurrent, ni, surtout, de son « aura » renforcée par son charisme auprès des classes moyennes et supérieures.

Le duel Chaban-Giscard a fini par occulter, ou presque, dans de nombreuses mémoires, celui qui opposa, au final, Giscard d'Estaing à un François Mitterrand redevenu candidat d'une gauche unie et comme transfiguré par cette seconde renaissance.

De toutes les élections présidentielles sous la Vᵉ République, celle-là fut sans doute celle qui suscita, de part et d'autre, du côté Giscard comme du côté Mitterrand, le plus d'engouement et de mobilisation populaires (plus encore que celle de 2007, qui se solda par l'élection de Nicolas Sarkozy), et Mitterrand y suscita plus d'envie qu'en 1981.

Rarement un meeting électoral ne rassembla une telle foule que celle qui accueillit Mitterrand dans l'immense hall du parc des Expositions de la porte de Versailles, laquelle offrit même au transparent pharmacien radical (de gauche) Robert Fabre l'illusion d'un triomphe personnel.

Jamais, le héros de la gauche n'y enroula d'aussi interminables et acrobatiques digressions qui, l'ouverture de la parenthèse faisant office de fanion de tête, finissaient toujours par rattraper la queue. Pour la mordre.

Pour le dire autrement, cet avocat au sourire dentelé que signalait le clignotant des feux verts de ses yeux, parvenait toujours, servi par un jeu de mains de concours d'éloquence, à retomber sur ses pieds.

Je l'accompagnai à Toulouse pour sa dernière réunion publique. La Ville rose le transcendait et lui-même la transcendait. Il y avait là, et seulement là, quelque chose de fusionnel entre elle et lui. Entre ces socialistes d'hier et ce socialiste du lendemain. Entre les nostalgiques de Jaurès et l'héritier de Ledru-Rollin. Il parlait à cette foule un peu comme il se fût parlé à lui-même : mi-réunion de famille, mi-meeting de masse. Communion familiale de masse. J'en vis qui pleuraient ; j'en vis qui planaient. Envoûtements croisés qui se dopaient l'un l'autre.

Cette métamorphose du jeune vétéran de la IVe République, du jeune gandin d'extrême droite qui fut proche de la « Cagoule », du prisonnier évadé qui se rempluma à Vichy, du gaulliste à reculons, de l'anticommuniste forcené de 1948, du poulain de L'Oréal, de l'abonné permanent à toutes les combinaisons ministérielles qui ne commença vraiment à virer sa cuti que dans le gouvernement Mendès France (« l'affaire des fuites » agissant comme un révélateur), cette régulière transformation du muscadin réactionnaire en figure de proue sociale-républicaine que nous avions accompagnée, avec Jacques Derogy, en 1965, j'eus l'occasion de l'expérimenter en 1971.

Il avait été marginalisé après 1968, écarté du processus électoral de 1969, il était isolé, hors parti, sans étiquette. Ce ne fut que l'année suivante, à Épinay, qu'il fera la conquête d'un Parti socialiste en pleine mutation. Il en deviendra le chef le jour même où il en fut membre.

Préalablement esseulé, « non inscrit », il avait réuni autour de lui un groupe de « conseillers » ou, plus exactement, de participants à une coréflexion, dont il m'avait demandé de faire partie. Chaque mois, nous planchions sur un sujet, qu'un de nous introduisait par une manière de rapport. Ce pourquoi je fus, en particulier, amené à intervenir sur la situation au Proche-Orient (avant que, artificiellement choqué, il n'interrompe mon avant-propos). Participaient à ce cénacle, autant que je m'en souvienne, Jean-François Revel, Robert Badinter, peut-être l'écrivain Paul Guimard, Édith Cresson et une trentaine d'autres. À chaque fin de réunion, celui que ses intimes appelaient « président », comme s'il était prédestiné, demandait qui pouvait le ramener chez lui en voiture et, régulièrement, Édith Cresson levait la main.

C'est dans ce cadre que je fus témoin de l'évolution d'un personnage qui, non sans ambiguïtés, ne cessait de devenir radicalement « autre » tout en restant profondément lui-même. Il changeait dc peau à l'intérieur de sa peau. Il se dépouillait de ce qu'il avait été tout en le restant. Ou, plus précisément, c'est sous son ancienne vêture qu'il s'en dépouillait. Il s'ouvrait à un autre monde, mais son équilibre exigeait (l'incident que j'ai rapporté l'illustrait) qu'il le pénétrât, ce monde neuf, sans sortir de l'ancien. Il y avait, chez ce Mitterrand nouveau, un mâtiné de Jaurès, en plus terre à terre, et de Gambetta en plus éthéré qui dissimulait un mixte, en son for intérieur, de Barrès et de Waldeck-Rousseau. Il était à l'art oratoire ce qu'une synthèse de Stendhal et de Balzac eût été à la littérature.

Au micro d'Europe 1, je couvris cette campagne électorale de la façon non pas la plus neutre, mais la plus équilibrée possible. Jamais mes choix de citoyen, que je ne dissimulais nullement hors antenne, n'interférèrent sur mes commentaires. En eût-il été autrement, il est vrai, que je n'aurais pas fait long feu. Seule mon indulgence à l'endroit de Chaban-Delmas, de plus en plus jeté au rebut par les médias, apparut à l'occasion : « On ne tire pas sur une ambulance ! » avait décoché fielleusement Françoise Giroud. J'ai un faible pour les ambulances.

Cela dit, me « dégager » artificiellement de moi-même, m'exclure de l'expression qui émanait de ce « moi », j'en eusse également été incapable. Cela eût nécessité un dédoublement de personnalité confinant à la folie. Outre que s'interdire tout « élan vers », toute « aspiration à », induit une impossible négation de soi, prétendre se l'être interdit confine à la malhonnêteté intellectuelle la plus crasse. De même que l'apolitisme affecté est un politisme camouflé, de même tout engagement nié est un militantisme masqué.

C'est donc tout naturellement (et j'eusse vécu comme une forfaiture de m'imposer ou de me faire imposer la moindre restriction en la matière) qu'au coup d'État de Pinochet au Chili, qu'au déchaînement de l'apartheid en Afrique du Sud, qu'aux nombreuses tyrannies qui proliféraient dans le monde, qu'aux surenchères « bombardières » américaines au Vietnam, qu'aux oppressions des dissidences soviétiques, qu'aux soubresauts de totalitarisme en Chine, qu'à l'éradication de l'espérance tchèque, qu'aux aveuglements qui contaminaient tous les avenirs possibles au Proche-Orient, j'opposais un assumé parti pris.

Il n'y avait en outre, il ne pouvait y avoir, aucune césure entre mes interventions matinales et les questions sociétales que j'évoquais dans l'ouvrage cité plus haut.

J'accompagnais, ce qui me valut des flopées de lettres d'injures, la campagne en faveur d'une libéralisation de l'IVG, et me faisais systématiquement l'écho des revendications féministes de l'époque (on n'avait pas encore assisté à un basculement d'une petite fraction de ce mouvement dans une dynamique radicalisée et néomaccarthyste d'inversions des rapports d'exclusion) ; je privilégiais, également, les thématiques de défense de l'environnement à un moment où commençaient seulement à se déployer les implacables saccages commercialo-financiers de nos périphéries urbaines (l'écologisme n'était encore qu'une cause, fort peu défendue, pas encore un nouvel « idéologisme » autoenfermé).

Surtout, je m'étais lancé (sans aucun succès) dans une double et virulente campagne, qui ne me fut jamais reprochée par la direction d'Europe 1 de l'époque : l'une contre la démolition des pavillons Baltard aux Halles, qui eussent pu abriter d'irremplaçables lieux de vie ainsi que d'innovations et d'irruptions culturo-festives, et leur remplacement par le calamiteux ensemble commercial que l'on sait ; l'autre, contre l'ouverture du périphérique dont je soulignais qu'il verrouillerait la capitale en l'isolant de sa banlieue et que, loin de favoriser la circulation automobile, il en aggraverait les blocages en l'exaspérant.

Avec le recul, je ne saurais trop saluer la liberté - jusqu'au jour où... - que l'on me concéda. Liberté de la polémique et de la causticité, mais liberté aussi, ce qui n'était absolument pas évident sur cette antenne, de résumer en cinq minutes l'apport de Claude Lévi-Strauss, de démontrer, à l'occasion de la disparition de Picasso, l'intrinsèque réalisme de son cubisme ou de son abstraction, d'instruire le procès d'un néopositivisme si médiatiquement normalisé ou de clore mon édito par un lied de Schubert ou une chanson de Léo Ferré (cela s'avéra, d'ailleurs, la limite à ne pas dépasser et même à ne pas atteindre).

Non seulement je ne fus pas resserré ou comprimé, mais on me confia, finalement, l'ensemble du journal de huit heures, édito compris donc, auquel je donnais, à deux voix, avec la complicité d'abord d'Olivier de Rincquesen puis de Patrice Louis, une forme très libérée, distanciée, conçue comme une petite pièce de théâtre intégrant autant que possible le décryptage, la vérification, la pique, la blague, l'éclairage flash, la mise en perspective culturelle ou historique, l'illustration, à l'occasion, un peu de folie parfois, ce qui, je crois, n'avait jamais été essayé (j'espère, qu'un jour, on en rediffusera pour s'en rendre compte).

On plagia même *L'Os à moelle* de Pierre Dac qui donnait, dans chaque numéro, l'heure d'ouverture de la boucherie Lopez à Santiago du Chili.

Le lecteur est sans doute au courant : Giscard l'emporta. De peu. Son aura auprès d'un électorat féminin avait fait la différence. C'était juste au fond : il y eut, en effet, la loi Veil et la création d'un ministère de la Condition féminine qu'occupa, en premier, Françoise Giroud.

Chapitre 58

Le coup d'État de Pinochet

C'est en septembre 1973 que Pinochet avait réalisé son coup d'État au Chili. Cela pénétra en moi comme un vilebrequin quand je l'appris sur une route du Sahel algérien. Je m'étais rendu à deux reprises au Chili : d'abord à quelques mois, ensuite à quelques semaines du coup d'État. Je devais y retourner sous la dictature.

Là encore deux images : celle de l'une de nos chanteuses nationales en tournée culturelle au pays d'un « socialisme au visage humain » ; l'autre, celle du directeur du journal le plus largement diffusé dans le pays menant une guerre implacable contre un socialisme au visage, selon lui, inhumain.

On connaît la formule : la liberté du néolibéral c'est « celle du renard libre dans le poulailler libre ». Je trouvais la formule jolie. J'eus, un certain soir, dans le quartier le plus huppé de Santiago du Chili, assistant à un gala donné par Juliette Gréco, l'occasion de prendre conscience, au détour d'une simple chanson, à quel point elle était, cette définition, beaucoup, beaucoup plus que simplement brillante.

« Et maintenant, venait de lancer au public notre Juliette, tout de noir vêtue, je vais vous interpréter une œuvre qui nous parle de cette valeur si chère à tous les peuples du monde, la liberté ! » On s'exclame, on se lève, on acclame, on explose. La liberté ! On entend monter de ce public de damnés du terre à terre, à 5 000 francs la place, francophone et anglophone, comme un cliquetis de diamants agités, comme un crissement de taffetas froissé. Juliette Gréco savoure. On devine qu'un soupçon d'émotion la saisit. N'est-elle pas venue justement, elle, la « progressiste », en ce Chili présidé par le camarade président Salvador Allende, pour le rencontrer, ce peuple-là !

Et monte, alors, dans la salle surchauffée, sa voix profonde et rauque.

Mais qu'est-ce qu'ils ont ? Que signifie, soudain, ce lourd, ce très lourd silence réprobateur ? Elle a fini. Elle salue. Et ils se taisent. Pas un applaudissement. Juliette a compris. Juliette ou la clé des songes. Elle vient de leur lancer, en pleine figure, à eux qui se languissent d'un Pinochet encore dans l'œuf, une charge contre le régime des colonels grecs.

Ce n'était pas honnête : on leur avait annoncé « la liberté », ils avaient aussitôt traduit « la fin de l'intolérable oppression qui pesait sur leurs têtes, leurs capitaux et leurs terres » et voilà, qu'au lieu de cela, on leur faisait le procès des « libérateurs », les vrais. Un mois plus tard, ces gens seraient enfin... libres !

Je malaxais encore dans ma tête cette indicible dialectique, quand j'arrivais dans le bureau, quelque peu misérabiliste, de monsieur Fontaine, rédacteur en chef et maître à penser du « grand journal » libéral conservateur chilien *El Mercurio*. La nuit tombait à peine. Les journaux du soir – d'opposition – dans leurs manchettes qualifiaient le président encore en exercice de « sinistre incapable ». L'un d'eux attaquait sa vie privée. La radio que j'avais écoutée dans le taxi – une des quatre-vingt-dix chaînes contrôlées par l'opposition – demandait la démission immédiate de ce gouvernement de fripouilles. La veille, un commentateur de la télévision – de la chaîne de l'opposition – avait appelé le peuple à la révolte. Les députés – d'opposition – venaient de voter une motion de censure, appuyés par les sénateurs de l'opposition et les juges de l'opposition, tandis que la ville, peu à peu, était paralysée par une grève déclenchée par les syndicats de camionneurs d'opposition.

« Vous voyez, ça va de plus en plus mal, me déclara d'emblée monsieur Fontaine, nous allons réellement vers le chaos. »

« C'est vrai », lui dis-je, l'estomac encore lourd d'un plat unique qu'un restaurant d'opposition avait prétendu être un morceau de bœuf acheté au marché noir. « Mais vous ne faites rien pour contribuer à détendre la situation. »

L'homme me regarda bien droit dans les yeux, se drapa dans l'invisible toge en lin blanc de sa probité candide, et me lança :

« Monsieur, il n'y a plus d'objectivité ou de patriotisme qui comptent quand il s'agit de sauver la démocratie et de défendre les libertés menacées par la plus impitoyable des tyrannies. »

C'était du marbre.

Je faillis proposer à mon interlocuteur de lui favoriser l'obtention de l'asile politique en France le jour où sa lutte en ferait un proscrit.

Ce ne fut pas la peine. Quand, au Chili, il n'y eut plus de partis d'opposition, plus de députés ni de sénateurs d'opposition, plus de Parlement, plus de journaux, de radios ou de télévisions d'opposition, plus de syndicats d'opposition, plus de syndicats du tout, plus de restaurants d'opposition tolérés, monsieur Fontaine, lui, était toujours à la tête du *Mercurio*, l'un des rares journaux autorisé à paraître et si ses concurrents, ses adversaires ou ses contradicteurs, voire certains de ses confrères, se retrouvaient, qui à la morgue, qui en exil, qui sur une île déserte, c'est que lui-même, esprit fort pratique, en avait dressé et publié la liste.

Le plus « grand journal libéral » d'Amérique du Sud avait mis les points sur les « i » : il était pour la libre circulation des marchandises, pas des idées. Pour la liberté d'entreprendre, pas de dire ; pour la liberté de concurrence des produits, pas des opinions.

Un soir d'août glacé, trois semaines à peine avant le putsch (l'aide de camp d'Allende, qui m'avait dit, la veille, « je crois que maintenant il va y avoir des morts », venait d'être assassiné), j'avais rendez-vous, au siège du Parlement, avec l'un des dirigeants du Parti communiste chilien, Volodia Teitelboim, un petit homme grassouillet, qui faisait plus songer à un évêque italien ou à un avocat de Chicago qu'à un leader révolutionnaire, me reçut dans un bureau mal éclairé, voisin de celui de son leader Luis Corvalán, qui, au cours de la conversation, entra discrètement en traînant les pieds, comme si il était en pantoufles, le dos légèrement voûté, dit quelques mots d'une voix étrangement timide, puis s'éclipsa comme s'il craignait d'être importun. (Déporté après le putsch, Corvalán fut échangé contre un dissident soviétique.)

Entretien inoubliable. Allende était encore au pouvoir, mais j'avais devant moi, déjà, un proscrit. Chacun de ses mots prouvait qu'il ne raisonnait plus dans le cadre de la victoire d'hier, mais dans celle de la défaite de demain. Il ne se situait plus dans la perspective d'un pouvoir à défendre coûte que coûte, mais dans celle d'une guerre civile à éviter à tout prix. Lui, au moins, ne se mouvait pas dans l'apparence. Il assumait, avec une pudeur qui en soulignait l'aspect tragique, un rapport de forces qu'il savait désormais contraires. Dans ce petit bureau, on aurait cru qu'il se cachait.

Plusieurs fois, dans ses propos, normalisant d'une façon presque affectée les conséquences, pour lui et les siens, des fautes commises par ses partenaires socialistes (et qu'il avait dénoncées), il évoqua devant moi le massacre des communistes indonésiens.

Ce même jour, lors d'un déjeuner auquel participait l'un des principaux conseillers d'Allende, Juan Garcés, s'était engagé un débat hors-sol, irréel, entre une jeune fille qui travaillait au service de la planification – laquelle, nous expliquant les grandes orientations du plan décennal, conclut par ces mots : « N'est-ce pas la preuve que l'espoir est dans notre camp ! » – et un militant du MIR (gauchiste) qui pérora, lui, avec la plus grande assurance, sur le thème : « Entre le réformisme devenu prudent d'Allende et le conservatisme libéral de la droite, quelle différence désormais ? » À pleurer !

Car il y a une autre image, que je garderai longtemps à l'esprit et qui contribua, à côté d'autres sinistres expériences, à ancrer en moi un rejet viscéral de toute forme de gauchisme mentalement structurant : devant le palais présidentiel, des jeunes gens déchaînés renversaient des voitures, brisaient des vitrines à coups de barres de fer, hurlaient des slogans incandescents. La fumée des grenades lacrymogènes (on ne parlait pas encore de « gazages »), les charges policières, les cris des filles perdant leurs chaussures, les dispersions et les regroupements, autant de scènes d'hier qui auraient pu être d'aujourd'hui : affreusement banales. À ce léger détail près qu'assaillants et assaillis, ceux qui hurlaient devant le palais et ceux qui provisoirement l'occupaient, étaient censés être dans le même camp et le seront effectivement quelques mois plus tard, dans les stades, les bagnes, les prisons et les tombeaux. Car ces militants de la gauche radicale qui hystérisaient leur opposition devant le palais présidentiel d'Allende n'auront plus le loisir de le faire devant le palais présidentiel de Pinochet. Tragiquement ubuesque ? Qu'importe, car, voyez-vous, on est « révolutionnaire ». On l'est statutairement. C'est même précisé dans le sigle de notre parti, MIR : Mouvement de la gauche révolutionnaire. On ne va pas, sous prétexte que des révolutionnaires sont au pouvoir, se mettre au chômage. Donc, on appellera à faire la révolution contre les révolutionnaires. Les Parisiens vécurent de telles scènes en 1848. Le pouvoir louis-philippard avait été renversé. La République proclamée. Tout ce à quoi on n'eût même pas osé rêver la veille, on l'avait obtenu le lendemain : le suffrage universel, la liberté de la presse, la liberté de réunion, le droit du travail. Et que firent nos révolutionnaires statutaires ? Chaque jour, ou presque, en juin 1848 en particulier, ils se livrèrent à de petites mais violentes révolutions dirigées contre le pouvoir « révolutionnaire ». Résultat : ils eurent Napoléon III. Ils ne manifestèrent plus.

Donc, les voilà qui se déchaînaient contre cet Allende trop mou, forcément trop mou, qui refusait d'armer le peuple pour le lancer, baïonnette au canon, à l'assaut des militaires « fascistes », sans doute terrés de peur dans leurs chars d'assaut et tremblant de frousse derrière leurs mitrailleuses. Ah quel spectacle cela offrirait ! Au lieu de quoi, on devait supporter ces « réformistes », complices objectifs de la grande bourgeoisie, donc agents inconscients du fascisme !

Allende aurait-il décidé d'« armer le peuple », notons-le, c'est-à-dire, en fait, la minorité militante qui le soutenait activement, que l'armée, légalistes compris, serait intervenue plus tôt.

En réalité, l'extrême gauche (y compris l'aile radicale du Parti socialiste) permit Pinochet. En occupant ici, spontanéisme oblige, les petites usines qui n'étaient pas concernées par la nationalisation, en s'installant sur les terres qui n'étaient pas touchées par la réforme agraire, en se grisant logomachiquement d'un « toujours plus », elle provoqua des mouvements de panique chez les petits propriétaires, poussa les classes moyennes dans les bras de la droite la plus dure, sapa les fondements de l'équilibre économique et rendit un service inestimable aux forces militaires réactionnaires qui n'attendaient que ce prétexte pour mettre tout le monde d'accord. « Ces gens-là, me disait le leader du Parti national (conservateur), nous servent bien ! »

Ils servent toujours bien. Et d'autant mieux, dans ce cas d'espèce, répétons-le, que ces « ultras » s'étaient infiltrés au sein du Parti socialiste, avec la complicité de son secrétaire général, Carlos Altamirano, au point que ce sont les communistes qui tentèrent de jouer un rôle modérateur.

Une fois de plus, donc, la loi des armes l'avait emporté sur la loi des urnes (ce qui avait incité Pinochet à déclencher son coup de force, c'était qu'aux dernières élections législatives l'« Alliance populaire » avait augmenté ses suffrages bien qu'elle restât minoritaire).

Ce qu'un bulletin de vote hésitant avait mal fait, des chars, qui eux n'hésitaient pas, venaient de le défaire, et bien défaire.

Et, comme dans le poème de Victor Hugo en hommage à Louise Michel, tandis que des guerriers qui n'avaient qu'une bite dans la tête se livraient à des orgasmes répressifs, de belles dames aux miaulements de chattes et aux crocs de chiennes, tous ongles carminés dehors, fouillaient mentalement de leurs frêles ombrelles les plaies des louves enfin traquées.

Car il faut l'avoir observée, ressentie, cette fureur qui infusait de feu les regards, tirebouchonnait non de rire mais de hargne les bouches vomissant leur hargne, tendait les bajoues comme des peaux de tambours ; il fallait les entendre : que des singes encravatés signassent des décrets et rédigeassent des lois, c'était en soi une obscénité. Des cosaques, des bachibouzouks, des bochimans ? Même pas. Des Chiliens ! Soi-disant des Chiliens. Des gens d'autre part, des envahisseurs en quelque sorte dont, jusqu'alors, on n'avait vu que le cul. Et encore, de loin. Et ces sauvages, ces vandales, s'étaient mis à briser des porcelaines, à pisser dans l'argenterie, à cracher sur les tapisseries. Désormais, ces gens-là au pouvoir, l'échec devait être récompensé grâce aux dépouilles de la réussite. Le règne de la crapule ! « C'est le meilleur du Chili, disaient-ils, ce que les meilleurs d'entre nous, de père en fils, ont bâti, qui est jeté en pâture à ces chiens affamés que la démagogie a fait sortir de leur niche. »

Ces gens, tous ces gens qui m'avaient tenu ce langage – car je n'ai rien inventé – étaient enfin redevenus heureux. Car libres !

La lutte des classes, c'est ici, en ces jours de « haine écologique » (car c'était la pureté de leur environnement que tous ces furieux défendaient) que je l'ai vraiment rencontrée. Y compris, avant le putsch, à la vue de cette banderole brandie par des manifestants ouvriers : « Le gouvernement est un gouvernement de merde, mais c'est notre gouvernement ». Y compris le spectacle de ces damnés de la bonne société qui, comme d'autres vont se faire tuer sur les barricades, allaient, en rangs serrés, taper sur des casseroles devant le palais présidentiel. Et qui, quelques mois plus tard, « libérés » on l'a dit, dénonceront le concierge ou le gardien de nuit aux patrouilles de l'ordre rétabli.

La réalité c'est que le Chili d'Allende vivait un désastre économique (le blocus américain n'y était pas pour rien), mais que rarement libertés publiques ne furent aussi pleinement respectées que sous ce pouvoir-là.

Le lendemain de mon premier séjour à Santiago un commerçant mourut, dans le nord du pays, d'une crise cardiaque, au cours d'un contrôle de ses stocks.

Le lendemain, toute la presse anti-gouvernementale – c'est-à-dire presque toute la presse – titra sur la « terreur rouge ». Aucune manchette, en revanche, naturellement, ne fut consacrée aux milliers de victimes de la répression militaro-pinochiste.

Normal : cette presse était redevenue libre. Libre de choisir ses objets d'indignation. Libre d'hégémoniser ses rejets. Libre d'occulter ce qu'elle préférait ne pas voir.

Des erreurs ? Énormes.

Des fautes ? Nombreuses.

Des crimes ? Aucun.

La première erreur consista à idéaliser une expérience qui était en partie un mythe : l'instauration du socialisme par le bulletin de vote. Car, en vérité, 35 % seulement des électeurs avaient cautionné cette aventure. À ce compte-là, la gauche, à l'époque, aurait été au pouvoir en France où elle réunissait régulièrement plus de 40 % des suffrages. (On n'imaginait évidemment pas qu'un jour, elle redescendrait au-dessous des 20 %). Se payer, dans ces conditions, le luxe de l'intransigeance programmatique constituait une gageure, sinon une folie.

Allende n'avait accédé au pouvoir que grâce à la neutralité bienveillante du « centre démocrate-chrétien », autrement dit les classes moyennes. Dès lors, rien ne justifiait, même pas les sacro-saints principes, que l'on tentât une œuvre prométhéenne en se privant, pour la réaliser et la poursuivre, de l'apport sans lequel on n'aurait jamais pu commencer.

Tous les compromis eussent été souhaitables, qui auraient eu pour résultat d'associer au moins les progressistes de la démocratie chrétienne au processus de transformation économique et sociale du pays. C'est d'ailleurs grâce à une telle convergence que Pinochet put être renversé à l'issue d'un référendum.

Le Chili était, de tous les pays d'Amérique latine, celui où le « centre », représenté par la démocratie chrétienne, bénéficiait de la plus forte position de départ. Eduardo Frei Montalva, un centriste, avait été élu président avec plus de 50 % des suffrages. Or, cette fois, dans un premier temps, sous l'influence de son aile gauche, le centre chrétien-démocrate ouvrit le pouvoir à Allende sans tenter d'en partager aucune des responsabilités, puis, dans un deuxième temps, sous l'influence de son aile droite, il bascula totalement dans l'opposition avant de se rallier à mi-voix au putsch militaire.

À la fin, comme toujours, comme partout, l'extrême gauche, la gauche et les centristes démocrates se retrouvèrent unis... sous le même joug ou dans le même exil.

****

Après la chute et l'assassinat d'Allende, une délégation de la droite française, menée par le député RPR d'Asnières Georges Tranchant, fit le pèlerinage à Santiago et rendit hommage à l'action de Pinochet. Le député en question, très engagé du côté des casinos, était accessoirement le roi de la machine à sous. À *L'Événement du jeudi*, ayant déterré des turpitudes auxquelles il n'était pas étranger, nous le fîmes battre aux élections.

On s'offre, parfois, de petits plaisirs.

Chapitre 59

Crise à Matignon, crise à Europe 1

Un matin, quelques jours après qu'il se fut installé à l'Élysée, Valéry Giscard d'Estaing me téléphona, à la suite de ma prestation sur Europe 1, pour attirer mon attention sur les premières mesures qu'il avait annoncées.

Et, en effet, ce septennat commença plutôt bien, sous le signe d'un libéralisme sociétal bienvenu qui déboucha, d'abord, sur l'autorisation du droit de vote à 18 ans, avancée considérable et étonnement téméraire venant d'un président porté par un électorat de droite plutôt âgé, ensuite sur la légalisation de l'IVG défendue au Parlement par Simone Veil, ce qui mit en fureur les précurseurs de la « Manif pour tous » et de « Sens commun » qui ne lui épargnèrent aucune insulte.

Dans les deux cas, la gauche vola au secours du gouvernement dirigé, en l'occurrence, par Jacques Chirac. Suivirent le démantèlement de l'ORTF, le divorce par consentement mutuel, la loi Haby sur le collège unique, un train de réformes, s'agissant des mœurs, qui plaçait ce pouvoir social-libéral sous le signe d'une sorte de mendésisme de centre-droit.

En vérité, les approbations de ces initiatives contribuèrent à ce que des prises de position beaucoup moins consensuelles ne provoquent pas trop de remous.

Chirac, son Premier ministre, fera même voter, en matière de politique migratoire, le principe du

« regroupement familial », que ceux qui se réclament encore de lui, aujourd'hui, vouent aux gémonies. Il le regrettera.

Giscard se mit également en tête, ce qui était puéril, de faire changer le rythme d'exécution de *La Marseillaise*, tout en invitant des éboueurs à son petit déjeuner. Il multiplia les innovations formelles du même tonneau, ne prenant cependant pas conscience qu'à vouloir se poser en monarque éclairé, on prend le risque d'être perçu surtout comme un monarque.

On fut sans doute injuste envers lui, mais le côté « régence » de ses obsessions formalistes n'y fut pas pour rien.

Paradoxalement, la présidence de cette « grosse tête » en matière économique, rattrapée par le choc pétrolier provoqué par la guerre du Kippour, sera celle où commencera à s'envoler le nombre des chômeurs et à se creuser les déficits publics.

Ce qui prouve assez que les contingences pèsent plus lourd que les gouvernances et qu'un cador qui prend une crise mondiale en pleine tronche affichera un bilan infiniment moins flatteur qu'un blaireau en période d'euphorie.

Giscard, en l'occurrence, n'eut pas de chance.

Il n'en aura pas davantage, lorsque le dénommé Bokassa, un débile qui s'était fait couronner empereur de Centrafrique, crut « l'obliger » en lui refilant, en offrande de féal à son suzerain, quelques minables poignées de diamants de troisième catégorie.

« Démocrate français » autoproclamé et insoupçonnable, Giscard abusa non pas du pouvoir mais de ses symboles. Au point de faire oublier, en lui, « l'être » par autodéférence au « paraître ». De laisser croire que le dehors constituait la seule expression du dedans. Ce qui était injuste.

Au-delà de son obsession de l'apparat, parviendra-t-on jamais à saisir, dans toute sa complexité, la réalité du personnage ? C'était un faux noble doté d'un tempérament de vrai aristocrate. De Gaulle disait de Pinay, le héros de la rente, qu'il avait un nom d'emprunt. Giscard aussi !

Homme intrinsèquement de droite - longtemps cela s'appela un « modéré » -, il eût excellemment incarné la gauche libérale... jusqu'en 1920. Ce solide républicain infusait et diffusait une essence monarchique qui faisait renifler en lui moins un Gambetta qu'un Loménie de Brienne.

Jamais un homme de sa classe n'assuma si brillamment, à l'occasion, d'être ridicule. Il avait de lui-même une si haute considération que cela le dispensait de verser, comme plus tard Sarkozy, dans la vulgarité narcissique. Il n'avait pas besoin de se regarder pour se voir. Son nombril était dans sa tête. Il était plus compulsivement radin qu'avaricieux. Son égotisme était plus, au sens politique du terme, un égocentrisme qu'une indifférence aux autres. Il parlait comme on goûte. Non pas avec le petit doigt en l'air, mais avec la bouche en bulle. Avec clap de fin.

La petite cuillère en argent, qu'il avait trouvée dans son berceau, il l'avait avalée, comme Couve de Murville son parapluie.

Entre lui et le peuple, il n'y avait pas un malentendu, mais une malentendance. Il allait systématiquement vers lui, tout en s'éloignant par sa façon seigneuriale d'aller vers lui.

Populiste ? Pas un brin : un vrai populiste n'eût pas senti le besoin de se faire photographier dans le métro non en manches de chemise, mais en manches de pull dont chacun imaginait, évidemment, qu'il était en cachemire ; de feindre de savoir jouer de l'accordéon ou d'inviter à petit-déjeuner, au palais de l'Élysée, les préposés maliens au ramassage des ordures. Rien n'est moins « populiste » que s'obliger à faire peuple.

Chirac fut son premier chef de gouvernement. Non pas chien et chat, mais mangouste et cobra. Entre les deux, quand le courant passait, les plombs fondaient. Le contraste s'affichait à tous les étages. Salon Louis XV face au mess de sous-officiers. Façon Coblence, façon Saint-Flour. Ici, on se restaurait, là, on bouffait.

Cela commença très fort, par l'expulsion du gouvernement de l'éphémère « ministre de la Réforme », Jean-Jacques Servan-Schreiber lui-même, qui, fidèle à ses positions antérieures (ce qui est rare), s'était opposé aux essais atomiques dans le Pacifique et dont la présence dans le gouvernement Chirac s'apparentait, de toute façon, à la présence d'un frelon sous les œillères d'un cheval de course.

Le 25 août 1976, Chirac quittait le gouvernement. Il avait remarquablement bien préparé son coup. Giscard lui avait servi d'étrier. Il retira son pied pour monter à cru sur le cheval.

Cela se passait un mois après que deux événements euent agité, émoustillé ou désolé nos chroniqueurs : le fameux méga hold-up réussi à Nice par l'ex-« activiste » Albert Spaggiari et l'exécution de Christian Ranucci dont, nul, alors, avant le livre *Le Pull-over rouge*, ne mettait en doute la culpabilité et qui restera, espérons-le, la dernière décapitation de notre histoire.

« Libéré », Chirac ne traîna pas, il récupéra, à l'issue d'un coup de force, l'UDR moribond, piétina ses barons et le transforma en machine à son service : le RPR. Il en fit l'instrument de son opposition à celui qui l'avait mis en situation de devenir son implacable opposant. Mais, avant de tirer sa révérence, il avait créé la situation qui m'amena à tirer la mienne.

Un jour, Jean-Luc Lagardère, le sur-patron capitalistique d'Europe 1, demanda à me voir. Je l'invitai à dîner chez moi dans le Marais. J'habitais en face de l'hôtel Salé (aujourd'hui musée Picasso) et d'une toute neuve maison de retraite construite en préfabriqué.

Architecturalement, il préféra la maison de retraite.

Il m'expliqua que les temps avaient changé, que certaines personnes avaient fait leur temps, qu'il convenait, parfois, de renouveler les cadres. Puis, après avoir tourné autour du pot, il abattit une improbable carte en me demandant si cela m'intéressait, éventuellement, de prendre la direction de la rédaction d'Europe 1.

Il y avait, à l'évidence, anguille sous roche.

Non seulement je n'entendais en aucun cas me faire le complice d'un possible coup de force que je subodorais, mais, en outre, diriger la rédaction d'Europe 1 ne m'intéressait nullement pour de bonnes, mais aussi de mauvaises raisons : je n'avais pas envie d'être bouffé par une fonction de ce genre (plus tard, je fus servi !). J'avais déjà refusé une proposition semblable que m'avait faite Françoise Giroud lors de la crise de *L'Express*.

Lagardère me demanda, alors, qui je voyais pour occuper un tel poste. Il se trouvait que venait d'entrer à Europe 1 un relativement jeune journaliste, que j'avais rencontré et apprécié lorsqu'il était en poste au Liban, à Beyrouth, et qui avait plus ou moins occupé une fonction dirigeante à l'UNEF. Apparemment sérieux et solide, ouvert et modéré, il me semblait tout à fait adapté à la direction et à la gestion d'une rédaction.

C'était Étienne Mougeotte.

Je le recommandai donc chaleureusement.

Quelques semaines plus tard, l'orage éclata. J'appris que c'était en haut lieu, (Giscard ou Chirac on n'a jamais pu savoir lequel exactement), que, à la suite d'une charge contre la tendance « persifleuse » d'Europe 1, on avait demandé, sinon exigé, que toute la haute direction soit renvoyée, renouvelée, Maurice Siegel en tête (on argua, pour ce faire, de l'obésité de sa rémunération). Jean Gorini se déclara solidaire.

Nouveau psychodrame. Assemblées générales à répétition. Volonté affichée de résistance qui ne résista pas au décollage des affiches. Ce fut un grand moment que d'entendre Pierre Bellemare s'improviser orateur syndical et Ivan Levaï lancer à Jean-Pierre Joulin qui flanchait : « Au moins attends la signature de l'armistice avant de te précipiter à Montoire. »

Une nouvelle direction est mise en place. Confiée à qui ? À Étienne Mougeotte.

Je continuai à officier à Europe 1. Cependant, je sentais s'insinuer lentement mais sûrement une volonté de normalisation. Une équipe se formait dont il était de plus en plus évident qu'elle avait pour mission d'assurer le verrouillage.

Un jour, c'était je crois à Noël, un sondage tomba qui indiquait une baisse d'écoute sur l'ensemble de la séquence matinale. La crise traversée, très médiatisée, n'y était évidemment pas pour rien. Aussitôt, Mougeotte m'annonça la transformation de notre journal à deux voix en un journal classique, sans aspérité, mais me demanda de poursuivre l'éditorial. Concession purement tactique. Car le ton du journal était l'un des éléments de l'accusation de persiflage.

Plus tard, Valéry Giscard d'Estaing me le confirmera et reconnaîtra devant moi, avec la plus grande franchise, qu'il avait souhaité mon départ.

Je compris, surtout, que c'était ce que souhaitait Étienne Mougeotte, qui m'avait précédemment demandé de renoncer à la diffusion de musique classique ou de chansons à la Nougaro à la fin du journal (c'était ressenti, m'expliqua-t-il, comme une prise de distance avec le reste de l'antenne), et m'avait reproché de trop en faire contre... Pinochet !

Je donnai donc ma démission.

La radio connaîtra effectivement une longue phase de reprise en main et, bientôt, lorsque l'expérience giscardienne se droitisera, de « giscardisation ». Étienne Mougeotte évoluera vers des positions de plus en plus conservatrices. Après 1981, poisson-pilote de la candidature d'Hachette à la reprise de TF1 privatisée, il se ralliera, après son échec, au projet de Bouygues, dont il deviendra, là encore, la tête de proue (il la balladurisera). Directeur, ensuite, de la rédaction du *Figaro*, il ira jusqu'à écrire des éditos sous la quasi-dictée de Nicolas Sarkozy dont il était devenu, journalistiquement, l'homme lige.

C'était un très bon type. Humain. Travailleur. Capable. Que la vie n'épargna pas. L'accès au pouvoir et à l'argent l'avait abîmé. D'une certaine manière, indirectement, j'y avais contribué.

Chapitre 60

Un monde qui bascule

J'étais à l'antenne, le 30 avril 1975, quand les chars des communistes vietnamiens rentrèrent à Saïgon. J'eus l'occasion de commenter ce basculement presque en direct.

Deux semaines plus tôt, c'est Phnom Penh, au Cambodge, qui était tombé sous la poussée de Khmers rouges.

Le président américain, Richard Nixon, avait eu l'idée saugrenue, et potentiellement désastreuse, de faire renverser le pouvoir en place, celui du prince Sihanouk, coupable de complaisance à l'égard des Vietcongs, pour le remplacer par un affidé des États-Unis, le général Lon Nol, qui instaura le régime le plus effroyablement corrompu qui se puisse concevoir. Ce qui eut pour conséquence qu'une insurrection néocommuniste soutenue par Sihanouk et la Chine prit une ampleur considérable.

J'étais retourné au Cambodge sous Lon Nol. Notre secrétaire d'État aux Affaires étrangères, Jean-Noël de Lipkowski, m'avait demandé de faire passer ce message que la France souhaitait un arrangement permettant un retour de Sihanouk. Comme j'évoquais devant des amis, dans un restaurant de Phnom Penh, cette hypothèse, deux « coloniaux » français, soutiens du pouvoir en place, qui avaient entendu, se levèrent et nous injurièrent.

J'avais donc demandé à rencontrer le ministre de la Culture et de l'Information, plutôt « ouvert », parce qu'il était l'un des rares, dans l'équipe au pouvoir, qui en avaient dans le citron.

Il se présenta, le soir même, à mon hôtel, accompagné de trois jeunes beautés et, d'emblée, il me proposa de choisir.

En vérité, outre ses fonctions gouvernementales, il possédait des établissements que l'on qualifiera pudiquement de « maisons de rendez-vous ».

C'est lui, ce Long Boret, qui, lorsque les Khmers rouges firent irruption à Phnom Penh, fut embarqué dans un hélicoptère américain, mais en sauta au dernier moment parce que son épouse s'était soudain avisée, horreur, qu'elle avait oublié ses bijoux.

Ils furent tous les deux exécutés.

À l'antenne, je me déchaînai contre l'ambassade de France qui avait livré un « officiel » qui s'était réfugié dans ses locaux et qui, lui aussi, avait été passé par les armes.

C'est la veille de mon départ de Phnom Penh, trois semaines avant l'irruption des Khmers rouges, que j'assistai... à un raout mondain au Rotary Club de la ville !

****

Il est difficile de concevoir l'ampleur des bouleversements qui, en trois ans, de 1973 à 1976, affectèrent un monde dont il n'est pas certain que nous ayons saisi, à l'époque, dans quel sens il allait basculer.

Résumons : mort de Franco d'abord, assassinat de son successeur par l'ETA, puis basculement miraculeusement pacifique de l'Espagne dans le camp de la démocratie sous l'impulsion d'un homme, le « centriste » Adolfo Suárez, dont je n'avais pas deviné, lorsque je l'avais rencontré, qu'il serait à ce point admirable (mais qui lui rend hommage aujourd'hui ?). Ma grande surprise, au cours de ces événements, fut de découvrir, dans le bureau du chef de la « Phalange », l'ex-parti fasciste, qui était passé dans l'opposition, un grand portrait de... Che Guevara. Déjà la convergence qui s'affirme de plus en plus aujourd'hui.

Renversement, au Portugal, du successeur de Salazar et arrivée au pouvoir d'Antonio de Spinola dans la foulée de la « révolution des Œillets ». Le général Spinola sera à son tour dégagé par de jeunes officiers d'extrême gauche, l'Angola et le Mozambique accédant, à leur tour, à l'indépendance.

Coup d'État militaire en Argentine dirigé contre la veuve de Perón, la nullissime Isabelle.

La guerre civile avait rebondi et s'était exacerbée au Liban. Gauche islamo-palestinienne contre droite chrétienne. Les chiites, alors, participaient du camp « modéré », l'invasion du Sud-Liban par Israël ne les ayant pas encore radicalisés.

Le héros de la cause « progressiste » était alors le druze Kamal Joumblatt que j'avais vu, dans sa montagne, en prince féodal, recevoir l'hommage de ses sujets qui lui baisaient la main.

J'avais profité d'une période d'interlude pour retourner à Beyrouth. Les quartiers les plus touristiquement huppés du bord de mer étaient comme ravagés. L'omniprésence des snippers faisait que la simple traversée d'une rue était devenue une épreuve. Bêtement, lorsque je m'y risquais, je fermais les yeux. C'est en s'y risquant que mon grand ami, Édouard Saab, directeur du journal *L'Orient-Le Jour*, qui n'était pourtant pas un foudre de guerre, avait été tué.

Deux grands palaces touristiques, situés en face l'un de l'autre, avaient été dévastés après occupation par les deux camps rivaux qui s'y étaient retranchés pour se canarder allègrement, presque à bout portant, pendant plusieurs jours.

Je pénétrai dans l'un d'eux, plongé dans le noir et dont les murs avaient été, en outre, noircis par les flammes. Je montai au deuxième étage par un escalier en partie calciné, me dirigeai vers une fenêtre ouverte dans ce qui restait d'une chambre, afin d'observer ce qui se passait dans le bâtiment d'en face. Quelque chose me gênait pour y accéder, que je repoussai du pied, quand je finis par m'apercevoir, l'odeur aidant, que c'était le cadavre du snipper posté là et qui avait reçu une balle dans la tête.

Dans l'hôtel où j'étais descendu, les mourabitoun, miliciens « nassériens », s'étaient installés. De temps en temps, ils partaient en « opération », comme ils disaient. Contre qui ? Contre quoi ? On ne savait trop, mais ils revenaient toujours, très ponctuellement, pour l'heure des repas.

****

Jimmy Carter avait été élu à la présidence des États-Unis. Le hasard avait fait qu'ayant été invité à effectuer un voyage d'études d'un mois dans le pays, j'étais tombé, dans le grand hall du siège du gouvernement régional à Atlanta, sur un type qui ne payait pas de mine en train de serrer consciencieusement les mains des membres fort délurés d'une délégation d'enfants. C'était Jimmy Carter.

Hélas, ce nom ne me disant strictement rien, l'idée ne me vint même pas de me présenter à lui et de lui soutirer la moindre déclaration.

C'était le chargé des Affaires sociales à l'ambassade des États-Unis à Paris, John Condon, qui m'avait obtenu ce très studieux et instructif tour des États-Unis.

Beaucoup de leaders de la gauche ou du syndicalisme français lui doivent d'avoir fait la même expérience.

Nous avions noué une très solide relation amicale qu'avaient soudée de répétitifs concours de circonstances.

Quand, au début de l'année 1962, je m'étais rendu en Tunisie pour prendre contact avec le gouvernement provisoire algérien (GPRA) : il était à Tunis.

Quand je m'installai, un temps, en Algérie devenue indépendante : il était à Alger.

Lorsque je couvris la guerre du Vietnam : il était à Saïgon.

Lorsque je passais un tête au Cambodge devenu une place clé : il était non à Phnom Penh, mais à Bangkok.

Lorsque je me rendis en Grèce à la veille du coup d'État, il était à Athènes.

Quand je me trouvai au Liban, en proie à la guerre civile : il était à Beyrouth.

Il m'informait, je l'informais.

Plus tard, en mai 1981, quand Mitterrand parviendra au pouvoir, il se retrouvera évidemment à Paris et me demandera de faire en sorte de lui faire rencontrer un dirigeant communiste... par hasard !

Condon avait, dans sa jeunesse, en Grèce dont il était originaire, sympathisé avec les mouvances trotskistes. Antistalinien virulent, donc, il avait largement participé, une fois naturalisé américain, au soutien qu'apporta l'Amérique aux scissions réformistes au sein des syndicats d'obédience communiste (ainsi, la scission Force ouvrière en France au sein de la CGT).

Avait-il été, dès lors, intégré à la CIA comme un certain nombre d'ex-trotskistes l'avaient été, pendant la guerre, à l'OSS... ? On le disait. C'était plus que probable. Ce qui eût expliqué sa présence systématique, toujours en tant que chargé des Affaires sociales, en tout lieu du globe où cela se mettait à bouillonner. Quand j'y faisais allusion devant lui, il se contentait de sourire.

Très francophone, il avait acquis un vieux moulin dans le département de l'Yonne. Comme il le remettait en état, il forçait tous ses invités, quel que fût leur rang, y compris des ministres du gouvernement français ou américain – même ses amis Jacques Delors ou Hubert Védrine n'y coupèrent pas –, à participer aux travaux. Je fus donc, moi aussi, mobilisé.

Juste avant de prendre sa retraite, en récompense de ses loyaux services, il fut nommé ambassadeur américain aux îles Fidji. Il me laissa alors les clés de son moulin et mon fils Julien y apprit à pêcher. Voilà pourquoi, sur son conseil, j'ai fini moi-même par acheter un vieux moulin dans l'Yonne !

La dernière fois que nous nous retrouvâmes confrontés à un même événement, ce fut à l'occasion d'un grand prix de Formule 1 sur le circuit de Magny-Cours. Je n'y compris strictement rien. Une course, dont le premier n'est pas nécessairement en tête parce qu'on tourne en rond, m'échappait totalement. Au cours du voyage retour, en voiture, ce qui, compte tenu de son appétence pour l'élixir bourguignon, était une épreuve, il ne cessa d'échanger avec un de ses amis, vétérans anglais de la dernière guerre, des souvenirs de services secrets américains et britanniques. Mon fils Julien, qui nous accompagnait, crut vivre un épisode d'*OSS 117* !

****

Ce à quoi, donc, on assistait, c'était à un énorme basculement. Dans quelle direction ? En vérité, on ne le percevait pas clairement.

D'un côté, la chute de Saïgon, de Phnom Penh, la révolution portugaise, le passage de l'Espagne à la démocratie, l'élection de Carter, bientôt, en 1978, le renversement du Shah d'Iran (j'en avais senti les prémices en m'aventurant dans les quartiers les plus populaires de la périphérie de

Téhéran), la victoire de sandinistes au Nicaragua (je devais réaliser un film, pour Antenne 2, auquel je dus renoncer pour cause de zona), la marxisation de l'Angola et du Mozambique, pouvaient faire croire à l'amorce d'un processus mondialement prérévolutionnaire.

C'était une illusion, que l'avènement de Ronald Reagan, la performance de Margaret Thatcher en Grande-Bretagne, la montée de l'islamisme après son triomphe à Téhéran, la succession de coups d'État réactionnaires en Amérique latine, l'affaissement du nationalisme progressiste arabe dont Anouar el-Sadate fut le fossoyeur, les sanglants délires khmers rouges au Cambodge, le délabrement du soviétisme en Russie dont la glaciation brejnévienne laissait présager l'effondrement, la terreur anticommuniste déchaînée en Indonésie, mais aussi au Soudan et en Irak, les soubresauts chaotiques du maoïsme de plus en plus pénétré par ce qu'il prétendait exorciser, la dégénérescence du castrisme, l'émancipation sans cesse comprimée des pays de l'Est, contribuèrent à démystifier.

En réalité, le monde déchiré, dégrisé, dé-bipolarisé, n'allait dans aucun sens. Ou, apparemment, dans tous les sens. D'un côté, il se fragmentait, de l'autre, il était à la veille de devoir écoper les énormes vagues qui allaient déferler : le néolibéralisme économico-social et l'islamisme sociétal.

Le choc pétrolier fut un révélateur.

Le rapport de force basculait au détriment des forces productives de l'ancien monde, d'un côté au profit des détenteurs des sources d'énergie et, de l'autre, à l'avantage des initiateurs de la révolution informatique.

Un monde qui s'étiolait, un autre qui s'imposait.

Ce chassé-croisé, deux réunions qui s'étaient tenues à Alger, en 1973, m'en avaient donné un aperçu.

****

À Alger, à l'occasion d'une conférence dite « des pays non alignés », ce qui signifiait simplement qu'ils ne se plaçaient pas dans l'orbite américaine, ils étaient tous là ou presque, rois ou roitelets, rescapés de tous les naufrages, géants couchés, capitaines désarmés, héros fripés, mais aussi princes transfigurés ou centurions victorieux.

Fidel Castro, d'abord, derrière le nuage de fumée qu'exhalait son énorme cigare, épaissi déjà, héros fatigué, la barbe un peu fanée, et ses yeux gorgés de je ne sais quelle douleur muette qui donnaient à ce visage tourmenté, flétri, hirsute, un air inimitable de clown triste. De clown rebelle qui se fût débarrassé de tous les Auguste qui lui avaient, un temps, disputé la piste. Monstre sacré, mi-Hemingway, mi-Humphrey Bogart, qui avait conscience d'être l'attraction et qui en jouait, non sans un soupçon de cabotinage.

Et puis, il parle. De tout son corps, étreignant la tribune comme un bûcheron qui opérerait à mains nues, martelant ses mots comme un forgeron une épée de parade, soudain faune au soleil du verbe ébloui, distributeur d'éclairs, dispensateur d'orages, visage devenu bouche d'où coule une rhétorique que sa chantante hispanité protège des traditionnelles vacuités oratoires.

Lui, Castro, à côté d'un demain qui se donne le visage de Kadhafi, c'est encore aujourd'hui. Non loin de lui, lourd et massif, tel un cheval de labour, le maréchal Tito : c'est hier. Immobile à son banc, gros tronc noueux auto-enraciné, Tito paraît assumer, avec une lassitude affectée, une manière d'éternité. Du moins, il le croit. Visage carré aux rides franches, lunettes fines de jeune patron derrière lesquelles se calfeutre un petit regard de patriarche sans illusion.

Il est ici le témoin, presque marginal désormais, d'une histoire dont il fut le héros et qui lui glisse entre les doigts. Il le sait. On sent qu'il le sait. Jusqu'à quel point ? Cela, heureusement pour lui, il ne le sait pas.

Les deux femmes, elles, paraissent un peu perdues dans cette assemblée de « machistuvu » ! À cheval sur une présence « enfin » et une absence « déjà ». La Sri-Lankaise Sirimavo Bandaranaike, très petite dame d'intérieur, rondouillarde et poupine, enveloppée dans un sari couleur mandarine et, surtout, à côté d'elle, celle qui, moins de dix ans plus tard, tombera comme son homonyme sous les coups d'un fanatique en folie, la « grande » petite Indira Gandhi, la fille du grand Nehru.

Elle est là, impériale et minuscule en même temps, belle et prématurément vieillie, frêle avec quelque chose cependant de viril.

Il y a des banalités qu'on ne saurait fuir : un monstrueux empire repose sur les épaules de cette petite chose-là qui, coincée entre un géant à barbe noire et un sikh enturbanné, imperturbable, disparaît dans un désordre de taffetas moiré. Sa voix est à la mesure de sa prestance, à mi-chemin du gazouillis distingué et de la déclamation magistrale, le tout dans un anglais à faire pâlir de jalousie les professeurs de diction de l'école Berlitz.

Derrière elle somnole un colosse d'ébène, Idi Amin Dada, l'Ougandais qui rêve peut-être de ses amours fantasmées avec la princesse Anne d'Angleterre. Et Mobutu, le dictateur zaïrois, attifé comme un sorcier pour film d'avant guerre.

En face, un garnement bavard et agité photographiant en catimini ses petits camarades avec un appareil d'enfant, passant des petits mots à ses voisins et soufflant à l'oreille d'un délégué anonyme quelques vannes, se moquant ostensiblement des professeurs, ne s'intéressant qu'à la moitié du cours, pressé d'utiliser ses boules puantes : l'élève Kadhafi. Beau masque de footballeur levantin terreur des bals du samedi soir. Odeur de sable chaud et d'argent frais. Regard velouté servant en quelque sorte de gant à des mains de fer. Castro aurait dit, en substance : « Plutôt sympathique ce garçon, il ne lui reste qu'à passer son certificat d'études. » L'insolent, il est vrai, lui avait reproché son faux non-alignement, aligné en fait sur l'Union soviétique. À quoi le Líder Máximo lui avait répondu (un ami interprète avait capté la boutade) que si son pays, Cuba, était bordé, comme la Libye, par un désert sur sa gauche et un désert sur sa droite, il serait vraiment non aligné !

Qui encore ? Poussé au premier rang, grosse petite boule montée sur ressorts, petits rires aigus et nerveux assaisonnant des torrents de phrases déchaînées de tintements de crécelle, le plus tout à fait prince Sihanouk : il saute, il menace, il ironise, il accuse, il piétine, il boude, il minaude, il grince, il flatte, il pleurniche, il charme.

C'est Clérambard qui se serait trouvé un public à la Société des Nations.

Et tout autour : le Chypriote Makarios, pétrifié, visage de prélat canonisable qu'on n'aurait même pas besoin d'encadrer pour l'accrocher au mur de sa chambre. Un négus d'Éthiopie, qui n'en a plus pour longtemps, maigre figure parcheminée, dont on se demandait s'il n'avait pas reçu ce don exceptionnel d'être, vivant, le fantôme de lui-même. Senghor, le plus normand des Africains et le plus « nègre » des Normands. Arafat, enfin, déguisé en son rêve, carte postale ambulante.

****

En allant du Caire à Tripoli, avant de rejoindre Alger, comme on avait escamoté ma réservation dans l'avion, une Caravelle servie par un personnel français, j'avais obtenu, à force de protestations, d'être casé dans la cabine de pilotage. Quand on servit le repas, je remarquais une place libre en première. Je m'y glissais. Je me retrouvais à côté d'un type chauve, genre notaire du Havre. Sa tête me disait vaguement quelque chose. Je lui demandais si on ne s'était pas rencontrés quelque part, il me répondit par un grognement peu amène, d'autant que mon anglais ressemble à du mongol décliné en braille. Quand on atterrit à Tripoli, deux gaillards se précipitèrent, m'empoignèrent et m'évacuèrent vers l'arrière.

Le notaire du Havre, c'était Arafat sans son chèche en forme de serpillère – ses gardes du corps faisaient le ménage.

****

Hier, tous ces représentants d'un ex-tiers-état d'avant 1789 exigeaient, entre le rien qu'ils pesaient et le tout qu'ils valaient, de devenir quelque chose.

Ils ne ressentaient pas encore qu'au-delà de leur commune émancipation et de leur éphémère unité, il y avait là, parmi eux, de futurs prolétaires et de futurs banquiers du monde.

Quinze ans plus tôt, ce monde, ce tiers-monde, était le nouveau monde. Sans en être totalement conscient, j'en arrivais à me demander si ce n'était pas déjà l'ancien.

Car trois mois plus tard, en ce même lieu – le « Club des Pins » d'Alger –, c'était bien un nouveau monde, celui des producteurs de pétrole, qui s'affirmait.

Pour comprendre pourquoi diplomates et observateurs étaient nettement plus nombreux que trois mois plus tôt à faire les couloirs, il suffisait de regarder Fayçal d'Arabie, impérial et triomphant, flottant tel un spectre d'oiseau préhistorique dans son ample djellaba couleur sable, couleur d'or, un bec d'aigle planté entre deux braises : un geste vague et dédaigneux de la main, une main longue et osseuse, et la foule éclatait en acclamations, comme si elle avait reconnu, en ce geste de semeur prodigue, cette sûreté tranquille qui fait la différence entre les empereurs et les chefs de tribu.

En fait, cette popularité disait autre chose que, sur l'instant, je sous-estimais.

Et si l'Égyptien Sadate, que j'avais à peine remarqué trois mois plus tôt, mais à qui l'événement venait de donner une figure, était moins applaudi que Fayçal, lui qui, pourtant, venait de franchir le canal de Suez, frontière de l'humiliation, c'est que chacun avait bien compris lequel des deux, l'un avec ses milliers de chars, l'autre avec ses millions de barils, détenait désormais l'atout maître.

Dérisoire ballet que celui de ces « observateurs » occidentaux en complet-veston qui tournoyaient autour de ces fantômes millionnaires sortis du fond des âges.

Une espèce de frisson parcourut les échines des Excellences, lorsque Boumediène, profil d'inquisiteur échappé d'une toile du Greco, lança à la face d'une Europe massée à la tribune des invités : « Le pétrole est à votre vie ce que l'eau est à la vie des plantes ou le sang à la vie des hommes. Et vous, habitués du luxe et du confort, qui souffrez aujourd'hui, devriez-vous intéresser aux causes de cette épreuve et peut-être, alors, vous feriez-vous une idée des souffrances qu'a subies tout un peuple, le peuple palestinien. L'Europe nous découvre, aujourd'hui, parce que nous détenons sa principale source d'énergie. Nous aurions préféré qu'elle nous découvre plus tôt en tant que simple communauté humaine. »

On eût préféré également que Boumediène comprît que ce que l'Algérie tirait de ses réserves, tant que l'or noir était au prix fort, aurait dû être investi dans des projets lui permettant de se libérer à temps, avant retournement fatal de conjoncture, de la prégnance de la rente pétrolière.

****

Le dernier jour de ce sommet pétrolier, arriva, afin de le couvrir pour *Le Nouvel Observateur*, mon ami Guy Sitbon. Comme je lui faisais remarquer qu'il arrivait un peu tard, il me rétorqua qu'il ne voulait pas être influencé. Saillie drolatique qui recoupait celle qui avait ouvert la carrière de Noël Godin, ce talentueux anarcho-surréaliste belge qui se fit, plus tard, connaître comme « l'entarteur » (il s'acharna, en particulier, sur BHL). Il avait un certain temps sévi, me raconta-t-il, dans une publication en tant que critique de cinéma. Quand on s'avisa, qu'en réalité, il n'allait jamais voir les films dont il rendait compte, il se justifia de la même façon : « Je ne voulais pas être influencé ! » Le même me confia qu'il avait inventé des interviews de grands personnages qui, jusqu'à ce que le pot-aux-roses soit découvert, ne protestèrent jamais, tant ils étaient satisfaits de qu'il leur faisait dire.

J'avoue, d'ailleurs, qu'à deux reprises, ayant interrogé des personnages politiques importants, dont les réponses étaient d'une insigne faiblesse, j'y ajoutai des propos susceptibles de rehausser l'entretien... et qu'ils s'en félicitèrent !

Chapitre 61

D'une tyrannie l'autre

Toutes ces années-là, je multipliai les réunions publiques pour contribuer à l'implantation et au développement, un peu partout en France, d'antennes d'Amnesty International.

L'Espagne, le Portugal s'étaient libérés. La Grèce s'y préparait, mais l'Argentine, le Brésil, le Chili, l'Uruguay, la Bolivie (le Pérou, mais d'une autre façon), avaient basculé dans la dictature militaire, ainsi que l'Indonésie, la Thaïlande, la Birmanie, la Corée du Sud. L'Afrique du Sud vivait sous le régime de l'apartheid. Mobutu avait transformé le Zaïre en sa propriété privée. Les pays musulmans n'avaient encore connu aucun printemps. La momie de Brejnev régnait sur l'Union soviétique. L'Europe de l'Est était artificiellement maintenue sous la férule de régimes communistes rejetés par la population. Cuba avait troqué un caudillo contre un autre, plus seyant il est vrai. Haïti avait échangé une trique contre un Bibendum. Le pétrole, en flambant, engraissait toutes les féodalités.

En France même, la Grèce des colonels, l'Espagne de Franco, le Portugal de Salazar, l'Afrique du Sud ségrégationniste, le Chili de Pinochet, l'Iran du Shah, l'Arabie Saoudite du wahhabisme avaient des ardents défenseurs. Mobutu payait bien. Le Gabon distribuait généreusement. L'Iran graissait les pattes. Hassan II logeait gratis. L'Arabie Saoudite ne lésinait pas sur les cadeaux. Les capitaux qui avaient boudé Allende se précipitaient chez Suharto en Indonésie.

Lesté de mon expérience itinérante, je portais, là où je pouvais, la bonne parole. Devant des publics, hélas le plus souvent convaincus d'avance, je traquais le « mais ». Le « mais » redoutable et insidieux. Pas de liberté... mais. Pas de démocratie... mais. Pas de presse libre, pas d'élections libres, pas de liberté syndicale... mais.

« Mais » l'ordre, « mais » les taux de croissance, « mais » le plein-emploi, « mais » la sécurité, « mais » l'exaltation nationaliste, hier « mais » les autoroutes, « mais » les trains qui arrivent à l'heure, « mais » la justice sociale, jusqu'au jour où... Jusqu'au jour où, les paravents renversés, les statistiques truquées redressées, on découvre l'insécurité chronique, les inégalités sociales exacerbées, la récession, le chômage de masse et la discorde civile.

Grammaticalement le « mais » est une liaison. Il fait semblant de signifier « malgré ». Mais, en fait, il signifie « parce que ». Des crimes « mais »... comme si, mathématique ô combien perverse, le crime était la condition de ce qu'il permet de faire semblant d'atteindre.

Un soir, je devais intervenir à Bitche, en Lorraine, ville alors de garnison surmontée d'un impressionnant fort Vauban. Avant que je rentrasse dans la salle où se tenait la réunion, l'organisateur s'excusa. Je pensais que c'était à cause du peu de monde. Mais non, je jetai un coup d'œil, elle était archicomble.

De quoi s'excusait-il donc ? De l'absence des représentants de l'état-major. D'ordinaire, m'expliqua-t-il, ils sont toujours là. Tous. C'est une tradition. Les soirées de Bitche n'offrent pas beaucoup d'alternatives. Mais là, personne. Pas la moitié d'un uniforme. Pourquoi ? À cause du thème : les droits de l'homme !

****

Des types de tyrannie, des mornes, des effervescentes, des farfelues, des rigides, des molles, je pourrais en décrire autant que Pierre Perret de « zizis ». Tout, tout, tout sur les tyrannies. Mais toutes, ou presque toutes, ont un « mais » attaché à leur revers.

Au Venezuela, l'ex-dictateur Marcos Pérez Jiménez, tyran corrompu et sanglant, chassé du pouvoir par la foule, se présentait à l'élection présidentielle et les sondages lui accordèrent un temps 25 % de suffrages. Des voix populaires pour l'essentiel.

« Mais enfin, demandai-je à un incontournable chauffeur de taxi de Caracas, Jiménez c'était un dictateur, l'assassin de la démocratie. »

« Oui, me répondit-il, mais cette démocratie, il n'y a que les riches qui en profitent. » Mais à l'envers.

À Haïti, caricature de tyrannie exotique, là où on prélevait le sang des pauvres pour le vendre aux Américains, là où les fameux « tontons macoutes » faisaient la loi, j'avais entendu des gens me dire : « Pas de liberté, c'est vrai, mais cette liberté était auparavant confisquée par la bourgeoisie créole. Duvalier a rendu le pouvoir aux Noirs. »

Au Chili, dans la nuit et le brouillard, combien de tardives pleurnicheries libérales du genre « Nous n'avons pas voulu cela, mais... »

L'homme aux yeux doux de Montevideo

Montevideo (Uruguay), un dimanche d'août : une ville morte qui semble s'écrouler sur elle-même. Une réalité horizontale en voie de développement dans un décor vertical de nation développée : avenues larges et longues qui, défoncées ici et là, prennent parfois des allures de chemins vicinaux.

Ce n'était que le cadre, car la nation horizontalement démocratique – « la Suisse de l'Amérique latine » disait-on – venait de se convertir à son tour à la dictature verticale. Les députés au feu, la presse libre au milieu.

En fait, c'était le président en place, un certain Juan María Bordaberry, un conservateur libéral bon teint qui, largement aidé, comme toujours, comme partout, par une ultra-gauche, les Tupamaros, dont les délires insurrectionnels lui avaient servi de prétexte, c'était, donc, cet honorable représentant des grands propriétaires fonciers et des marchands de bestiaux qui avait considéré, qu'après avoir pressé le citron démocratique, il pouvait se permettre d'en jeter l'écorce.

Et, justement, l'armée, cette faction en armes, était disponible. Comme l'avait écrit fort justement Trotsky, « l'embêtant avec les mouvements dans l'armée c'est que ce sont presque toujours des mouvements armés ». C'est ce qu'on appelle, par antiphrase, un « coup d'État légal ». Notre Napoléon III avait fourni le mode d'emploi. Les chefs d'État restent, mais la Constitution est jetée à la poubelle, la presse muselée, le Parlement dissous, les syndicats interdits. Et, en prime, dans ce cas précis, un décret spécial spéculait « qu'il [était] interdit de suggérer que le régime [était] devenu dictatorial ».

Quand j'étais arrivé à Montevideo, un hebdomadaire avait cru habile de publier le décret en question et de titrer « Ce n'est pas une dictature ! » Il avait été interdit !

À la fin les militaires s'avisèrent qu'ayant pris le pouvoir, ils n'avaient plus besoin de ce président.

Mon inévitable chauffeur de taxi clandestin, qui m'emmenait de l'aéroport, me gratifia de ce commentaire (presque dans les mêmes termes que le fera, devant moi, un banquier libéral plus circonspect) : « C'est regrettable, mais le Brésil (sous la dictature) au moins, ça marche ! »

Ce qu'est une dictature ordinaire, je devais, ici, en avoir une illustration que je n'ai jamais oubliée.

J'avais pris difficilement rendez-vous avec le directeur de l'un des meilleurs journaux de gauche d'Amérique latine (l'un des rares plus exactement), *El Popular*. Le policier qui montait la garde au pied de l'ascenseur avait une tronche d'épouvantail à moineaux. Et quand je lui demandai à quel étage se trouvait le siège du journal, j'eus l'impression de lui avoir marché sur le pied.

J'y allai donc à l'aveuglette pour découvrir, au deuxième étage, un appartement sombre et glacial dont le misérabilisme eût déjà été impressionnant sans le tremblement de terre qui paraissait l'avoir bouleversé. Des cartons d'emballage remplaçaient, aux fenêtres, les vitres volatilisées. C'était donc ça l'antre supposé de la subversion !

Le journal venait de reparaître, pas pour longtemps, après dix jours de suspension et un assaut militaire dont il n'était pas difficile de constater les effets.

L'homme qui me recevait, un demi-chauve au regard de myope qui tenait de Franz Schubert et du « petit-bourgeois » de Bellus, était sorti la veille de prison. Je m'attendais à des explosions de colère, à des professions d'héroïsme : pas du tout ! L'homme aux yeux doux me raconta cet accident avec le total détachement d'un professionnel, d'un « permanent » qui intériorise ses passions et lime les mésaventures.

Une mésaventure ? Plutôt une péripétie : un beau soir, voilà tout, les soldats avaient fait irruption dans les locaux du journal comme s'ils prenaient d'assaut une forteresse réputée inexpugnable. L'ultime manifestation dirigée contre le coup d'État venait de se terminer. Quelques milliers de civils avaient tenté, deux heures durant, d'opposer aux cohortes soldatesques harnachées pour l'hallali, aux chars improbables et aux cavaliers chargeant sabre au clair, la force dérisoire de leur petit cortège, démocratique donc désarmé.

Le soir venu, les chasseurs, frustrés de sang non versé, pas encore, voulurent faire leur dernier carton.

« Ils étaient surexcités, me raconta l'homme doux d'une voix incolore et lasse. Ils ont commencé à nous frapper à coups de crosse, à casser tout ce qui leur tombait sous la main, ils nous ont poussés vers les murs, les mains en l'air, en hurlant que, nous et nos pareils, ils nous extermineraient. Sur le moment, ils ne remarquèrent pas qu'il y avait parmi nous un petit coursier de 10 ans. C'est bête, mais en le voyant ainsi, les mains sur la tête, perdu au milieu des adultes, croisant ce regard soudainement vieilli dans ces yeux d'enfant, j'ai revu cette photo fameuse du petit juif du ghetto de Varsovie disparaissant sous sa casquette de Gavroche et que les SS poussent devant eux, les mains sur la nuque. Vous vous souvenez de ces yeux immenses qui semblent, à cet instant même, cesser d'être ceux d'un enfant ? Peut-être ont-ils eu une impression semblable car, d'un seul coup, ils lui ont demandé de baisser les bras et de se mettre de côté... Pendant ce temps, ils s'acharnaient contre un de nos camarades qui n'arrivait même pas à essuyer le sang qui coulait de sa figure. C'était le père du petit. »

S'il insistait sur ce détail, c'était à peine pour émouvoir, mais parce que l'image avait touché en lui « l'intellectuel ». Car le reste, il fallait le lui arracher par bribes, comme si cela n'avait déjà plus d'importance, comme si c'était un fait divers, une diversion par rapport à l'essentiel.

Le reste ? La double rangée de soldats qu'il fallait traverser à pas lents, tandis que chacun, qui dans les jambes, qui dans l'estomac, décochait un coup de crosse au passage ; l'officier qui posait devant vous un revolver et, sur le ton de la confidence aimable, vous demandait : « Qui faudra-t-il prévenir en cas d'accident ? » Le reste ? De simples et « saines » brutalités ou bien des tortures plus vicieuses, vieilles comme la perversité humaine. Le tout assaisonné d'inévitables plaisanteries grossières et dégradantes.

Ces militaires-là, décidément, étaient peu fréquentables. Et notre interlocuteur, de plus en plus étranger à son propre calvaire, de soupirer : « Nous ne sommes pas tombés sur les bons ! »

Les bons ? C'est là, en effet, que ce récit, dont j'ai retenu les détails parce que je les avais notés, prend, je n'ose pas dire tout son sel, mais tout son sens.

Quelques mois plus tôt, effectivement, les militaires uruguayens, vainqueurs de la guérilla des Tupamaros, étaient déjà, et pour la première fois, intervenus dans la vie politique du pays. Or, une partie de la gauche, les communistes en particulier, avait émis un avis favorable : ces centurions, à les entendre, à entendre certains de leurs chefs au moins, avaient été amenés à réfléchir à l'injustice sociale cause d'une révolte armée dont ils réprouvaient les effets. D'où un langage qui rappelait celui, nationaliste et socialisant, des militaires péruviens. De « bons militaires ceux-là ». En outre, leur action était dirigée, cette fois, contre le président conservateur en place – précisément ce même Bordaberry, représentant des milieux les plus réactionnaires du pays.

Aussitôt, en conséquence, l'implacable mécanisme de l'analyse marxiste avait été déclenché : contradiction dans la contradiction ! Négation de la négation ! « Liens dialectiques » entre une fraction de l'armée et le peuple dont elle est socialement issue bien qu'apparemment, sinon organiquement, intégrée à l'appareil d'État bourgeois. Modèle péruvien qui deviendra modèle portugais, puis modèle vénézuélien.

En Uruguay, deux partis, représentant deux fractions de la bourgeoisie, les « Colorado » et les « Blanco », alternaient immanquablement au pouvoir. Cette intrusion militaire à relents « populistes » n'allait-elle pas permettre de casser la règle du jeu ? Donc, il avait été théorisé que le processus avait des aspects positifs.

Et puis, patatras : le président Bordaberry était toujours au pouvoir et c'était pour son compte, cette fois, que les généraux envoyaient leur chien à la curée du régime parlementaire. Passage d'un progressisme en gestation à un fascisme en herbe.

Désespérant ? Mais non... ce n'étaient pas les bons, voilà tout. Cela arrive à tout le monde de tirer le mauvais bataillon.

Désespéré ? L'homme aux yeux doux chassait cette incongruité comme un essaim de mouches. Le désespoir, à ses yeux doux, n'était, dans l'océan de l'éternité sur lequel nous voguons, que l'éclaboussure d'un reflux passager qu'emportait, aussitôt, le flux toujours recommencé des espérances incertaines.

Ces vitres brisées, ces dossiers déchiquetés qui jonchaient le sol, rendaient totalement irréelle la voix presque effacée de l'homme aux yeux doux. La suite, je l'aurais sans doute effacée elle aussi, comme sa voix, si je ne l'avais dûment consignée sitôt revenu à mon hôtel : trois jours après son arrestation, mon interlocuteur (en fait, j'avais noté « notre interlocuteur », je n'étais donc pas seul) s'était retrouvé, avec plusieurs centaines d'autres détenus politiques, parqués dans le stade de Montevideo. Il faisait un froid de banquise. Chacun retrouvant un ami, un camarade, des groupes s'étaient formés qui tentaient de se réchauffer autour de feux de bois. Puis, tout naturellement, on s'était mis à entonner en chœur quelques vieux et réconfortants hymnes patriotiques et militants, si bien qu'en cette glaciale nuit d'hiver que constellaient les flammes de ces maigres brasiers, un curieux attiré par les chants aurait cru assister à une joyeuse veillée scoute placée sous la sympathique vigilance de soldats de la nation en armes.

Entre deux chansons on échangeait ses impressions. Tel syndicaliste faisait le récit des violences qu'il avait subies. Tel autre expliquait comment des policiers avaient tenté de le briser moralement. Péripéties toujours.

Et puis après ? C'est alors que ces échanges au coin du feu prirent, sous l'œil intrigué des gardiens, une hallucinante tournure. Battus, torturés, brutalisés ? Sans doute, mais l'important c'était « l'après ». D'abord les coups, ensuite les mots. Car, terminés les passages à tabac, rangées les gégènes, on s'était mis à causer entre gens responsables, tortionnaires et victimes, officiers et militants. Et, en bons marxistes, on rendait compte, on analysait, on décortiquait, on interprétait. Ici, tel colonel n'avait pas dissimulé ses instincts « fascistes » et son admiration pour ses homologues brésiliens. Mais, là, un commandant avait tenu à aller quérir un détenu dans sa cellule pour lui faire part de ses doutes et de ses états d'âme. Tel autre avait laissé percer des velléités réformistes au milieu d'un discours ambigu. L'un paraissait nager en pleine confusion, l'autre recherchait manifestement le contact. Le mot « socialisme » était souvent apparu dans les conversations... suscitant, précisait mon interlocuteur sans rire, « des interprétations diverses ».

Alors, on avait trié, soupesé, structuré. Tout semblait s'être passé comme si l'apparence de la répression - contradiction secondaire - avait dissimulé - contradiction principale - au mieux une négociation, au pire une psychanalyse collective.

Il y avait quelque chose de tragique et d'exemplaire chez cet homme qui refusait à la fois l'exil et l'aventure, à la fois la soumission et la révolte armée. Assez pour se faire accuser ici d'être un subversif, un anarchiste, un bolchevique et, là, un réformiste, un bureaucrate embourgeoisé, un traître !

L'expérience montre que l'on écrase plus facilement les Tupamaros armés que les petits hommes aux yeux doux, dont la mouvance, en effet, bien plus tard, parviendra finalement au pouvoir, sous trois présidences, à l'issue d'élections libres.

****

En Bolivie, c'était un certain Hugo Banzer qui régnait en dictateur. Lorsque j'étais rentré dans le pays, venant du Pérou, j'étais d'emblée tombé sur une immense banderole qui proclamait (c'était inoubliable) : « Donnez à ceux qui n'ont pas sans rien prendre à ceux qui ont ».

Ubu roi à Haïti

J'arrivais à Haïti, dictature implacable et d'opérette cependant, un jour de fête nationale.

Quatorze ou quinze ans plus tôt, une poignée d'apatrides (tout homme qui se bat pour la liberté dans un régime tyrannique est d'une certaine manière un « apatride ») avaient tenté un débarquement dans l'espoir de renverser le gouvernement de Dieu le Père Duvalier, dit « Papa Doc ». Et c'est pour les réduire, puis les écraser, qu'avaient été levés les fameux « tontons macoutes ».

Ils étaient donc venus en masse, de tout le pays, chemise blanche et cravate sombre, casquette rabattue sur les yeux, lunettes fumées et torse en proue de navire, dans un style marlou affecté, tournant vers Duvalier fils, dit « Baby Doc », président à vie, leurs regards extasiés. Car il était là. Lui dont les banderoles proclamaient qu'il était « l'ultime et merveilleux cadeau » que son père avait offert à son peuple avant sa mort.

Spectacle ridicule. On eût dit un scaphandrier sans taille ni cou, petites jambes et grosse tête, visage comme gonflé à l'hélium dont la lèvre inférieure paraissait descendre jusqu'au nœud de cravate. Alfred Jarry y eût trouvé un modèle pour son roi Ubu.

Le dithyrambe coulait à flots, charriant des tombereaux de lieux communs à ravir, effectivement, Alfred Jarry. Le chef des tontons macoutes de Fort-National se surpassa : « Lorsque le chef reçut l'impertinent message des "apatrides", s'écria-t-il, le peuple se dressa altier et vertical. » Se dresser horizontal est, effectivement, plus rare !

On m'avait assuré qu'en créole, « faire un discours » se disait « parler français ». Alors Baby Doc, à son tour, prit la parole. Ou, plutôt, ânonna le texte qu'on lui avait rédigé. Et ce fut grandiose. Inoubliable. Logomachie inouïe à ravir à la fois Mac Mahon, Pierre Dac et André Breton : « Mes braves militaires, récita-t-il, à l'instar des va-nu-pieds sublimes de 1804, vous vous êtes dressés comme une muraille d'acier invincible et vous montez la garde autour du dépôt sacré qu'est la patrie immaculée et immortelle. Cohortes invincibles, guidées par l'étoile d'un chef prédestiné, symbole immarcescible de la nation une et indivisible, je vous demande de cheviller votre âme aux efforts généreux qui permettent de conquérir des victoires. »

Si je peux transcrire ce texte à la fois grotesque et délicieux, c'est parce que le journal local le publia *in extenso.* La veille, il avait consacré deux pages non pas à la catastrophe économique qui ravageait le pays (sujet tabou), mais à une enquête sur... le juge Pascal et le crime de Bruay-en-Artois !

À l'époque, l'homme fort d'Haïti, ministre de l'Intérieur et de la Défense, s'appelait Luckner Cambronne. Il « touchait » sur presque tous les trafics. Il avait organisé un véritable racket du sang des habitants des bidonvilles qu'il revendait à des sociétés nord-américaines. Il était également accusé de « toucher » sur les cadavres récupérés dans les morgues pour permettre aux étudiants des facultés américaines de prendre des cours de dissection. Il s'en défendait à peine et comme je faisais allusion, devant lui, à ces soupçons, il me répondit dans un éclat de rire : « Nous prenons des risques, il faut bien des compensations. » Et d'ajouter : « Vous savez, les gens sont des veaux, sauf quelques communistes qui ont quelque chose dans le ventre. »

Le pays dont les Duvalier incarnaient, fût-ce de façon dérisoire, les démiurges omnipotents, était un pays qui, sous la double férule de leur tyrannie et des éléments naturels qui l'avaient pris en grippe, coulait inexorablement. Un pays qui s'était amputé de ses élites intellectuelles parmi les plus brillantes de la latinité, de la francophonie et de la négritude ; le pays qui, le premier, héroïquement, sous Toussaint Louverture, s'était libéré de l'esclavage, qui avait vaincu une armée napoléonienne, mais qui, comme engoncé dans ses nostalgies, fasciné par son autocrate populiste, ne bougeait plus.

Même Staline avait pu, dix ans après son avènement, se targuer de taux de croissance en hausse. Le seul acquis de Duvalier était les taux de décroissance : de 1962 à 1965, le PIB avait baissé de 15 %. De 3 % en 1966. De 2 % en 1967. Le revenu par tête, la consommation par habitant, malgré leur insigne faiblesse, avaient encore reculé. L'éducation : 80 % d'analphabètes. Mille neuf cents écoles pour trois cent quarante mille élèves. Mille six cents étudiants seulement dans le supérieur. Un médecin pour quinze mille habitants. Plus de médecins haïtiens au Canada qu'à Haïti. Espérance de vie : 40 ans. La deuxième ville du pays était quasiment inaccessible par la route, celle-ci se confondant, en grande partie, avec le lit d'un fleuve quand il était à sec. D'autres routes existant dix ans plus tôt avaient disparu. La ville de Jacmel, fastueuse cinquante ans plus tôt, n'était plus qu'un décor fantomatique : le port s'était ensablé, le téléphone ne fonctionnait plus, l'électricité était intermittente. On voyait la mer des Caraïbes par les trous de l'hôtel de ville.

Dans les montagnes, déchiquetées par l'érosion, les villages avaient sombré dans l'anonymat d'une économie en circuit fermé.

Dans ce désert de totale misère, la capitale, Port-au-Prince, n'était qu'une oasis d'opulence avec son quartier chic de Pétion-Ville où quelques affairistes se prélassaient dans des villas-palaces aux piscines hollywoodiennes. On les appelait, fussent-ils blancs, des « gros nègres » !

En bas, dans ce qui ressemblait à un gros bourg, avec des rues principales s'apparentant à des pistes, au milieu de vieilles maisons dentelées comme des mouchoirs de femme, des matrones, belles et luisantes telles des statues d'ébène, faisaient voguer leur madras couleur pastel sous un roulis de cruches d'où montaient des odeurs fortes comme un cri d'Afrique.

Au loin, le port. La carcasse d'un navire échoué en surgissait comme un éperon. Dans le chenal, d'hypothétiques cargos restaient à la merci d'un banc de sable.

Quant aux pêcheurs, lorsqu'ils partaient à l'aube dans leur barque à rames, nul ne pouvait leur prédire la force du vent : il n'y avait pas de météo. Ils revenaient ou pas.

Si j'insiste tant sur cet épisode haïtien, c'est qu'il nous dit quelque chose d'essentiel sur notre monde d'aujourd'hui. La capacité d'une certaine forme de populisme identitaire à faire avaler, par une large fraction des populations droguées, les pires désastres.

Car ce régime « tenait » et la terreur n'expliquait pas tout.

« Papa Doc », que certains, encore aujourd'hui, regrettent à Haïti, avait sans doute été, à sa manière, un chef de gang, un névropathe (qui s'autoproclamait « électrificateur des âmes »), il avait imposé aux écoles une prière à sa gloire commençant pas ces mots : « Notre Doc qui êtes au Palais national » et prétendait être capable de faire mourir ses adversaires parce qu'il contrôlait le monde des esprits. Mais il n'était ou n'avait pas été que cela. Son aura tenait aussi à cette sorte de cri lancé implicitement aux foules qui l'acclamaient : « Je suis de votre classe ! » Ce qui, dans son esprit, et donc dans sa bouche, n'était pas une question de fortune mais de couleur de peau.

« La notion de classes, écrivait le docteur Duvalier - dont on oubliait qu'il avait été, à ses débuts, une manière de sociologue –, a pour base les ressemblances d'ordre physique et psychique. »

Tout découlait de là : en décapitant, en exterminant parfois, par famille entière, une élite créole ancrée à l'Occident chrétien et qui détenait les leviers de commandes, il avait, en quelque sorte, permis à « son » peuple de revenir en Afrique dont il était issu tout en restant sur place, de renouer en lui les deux fils de sa double identité. Il avait entrepris de faire de la négritude des Haïtiens, y compris avec son cortège de magie et de cultes vaudous, à la fois un facteur d'aliénation et d'affirmation nationales. Au nom de l'ethnologie, son violon d'Ingres, il avait joué la Préhistoire contre l'Histoire. Puis, en ré-historisant cette préhistoire, il avait réussi à récupérer et à mobiliser en faveur de sa tyrannie une culture qu'il avait voulu l'expression d'une nation. À ses sujets, qu'il prétendait être ses enfants, il ne demandait rien d'autre que de s'arrimer à ce qu'ils étaient en les privant du droit, du désir même, d'être bien plus que cela. Il les berçait des vertus psalmodiées de leur présumée permanence.

Plus d'un siècle plus tôt, « Christophe », le « roi Christophe », si bien campé par Aimé Césaire (qui m'en parla avec quelle éloquence quand je le rencontrai à Fort-de-France !), fils d'esclave et révolté, qui s'était fait couronner, voulut anoblir « sa race » en la dotant d'une aristocratie. On vit ainsi se promener, dans un palais inspiré de l'Escurial et de Versailles, des ducs de La Marmelade et des marquis de La Limonade. Mais qu'avait fait d'autre Napoléon ? Lui aussi, pour anoblir « sa race ».

****

La dictature militaire modèle, à cette époque, c'était celle du Brésil, dont le président Bolsonaro, plus de quarante-cinq ans plus tard, se réclamera encore sans complexes.

Je ne sais trop par quel biais j'avais obtenu d'être reçu par le général-président brésilien qui l'incarnait, cette dictature, à ce moment-là. Il était tellement insignifiant que non seulement d'une heure et demie d'entretien je n'ai strictement rien retenu, mais je ne me souviens même pas de son nom.

****

Au rythme de ces sauts d'une dictature l'autre, y compris en Birmanie, ce qui me marqua profondément ce fut, outre la facilité avec laquelle la grande bourgeoisie présumée libérale se ralliait à la liquidation de la démocratie libérale, à quel point, chaque fois, partout, dans tous les cas, immanquablement, sous tous les cieux, sous tous les temps, à toutes les périodes, quasiment sans exception, au Chili, en Uruguay comme au Brésil et en Argentine, l'ultra-gauche avait fait le jeu de son supposé contraire. Avait non seulement offert sur des plateaux d'argent à l'extrême droite en uniforme tous les prétextes à ses interventions putschistes, mais en avait, en outre, créé les conditions, favorisé la réussite, ne serait-ce qu'en privant, par son extrémisme ultra-élitiste, la cause démocratique de tout soutien populaire. C'est peut-être ce constat, s'ajoutant à mon expérience de Mai 68, qui m'a le plus fortement post-consciencisé.

Partout me poursuivit, au-delà de cette infernale dialectique qui noue les pulsions d'extrême gauche aux attentes d'extrême droite, cette propension du gauchisme, social ou identitaire – Brigades rouges, MIR, GRAPO, ETA – à tenter de faire échouer toutes les opportunités de transition ou d'alternative sociale démocratiques.

****

Car, il n'y avait pas seulement cette extrême gauche, dont le rouge vif du drapeau avait les couleurs du tapis qu'elle déroulait sous les croquenots de l'extrême droite militaire, il avait aussi celle qui, sous nos latitudes mêmes, en arrivait à normaliser des agissements empruntés à l'extrême droite la plus fascisante. Or, tout un pan de notre gauche intellectuelle, déjà (début d'une dérive que le camp progressiste payera très cher), se refusait à pointer ces dérives.

À plusieurs reprises, en mars 1979, dans *Le Matin de Paris*, quotidien qui se voulait « de gauche », je tentai de mettre en garde contre cet aveuglement. J'interpellais cette intelligentsia en ces termes : « Qu'en Espagne, qui vient de renouer avec la démocratie, des dizaines de syndicalistes, professeurs, juges, journalistes, militaires, policiers, tombent, jour après jour, parce que des comités de bourreaux ont décidé de supprimer pour l'exemple ceux qui ne pensent pas comme eux ou dont l'uniforme choque leur esthétique, cela ne vous concerne pas ? Qu'entre la morale de la pègre et celle des tueurs soi-disant politiques, de Rome et de Madrid, la seule grande différence c'est qu'ici, on tue pour la cause de l'argent et, là, pour l'argent de la cause, cela ne vous choque pas ? »

En fait, ces intellectuels finirent par se mobiliser, mais ce fut pour prendre la défense d'un des leurs, Toni Negri, accusé en Italie d'avoir inspiré le terrorisme rouge.

D'où la question que je tenais, là encore, à leur poser, cette fois dans *Le Quotidien de Paris* : « Un théoricien est-il, par principe, non responsable de ce que certains font de ce qu'il dit et de ce qu'il dit qu'il faut faire ? Toni Negri peut écrire qu'il convient d'abattre les pourris de la société bourgeoise, aucune importance : seuls sont coupables ceux qui, en en tirant les conséquences, tirent au P38 dans les jambes (au mieux) des magistrats et des syndicalistes. Je te dis d'abattre, tu abats... mais, entre les deux, il y aurait ce code non écrit qui signifierait que je suis innocent de ce que je dis, alors que tu es coupable de ce que tu fais. Si la raison (ou la déraison) est, par définition, innocente des conséquences de l'action qu'elle préconise, alors l'intellectuel est un irresponsable. Il est à la cité ce que l'idiot du village est au village et son impunité n'est que la rançon d'un certain mépris. »

Chapitre 62

Un cas : la régression inca

La question de la démocratie, de sa force, de sa fragilité, du lien entre libertés individuelles et libertés collectives, hanta donc mes pérégrinations. Elle domine l'évocation des événements, ou plutôt des éclats d'événements dont je fus témoin.

Mais, autant que ce qui se déroula sous mes yeux, n'ont cessé de nourrir mes réflexions en la matière mes rencontres avec les témoignages de ce qui se déroula, en d'autres temps, devant d'autres yeux. C'est pourquoi mes visites, chaque fois que je passais par ces pays, des musées de Lima au Pérou ou des monuments précolombiens du Mexique, ainsi que mes pérégrinations en Asie, en Grèce, au Moyen-Orient, en Turquie, contribuèrent à mon approche du rapport entre l'agencement de l'espace du pouvoir et sa nature. Ce qui m'apparut, de façon de plus en plus exemplaire, c'est que les processus de décadence culturelle correspondaient presque toujours à des phases de renforcement des contraintes étatiques et, surtout, d'élargissement de leur espace de domination.

Si ce constat me paraît essentiel, c'est que, au contraire, même passé un certain stade nécessaire, le renforcement de la centralisation, de la hiérarchisation, de l'expansion du pouvoir étatique, ainsi que l'extension de son champ d'application, est généralement assimilé à une phase ascendante de l'histoire des sociétés.

Ainsi, l'Empire inca comme l'Empire aztèque correspondraient à la phase supérieure de l'évolution des sociétés précolombiennes. Ne s'émerveille-t-on pas d'entendre Atahualpa, chef suprême de son immense Empire (inca), s'exclamer : « Dans ce royaume aucun oiseau ne vole, aucune feuille ne bouge, si telle n'est pas ma volonté » ? Parfaite définition de l'État totalitaire : tous les pouvoirs concentrés entre les mains d'un souverain divinisé.

L'Empire inca, système social rigidifié reposant sur une superposition de strates sociales refermées sur elles-mêmes au sein d'une organisation strictement pyramidale allant de la noblesse à l'esclave, préfigurait, de façon archaïque, ce que seront certains Empires autocratiques occidentaux des temps modernes.

Or, ce qu'on se garde généralement de souligner (et c'est là où les musées sont d'une imparable éloquence), c'est à quel point le triomphe de l'Empire inca se doubla d'une impressionnante décadence culturelle par rapport aux sociétés qui l'avaient précédé.

Les communautés pré-incas n'étaient certes pas, au sens où nous l'entendons, des sociétés démocratiques, mais leurs hiérarchisations moins poussées, leurs stratifications sociales moins rigidifiées, leur espace de gouvernance moins étendu et leur mode de pouvoir plus oligarchique que monarchique leur permettaient une vie sociale plus riche, des rapports entre individus plus souples, d'où il résulte que leur expression artistique, qui se réalisa à travers la céramique et la poterie moulée, en particulier figuratives (faisant en quelque sorte office de culture utilitaire), y atteignit des sommets.

Si on compare les œuvres des Mochicas et des Nazcas, produites entre 200 av. J.-C. et 500 apr. J.-C., à la production inca mille ans plus tard, on est frappé par la radicalité de la dégénérescence.

L'art chimu (1200 apr. J.-C.) témoigne déjà, malgré sa supériorité sur l'art inca, d'un certain appauvrissement correspondant à un début de renforcement de la stratification sociale et du despotisme étatique.

À trois reprises, en particulier lors de mes tours du monde pour Europe 1, je tins à passer par Lima pour étayer cette intuition que confirma ma rencontre avec la civilisation précolombienne d'Amérique centrale.

Ici, c'est l'Empire aztèque qui correspondit à la phase de plus grande expansion conquérante et de soumission des peuples à un pouvoir central unique, en même temps qu'à une exacerbation de la stratification sociale et à la lourdeur d'un pouvoir impérial absolu. Or, la période aztèque, comme la période inca, marque, de façon très spectaculaire, un recul de la créativité artistique et donc de l'expression culturelle, non seulement par rapport à l'apogée maya (expression, là aussi, d'une société éclatée en un vaste réseau de cités autonomes), mais même comparée aux cultures précédentes totonaques ou zapotèques par exemple.

Ce constat me travaillait d'autant plus qu'il s'agissait de mondes clos.

Au gré de mes errances professionnelles, de mes visites parallèles à ma traque de l'actualité, de vestiges en vestiges, de musée en musée, de Delphes à Karnak, d'Ephèse à Borobudur, d'Angkor à Ayutthaya, de Florence à Kaboul, de Baalbek à Ninive, de Crète à Malte où le néolithique a déposé d'impressionnants témoignages, partout où « hier » a laissé des empreintes et « avant-hier » des traces, « m'interpellèrent », comme on dit, ces manifestations de discontinuités régressives articulant renforcements centralisés des pouvoirs et déclins de l'inventivité artistico-culturelle.

C'est le concept même de flèche du progrès dans la flèche du temps qui s'en trouvait tourneboulé.

Chaque secousse qui me projeta, par exemple, sur l'Égypte de l'instant, me plongea, par rebond, dans l'Égypte d'en deçà tous ces instants. Et la révélation fut la même : le renforcement de l'emprise pharaonique, l'instauration d'une bureaucratie pléthorique aux ordres d'un pouvoir politico-religieux absolutiste, s'accompagna d'une interminable phase de stagnation ou de réaction culturelle que souligne l'appauvrissement particulièrement frappant de l'art de la XXe dynastie (Ramsès) comparée à celui des six premières. Et ce ne fut pas là le résultat d'une décadence automatique suivant toute apogée puisque, sous Aménophis III et Aménophis IV (XVIIIe dynastie), l'Égypte connut un formidable renouveau de créativité artistique. Or, cette période correspondit non pas à une période d'expansion territoriale, de rigidification sociale et d'autoritarisme étatique renforcé, mais, au contraire, à une phase de révolution politique, sociale et religieuse, marquée, en particulier, par le renversement provisoire des pouvoirs du redoutable clergé du dieu Amon. L'art, merveilleusement libéré, qui explose sous le règne d'Aménophis IV (Akhenaton), relaie deux mutations majeures, que l'on pourrait qualifier de « pré-démocratiques » : le pharaon, ramené à son statut d'humain trop humain, y est dédivinisé, caricaturé même avec son bon gros bide, et la nature, libérée elle aussi, rendue à elle-même, fait son apparition.

Au demeurant, nul ne conteste que le sommet de l'expression culturelle grecque ait correspondu à l'affirmation du démocratisme athénien ainsi qu'à l'éclosion des petites cités-États d'Asie Mineure, Éphèse, Milet, d'où la philosophie occidentale prit son envol et que le déclin commença avec le triomphe unificateur de l'impérialisme macédonien (culture dite « hellénistique »).

Il m'apparut, en conséquence, de plus en plus, que le modèle de la cité-État, qui caractérisa la magnificence de la Renaissance italienne, en favorisant une plus grande promiscuité entre gouvernants et gouvernés, une cohabitation relative entre maîtres et sujets, une plus grande souplesse dans les rapports sociaux, un dialogue permanent entre le pouvoir et le peuple, fût-ce même au prix de troubles fréquents et d'alternances possibles, comme à Florence, que ce modèle, donc, offrait beaucoup plus que la France des XIVe et XVe siècles, écartelée entre centralité monarchique et anarchie féodale, les conditions d'une effervescence intellectuelle sans pareil. Et cela vaut également pour les Pays-Bas du XIVe et du XVIe siècle.

Ce qui stupéfie aujourd'hui (le musée de Bagdad en témoignait éloquemment avant son pillage à l'occasion de l'intervention militaire américaine), c'est l'extraordinaire modernité de l'art sumérien, c'est-à-dire des petits États qui participaient d'une même civilisation trois millénaires avant notre ère, beaucoup plus que les manifestations répétitivement fastueuses et brutales, décadentes en fin de compte, qui marquèrent l'activité culturelle et artistique des empires expansionnistes, militaristes et oppressifs assyriens et babyloniens près de deux millénaires plus tard.

Ce n'est pas sous la férule hégémonique du califat que l'art arabo-musulman brilla de tous ses feux, mais dans ses interstices, aussi bien idéologiques que politiques (Cordoue et Grenade, en Andalousie, en sont l'illustration).

La créativité culturelle soviétique, fut brillante... jusqu'en 1925. Mais après ? Y a-t-il période plus culturellement insipide que celle qui correspondit à la dictature napoléonienne ?

On me répondra : et le Grand Siècle ? Le siècle de Louis XIV, celui de l'absolutisme, de la centralité, de l'autoritarisme idéologique et de l'expansionnisme par excellence. Mais, précisément, fut-il aussi culturellement étincelant qu'on se plaît à le décrire ? Ou, plus exactement, sa brillance ne s'est-elle pas estompée à mesure que se renforçait le despotisme centralisateur ?

Lors d'un colloque consacré au thème « démocratie et culture » qui se tint à Athènes, je choquai fort certains participants français en posant cette question.

Préalablement, j'avais été confronté à ma petitesse. Lorsque j'étais arrivé, on m'avait affecté, à ma grande stupéfaction, dans l'hôtel qui nous réunissait, une manière de « suite royale ». Je ne m'y étais pas installé depuis une heure, qu'on vint, fort gêné, m'expliquer, avec force excuses, qu'il y avait eu une légère erreur. La suite en question était bien réservée à Kahn, mais à Herman Kahn, le futurologue américain qui s'était assez systématiquement trompé pour devenir une célébrité. M'était en fait réservée une petite chambre fort ordinaire meublée de façon spartiate.

Au moins, dans la salle du colloque, bénéficiais-je du même type de siège que le futurologue yankee.

Ma réponse à l'objection concernant la richesse sans pareil de la créativité culturelle sous le règne despotique du Grand Roi provoqua, donc, comme un choc. Je montrai que, comparé au bouillonnement artistique, littéraire, philosophique, qui agita la première moitié du XVIIe siècle (période de continuelles instabilités, dont le paroxysme fut la Fronde) et du début du XVIIIe siècle (les « Régences »), les années d'absolutisme quasi totalitaire qui identifièrent la seconde partie du règne de Louis XIV, de 1675 à 1714, se caractérisèrent, au contraire, par un sensible appauvrissement de l'innovation multiculturelle. À moins de considérer le face-à-face pictural Lebrun-Mignard comparable à la pluralité Watteau-Chardin-Boucher-Fragonard, la dictature de Lully identifiable à la diversité musicale qui conduisit à Rameau et à Gluck et Malebranche comparable à Diderot, Condillac ou Voltaire.

Le Roman comique de Scarron (ou *La Mort d'Agrippine* de Cyrano de Bergerac) n'était possible qu'avant les trente années d'absolutisme radical et les *Lettres persanes* de Montesquieu qu'après.

On a pris l'habitude de confondre le règne du Roi Soleil avec l'apogée du classicisme. Mais regardons de plus près les dates, disais-je : Corneille écrit ses plus belles œuvres durant cette période passablement agitée qui va de la fin du règne de Louis XIII à la Fronde. C'est en pleine période insurrectionnelle que sont données des pièces comme *Nicomède*. *Le Cid* et *Cinna* sont antérieures. Molière meurt en 1673. Quarante et un ans avant Louis XIV. C'est en pleine période révolutionnaire qu'il prend la direction de sa troupe. Racine a renoncé au théâtre en 1677 et ne donne *Esther* (1689), sa pièce la plus faible, que pour l'édification des élèves de Madame de Maintenon. Crébillon père a disparu en 1662. Descartes, qui a fait un séjour à Paris en pleine émeute, meurt en 1650, trois ans avant la prise de pouvoir par Louis XIV. L'activité scientifique de Pascal est antérieure à l'absolutisme du Roi Soleil et *Les Provinciales* datent de 1657.

Les quatre plus grands peintres du XVIIe siècle qui sont Georges de La Tour et le trio Le Nain, restés marginaux de leur vivant, meurent avant la totale restauration monarchique. La Rochefoucauld, comme le cardinal de Retz, expriment après coup ce qu'ils ont ressenti sous la guerre civile. Les *Mémoires de Saint-Simon*, ce chef-d'œuvre, sont posthumes. Et le musicien le plus profond du règne, François Couperin, publie ses œuvres après la mort de Louis XIV. Marc-Antoine Charpentier, lui, est éclipsé par Lully.

Durant les vingt dernières années du règne du Roi Soleil, les pires, pas d'œuvre majeure.

Les deux grands auteurs de la période absolutiste, outre Charles Perrault, sont Jean de La Bruyère, le plus subversif peut-être, et l'inimitable Jean de La Fontaine que Louis XIV n'aimait pas.

Cette démonstration jeta un froid et en consterna quelques-uns.

Encore m'étais-je abstenu de faire remarquer que le verrouillage imposé par le classicisme théâtral empêcha notre grand Racine d'atteindre l'universalité d'un Shakespeare.

J'aurais recueilli, peut-être, plus d'assentiments, si j'avais fait remarquer que vingt ans de IIIe République - de 1880 à 1900, par exemple - furent intellectuellement et artistiquement infiniment plus riches que vingt ans de Second Empire. (Compte tenu que la plupart des chefs-d'œuvres écrits sous le Second Empire le furent en exil.)

Mon seul acquis de ce colloque athénien fut que je demandai aux plus célèbres personnalités internationales qui y participaient quelle était leur chanson préférée, ce qui me permit de réaliser sur ce thème un de mes *Avec tambours et trompettes* hebdomadaires. J'y reviendrai.

****

Quelques étapes de mes tours du monde, outre mon saut de puce du Caire à Tripoli en compagnon involontaire de Yasser Arafat, alourdirent mon sac d'images et de sons.

Ainsi ce passage à Caracas. Je m'accorde deux jours de repos en bord de mer avant de me rendre en Amazonie péruvienne, à Iquitos, afin de faire le constat de l'intégration d'une tribu indienne. Qui dit repos, dit chaise longue. L'une d'elles, mal intentionnée, se replie brusquement sur mon pouce et l'écrabouille. Le lendemain, mon appendice manuel enfle à vue d'œil. Je trouve l'adresse d'un médecin de Caracas et j'obtiens un rendez-vous d'urgence. Je ne prête guère attention au fait que celui-ci porte un nom à consonance plus germanique qu'hispanique. Je ne me souviens à plus à quel traitement, qui s'avérera totalement inadéquat, il me soumet, mais ce que je n'ai pu oublier c'est que, dans le coin d'une manière de vestibule, trônait, toute mèche en avant, le portrait d'un ancien leader teuton moustachu universellement célèbre - et pour cause - bien que peu honorablement.

Quatre jours plus tard, après avoir remonté un bras de l'Amazonie, avec Rachel, mon épouse, avoir pêché des piranhas et réveillé, le soir, des petits crocodiles, me voilà parcourant une mini-piste, parfois constituée de simples morceaux de planches jetés sur un spongieux tapis de feuilles et de branches, conduisant à la tribu indienne dont l'intégration eût, effectivement, ravi tout défenseur libéral de la « société de marché » : des pseudo-guerriers vêtus de pagnes, furieusement couleur locale (il ne leur manquait que les têtes réduites attachées à leur ceinture), proposant aux visiteurs de ficher des billets de un à dix dollars sur un arbre et de les empocher s'ils parvenaient à les transpercer d'une petite flèche de leurs sarbacanes.

Au retour, l'infection de mon pouce n'avait pas mis les pouces et je tremblais de fièvre. C'est alors que, miracle, nous croisâmes une petite expédition de six Français ethnologues amateurs, dont un médecin qui remarqua mon état. Il sortit de son barda une bouteille d'eau de javel, y plongea mon doigt opposable, dix minutes plus tard, le pouce nettoyé jusqu'à l'os, j'étais guéri !

****

Lors d'un passage à La Havane, en provenance du Mexique, j'eus l'éphémère surprise de tomber, en plein centre de la capitale cubaine, sur un important et fort houleux rassemblement de foule, que je me forçai à imaginer annonciateur d'une effervescence contestataire. Il s'agissait, en réalité, d'une interminable file de Cubains impatients faisant la queue pour espérer assister à une séance du film *Le Grand Blond avec une chaussure noire*.

****

C'est à Bali, où les temples anciens sont, en fait, refaits tous les dix ans, que j'eus confirmation de l'ampleur des massacres anticommunistes et anti-Chinois - une tête coupée posée sur chaque borne - qui laissa la « communauté internationale » tout à fait indifférente.

Des images ? Certaines de ces contrées parcourues - Karachi, Kinshasa, Kuala Lumpur, Dacca, Nairobi (mais aussi Helsinki) - enjambèrent mes souvenirs sans y laisser la moindre trace, alors que des lieux magiques - Bora-Bora, Bagan en Birmanie, la Dominique, certaines îles du Vanuatu, l'irrésistible avancée du désert au nord du Sahel - y laissèrent d'ineffaçables encoches.

Chapitre 63

Dictature libérale

C'est en 1977 que je publiai un ouvrage que m'avaient inspiré mes confrontations avec la question obsédante de la démocratie, sous ce titre, précisément - mauvais, au demeurant - *Complot contre la démocratie.* Tout ce que j'avais engrangé en sillonnant les espaces où la confrontation se jouait y était investi et fixa la réflexion qui s'en était nourrie. Même si elle péchait, cette réflexion, par une sous-estimation des capacités futures des nations libérées à réduire démocratiquement (du Brésil à la Hongrie) le champ de réalisation des acquis démocratiques.

Ce livre tournait autour du concept de « dictature libérale ». Pourquoi ? D'abord en réplique à *Démocratie française* de Giscard d'Estaing qui induisait un enchaînement quasi mécanique libéralisme économique-libéralisme politique. Mais, surtout, en réaction à ce constat, qui avait rythmé mes pérégrinations, que, sur les dizaines de dictatures que comptait notre planète à cette époque, une quarantaine se réclamaient du libéralisme économique et social le plus orthodoxe.

L'Iran du Shah, le Chili de Pinochet, la Corée du Sud sous tyrannie militaire, l'Indonésie de Suharto, le Brésil ou la Thaïlande sous le joug soldatesque étaient, en matière économique et même sociale, des nations beaucoup plus libérales que la France, l'Italie, la Grande-Bretagne ou les pays scandinaves qui, en comparaison, eussent passé pour des nations semi-socialistes. Le Brésil, l'Indonésie, l'Iran du Shah, l'Afrique du Sud (ou l'Arabie Saoudite) ne constituaient-ils pas de véritables paradis pour les investisseurs multinationaux de capitaux ?

Ce que je désignais, donc, sous le concept de « dictature libérale » (aucun rapport avec ce que l'on a qualifié, par exemple, « d'empire libéral » désignant la fin du règne de Napoléon III) c'était un régime politique objectivement dictatorial, mais au service de la préservation d'un quasi intégral, pour ne pas dire intégriste, libéralisme économique et social.

Non pas dictature molle, car la répression, au Chili, en Argentine, en Afrique du Sud, en Indonésie surtout ou même au Brésil, avait fait plus de victimes qu'on n'en avait recensées durant les dix premières années du régime mussolinien.

L'hypothèse d'un antagonisme possible - et à l'époque fréquent - entre libéralisme économique et libéralisme politique n'était donc pas abstraitement théorique, puisque, concrètement, dans des cas aussi précis que nombreux, on assistait (c'est ce que je qualifiais de « dictature libérale ») à l'asservissement total de la liberté politique à la liberté économique.

À l'occasion d'une croisière en Méditerranée, au cours de laquelle on m'avait demandé de faire des conférences de caractère historico-culturel, une dame, apparemment pas économiquement faible, qui n'était pas descendue à Alexandrie (trop d'Arabes !), respira un bon coup lorsque nous accostâmes en Grèce, celle du régime des colonels, et lança : « Ici, au moins, on se sent libre ! »

Pourquoi la droite libérale chilienne s'était-elle ralliée en bloc à la dictature de Pinochet ? Parce qu'il avait « sauvé et rétabli les libertés ». Celles, évidemment, qui comptaient le plus pour elle.

Et, à l'inverse, je rencontrai à Cuba des militants français qui m'expliquèrent que les « libertés formelles » y avaient été, certes, sacrifiées, mais aux « libertés réelles ».

D'où la mise en exergue de cette double question ou, plus exactement, de cette double réponse : l'expérience montrait-elle que la socialisation des moyens de production (le socialisme) se double d'un approfondissement de la pratique démocratique et de l'acquisition des libertés (vraiment réelles) ? Non, c'était le contraire !

L'expérience montrait-elle que la logique du libéralisme économique porte l'instauration d'une démocratie politique et l'élargissement du champ d'application des libertés publiques ? Pas davantage. C'était souvent le contraire.

Il n'y avait, en conséquence, de rapport mécanique ni entre liberté économique et liberté politique ni entre liberté politique et restriction de la liberté économique.

La logique démocratique était une logique autonome. Un « en soi ».

La grande différence, à l'expérience et à l'examen, entre les deux types de dictature, cela sautait aux yeux de l'observateur itinérant, c'était que les « libérales » prenaient la forme de régimes à finalités conservatrices qui n'avaient d'autres ambitions, outre leur autopréservation, que la défense de l'ordre économique et social libéral au prix de la liquidation de la démocratie libérale. D'où il résultait que, contrairement à la pratique propre aux dictatures dites « socialistes », toute idéologie officielle leur aurait pesé, toute politisation excessive se serait retournée contre elles et un parti unique aurait risqué de représenter l'amorce d'un dangereux contre-pouvoir (comme dans l'Italie fasciste où le parti unique renversa le dictateur).

Une dictature libérale était une dictature qui pouvait être à la fois durement oppressive et flasque.

Comment avait-on pu occulter si généralement cette réalité aveuglante de l'époque : parmi les pays les plus libéraux du monde, au sens économique et social, une majorité était des dictatures, alors que la plupart des démocraties libérales (États-Unis compris) étaient des pays qui avaient rompu, à un moment donné (Roosevelt), avec certains aspects de la logique libérale.

Ce que l'observation répétée me démontra, de façon aveuglante, c'est que, en effet, ce n'étaient ni le libéralisme ni le socialisme qui portaient en eux une logique démocratique, fût-elle potentielle, mais que la logique démocratique impliquait la correction par le libéralisme de ce qui n'était pas démocratique dans la logique socialiste et la correction par le socialisme de ce qui n'était pas démocratique dans la logique libérale ; qu'en conséquence, la possibilité et l'acceptation de l'alternance (qui impliquait le pluralisme) constituaient le seul processus capable de purger le socialisme de sa tentation totalitaire et le libéralisme de ses tentations dictatoriales.

Évidemment, je n'imaginais pas, à l'époque, que le socialisme totalitaire pût, pour éviter son effondrement, comme en Chine ou au Vietnam, servir de tuteur à une forme larvée de dictature libérale.

Ni, qu'à la faveur de l'écroulement du système socialiste, les démocraties libérales puissent (comme en Russie, en Hongrie ou en Pologne) prendre la forme d'une semi-démocratie illibérale.

En Grèce, comme au Brésil, comme dans l'Espagne franquiste et même au Chili, j'avais pu rencontrer sans difficulté des opposants internes au système. Des libéraux dissidents en quelque sorte. Ce qui pointait cette autre grande différence entre les deux tyrannies : la dictature totalitaire frappait systématiquement dans ses propres rangs (de la « nuit des Longs Couteaux » aux purges staliniennes), mais pas la dictature libérale qui n'éliminait que les adversaires externes à sa logique.

Ainsi, en Union soviétique, quand j'enquêtais sur la période révolutionnaire, je pus m'entretenir avec des adversaires libéraux, monarchistes, réactionnaires de la révolution (ce pourquoi ces tendances reprirent si rapidement du poil de la bête), mais pas rencontrer d'ex-adversaires communistes ou socialistes de l'évolution du régime, car, eux, avaient tous été liquidés. Tous !

La dictature, en définitive, n'était qu'une technique au service de la logique libérale, alors qu'elle s'intégrait à la définition même du système socialiste totalitaire (ou fasciste).

L'évolution des événements le démontrera : une dictature libérale en crise pouvait se dépouiller de sa vêture dictatoriale, mais sauver l'essentiel de son caractère libéral, alors qu'une dictature socialiste, quand elle cessait d'être dictature, finissait par cesser d'être socialiste.

Partout, en outre, où je fus témoin de la chute d'une démocratie, je dus prendre acte de ce fait traumatisant que les aspirations qui avaient précédemment permis de l'établir ou de la rétablir, cette démocratie, étaient d'ordre culturel, mais se heurtaient sans cesse à des contre-aspirations, ou à des instincts collectifs, de caractère naturel que mobiliseraient les tenants de la dictature : aspiration à l'ordre, à la sécurité, à la protection identitaire, à la puissance, à la possession, au rêve nationaliste ou même à la défense de ce qui était vécu comme des libertés personnelles.

La plupart de ceux qui, devant moi, justifièrent (je pense à ce médecin argentin) des éradications massives de libertés, arguèrent de la nécessité de maintenir celles qui leur paraissaient essentielles (liberté de posséder, d'accumuler, de vendre et d'acheter, de dominer et d'exploiter même). Et ils étaient parfaitement sincères.

L'encrage individualiste aux libertés personnelles, forme d'aliénation (Tant pis pour les autres !), jouait partout contre l'acceptation des libertés collectives effectives. En même temps, toute pulsion nationalisto-sécuritaire et identitaire tendait à étouffer la propension à s'ancrer à la défense des libertés publiques.

Les Sarrois, en 1935, n'avaient-ils pas voté à 80 % en faveur de leur rattachement à une Allemagne devenue totalitaire ? La passion nationale y avait étouffé la raison démocratique. Candidat, en 1948, à des élections libres, Staline n'aurait-il pas été élu ? (Aujourd'hui encore, il est en tête des sondages !) Un partisan avoué de la dictature a été librement élu président du Brésil.

Comment auraient voté les Français, en juillet 1940, s'ils avaient eu la possibilité de se rendre aux urnes ? Le désir « naturel » de paix, de tranquillité, de sécurité, ne l'aurait-il pas emporté sur l'impératif « culturel » de défense des libertés publiques ?

Partout, donc, j'eus l'occasion d'enregistrer des preuves traumatisantes de rejets naturels d'aspirations culturelles à la démocratie.

Partout, y compris en Union soviétique et en Chine, et dans les pays communistes en général, je perçus la puissance revancharde des instincts « naturels », particulièrement le nationalisme et la xénophobie, exacerbés dès lors qu'on ne leur avait opposé, un temps, que la compression et la répression.

Ce qui me conduisit à formuler cette double injonction, complémentaire, à laquelle je n'ai que marginalement dérogé depuis : « De même que le fascisme (on ajouterait, aujourd'hui, le populisme), fruit d'un libéralisme exacerbé, finit par miner la logique libérale, de même le gauchisme, produit d'une logomachie démocratique exacerbée, finit par saper la logique démocratique. Or, les effets mêmes d'une logique libérale non régulée nourrissent le gauchisme, alors que le mécanisme d'une logique démocratique non maîtrisée déclenche des réactions qui nourrissent le fascisme. La bataille démocratique implique, en cela, un combat sur les deux fronts qui se confortent l'un l'autre sans être pour autant comparables. »

Telle était la trame du livre, qui ambitionnait de théoriser une expérience. Ou plutôt une chaîne de constats.

Je me tiens, aujourd'hui encore, sur la ligne de ce que je tentais de formaliser. Sauf sur un point, fondamental, dont la prise en compte structura toute la suite de ma réflexion : la confusion, que je maintenais encore, entre le libéralisme et ce qui commençait à représenter à la fois sa continuité et sa négation : le néolibéralisme.

Le néolibéralisme qui devait devenir, au libéralisme originel, ce que le communisme instauré fut au socialisme originel.

****

L'ouvrage en question - ce qui le rendait quelque peu baroque - était précédé d'une longue plage poético-rhétorique qui représenta un moment décisif de ma propre évolution.

Invoquant ce qu'il y avait de légitime à vouloir « conserver » ce qui le méritait et à « réagir » à ce qui n'allait pas dans le bon sens, je me distribuais, de façon quelque peu outrancière - volontairement -, le rôle du « conservateur » et du « réactionnaire », au sens littéral du terme, afin de démontrer que la logique libérale (mais cela, en fait, renvoyait à la logique néolibérale) était intrinsèquement prédatrice et assassine de toutes les valeurs et de tous les principes dont se réclamait non seulement la droite dite « conservatrice » ou dite « réactionnaire », mais également la droite authentiquement conservatrice « libérale ».

Or, ce faisant, à me relire, j'anticipais, d'une façon assez inconsciente d'ailleurs, et que l'éditeur édulcora quelque peu, ce qui, trois ou quatre décennies plus tard, abondera la dynamique écologisto-environnementale.

Qu'on en juge par ce passage où, poussant le bouchon d'un subconscient « réac » – et j'étais sincère –, je faisais entendre une musique que certains, à l'extrême gauche zadiste, ne renieraient pas aujourd'hui.

Je cite : « D'une forme de pauvreté avaient surgi les cathédrales. Pourquoi faut-il, qu'au-dessus des terres grasses de vos prospérités – dont je mets certains aspects à votre actif – ne s'élèvent plus que les décors en trompe-l'œil qui strient les horizons de vos obsessions marchandes ? Pourquoi ?

[...] Le béton comme mousse de vos sous-bois financiarisés, superposition de cases qui faisaient, hier, meubles de classement de dossiers et, aujourd'hui, immeubles de rentabilisation du foncier ; des tours comme des bras qui se lèvent quand une urbanité se rend ; des périphéries d'où surgissent des troupeaux urbanisés dont on aurait éliminé les corps pour mieux allonger les cous.

Qu'est devenu mon village à l'écorce de terre peinturlurée de soleil posé comme une double-croche sur la partition écrite par la nature et qui affichait si bien sa connivence avec elle qu'il semblait être propriétaire de son morceau de ciel ?

Qu'est devenu le bazar aux clochettes moqueuses qui offraient, avant même leur possible acquisition, l'odeur, l'épaisseur, la rondeur et la vibration des choses dont l'invraisemblable bric-à-brac tressait, autour du magasin par elles habité, une guirlande féérique et folle ?

Qu'est devenue ma rue, fleuve dont chaque passant se sentait la vague, sillon creusé dans les labours de la ville et que nous descendions tels des semeurs qui lançaient à tous vents l'écho de leur passagère insouciance ?

Qu'est devenu mon quartier aux vérités sonores, aux polyphonies désarticulées au creux desquelles se fiançaient en permanence des rémanences de musiques évanouies et des éclats de bruits oubliés ?

Que sont devenus ces cris enseignes qui se voulaient signature en bas de professions qui ont même oublié qu'elles avaient disparu ?

Que sont devenues ces pierres qui buvaient, l'été, la lumière au goulot ?

Qu'est devenue la brique qui clamait, en plein midi, ses ferveurs de braise ou l'ardoise dont les reflets, au petit jour, avaient comme des saveurs de lavande ?

Où sont passées ces sérénades que, par ses interstices, la cité semblait offrir à la nuit, ces maisons à peine closes qui clignaient de l'œil sur notre passage ? Ces impasses qui auraient pu s'ouvrir sur la mer ? Ces arbres à qui, en automne, le vent venait faire l'amour ?

Qu'est devenue ma ville dont les usuriers, aujourd'hui, gagent la chair et commercialisent les frissons ? Ma ville plante qui, parfois, le soir tombé, semblait entourer autour de vous ses branches ?

Qu'est devenue la mer depuis que vous avez roulé ses rivages dans des caveaux de famille ? »

Est-ce que je m'exprimerais de la même façon aujourd'hui ? Sur le fond, peut-être. Mais il y avait là un entraînement rhétorique, littérairement séduisant, mais dont je me méfie désormais : je n'avais pas suffisamment pris conscience, à l'époque, qu'il n'existe pas de direction, aussi profondément juste fût-elle, que son ultra-radicalité formelle ne soit susceptible de conduire à de fallacieuses dérives ou impasses.

Ce qui fut vrai, hélas, du libéralisme et du socialisme, du spiritualisme et du laïcisme, du mondialisme et du patriotisme, du nationalisme et de l'européisme, du républicanisme même, peut le devenir également de l'écologisme.

Chapitre 64

Avec tambours et trompettes

À la faveur de la crise à Europe 1, j'avais obtenu de pouvoir choisir la musique qui suivait le journal et l'édito de huit heures.

Ce premier essai de diversification d'une expression musicale et son intégration à une approche de l'actualité (mais aussi de l'Histoire ou de la réalité sociétale), j'eus cependant l'occasion, grâce à mon retrait de la station de la rue François-Ier, de la mettre amplement en œuvre.

D'abord de façon très ponctuelle à la télévision où l'on me donna une « carte blanche » d'un soir pour déployer mes coups de cœur, ce qui me permit d'inviter Jean Ferrat pour interpréter une chanson évidemment interdite de passage sur le petit écran, *Le Fantôme*, sur les nombreux placards après purge que recelait l'ORTF. Quant à Léo Ferré, je voulus lui faire reprendre l'hymne à son chimpanzé, *Pépée*, mais il se mit à pleurer à chaudes larmes. Le Ferrat passa de justesse.

À l'époque, ça verrouillait dur : nous avions conçu et présenté avec Anne Sinclair, dont c'était la première prestation télévisée, une émission mensuelle sur FR3 intitulée *Les Visiteurs du dimanche soir*. Il s'agissait, déjà, d'intégrer des thématiques liées aux questions d'actualité à la multiplicité des expressions culturelles, chansons et musique classique comprises. Succès d'estime plus que d'écoute.

Ayant consacré l'une de ces émissions aux différentes déclinaisons du concept de liberté (il fallait oser et ça pouvait difficilement faire exploser l'audimat), nous y avions inséré une confrontation Raymond Aron/François Mitterrand. Une première ! Et une dernière ! Le patron de la chaîne, un certain Claude Contamine, en fit une jaunisse. Il ne renouvela d'ailleurs pas l'émission. Lorsque Mitterrand fut élu président de la République, tout le monde voulut retrouver ce débat unique pour en diffuser des extraits. Impossible ! C'est à n'y pas croire : le dénommé Contamine avait fait effacer la séquence comme si elle sentait le soufre.

À France Inter, qui m'avait demandé quelques chroniques matinales, c'est le directeur de la station, l'excellent Pierre Wiehn (je ne me souviens plus si c'est lui ou moi qui en pris l'initiative) qui m'incita à imaginer et d'animer une grande émission hebdomadaire de fin de semaine qui consisterait à asseoir des sujets divers, historiques, sociétaux, politiques, sociologiques, sur un socle musical constitué essentiellement de chansons, mais aussi de toutes les autres formes d'expression vocale. Une expérience qui n'avait pas encore été tentée. La première qui, pour évoquer toutes les dimensions d'une époque charnière, avait pris prétexte d'un ouvrage de Jean Lacouture consacré à Léon Blum, fut parfaitement nulle. Grâce soit rendue à Pierre Wiehn de ne pas avoir arrêté là.

Cela faisait des années, depuis que j'avais enseigné l'histoire, que je considérais la chanson comme le matériau le plus fiable, le plus signifiant, permettant de saisir, en profondeur, bruissant sous la surface des rhétoriques institutionnalisées, l'état d'esprit (ou les états d'esprit) dominant d'une époque donnée. J'ai déjà évoqué l'apparition du

Potemkine de Jean Ferrat en tête des hit-parades d'Europe 1 avant l'explosion de Mai 68.

Annonciateur également fut le relatif succès de l'adaptation par Hugues Aufray des principaux succès de Bob Dylan. (Claude François, lui, édulcora un tube de Donovan dans *Si j'avais un marteau*). Alors que, précédemment, la guimauve s'effaçait devant le twist.

Comment sonder, avec le recul, l'âme d'un peuple ? Les rapports des gouverneurs, des intendants sous Louis XIV, soucieux qu'ils étaient de s'attirer les bonnes grâces du pouvoir, ne rendaient que très marginalement et très prudemment compte de la rage des populations, dont témoigne, en revanche, la violence iconoclaste, assassine, de ce qui se chantait la veille et au lendemain de l'annonce de la mort du souverain.

On ne peut, aujourd'hui, prendre la dimension, la dimension sexuelle en particulier, de la fureur qui mobilisa le Paris populaire contre Mazarin et Anne d'Autriche pendant la Fronde qu'en relevant l'obsessionnelle obscénité des innombrables mazarinades (des milliers) qui exhalèrent des exécrations indicibles.

De même, rien n'explique mieux les débordements massacreurs qui rythmèrent les affrontements religieux du XVIe siècle qu'une prise de connaissance des paroles de ce qui se chantait, presque banalement, aussi bien du côté du peuple protestant que du peuple catholique à l'heure des Saint-Barthélémy.

La philosophie des Lumières prépara, certes, le terrain au basculement non seulement des élites bourgeoises, mais également des fractions de l'élite aristocratique, dans le camp libéral, puis révolutionnaire, mais les déferlements de haines chansonnières dirigés contre la Pompadour, la « Poisson », la du Barry, la « Pute », et, ensuite, Marie-Antoinette, l'« Incestueuse », laissent présager la hargne terroriste qui, à partir de 1791, saisit tout un pan du peuple sans-culottes.

Ce sont les retentissants succès des chansons de Béranger, telle *Parlez-nous de lui, grand-mère*, qui, à partir de 1820, déterminèrent le très pernicieux rapprochement entre les courants libéraux, républicains et bonapartistes : Béranger, que même Victor Hugo considérait comme un poète de premier ordre.

Qui dira le rôle que jouèrent la réappropriation de *La Marseillaise* par les manifestants de 1830 (Rouget de Lisle lui-même en fut effaré) ou du *Chant des Girondins* par ceux de 1848 ; ou ce que le socialisme naissant, qui ne pouvait pas se contenter de *Dansons la capucine* (« Y'a pas de pain chez nous, y'en a chez la voisine, mais ce n'est pas pour nous »), devait à Pierre Dupont (*Le Chant des ouvriers*) qui n'a pas écrit que « J'ai deux grands bœufs dans mon étable ».

Qu'est-ce qui fait que *La Carmagnole*, le *Ah ! ça ira*, plus tard *L'Internationale* d'Eugène Pottier, se soient taillés, dans les mémoires collectives, un tel espace et si longtemps ? L'empreinte laissée par certaines chansons, dont on ne connaît même pas les auteurs, qui furent portées par des collectifs également anonymes (*J'ai du bon tabac, Sur le pont d'Avignon, Cadet Rousselle, C'est la mère Michel qui a perdu son chat*), est étonnamment pérenne. *Auprès de ma blonde, En passant par la Lorraine, Trois jeunes tambours, Le Pont de Nantes*, quoique légèrement modernisées musicalement au XIXe siècle, datent du XVIIIe siècle, alors que très peu de poésies de cette époque ont fait souche (qui connaît une seule poésie de Voltaire ?).

Ne chante-t-on pas, encore aujourd'hui, ce *Plaisir d'amour* de Martini, qui fut le premier super-tube national à mettre, sous le Directoire, une musique spécifique sur des paroles spécifiques. Jacques Dutronc n'a-t-il pas interprété une chanson écrite par Jacques Lanzmann, *Il est cinq heures, Paris s'éveille*, qui est une reprise d'un autre supertube, œuvre de Désaugiers, datant du début du XIXe siècle ?

Encore convient-il de ne pas réduire ce que l'écoute des chansons dominantes d'une époque suggère à ce qu'il y a d'explicite dans leur contenu. Non seulement *Dansons la capucine*, mais également *C'est la mère Michel*, *Cadet Roussel*, *Il pleut, il pleut, bergère* de Fabre d'Églantine, en disent plus qu'il n'y paraît (de même que l'érotisme de *Aux marches du palais* est à entendre entre les lignes). En revanche, une relecture *a posteriori* a transformé *Le Temps des cerises* en chant quasi révolutionnaire, alors qu'il s'agit d'une pure chanson nostalgique d'amour. Il est vrai que son auteur, Jean Baptiste Clément, porta ensuite à incandescence une autre nostalgie, celle de la Commune de Paris (« Oui mais, ça branle dans le manche, les mauvais jours finiront ! »).

Un structuraliste mettrait en exergue l'enfoui et le refoulé tapi derrière ce que la chanson voile pour se protéger.

Certes, la chanson « patriotarde » de l'après-guerre de 1870 témoigne d'un climat ultra-nationaliste (le « clairon » de Paul Déroulède) qui annonce l'acceptation de la grande tuerie de 14-18 par des couches entières de la nation. Mais encore convient-il de préciser que les plus célèbres de ces excentricités revanchardes, parce que ridicules (du genre « Va, passe ton chemin, ma mamelle est française, N'entre pas sous mon toit, emporte ton enfant, Mes garçons chanteront plus tard *La Marseillaise*, Je ne vends pas mon lait au fils d'un Allemand »), furent, en réalité, très peu chantées, beaucoup moins que d'admirables chansons pacifistes telles les *Le Soldat de Marsala* ou *Giroflé*,

Girofla. Ce qui importe, pour comprendre une époque, ce n'est pas tant en soi le contenu des chansons qui datent de ces temps-là, écrites souvent par des professionnels produisant à la chaîne, que leur rencontre (ou pas) avec un peuple ou une fraction du peuple.

Ainsi, plus que le bellicisme affiché de certaines « scies » d'avant 1914, fut éloquente la tonalité de celles qui remportèrent de véritables triomphes entre 1935 et 1940 : *J'ai ma combine*, *Ça vaut mieux que d'attraper la scarlatine*, *Tout va très bien madame la Marquise* par l'ensemble Ray Ventura, *Ça c'est d'la bagnole* par Georgius ou *Prosper yop la boum !* interprétée par Maurice Chevalier.

Il est significatif qu'aucun succès de ces années-là n'ait, de près ou de loin, évoqué la montée des périls, le monstre totalitaire ou le spectre de la guerre. En la matière, donc, la fuite, l'évitement nous disent autant que la proclamation. Le non-dit autant que le dit. Le creux est aussi éloquent que le relief. Le refus de regarder la réalité en face n'annonçait-il pas la radicalité de l'écrasement que provoqua l'irruption de cette réalité ?

On remarquera que le Front populaire, hors l'éclosion d'un certain esprit guinguette accompagnant l'euphorie des premiers congés payés (et à l'exception de l'hymne *Allons au devant de la vie*), n'engendrera pas un seul chant porteur d'un thème mobilisateur et que (à l'exception du très tardif *Chant des partisans* et du très minimaliste *Fleur de Paris*) la Résistance n'inspira pas non plus d'œuvres chansonnières mémorables. Pas plus d'ailleurs que la collaboration ou le refus de la collaboration, alors que le pétainisme laissa *La Chanson du maçon* ou *Colchiques dans les prés*. Sans parler, évidemment, de *Maréchal nous voilà*.

En fait, le refus, sous l'Occupation, ne s'exprima qu'à travers la chanson « swing » ou les détournements d'airs connus, y compris de *Lili Marleen*. L'attentisme - ni collaboration ni Résistance - trouva ainsi son expression dans la façon « d'emprunter » pour ne pas avoir à « produire ».

Sur la nature de *Mon amant de la Saint-Jean* qui fit chavirer Lucienne Delyle (« Elle qui l'aimait tant... »), il y a même des doutes.

Une remarquable chanson, œuvre de Gilles et Julien, *Dollar*, puissante dénonciation de l'esquisse d'un impérialisme de la finance mondialisée, était prémonitoire, mais elle ne fut appréciée que par un cercle intellectuel très restreint.

Il ne s'agissait donc pas, dans cette émission de France Inter intitulé *Avec tambours et trompettes*, de privilégier la chanson à « sens » sans tenir compte de son impact réel, mais de montrer que tout, dans ce domaine, a un sens, y compris l'absence de sens ou le « sens inverse ». Une chanson qui rencontra un écho considérable dans les milieux révolutionnaires, où on la reprenait volontiers en chœur *Le grand métingue du métropolitain*, œuvre de Maurice Mac-Nab, était en fait ironiquement dirigée contre les milieux syndicaux (Mac-Nab étant monarchiste) mais fut, par les militants, prise au premier degré.

Finalement Sheila avec son *Petite fille de Français moyen* ou Philippe Clay avec son *Mes universités*, professions de foi anti-Mai 68, eurent autant de résonance, sinon plus, que le *Mai, joli mai* de Nougaro en sens inverse.

La chanson, celle qui s'impose, qui s'enracine (la mélodie et le rythme y font beaucoup, c'est pourquoi ils sont si souvent recyclés) « dit » beaucoup même par sa façon de ne strictement rien dire. *Ah ! Les p'tits pois, les p'tits pois, c'est un légume bien tendre !* ou *Je cherche après Titine* disaient autant, à travers leur dérision, que *Les Roses blanches* ou *Sombre dimanche* que structurait un récit ou un propos. (*Je cherche après Titine*, surtout, qui fut adopté par les boys de l'armée américaine en France, qui le ramenèrent aux États-Unis d'où elle nous revint par l'intermédiaire des *Temps modernes* de Charlie Chaplin).

Des sujets comme l'évolution de la condition féminine (on chante, en 1900, « les mains de femme » qui sont faites pour coudre ou broder), du rapport au sexe, à l'impôt (*Cache ton piano, cache ton banjo*), à la justice, à la peine de mort (*La Veuve* de Jules Jouy), au mariage (*La Chaîne*), à la démocratie, à la guerre (*La Butte rouge* de Montéhus), aux grandes mutations technologies, à la voiture (*Ça c'est d'la bagnole* de Georgius), au chemin de fer (*Roule, roule, train du désir*), au métro, à l'électricité, l'approche de la question sociale (*Les Canuts* d'Aristide Bruant) ou des problèmes économiques à l'occasion (j'ai cité *Dollar*), ne sauraient être abordés sans recours à ce que nous en révèlent, d'une façon parfois complexe, les tendances, les modes, les dominances et les normalités (ou les non-normalités) chansonnières.

Il y a également - ce qui en dit long et a contribué à ma réflexion sur les recompositions structurelles des « invariances » –, ce qui faisait pleurer hier et qui fait rire aujourd'hui (*Les Roses Blanches* ou le détournement de *L'Hirondelle du faubourg*), ce qui faisait rire hier et consterne aujourd'hui (*Avec l'ami Bidasse*, ou *Au lycée Papillon*).

On a pu remporter des succès phénoménaux avec *Félicie aussi* (« Il avait du poil aux pattes, Félicie aussi »), avec *Mon homme* (« Il me fout des coups, il me prend mes sous [...] mais je l'ai tellement dans la peau, que j'en deviens marteau ») - la musique est du génial Maurice Yvain –, en exaltant le colonialisme dans *Le Fanion de la Légion* (*Les salopards tiennent la plaine*), ou en se moquant des juifs (*Les Noces à Rebecca* de Georgius remporta un énorme succès), des Noirs (*On l'appelait Bou-dou-ba-da-bouh !*), des Asiatiques (*Sur le Yang-Tsé-Kiang*), des homosexuels, des handicapés (ainsi Francis Blanche chantant *Le Savon des aveugles* qui se termine par « Et tous les manchots du monde se donneront... l'crochet »), en banalisant l'alcoolisme (*Mon anisette*). La réécoute de ce qui fut banalisé, mais résonne aujourd'hui comme autant d'inconcevables « incorrections », montre mieux que bien des plongées sociologiques rétrospectives l'ampleur des transformations mentales intervenues.

Mais, en même temps, on a pu très tôt, et en des termes qui stupéfient avec le recul, stigmatiser les liens du mariage, la peine de mort - on l'a dit -, le bagne (*À Biribi*), les méfaits du tabac (*Du gris*), de la drogue (*Cocaïne*, *J'ai l'cafard* chanté par Damia), de l'alcool (*L'Assommoir*). On dénonça, de façon plus brutale qu'on ne s'y risquerait de nos jours par peur de ne pas être programmé à la radio, l'oppression masculine, l'exploitation capitaliste, l'aliénation sociale, la régression environnementale (*Où est-il mon moulin de la Place Blanche ?* interprété par Fréhel), on exalta dans *Ils ont les mains blanches* de Montéhus la lutte des classes.

Deux phénomènes se relaieront (et tous les deux constituèrent, souvent, la trame de l'émission) : la chanson prenant le relais de la poésie quand celle-ci s'émancipa de ses propres règles mélodiques, ou bien, au contraire, portant, pour en démultiplier la diffusion, l'œuvre de poètes (Pierre Seghers, Pierre Mac Orlan, Louis Aragon, Luc Bérimont, Paul Fort, Victor Hugo même servi par Brassens), (Guy Béart omettant de préciser qu'il avait emprunté le *Bal chez*

Temporel à André Hardellet) ; et, surtout, second phénomène, la chanson contribuant, en soi, à l'extension du champ d'expression du surréalisme et de l'absurde dans le sillage du fameux *Fils père* de Georgius (Boby Lapointe, ce génie, ou le trop méconnu Pierre Louki, mais aussi, à un niveau moindre, des ovnis comme *Le Clair de lune à Maubeuge*...).

Le plus instructif (et on ne se priva pas d'en faire la démonstration) est l'évidence que, lorsqu'on ne pouvait pas dire les choses et qu'il fallait procéder par allusions, la chanson fut d'une vulgarité sans nom (« Ouvre la fenêtre, qu'on respire un peu », « Oh ! Dis chéri, Oh ! Joue-moi-z-en d'la trompette », « C'est la pi pipe en bois ») et que, depuis qu'on peut presque tout dire, elle est devenue d'une infinie pudeur. Pierre Perret a pu, dans *Celui d'Alice*, chanter le sexe de la femme.

La dégénérescence politique de l'après-Libération, l'espérance étouffée, ne se lit-elle pas dans l'extrême médiocrité de la production chansonnière entre 1948 et 1956 (*Étoile des neiges*, *Cerisier rose et pommier blanc*, *Ma cabane au Canada*, *Les Lavandières du Portugal*) ?

Le raz-de-marée du yéyé ne nous alertait-il pas, aussi bien sur la dépolitisation du gaullisme institutionnalisé que sur les formes extrêmes prises par l'uniformisation marchande qu'exacerbait la nouvelle phase du capitalisme ? Avec Richard Antony, on se contentait d'entendre siffler les trains !

C'est peut-être dans le domaine de la variété que commença à se manifester, avec le plus de virulence, la dynamique de la mondialisation néolibérale, y compris sa dominance anglo-saxonne. Trois grandes multinationales verrouillant le marché, un Brassens, aujourd'hui, échappant aux sonorités rythmiques mondialisées, serait-il commercialisable ? De cette infernale mutation d'immenses talents (Fanon l'auteur de *l'Écharpe* ou Henri Tachan) furent victimes.

Ce que nous dit encore le couple « paroles et musiques », et que nous eûmes souvent l'occasion de démontrer, c'est à quel point la production, la forme, le contenant, le contenu sont dépendants du support, de la nature du support, et donc des révolutions technologiques qui en déterminent l'évolution.

Le 45-tours ne permettait évidemment plus les chansons-récits à nombreux couplets (la très réussie *Louise* de Berliner fut l'exception), alors que les relais devenus incontournables de la radio et de la télévision, à vocation consensuelle, et tenus en main par les pouvoirs, portèrent, pendant des décennies, des coups mortels à la chanson socialement engagée. Des chansons réalistes, même *newlook*, étaient devenues impossibles aux heures de grande écoute. *Zorro est arrivé, Si tu vas à Rio, Scoubidou, Je suis parti pour Tahiti* furent typiquement des formats radio, alors qu'Alain Barrière était, lui, un vivant format télé.

Quant au phénomène du hard rock (nous fûmes parmi les premiers à programmer *Back in Black* d'AC/DC ou *Antisocial* de Trust) il annonçait, avec vingt-cinq ans d'avance, la radicalité anarchisante des protestations qui agiteront le siècle suivant.

Ce sont ces problématiques que l'utilisation de toutes les formes d'expression musicales et vocales permit d'aborder, en compagnie d'invités ad hoc, dans *Avec tambours et trompettes*, annoncé par un extrait du *Petrouchka* de Stravinski, parce qu'on y entendait du tambour et de la trompette. Nous contribuâmes même, ce fut ma grande fierté, à faire redécouvrir le *Miserere* d'Allegri.

Beaucoup des disques que nous faisions ressortir de la phonothèque étaient encore marqués « Interdit de diffusion ». Ainsi *Le Déserteur* de Boris Vian, *Le Gorille* de Georges Brassens (alors que nous nous fîmes un plaisir de programmer *Fernande*) et même *La Folle complainte* de Charles Trenet à cause d'une brève allusion érotico-ésotérique. Nous fûmes alors les seuls à pouvoir faire entendre ce petit chef-d'œuvre signé Pierre Perret *Celui d'Alice*, cité plus haut, et même, bien que cette chanson fût détestable, le *Hexagone* de Renaud. (Renaud à qui, étant juré au festival de Spa, je réussis à faire obtenir le Grand Prix).

Abordant la thématique de la chanson réactionnaire, j'invitai même le seul chanteur d'extrême droite officiant à l'époque, Jean-Pax Méfret, qui se présentait comme le « chanteur de l'Occident ».

Il se trouva des bonnes âmes pour considérer que passer d'éditorialiste politique et de grand reporter à animateur d'une émission de variétés, c'était une déchéance.

Cela me ravissait.

Lorsque je sautai le pas en commençant à publier, sept ans plus tard, mes travaux d'ordre philosophique, les mêmes bonnes âmes me renvoyèrent à mes prestations chansonnières. Il est vrai que je ne vois pas à quoi j'aurais pu, moi, les renvoyer !

Chapitre 65

Plongée dans un orchestre, un hebdo et un quotidien...

En janvier 1977 s'éteignit Henri-Georges Clouzot, le cinéaste à qui l'on devait ces chefs-d'œuvre absolus que sont *L'assassin habite au 21*, *Quai des Orfèvres* ou *Le Corbeau*.

J'ai rapporté, à l'orée de ce livre, dans quelles circonstances j'eus l'occasion de dîner chez lui pour parler non cinéma à mon grand désappointement, mais musique. Il avait répudié l'image pour ne plus s'investir que dans le son. Ce violent était entouré d'énormes paires de baffles. Je rêvais de le rencontrer (bien que Suzy Delair, son ex-épouse, m'ait raconté des horreurs à son sujet). Or, je n'aurais jamais osé faire le premier pas (je n'ose jamais) s'il n'avait lui-même pris l'initiative.

Au cours de ces années 1977-1980, beaucoup de gloires nous quittèrent que je ne me pardonnerai jamais de n'avoir même pas tenté d'approcher. Jacques Prévert (bien que j'eusse l'occasion de collaborer avec beaucoup de ses proches), Jean-Paul Sartre, Romain Gary, Jean Renoir, Herbert Marcuse, la Callas ou, dans le domaine de la chanson, Damia et Ray Ventura. Et Dalida !

Sur tout mon parcours personnel-professionnel n'a constamment cessé de peser ce lourd handicap : une timidité chronique me paralyse. Pour passer outre, je dois me faire presque cruellement violence. Et cette retenue, cette autooppression rendent évidemment plus brutales les éventuelles explosions qui m'en libèrent.

Ce n'est qu'une des raisons de plus qui fait que je n'ai nullement été un « grand journaliste ».

Même ensuite, dans mon rapport aux équipes que je dirigeais, parce que cette répression de soi entravait des nécessités de dire, ce fut paralysant.

L'émission de France Inter, à cet égard, me servit de sas. C'est par cette entreprise que je devais devenir ami de personnages aussi différents qu'Yves Robert, Yves Montand ou Simone Signoret. Laquelle n'hésitait pas à vous téléphoner à deux heures du matin pour vous mobiliser sur l'urgence de dénoncer une violation des droits de l'homme à Tegucigalpa.

Si j'ai fait la connaissance d'Aragon, c'est parce que Guy Béart me convia chez lui à un déjeuner dont il était l'autre convive. (Ensuite, il me téléphona pour me parler de ses problèmes d'argent et lorsque c'était ma femme qui était au bout du fil, il lui racontait sa vie et ses tentatives de suicide.)

Si je sympathisai avec Charles Aznavour, c'est parce que nous nous retrouvâmes coincés, tous les deux, à cause du mauvais temps, à l'aéroport de Berlin-Est. Serge Gainsbourg, c'est lui qui, dans le train Paris-Montbard, vint s'asseoir à mes côtés et un contrôleur, qui ne l'avait pas reconnu, me demanda, à moi, un autographe. (Je l'invitai plus tard à assurer, pendant une semaine, le rôle de rédacteur en chef à *L'Événement du jeudi*, ce fut à la fois génial et cauchemardesque.)

Un jour, je dînais avec des amis au restaurant « L'Ami Louis ». J'y avais, quelque mois plus tôt, côtoyé Spielberg sans même tenter de lui adresser la parole. En face de nous, au fond de la salle, trônait Romy Schneider.

Je dis à mes amis : « J'admire cette femme, qu'est-ce que j'aimerais faire sa connaissance. »

Ils me rétorquèrent : « Eh bien, va lui dire ! »

« Vous êtes fous, je n'oserais jamais ! »

Un moment, elle se leva, traversa la salle, et je l'entendis me déclarer : « Je n'osais pas mais, tant pis, cela fait longtemps que j'avais envie de faire votre connaissance ! »

C'était quinze jours avant sa mort.

Bien plus tard, c'est Bill Clinton, qui dînait avec sa fille, que je m'interdisai d'aborder, jusqu'à ce que, sur invitation du patron de l'établissement, il vînt à notre table partager dessert et café.

Il en est un à côté duquel je passai complètement.

J'avais déjeuné avec Pierre Boulez à sa demande (je fus plus sensible à ses propos oraux qu'à ses propos écrits et au chef d'orchestre plus qu'au compositeur), mais celui-là – il s'agit d'Olivier Messiaen –, dans la mesure où il ne me demanda rien, je le côtoyai trois semaines durant sans nouer le moindre contact.

J'accompagnais l'Orchestre national de France dans une longue tournée au Japon afin de réaliser un film, pour Antenne 2, sur la vie d'un grand orchestre symphonique vue de l'intérieur. Autant, avec le chef en titre, Lorin Maazel, j'eus de longues et vivifiantes conversations (son accent était envoûtant) autant, une fois de plus, je fus incapable de briser la glace, comme on dit (et c'en était une), pour aller vers Messiaen, qui lui-même ne fit pas le moindre effort pour aller vers qui que ce fût. Comment un esprit plutôt clérical pouvait-il se fermer à ce point à tout élan vers autrui ?

Trois types de concert étaient au programme : Berlioz, dont *Harold en Italie* (ce qui me permit de m'enivrer à l'alto), Debussy-Ravel et Olivier Messiaen dont les recherches tonales ornithologiques flattaient les oreilles d'un public nippon. Messiaen fut présent (et monta sur scène) lors de tous les concerts dont il était le héros, d'autant que son épouse, Yvonne Loriod, l'accompagnait au piano sur lequel elle tapait avec une virile énergie, mais pas une fois il ne daigna se montrer à l'occasion d'une prestation de l'orchestre qui ne le concernait pas directement et, lorsque ce furent ses œuvres que les musiciens interprétèrent, pas une fois il ne les remercia ou ne les salua.

Un grand orchestre symphonique, c'est à la fois une mini-société, avec ses hiérarchies propres, ses conformismes et ses dissidences, sa vie syndicale (l'un des violoncellistes était le responsable CGT), société particulière elle-même reproductrice des stratifications de la société globale dont elle répercutait, en les adoucissant, les clivages culturels et les fractures de classes : les cordes, plus féminines, d'extraction plus bourgeoises, fréquentaient aux heures libres musées, monuments et salons de thé, quand les cuivres, souvent issus d'orphéons populaires et de fanfares prolétariennes, se détendaient plus volontiers en jouant au football ou en courant les quartiers chauds. Les hautbois et les flûtes figuraient les classes moyennes. La harpe, éthérée, planait. Les solistes dominaient avec bienveillance.

Entre les heures de travail, on ne parlait quasiment pas musique : c'était le boulot ! (Est-ce que les prostituées parlent de sexe ?). À l'exception des percussionnistes qui, eux, ne parlaient que de ça, accros qu'ils étaient à toutes les sonorités possibles, en particulier à celles que leur offraient les innombrables sortes de cloches et autres ustensiles tintant que le vent faisait dialoguer dans les temples.

Au sein de cette mini-société que constituait le tissu de l'orchestre, il y avait comme des assemblages particuliers de fils qui tissaient leur propre format d'expression autour d'accointances de clans ou de familles : duo, trio, quatuor, mais aussi accompagnement de vedettes de variété ou apport instrumental à des formations de jazz. Autant d'histoires personnelles qui, en un instant donné, se fondaient dans une éphémère histoire commune dont le rendu symphonique constituait de répétitifs miracles ; autant d'expressions *a priori* irréductibles qui, soudain, se mutualisaient, de sensibilités diverses qui se mettaient, pour un temps, au service du rendu d'une sensibilité particulière ; d'individualismes pluriels dont ce collectivisme passager permettait seul qu'ils s'investissent dans l'expression d'un individualisme unique venu d'ailleurs.

Si j'avais eu l'occasion de parler musique à Rome avec Fellini (mon ami Francesco Burgio avait fait l'intermédiaire), je n'avais pas pu, à cette époque, voir son film *Prova d'orchestra* (*Répétition d'orchestre*). Heureusement. Sans quoi je n'aurais pas osé réaliser le mien. Lequel bénéficia de cette douteuse chance que, tout un temps, il fut diffusé lors des grèves à la télévision ! Je sympathisais avec les deux premiers violons, Patrice Fontanarosa et Régis Pasquier. Ce dernier, qui réside près de mon moulin bourguignon, est resté un ami proche.

****

La prétendue déchéance que représentait mon passage de « grand reporter », puis d'éditorialiste politique en animateur d'émission, dont la chanson constituait le fil conducteur, je l'assumais d'un « cœur léger », puisque, après avoir beaucoup pondu dans le quotidien de référence, parcouru le monde pour l'hebdomadaire de référence et de plus grande diffusion, sévi dans une radio de référence et de grande écoute, j'acceptai (cette expérience fut très enrichissante) de diriger le service Politique d'un quotidien sans référence et de petite diffusion : *Le Quotidien de Paris* de Philippe Tesson.

J'avais auparavant, il est vrai, alors que j'officiais à Europe 1, exercé de façon totalement clandestine la fonction de chef du service Politique du *Nouvel Observateur*, que la direction de la station considérait encore comme un journal sulfureux. Situation peu ordinaire et dont il existe, en effet, peu d'exemples. Je signais d'un pseudonyme : Jean-Christian Harvet.

Monde étrange pour moi que celui du *Nouvel Obs* où certaines des plus belles plumes (potentielles) - Hector de Galard, le directeur de la rédaction, Serge Lafaurie, le rewriter en chef ou Pierre Bénichou - n'écrivaient quasiment jamais d'articles, ou un sympathique baba-cool bretonnant, Yvon Le Vaillant, n'écrivait, tout en étant mensualisé, qu'un article par an, alors qu'un K.S. Karol écrivait tout le temps, bien qu'en serbo-croate (mais on traduisait), et la formidable et talentueuse Josette Alia sur absolument tous les sujets et à la place de tout le monde.

Il régnait dans ce journal une indéfinissable atmosphère à la fois baroque et délicieuse, intrinsèquement aristocratique et formellement de gauche par luxe, collectivisation libertaire d'individualismes exacerbés digne d'un film d'Alain Resnay, *L'Année dernière à L'Obsbad*, dont l'intrigante intrigue aurait pu se dérouler alternativement dans l'Autriche-Hongrie des Habsbourg et dans la Russie soviétique de 1919 du temps de Vladimir Maïakovski !

J'avais poussé deux jeunes nouveaux dans le métier, l'un, Bernard Guetta, alors très à gauche, qui couvrait, je crois, l'éducation et, surtout, déjà décomplexé et fringant, affichant un culot à faire pâlir les marchandes de poisson marseillaises, dont le scepticisme déjà se donnait des mines de cynisme professionnel, un certain Franz-Olivier Giesbert.

En quoi, de l'intérieur d'un journal de gauche, je fis un cadeau à la presse de droite. C'est lui, pourtant, qui me présenta la jeune génération de députés socialistes.

Étant, je l'admets, quelque peu vieux jeu, j'avais exigé que tous les collaborateurs du service soient présents à la conférence hebdomadaire qui se tenait... à dix heures du matin. D'où une floraison de dazibaos dénonçant cette prétention « fascisante ».

La conférence générale, elle, était un grand moment qui consistait moins à définir les lignes de force du journal de la semaine suivante qu'à autocélébrer le culte de Jean Daniel qui le valait bien.

****

J'avais donc repiqué au truc. Cette fois au *Quotidien de Paris*. Journal de droite musclée ? Il le deviendra. Mais, à l'époque, mes efforts consistèrent plus à modérer certaines ardeurs quasi gauchistes de l'aile marchante de la rédaction qu'à verser du poivre dans la soupière. Philippe Tesson, dont le charme servait de pourpoint à la générosité, homme de presse s'il en fut, se faisait un devoir d'esthète, comme une forme de marivaudage élitaire, à s'affilier toutes les dissidences, toutes les insolences et à ne concevoir les clous que comme une invitation à traverser à côté. Ou à les contourner.

Au fond (et j'en fus d'abord si peu conscient que je l'incitai volontiers à mettre la pédale douce sur la publication systématique de tribunes libres de tous les tenants d'une gauche radicale et même anarchisante qui passaient dans les parages), il considérait, en vrai anarchiste libéral, on dirait volontiers « anarchiste de droite », que le bon ordre des choses exigeait que la droite exerçât le pouvoir – c'était sa fonction – et que la presse libre, elle, s'ancrât, en contrepoint, dans l'opposition. Dans toutes les oppositions. Or, il se trouvait que, pour l'essentiel, l'opposition se situait à gauche.

Mais, lorsqu'en 1981, cette gauche parvint au pouvoir, ce qui dérogeait donc à l'ordre normal du monde, il siffla la fin de la récréation. « On ne joue plus ! » Et il déborda, alors, toujours avec le même incandescent talent, *Le Figaro* sur sa droite.

On racontait, à l'époque, qu'ayant appris que François Mitterrand avait marché sur les eaux, il fit titrer « Mitterrand ne sait même pas nager ! »

Moi-même je le moquai plus tard en faisant une une de *L'Événement du jeudi*, à l'occasion d'un hiver particulièrement rigoureux : « Le froid tue : Mitterrand complice ! »

Ce que me fit découvrir ma traversée de la direction du *Quotidien de Paris*, c'est qu'on pouvait réaliser un bon journal, très bon même parfois, avec des bouts de ficelle.

Nous étions installés dans un local à côté duquel un vieux garage désaffecté et lépreux nous eût semblé un loft confortable. Avec, parfois, des bouffées d'odeurs qui incitaient l'une des clavistes, militante Lutte ouvrière, responsable CGT, à décréter « la grève générale ». Décidée, bien sûr, à dix-huit heures, alors que le journal était bouclé et que toute l'équipe s'était démenée pour rien.

Casquette de Gavroche plantée de biais sur la tête, accent faubourien à couper au surin, elle s'appelait Simone Tassimot. Elle me poursuivit. Plus tard, je la récupérai aux *Nouvelles littéraires*. Elle était toujours trotskiste - les deux autres clavistes étaient de petites bourgeoises, bon chic bon genre, proprement réacs sur les bords. Elle arrivait parfois, le matin, tout émoustillée, et lançait : « Eh, les filles, cette nuit j'ai fait l'amour avec un Noir (ou un Arabe), c'était le paradis ! », les deux autres défaillaient en gloussant.

Je la réintégrai à *L'Événement du jeudi* jusqu'au jour où elle vint me voir pour m'indiquer qu'elle devenait aveugle et qu'il fallait la changer d'affectation. Je lui demandai à quel poste elle aimerait être transférée. Elle me répondit franco : « à la photo ! » Pour une aveugle c'était, en effet, tout indiqué. Le comble, c'est qu'elle y fut excellente.

Plus tard, elle se reconvertit courageusement et fit une petite carrière dans la chanson. Sociale et réaliste, bien sûr. Ou intellectuelle. Car elle était autodidactement très cultivée. Elle n'avait peut-être pas lu tout Proust, mais tout Jules Vallès certainement.

Un jour, bien que cela lui coûtât, elle me fit une véritable déclaration d'amour : « Vous, me dit-elle, pour un patron, vous êtes plutôt sympa ! »

Simone Tassimot était formidable.

Le directeur de la rédaction du *Quotidien de Paris* était un certain Richard Liscia. Un homme affable. Quand il était en proie à de fortes contrariétés - et on aura compris que la précarité de ce journal en suscitait à la pelle -, il se précipitait à la pâtisserie la plus proche et avalait en chaîne des éclairs au chocolat.

Au chaos constructif inhérent à la vie de ce journal, à tout point de vue incomparablement inconfortable, s'ajoutait un impondérable : l'intrusion régulière d'une raide folle, folle de Philippe Tesson en l'occurrence, qui, tel un ouragan, venait plus que le poursuivre, le traquer de ses assiduités.

Il y avait, au *Quotidien*, un mélange de véritables pointures et de pantoufles. Le service Société-Informations générales était au top. Ce qui tombait bien car, entre l'enlèvement du baron Empain, la marée noire provoquée par l'*Amoco Cadiz*, le suicide collectif des neuf cent quatorze membres de la secte du « Temple du Peuple » en Guyane, l'enlèvement et le meurtre d'Aldo Moro en Italie par les Brigades rouges, l'évasion puis la liquidation policière de Jacques Mesrine, l'assassinat du patron des patrons allemands Hanns Martin Schleyer, le suicide du ministre Robert Boulin, il y avait du grain à moudre.

L'équipe comprenait Érik Emptaz qui exportera son savoir-faire au *Canard enchaîné* ainsi que Jean-Dominique Bauby qui, même paralysé, parviendra à produire un petit chef-d'œuvre. Il y avait une jeune débutante qui sera l'une des premières femmes à se spécialiser dans le reportage de guerre à la télévision, Dominique Torrès, qui, elle aussi, s'imposera sur le petit écran, Bernard Chapuis qui nous rejoindra à *L'Événement du jeudi* puis deviendra billettiste au *Monde*, Nicolas Domenach, que je retrouverai à *L'Événement* et à *Marianne* et qui était, à l'époque, doté d'une chevelure « afro » aux volutes impressionnantes qui s'associait à ses sensibilités libertaires. Henry Chapier cultivait avec passion une double allégeance au cinéma d'auteur et à Jacques Chirac. Jean Leclerc du Sablon, grand spécialiste de la Chine, officiait au service Étranger. Avec le recul, la qualité de cette rédaction m'époustoufle.

Les pantoufles étaient de vieux complices de Philippe Tesson que celui-ci, pour rien au monde, n'aurait laissé tomber. L'un d'eux avait un jour commis une sorte d'édito politique, bien qu'on l'eût payé pour qu'il s'en abstînt.

À la maquette, les paragraphes avaient été complètement inversés. Personne ne s'en avisa, car ce n'était pas plus abscons que d'ordinaire. Un chroniqueur régulier, avocat de profession, avait envoyé, avant des élections locales, une analyse des causes de l'échec total de la gauche. En l'occurrence, elle remporta un spectaculaire succès. Je l'appelai pour lui demander de corriger sa bafouille : il m'expliqua que cela n'avait pas d'importance, car cela ne changeait rien. Un spécialiste, plus ou moins stipendié, des questions pétrolières, assez facho de surcroît, espaçait heureusement de plus en plus ses interventions car nous avions un allié : son éthylisme.

En vérité, *Le Quotidien de Paris* aurait pu prendre son envol. Il avait une image, un ton, il était riche de talents très divers. Il eût fallu le professionnaliser, l'asseoir sur une politique de diffusion et de promotion adéquates. Je plaidais en ce sens. Or, cette perspective angoissait Tesson qui développait un véritable culte du « petit journal » au point qu'il s'inquiétait, pour ne pas dire s'affolait, chaque fois que les ventes frissonnaient.

Parmi les nombreux bons titres que nous concoctâmes, il y eut celui qui suivit le discours, se voulant mobilisateur, que Jacques Chirac prononça chez lui, en Corrèze, dans la bourgade d'Égletons : « L'envol de l'Égletons ! » Nous n'osâmes pas ajouter : « De cloche en cloche. » Il s'agissait bien, en effet, d'une tentative de caractère bonapartiste.

Chapitre 66

Giscardisme

L'homme qui avait permis la prise de pouvoir de Giscard se lançait dans une opération retour de l'île d'Elbe pour, à terme, dégager Giscard.

Il parvint à ses fins, sauf que ce n'est pas lui, dans un premier temps, qui fut le bénéficiaire de sa réussite.

En 1995, Mitterrand fera voter tous ses amis en faveur de Jacques Chirac (j'en fus le témoin). Il lui devait bien cela. En 1981, au second tour, Chirac avait voté Mitterrand (il me le confia).

Chirac avait projeté Giscard à l'Élysée. C'est lui qui contribua le plus efficacement à l'en sortir.

Dès 1977, il avait sauté sur l'occasion qu'on lui avait offerte en rétablissant les élections au suffrage universel du maire de Paris. Giscard était convaincu que cela lui permettrait d'arracher la capitale aux gaullistes. L'homme qui devait s'emparer de ce joyau en son nom s'appelait Michel d'Ornano. Une sorte de duc de Morny sans le talent.

Nul, en haut lieu, n'avait évidemment imaginé que Chirac, député de Corrèze, pût, sans démissionner, concourir pour la mairie de Paris. Et pourquoi pas député de Lille et maire de Marseille ? Le fiasco de JJSS à Bordeaux semblait avoir condamné ce genre de grand écart. Mais le « tout sauf Giscard », un classique qui commença à s'installer, propulsa celui qui ne cessa de profiter ensuite des « tout sauf » (sauf Balladur, sauf Jospin, sauf Le Pen).

D'Ornano, l'homme de Deauville, voilà le hic, était aussi typiquement parisien que Marcel Pagnol était natif d'Arras, chef-lieu du Pas-de-Calais.

Un gars pas méchant à part ça. Un soir, ayant appris ma présence à Deauville, il m'avait invité à dîner chez lui. Nous devions être six, nos épouses et deux de ses amis. Tout le monde ayant trouvé prétexte pour se décommander, nous nous retrouvâmes tous les deux à chaque bout d'une table longue comme un jour sans pain, servis par un domestique quasiment en livrée qui, au dessert, posa sur la table (car c'était le jour des Rois) une galette surmontée d'une couronne. Je ne tombai heureusement pas sur la fève. J'en déduis que lui l'avait avalée !

Un petit groupe, que nous avions formé avec Alain Duhamel, Michel Tatu et Pierre Drouin du *Monde*, mais aussi Marc Ullmann, ex de *L'Express* qui officiait sur RTL, et qui se réunissait au « Petit Riche » avait invité ce d'Ornano. C'était un peu avant l'élection présidentielle de 1981. En pleine « affaire des diamants ». Ça l'inquiétait-il ? « Pas du tout, nous répondit-il, strictement personne n'en parle ! »

La semaine précédente, nous avions invité Jacques Chirac qui s'était emmêlé dans son agenda. Il avait déjà déjeuné avec sa fille. Il avait mangé une choucroute. Avec nous, il prit un pot-au-feu.

Donc Chirac, à Paris, écrasa d'Ornano et les giscardiens. Il fit alors de Paris le quartier général de son armée de la reconquête. Un an plus tard, en 1978, il ira, dans « l'appel de Cochin », lancé depuis l'hôpital où il se faisait soigner, jusqu'à qualifier (ou, plutôt, on lui fera qualifier) les giscardiens de « parti de l'étranger ».

Giscard, lui, avait choisi comme Premier ministre Raymond Barre, qui était à la démagogie ce que le marquis de Sade fut à l'Immaculée Conception. Il parlait vrai. Comme Mendès France et Rocard : ce qui les condamnait tous les trois à ne jamais pouvoir gagner une élection présidentielle. Quand il déclara, après l'attentat de la rue Copernic, que, parmi les victimes, il y avait même des « Français innocents », il le sortit comme il le pensait.

Les Corses, les paysans, les pieds-noirs firent les frais de son côté saint Jean Bouche d'or : et c'étaient des clients de la droite !

En privé, le grand patronat et les théoriciens néolibéraux en prenaient pour leur grade. S'entretenir avec lui hors micro était un régal, je ne m'en lassais pas. Il y avait, en outre, une âme d'artiste dans ce corps de vétérinaire. Sa rondeur enveloppait de l'acuité. L'ourson aux aigus à la Lily Pons développait, sous des dehors ronronnant, une pensée de baryton basse.

Le duo Giscard-Barre, Laurel et Hardy haut de gamme, un Guizot en plus enveloppé à côté d'un Louis-Philippe en plus élancé, deux intelligences découplées que n'électrisaient pas les mêmes lobes, faisait au moins économiser à la gauche ses éternels procès en « populisme ».

À côté d'un Barre, il eût fallu à Giscard un Philippe Séguin (il est vrai que, compte tenu de leur caractère respectif, cela eût été explosif). Or, il se flanqua d'un Alain Peyrefitte, qui l'aveugla de la brillance de son conservatisme intellectuel et, surtout, d'un Michel Poniatowski qui, annonceur prémonitoire d'un lepénisme princier, le droitisa au risque de rejeter vers Mitterrand l'aile la plus avancée de ce « centrisme » qui l'avait promu à Élysée.

Si on veut s'ancrer dans certaines détestations, il ne faut jamais rencontrer ceux que l'on se complaît à détester. Ils valent presque toujours mieux qu'on ne le croit. On déteste un archétype et on découvre un bonhomme. Même le granit humain à une âme. Même le mauvais esprit peut dissimuler un bon cœur.

Combien en ai-je connu, dont le nom seul me hérissait le poil et qui, en face à face, révélaient toute l'humanité, la sensibilité parfois, que leur posture exigeait qu'ils réprimassent. Claude Guéant me toucha. Même Éric Ciotti n'est pas aussi noir qu'il y paraît. Dois-je l'avouer : je trouvai de troublantes sincérités chez Marine Le Pen.

Il y a cependant - l'Histoire en est maculée - quelques exceptions. Poniatowski en était une.

Giscard avait-il été maraboutе par son côté pile ? Je voulus en avoir le cœur net. J'obtins un rendez-vous à l'Élysée, ce qui n'était pas évident, car j'avais commis un livre qui se voulait une réponse peu tendre à son ouvrage *Démocratie française*. Je fus, à cette occasion, je dois en convenir, passablement ridicule. J'arrivai, en effet, avec vingt minutes de retard. Quand il me reçut, il laissa tomber, sur un ton hautain : « Je vois, monsieur, que la fonction présidentielle ne vous impressionne pas outre mesure ! » Bêtement, je prétendis que j'étais arrivé à l'heure, mais qu'on m'avait oublié dans un coin. Et lui de trancher : « Mais non, ce n'est pas vrai. J'ai vérifié ! »

L'entretien de plus d'une heure n'en fut pas moins fort civil. Mais je ne retrouvai pas l'agilité d'esprit, l'élégance de ton, le scepticisme distancié qui tempérait son droitisme bon chic et son progressisme bon genre, tout cela qui m'avait séduit (bien que je ne fusse pas de ses électeurs potentiels) chaque fois que je m'étais entretenu avec l'ex-ministre des Finances.

De cette rencontre je n'ai évidemment rien retenu (même de mes rencontres avec moi-même il m'arrive de ne rien retenir), si ce n'est qu'il m'avoua s'être félicité de mon départ d'Europe 1. J'ai également enfermé cette phrase dans le petit coffre-fort de mes réminiscences : « Il n'y en a, dans les médias, que pour les extrémistes : un jour Michel Debré, un autre jour Michel Rocard ! »

S'il avait su que, quarante ans plus tard, il aurait pu dire « un jour Edwy Plenel, un autre Éric Zemmour » !

Giscard, je l'ai dit, n'eut pas de chance. Rattrapé par le choc pétrolier, c'est sous son septennat que le chômage entama son irrésistible ascension. L'affaire des « diamants de Bokassa » sapa son image (des activistes RPR du SAC allèrent jusqu'à, sur ses affiches, lui coller des diamants à la place des yeux) alors qu'il ne s'agissait que d'un clapotis dans un fond de carafe. *Le Monde*, aiguillonné par le chroniqueur pamphlétaire Philippe Boucher, ami de cœur de Jacques Fauvet, se déchaîna. Moi-même, dirigeant alors *Les Nouvelles littéraires*, je fis plancher une flopée d'écrivains, qui ne se firent pas prier, sur la thématique diamantaire. Littérairement, ce fut du caviar. Intellectuellement, c'était du gras double. Pas de quoi être fier !

À l'époque, notre collaborateur Jérôme Garcin faisait son service militaire... au service de presse de l'Élysée. Il s'arrangea, avec la complicité d'Odile Warin, chargée des relations publiques à l'Élysée, qui était une amie (depuis une visite commune des réserves d'animaux en Tanzanie), pour subtiliser les exemplaires dans tous les bureaux.

L'autre tuile fut le suicide du ministre Robert Boulin. Homme droit, psychologiquement fragile, représentant de l'aile gauche du gaullisme mais rallié à Giscard, il craignait qu'une affaire immobilière à laquelle il était mêlé à Ramatuelle, instrumentalisée par ses adversaires au sein du RPR chiraquisé, ne l'éclabousse. On le retrouva noyé dans un étang près de Rambouillet, la tête plongée dans cinquante-cinq centimètres d'eau. Il avait laissé des lettres dans lesquelles il annonçait sa décision de se donner la mort. La thèse d'un assassinat ne s'en répandit pas moins presque aussitôt. Et, encore aujourd'hui, elle est partagée par tous ceux à qui « on ne la fait pas ! ». Son corps n'était-il pas couvert d'ecchymoses à en croire le rapport d'autopsie ?

Toutes mes propres enquêtes m'ont confirmé qu'il s'agissait bien d'un suicide. Il suffisait d'ailleurs de réfléchir deux secondes. Si Boulin avait été assassiné, c'est parce que, en effet, en but aux perfidies calomniatrices de ses ex-amis politiques qui ne lui pardonnaient pas sa « giscardisation », il avait, à une ou deux reprises, menacé de sortir lui aussi des dossiers compromettants. Mais cela signifiait, alors, qu'il aurait été supprimé par des chiraquiens ou des gens du SAC, des amis de Charles Pasqua. Dans ce cas, tout l'appareil d'État giscardien aurait été mis en branle pour découvrir et démasquer les coupables !

Qu'importe : médiatiquement on sait, depuis l'affaire Stavisky, qu'un meurtre est toujours plus affriolant qu'un suicide. Il suffit de trouver la raison possible du crime. Il y en a toujours une. Toujours faire taire : empêcher que Georges Figon ne parle, empêcher que François de Grossouvre ne parle, empêcher que Pierre Mauroy ne parle. Se tuer, c'est innocenter ses meurtriers.

On alla jusqu'à murmurer qu'Alain Peyrefitte, concurrent de Boulin, aurait eu intérêt à sa disparition !

Un autre ex-ministre, Joseph Fontanet, fut abattu devant chez lui. En fait, les tueurs l'avaient pris pour un autre. Mais qui l'a cru ?

C'est encore sous Giscard que fut, effectivement cette fois, assassiné un troisième ex-ministre, Jean de Broglie, l'un des négociateurs de l'indépendance algérienne. J'eus l'occasion de beaucoup travailler sur le dossier de ce crime d'État. L'embrouille était telle que, en vérité, je ne me souviens plus de rien, ma mémoire a simplement enregistré, sans doute à cause de mon amour d'Anatole France, le fait que l'imbroglio tournait, en particulier, autour de la rôtisserie de « La Reine Pédauque ».

On aurait imaginé une telle succession de faits divers sous Chirac. Paradoxalement, ce fut sous Giscard.

Ce qui, avec le recul, me paraît avoir marqué les dernières années Giscard, outre la monarchisation formelle de la fonction (c'était parfois ridicule, mais véniel), ce fut que rarement le contrôle des grands médias audiovisuels (je l'avais vécu à Europe 1, à France Inter, à Antenne 2) n'atteignit un tel niveau... ou, plus exactement, l'adhésion des grands médias au giscardisme (car c'était le plus souvent sincère).

Osmose qu'on ne retrouvera que lors de l'épisode Balladur, puis au début de la présidence Sarkozy.

Sur la radio publique, comme sur Antenne 2, les « programmes », traditionnellement marqués à gauche, échappaient complètement à cette emprise, mais l'info, elle, était « tenue ». Je tombai un jour, tout à fait par hasard, à France Inter, sur une réunion des responsables de l'information qui discutaient très ouvertement des moyens de favoriser la victoire du camp gouvernemental aux élections législatives !

C'est à cette époque que, ayant rendez-vous avec Jacques Chirac à la mairie de Paris, je m'arrêtai à la porte de son bureau intrigué par des effluves sonores de festivités. Quand il vint m'ouvrir, il m'expliqua, en rigolant : « Nous étions en train de décerner une serpillère d'honneur à... » Et de citer les noms de deux commentateurs politiques, deux frères, vedettes de la télévision de ce temps-là.

Chapitre 67

Le tueur iranien dépose son arme

Comment, après les joyeusetés inoubliables du *Quotidien de Paris*, tout en assurant des fins de semaine multi-mélodiques sur France Inter, et en approfondissant une réflexion philosophique dont je repoussais sans cesse l'échéance, me suis-je retrouvé dans le rôle d'une sorte d'homme à tout faire à Antenne 2, je n'en ai plus aucun souvenir. N'empêche que je m'y retrouvai.

Cette expérience, qui me familiarisa avec le petit écran, m'en éloigna en même temps tant la superficialité m'apparut faire partie intégrante de son essence.

Ce fut, en vérité, éclectique et feu-follétique. Un jour, un entretien fleuve avec le philosophe Vladimir Jankélévitch, profond, écorché, mais dont le rapport émotionnellement revanchard à la musique allemande me stupéfia ; un autre jour, un documentaire sur la vie interne d'un grand orchestre symphonique ; entre-temps, un magazine consacré aux formes évolutives du rôle économique et sociétal de l'argent, un autre à l'économie des jeux de hasard, un survol de l'histoire de *La Marseillaise*, une mini-fresque consacrée à la longue et difficile émancipation politique de la ville de Paris, une réaction en direct et sur place à l'attentat de la rue Copernic, le suivi de la révolution sandiniste au Nicaragua, de l'insurrection chiite en Iran ou de l'émergence de Solidarność en Pologne, une émission spéciale consacrée aux droits de l'homme (deux heures avant le direct, le réalisateur, un communiste effervescent, rentra chez lui parce que j'avais refusé qu'il intégrât au décor d'immenses panneaux représentant des personnes sensément opprimées, mais exhibant d'énormes sexes à l'air) et aussi des pastilles éphémères, des superficialités en pilule, des commentaires confettis, des courants d'air. L'impérialisme incontournable de l'image.

Comment, de toute façon, ne pas passer à côté de l'essentiel quand la parcellisation et la rapidité des éclairages ne permettent pas de saisir, à l'issue d'une continuité, la synthèse qui lui donnerait sens ?

Car les années 1979 et 1980 conclurent le plus formidable basculement de notre monde intervenu depuis 1956. L'intervention soviétique en Afghanistan, l'effet Solidarność, la sortie de la Chine du maoïsme, la révolution iranienne puis le triomphe de Khomeiny, mais aussi, et surtout, l'arrivée au pouvoir de Margaret Thatcher, puis l'élection de Ronald Reagan, c'est-à-dire : début de l'effondrement du système soviétique, résurgence d'une Chine capitalisto-totalitaire, prémices d'un déferlement des mouvances islamistes, déchaînement de la contre-révolution néolibérale. Il y a quarante ans, en somme, la mise en place des quatre lignes de force du monde d'aujourd'hui.

En ai-je été conscient ? Je n'en suis pas sûr.

La quotidienneté, surtout quand l'apparence la structure, se prête difficilement aux appréhensions en surplomb.

Un fiasco m'est resté en mémoire.

On avait arraché de vive force l'idée d'un magazine spécial en direct consacré aux premières élections pluralistes libres en Espagne depuis le coup d'État franquiste, sauf que le direct s'interrompit brusquement et que je me retrouvai seul, comme un con. Sans même pouvoir commenter les résultats que j'ignorais. L'émission catastrophe terminée, je faillis aller me jeter dans la Seine.

Flash : ce moment où tous les bureaux de la rue Cognacq-Jay tremblèrent parce que le jeune chargé de la revue de presse, Claude Sérillon, avait osé évoquer « l'affaire des diamants », ce qui était tout à fait interdit. Jean-Pierre Elkabbach, le patron de la rédaction, ne décolérait pas.

Flash : ce journal nocturne du 24 décembre, où je dus intervenir à côté de Léon Zitrone en smoking avec nœud papillon en haut et en pyjama avec pantoufles en bas.

Flash, surtout, ultime : ce lendemain du 10 mai 1981, quand la conférence de rédaction se transforma en un happening au cours duquel ceux que la giscardisation de la chaîne n'avait nullement ému, qui s'étaient toujours couchés, se découvrirent des âmes de guérilleros et demandèrent que le journal du soir soit réalisé depuis la place de la Bastille et exigèrent des têtes. Celles d'Elkabbach, précisément, et d'Alain Duhamel.

Personnellement, outre que j'avais pris mes distances pour diriger *Les Nouvelles littéraires*, je m'étais engagé à donner ma démission d'Antenne 2 et de France Inter, en cas d'élection de François Mitterrand que je souhaitais, si, en effet, des têtes tombaient... Des têtes tombèrent.

Je donnai ma démission. Je fus le seul.

****

De toute façon, ces activités, en partie alimentaires, ne constituaient que la pointe immergée de mon iceberg (encore congelé en effet), car l'essentiel de mon investissement était alors consacré aux recherches, lectures, réflexions, esquisses, notes et brouillons qui alimenteront mes travaux futurs.

****

Entre-temps s'était déroulé un épisode que je n'oublierai pas.

Apprenant que je devais présenter un magazine spécial consacré aux droits de l'homme, quelqu'un m'a contacté. C'était un Iranien. Francophone. Il venait d'arriver en France en provenance de Téhéran. Touriste ? Non... Il était en mission. Mission très particulière. Opposant retourné (ou menacé), il avait été chargé par la SAVAK, la police politique du Shah, d'assassiner Sadegh Ghotbzadeh, le représentant à Paris de l'opposition nationale démocratique : celle qui se réclamait de feu le docteur Mossadegh renversé par un coup d'État initié par la CIA américaine.

Or, il avait craqué. Insurrection de sa conscience ? Il était prêt à tout avouer. À tout révéler. Des preuves ? Il m'en donna. Il accepta de venir témoigner en direct dans l'émission et d'apporter l'arme non utilisée du crime, un pistolet muni d'un silencieux.

Je contactais Ghotbzadeh, je les mis face à face : l'assassin et la victime potentielle. L'un qui montrait à l'autre l'arme avec laquelle on l'avait chargé de l'abattre. Scène improbable. Dévastatrice.

Le croirez-vous : diffusée dans l'émission, elle n'eut strictement aucun écho. Aucun. Nul journal n'en fit état. Nous étions à quelques mois de la révolution qui allait emporter le régime du Shah d'Iran. Mais ce régime-là avait la cote. Il était « moderne ».

Je m'étais rendu, deux ans plus tôt, à Téhéran. Trop brièvement hélas. Le centre de la cité en eût remontré à Nice et à Cannes réunies. « Moderne », en effet. Bourgeoisement chatoyant. Il fallait s'aventurer à la périphérie (mais pourquoi s'y aventurer, qu'avait-on à y faire et, de toute façon, comment ?) ou dans certains quartiers populaires qui n'avaient quasiment pas d'existence officielle, pour se retrouver projeté deux siècles en arrière. Pas moderne !

Il y avait un « comme nous » et un « comme eux ». Un miroir et un derrière le miroir. Téhéran comme un gros, un très gros village Potemkine. On avait le choix entre le « comme chez nous » et le « nulle part ». Entre se voir et ne pas voir.

Le spécialiste du Moyen-Orient qui couvrait ce secteur pour la radio publique, ex-journaliste du *Monde*, quand il se rendait sur place, logeait au palais. Et il ne revenait pas nécessairement les mains vides.

C'était à Berlin que les manifestations dirigées contre le régime du Shah avaient tourné à l'émeute. À Paris, aucun risque. On ne se posait pas de questions : que la répression implacable dirigée contre les éléments démocrates, libéraux ou progressistes, ait livré la fonction oppositionnelle aux mollahs et ayatollahs qui avaient fait, des mosquées, les seuls espaces où la contestation pouvait sinon s'exprimer au moins se murmurer, cela ne fut pas un instant appréhendé. L'Iran du Shah était moderne. Le féodalisme pétromonarchique habillé Saint Laurent et agrémenté Vuitton était moderne. Pas de presse libre, pas d'élections libres, pas de syndicats, pas de partis politiques. Un monarque absolu : pays moderne !

Le Shah avait organisé, à Persépolis, à prix d'or, un colossal raout digne du camp du Drap d'Or, histoire de se poser en héritier direct de Cyrus, de Darius et de Artaxerxès. Moderne !

Le monde entier s'y était précipité. On avait luxueusement logé, dans autant de palais miniatures, toutes les excellences venues faire allégeance au veau d'or noir.

Beaucoup en avaient profité pour chouraver tapis et vaisselle en guise de souvenirs.

Combien de journalistes, privés de vue sur la mer, se contentent de coller leur regard sur les vitres de ces aquariums, peuplés de poissons d'apparat, que constituent certains centres-villes.

Beaucoup plus tard, j'en fis de nouveau l'expérience dans le Tunis de Ben Ali : capitale moderne d'un régime moderne. À côté duquel l'Iran des mollahs était un havre de démocratie. Capitale sous cloche d'un régime sous cloche. Que nos médias, de gauche y compris, ceux qui n'avaient cessé de caresser les babouches d'Hassan II au Maroc, ne voulaient percevoir que de l'intérieur de la cloche.

Donc, la dictature impériale de Pahlavi était *a priori* amnistiée comme, plus tard, celle de Ben Ali. Alors, qu'un repenti révèle qu'il avait été chargé d'abattre, à Paris, le principal opposant démocrate au régime du Shah, quelle importance ?

La suite fut doublement tragique.

L'homme, qui s'était retourné contre ses commanditaires de la SAVAK, abandonné de tous, totalement démuni, mourut quasiment de faim. Prévenu de son décès, je tins à être présent à son enterrement qui se déroula dans la banlieue parisienne. Nous étions quatre autour de la tombe. Une femme, un inconnu, Ghotbzadeh et moi.

Ghotbzadeh, quand Khomeiny eut pris le pouvoir, devint ministre des Affaires étrangères. Très vite, il prit ses distances. Il fut accusé de participation à un prétendu complot. Son crime : il était laïque !

Il fut destitué. Condamné. Et fusillé.

Chapitre 68

La dernière élection de l'ancien temps

Après avoir habité, pour cause de divorce, un petit studio dans un immeuble très délabré en plein Marais, rue des Guillemites, j'avais emménagé dans un appartement très « Grand Siècle », pas de la dernière modernité en conséquence, situé, rue de Thorigny, face à l'hôtel Salé, actuellement musée Picasso.

Je l'avais loué à un certain Englander, Israélite religieux barbu, qui parlait français avec un réjouissant accent de raconteur de blagues juives, sauf quand il était question d'argent car, alors, il ne s'exprimait plus qu'en yiddish.

Rarement logement se vit si systématiquement violé : j'y fus cambriolé cinq fois. C'était presque devenu non pas un appartement de passes, mais un appartement de passage. La cinquième fois, les visiteurs non invités étaient partis avec la porte. Je fus, peu à peu, dépouillé de tous les objets que j'avais rapportés de mes voyages. Ce fut, en réalité, une très bonne affaire. Je les avais fait photographier et les assurances m'en remboursèrent beaucoup plus qu'ils ne m'avaient coûté, en l'occurrence pas grand-chose. Restait le malaise provoqué par cette désagréable tendance à l'intrusion permanente. L'impression que mon chez-moi était devenu chez tout le monde. Un carrefour plus qu'un havre.

Le sixième accroc fut un incendie. Les pompiers intervinrent et se frayèrent un passage à la hache, y prenant un visible plaisir, si bien que nos toilettes s'ouvrirent directement sur le palier. Notre appartement ressemblait ainsi de plus en plus à un couloir.

Le septième accroc fut un attentat signé par un groupe « autonome » ancêtre d'« Action directe ». On éleva, devant notre porte, une sorte de haut bûcher et on y mit le feu de façon que l'incendie embrase l'appartement. Par miracle, après le cinquième cambriolage, nous avions fait installer une porte blindée banalisée. Elle arrêta les flammes qui commencèrent à monter, en revanche, dans la cage d'escalier et à menacer l'immeuble. Heureusement, notre voisin du dessus était un acteur qui faisait des extras pour les agences de publicité et était en train de répéter, à deux heures du matin, son grand rôle qui consistait à déclamer : « Des pâtes, des pâtes, oui, mais des Panzani ! » Il renifla la fumée. Appela les pompiers. Le drame fut évité.

J'étais alors en déplacement et quand je réintégrai mes pénates, de bon matin, dans un premier temps je ne remarquai même pas que le hall d'entrée était couvert de slogans qui me vouaient aux gémonies. L'un me traitait de « fasciste mou ».

Notre second voisin du dessus était psychanalyste. Il se trouva que, lorsque nous décidâmes, ma compagne Rachel et moi, de nous marier, notre témoin, l'Américain John Condon, brilla, comme toujours, mais cette fois par son absence. Que faire ? Faute d'alternative, je me présentai chez le psychanalyste. Il ouvrit, hagard, et je lui lançai sans plus de préambules : « Je me présente, je suis le locataire de l'étage du dessous. Je suis très honoré de pouvoir faire votre connaissance. J'ai un petit service à vous demander : je vais me marier tout à l'heure et je n'ai pas de témoin. Accepteriez-vous de l'être ? »

Je devinai, dans son regard, qu'il se demandait si j'étais vraiment un voisin ou un client dont le cas psychanalytique était passablement lourd.

****

Le 10 mars 1978, donc, j'étais calfeutré dans mon antre de la rue Elzévir. C'était un vendredi. D'attente. Le premier tour des élections législatives devait se dérouler le dimanche.

J'ai évoqué, au début de ce retour sur mes pas, l'élection présidentielle de 1965 à l'occasion de laquelle se coagulèrent tous les composants de ce qui allait structurer notre vie politique jusqu'en 2012. En 1978, on assista à un double effet d'optique. Ce qui s'esquissa, en réalité, derrière l'apparence d'une nouvelle victoire de la droite et d'un dégagement définitif de François Mitterrand, sans que le pouvoir médiatique en prît conscience, ce fut, en fait, la victoire de François Mitterrand en 1981. Et aussi, mais dans un second temps, la lente mais irrésistible défaisance de ce qui s'était structuré en 1965 : l'explosion de l'union de la gauche, l'écroulement du Parti communiste, la domination du PS dont l'hégémonisme finira par exacerber les contradictions internes et la revanche du néogaullisme sur le giscardisme, ce qui ne fera qu'exacerber les cassures à droite.

Le basculement de 1981 était inscrit, en filigrane, dans le résultat de la présidentielle de 1965, de même que, à plus long terme, l'explosion de notre bipolarité politique quasi institutionnalisée, qui interviendra en 2017, était implicitement annoncée par ces élections législatives de 1978, qui virent s'effondrer deux prétendus blocs, artificiellement cimentés par le mode de scrutin, mais qui recouvraient des forces de plus en plus radicalement antagonistes. L'aveuglement des médias qui virent, dans ce scrutin, la confirmation de l'impossibilité de déboulonner la droite, mériterait d'être promu en « cas d'école ».

Les bruitages d'un soir d'élection

Je m'étais mis, ce vendredi soir de printemps déraisonnable, en mode stand-by. L'air (n'ayant rien d'autre à faire, j'avais noté mes impressions) était apaisant et doux comme une mousse. Les radios nous entretenaient en boucle de ce qui nous attendait si… si la gauche, que les sondages plaçaient à égalité avec la droite, bien qu'elle n'exhibât plus que ses déchirures, remportait les élections. Les dernières non pas de l'ancien monde, mais de l'ancien temps. J'ai encore à l'oreille ce bruit de fond, tintements nerveux de poubelles que l'on déchargeait, hoquets d'un marteau-piqueur qui, au loin, mitraillait le macadam. Musique pour ouverture de crépuscule. La grande presse (il y en avait encore une) mitraillait, elle, ses lecteurs pour les mettre en garde contre le règne cauchemardesque de l'Antéchrist. Une moitié de la gauche jetait de l'huile sur le feu de l'autre. Ruche en folie d'où surgissaient deux essaims qui se provoquaient du dard – plus question de faire du miel ensemble. Un individu, prétendant parler au nom des parents d'élèves de l'école confessionnelle, appelait à la levée en masse contre les socialistes qualifiés de « fous » et d'« assassins ». Les moineaux revenaient entrelacer sous nos fenêtres leurs motets polyphoniques. Le journal de FR3 nous offrait un pâté de son cru : une alouette pour un cheval. Mais un cheval faisant « le bon choix ». À travers les rideaux, j'apercevais encore un bas-relief de l'hôtel Salé que découpaient les dernières lumières tendres d'un jour sans pluie : deux fortes femmes, torse nu, soutenant une sorte de globe terrestre :

« L'Avenir du monde » ? La « victoire de la gauche – venait de déclarer, très haut, le porte-parole de la paysannerie, un nommé Michel Debatisse –, ce serait la fin du marché commun agricole ». Et, plus bas « la collectivisation des fermes, le kolkhoze obligatoire ».

Sur une vieille palissade, que l'élection avait réélectrisée, des affiches multicolores formaient un collage post-cubiste de fureurs arrachées et d'espérances lacérées. Plus haut, accroché à un grand mur craquelé, un panneau proclamait « Barre confiance ! »

La nuit approchait à pas de loup. Quintes de toux des motocyclettes, raclements de gorge des démarrages difficiles. Deux colonnes dans le journal : la majorité avait ressuscité Pierre Lagaillarde et la gauche requinqué Daniel Cohn-Bendit. À chacun ses barricades. Le patron des patrons, comme on dit « le roi des rois », un certain François Ceyrac, annonçait la reprise économique pour le 21 mars : le lendemain du second tour.

Là-bas, un mur au crépi lézardé semblait boire la transparence du ciel. Il faisait calme tout à coup. Les petits vieux de la maison de retraite qui jouxtait l'hôtel Salé s'égaillaient autour d'une camionnette. On leur offrait de petits colis de la part de monsieur Chirac, maire de Paris. Ils avaient l'air content. « Il y en aura d'autres ? » « Si vous votez bien. » Gloussements. Le matin, avec son relevé de comptes, ma femme avait reçu une petite missive de la Banque Hervet l'adjurant de voter contre le collectivisme. C'était bien vu : après le 10 mai 1981, elle sera nationalisée. Des touffes d'odeurs âcres montaient de la rue. Dans l'Oise, prétendait-on, Dassault, afin de contrer les distributeurs de tracts, signait des chèques. Chèque barré contre tract sans provision. Dernier meeting de Raymond Barre à Lyon. Que fallait-il craindre ? Il n'y était pas allé par quatre autoroutes : la « faillite économique », la « misère pour tous », le « suicide collectif », le « chaos ».

Paris bâillait aux éclats. La palissade, près du musée de la Serrure, bougeait, frissonnait, se métamorphosait. Trois ou quatre fois ses assaillants, pot de colle en bandoulière et pinceau au clair, avaient chargé. L'espace avait changé de maître. Elle avait affirmé, tour à tour, la palissade, qu'un certain Dominati était « un homme sûr », puis que c'était « un homme fini ». En fin d'après-midi, elle appelait à le « conserver » et, en fin de soirée, à le « sortir ». Depuis la maison de Bourgogne, rue du Parc-Royal, parvenaient des effluves d'une musique arabe, de notes enduites de miel. Des juifs d'Afrique du Nord célébraient un mariage. L'orchestre, généreux, chauffait maintenant l'espace. TF1 venait de nous avertir solennellement que les Allemands ne supporteraient pas une victoire de la gauche. Quelques attardés glissaient le long de la rue de la Perle. Derniers flashs. Regard jeté sur les derniers titres apoplectiques de *France-Soir*. Cette nuit ne frissonna d'aucun souffle : tout le monde retenait le sien.

****

Neuf jours plus tard, à l'issue du second tour, l'énormité de la respiration était devenue tramontane. 50,5 % contre 49,5 %. Ric-rac ? Qu'importait : 49,5 % égalaient zéro. Le mode de scrutin transformait cet insuccès mérité, fût-ce à la marge, en Bérézina. Le PS était dans les choux. Mitterrand avait définitivement raté le coche. Il ne s'en remettrait pas. Jamais ! À la trappe le Mitterrand ! Tels des vautours de luxe nourris au caviar, les muscadins de la gauche intello-estivale, les Paillasse germanopratins, les masses hurlantes de chez Lipp se ruèrent à la curée et exigèrent le dégagement d'urgence du « *has-been* à la rose ».

Jean-Edern Hallier, dans la revue théorique *Paris Match*, secondé par Jean Cau, le sommait de se retirer au nom de la pureté socialiste ! Giscard se rêvait réélu. Haut la main ! Sans doute Barre après lui. Le petit Rocard, le chouchou des gens bien, n'avait plus qu'à se préparer à la relève.

La semaine précédente, au cours de la soirée organisée dans les locaux d'Europe 1, Serge Dassault, un des hommes les plus ostensiblement bêtes que j'aie connus, paraissait conduire un corbillard. Une semaine après, il avait repris le volant d'une Porsche. Il renaissait. Les sanglots longs des grognards en retraite se mêlaient au grondement sourd des légions majoritaires en marche. Rocard était apparu vibrant de la douleur de sa famille comme une corde de violoncelle pincée jusqu'au sang...

C'est alors que, jaillissant d'un monceau de cadavres, enjambant les mourants, avait surgi Georges Marchais. Il rayonnait. Goguenard. Hilare. Ravi. Il avait eu la peau des social-traîtres. Il s'en pourléchait les babines.

On était à trois ans du 10 mai 1981 et de l'élection à la présidentielle de la République de celui qui venait - le verdict était unanime - de perdre toutes ses chances.

Les rouges et les blancs

Dernière élection de l'ancien temps, ai-je dit. Du temps en noir et blanc. Du paradis ou de l'enfer avec possibilité d'intervertir. Du « nous ou le chaos ». Des blancs et des rouges avec ligne blanche marquant l'interdiction de dépasser le trait. C'était pénard. Nuances proscrites. Le rose était rouge. Le beige était blanc.

Qu'est-ce qu'un « rouge » ? Un totalitaire collectiviste qui nous mène à l'aventure et au chaos, chef ! Qu'est-ce qu'un

« blanc » ? Un réactionnaire rétrograde qui défend une politique de régression sociale et d'atteinte aux libertés essentielles, chef ! Parfait : rompez !

Côté « blanc » : la grande presse, les panneaux Giraudy et l'argent patronal. Côté « rouge » : les colleurs d'affiches émérites, les champions de la distribution de tracts et, éventuellement, ce qui restait d'argent patronal. Côté « blanc » : Ceyrac en réserve ; côté « rouge » : Séguy en renfort. Côté « blanc » : la majorité des rédacteurs en chef des médias ; côté « rouge » : la majorité des rédactions des mêmes médias. Côté « blanc » : Alain Delon ; côté « rouge » : Michel Piccoli. Côté « blanc » : Line Renaud, provisoirement, plus Michel Droit ; côté « rouge » : Jean Ferrat, plus Jean-Louis Bory. Côté « blanc » : Passy ; côté « rouge » : les Batignolles. Côté « blanc » : au-dessus de 13 000 francs par mois ; côté « rouge » : au-dessous de 4 000. Les centres-villes côté « blanc » ; les périphéries côté « rouge ». Côté « blanc » : le petit écran jusqu'à vingt-trois heures ; côté « rouge : le petit écran après vingt-trois heures. Côté « blanc » : *L'Express* avec des remords ; côté « rouge » : *Le Nouvel Observateur* avec des complexes. Côté « blanc » : X quand il écrit dans *France-Soir* ; côté « rouge » : le même X quand il écrit dans *Le Provençal*. Côté « blanc » : la technocratie en semaine ; côté « rouge » : la même technocratie le week-end. Côté « blanc » : Zitrone avant un sondage ; côté « rouge » : Zitrone après un sondage. Côté « blanc » : les livres au-dessus de trois cent mille exemplaires ; côté « rouge » : les livres au-dessous de trente mille exemplaires. Côté « blanc » : du spectacle chic et léché, avec grand orchestre pailleté, de la distinction, des jolies filles à moitié nues, des numéros de « facture internationale » comme on dit ; côté « rouge » : un guitariste, un seul accompagnement, un intellectuel en blue-jean nous expliquant, sur un air à déterrer les vivants et devant trois fesses sur le même tabouret, que vous êtes responsables de la terreur au Salvador. Côté « blanc » : le Paradis Latin et le théâtre Marigny ; côté « rouge » : la Contrescarpe et les Bouffes du Nord (ou le théâtre Gérard-Philippe). Côté « blanc » : chez Françoise ; côté « rouge » : chez Bébert avec rencontre possible Chez Ma Cousine. Côté « blanc » : Joxe le père ; côté « rouge » : Joxe le fils. Côté « blanc » : Jospin le père ; côté « rouge » : Jospin le fils. Côté « blanc » : Poniatowski père et fils ; côté « rouge » : Cot de père en fils. Côté « blanc » : la remontée vers l'Arc de Triomphe ; côté « rouge » : la descente vers la place de la République. Côté « blanc » : des vacances d'hiver à Courchevel ; côté « rouge » : des vacances d'été aux Sables-d'Olonne. Côté « blanc » : le Mouton Rothschild ; côté « rouge » : le Préfontaines 12°. Côté « blanc » : Françoise Giroud, mais de très peu ; côté « rouge » : Françoise Giroud, mais de loin. Côté « blanc » : Dassault ; côté « rouge » : le mari de ma concierge. Côté « blanc » : *Le Parisien libéré* ; côté « rouge » : les lecteurs du *Parisien libéré*. Côté « blanc » : une majorité de clients de Trigano ; côté « rouge » : Trigano. Côté « blanc » : Lefebvre, l'archevêque intégriste ; côté « rouge » : Lefebvre, le philosophe marxiste. Côté « blanc » : Philippe Sollers et côté « rouge » Jean-Edern Hallier, ou l'inverse, quelle importance ! Côté « blanc » : Alexandre Sanguinetti, par hasard ; côté « rouge » : Robert Fabre, par erreur. Côté « blanc » : des huîtres à Noël ; côté « rouge » : aussi.

L'ancien temps, c'était ce clivage-là. Smoking ou bleu de travail. Pas encore Neuilly au centre ou Argenteuil à droite, Hénin-Liétard à l'extrême droite et Dijon à gauche !

Mais si on grattait. Ainsi Raymond Barre me déclarait-il, en privé : « Le courant que porte Chirac a des aspects fascisants et s'apparente au mouvement "Croix-de-Feu" d'avant guerre. » Michel Poniatowski : « Le chiraquisme, c'est une synthèse de Bonaparte et d'Al Capone. Du bois dont on fait les caudillos sud-américains. » Chez les radicaux giscardisés, on penchait plutôt pour Mussolini.

À l'Élysée, s'agissant du maire de Paris, les qualificatifs volaient bas : truand, coupe-jarret, dictateur en herbe, ami de Saddam Hussein, condottiere, démagogue au petit pied (au petit pied, c'était une façon de parler). On en disait moins sur Mitterrand puisqu'il était définitivement *out* !

Côté chiraquien, on habillait les giscardiens pas seulement pour l'hiver, mais pour tous les temps, exactement comme on décrivait les gros bourgeois dans les films soviétiques des années 1930 : des apatrides vendus aux banques et hors-sol.

Même camp : désistement assuré au second tour. L'ancien temps !

Trucage à la française

Il y eut un moment qui aurait dû être mémorable : les trente-cinq Français de Belo Horizonte au Brésil avaient déjà voté en janvier. Sans même attendre de bien connaître les programmes des uns et des autres. Quelle importance ? Une loi votée à la sauvette, six mois plus tôt, le permettait. Et, par un stupéfiant concours de circonstances, ils s'étaient tous fait inscrire sur les listes électorales de Châtenay-Malabry où on ne signalait, pourtant, aucune prédisposition particulière pour la samba. En fait, les votants ne connaissaient même pas les noms des candidats en présence. Simplement, le consul honoraire, très obligeant, avait pris les choses en main. Il existe des agents de change qui gèrent des paquets d'actions, pourquoi, s'était-on dit, n'y aurait-il pas des agents électoraux gérant des paquets de suffrages ? À lui, ensuite, de les placer aux bons endroits. Notre consul de Belo Horizonte avait donc acheté du « Châtenay-Malabry », circonscription où tout devait se jouer à quelques voix près. À trente-cinq voix près, correspondant miraculeusement à trente-cinq bulletins en blanc.

Ce n'était pas une exception. Mille deux cents électeurs de Côte d'Ivoire s'étaient fait inscrire à Montpellier. Ce qui permettra de battre le socialiste sortant qui avait été élu de justesse. Cinq cents Français du Gabon se retrouvaient inscrits dans le Xe arrondissement de Paris où tout – comme par hasard ! – devait se jouer ric-rac. Notre ambassadeur du Gabon avait d'ailleurs envoyé un télégramme au Quai d'Orsay pour annoncer l'expédition de mille six cent cinquante demandes d'inscription vierges offertes aux souteneurs de la majorité, libre à elle de les répartir sur les plus fructueux trottoirs : traite des procurations blanches ! Cinq cents suffrages furent donc également placés sur le XVIIIe arrondissement, parce que tout devait s'y jouer à trois cents suffrages près.

La loi qui permettait cela violait toutes les règles : qui s'en était ému ? Donc le Cameroun vota à Houilles, le Liban à Coulommiers. Munich dans le XIVe arrondissement de Paris.

À Châtenay-Malabry, donc, trente-cinq demandes et une seule écriture. À Grenoble, cinquante demandes venant de Casablanca rédigées par la même personne. À Marseille, *idem.* Jacques Médecin, le ministre-maire de Nice, qui se disait du centre pour signifier qu'il était du milieu, parla de « démarchage courtois ».

Racisme anti-riche

On assista, à l'occasion de ce dernier scrutin législatif de l'ancien temps, à ce que j'eus l'occasion de dénoncer, dans

Le Quotidien de Paris, comme un cas flagrant et odieux de « racisme anti-riches ». Deux candidats de droite, médiatiquement lourds, Alain Griotteray, à côté duquel Michel d'Ornano paraissait ultra-gauchiste, élu à Charenton, et Robert Hersant, qui contrôlait à lui tout seul 80 % des médias de droite nationaux (que pouvait-on lui refuser ?), élu dans l'Oise, redoutaient tous les deux, au vu de sondages grincheux, de n'être pas reconduits. On décida donc de les transférer dans des circonscriptions ultra-bourgeoises, en béton armé, Neuilly et le XVIe arrondissement de Paris où, normalement, même un dromadaire étiqueté « droite majoritaire » devait être automatiquement élu.

Mais il y avait un hic : en l'occurrence, les sortants, qui n'avaient nullement démérité, un certain Gilbert Gantier et Florence d'Harcourt. Qu'à cela ne tienne : on les pria de déguerpir et on les remplaça d'office par ceux dont le poids médiatique exigeait qu'on les recasât.

Pourquoi se gêner ? Ces salauds de riches, ces abrutis dorés sur tranche, aucune raison de les respecter, de prendre des gants avec eux. On pouvait leur imposer qui on voulait. En plus, on contrôlait les instituts de sondage qui indiquaient qu'Hersant et Griotteray seraient élus les doigts dans le nez.

D'où ma croisade contre ce scandale social : le racisme anti-riches. Du Zola, mais à rebours.

Était-ce leur faute à ces gens, des héritiers le plus souvent, s'ils étaient riches ? Était-ce une raison, interrogeais-je, pour les traiter en électeurs au rabais, en citoyens de seconde zone, en « bougnoules de la réussite » ?

Déjà, on les avait parqués dans des quartiers réservés. Sinistres le plus souvent. Ayant habité une chambre de bonne avenue de Wagram, j'en pouvais témoigner : on s'y gelait le cœur. Pas un bistrot à l'horizon. S'il était vrai qu'il existait à Aubervilliers ou à Nanterre un pourcentage anormalement élevé d'immigrés, de chômeurs, de manœuvres, d'OS, que dire de ces mortifères ghettos pour riches où on était condamné à ne croiser, à ne fréquenter que des reflets de soi-même, que des dédoublements de soi-même.

Évidemment, la presse gauchiste se gardait bien de dénoncer cet apartheid-là : la fortune parquée dans des bantoustans de la fortune. Cette ségrégation qui refoulait l'avoir vers l'avoir, au risque d'un empilement qui décourageait toute médiation de l'être. Les privilégiés étaient-ils si peu citoyens à part entière qu'il fallût les regrouper dans des Harlem de la réussite sociale, dans des Soweto de l'élitisme blanc ?

Qu'un Noir se voie contraint, s'il veut se loger, d'aller dans un quartier abandonné aux Noirs, et l'on crie au racisme, mais qu'un millionnaire se voie obligé, s'il veut trouver un pied-à-terre décent, d'aller s'établir dans une rue purgée de toute joyeuse effervescence, froide comme un rapport de police, intégralement occupée par d'autres millionnaires, c'est-à-dire par ses doublures, cela ne choque apparemment personne. Il y aurait deux poids deux mesures, selon qu'on a la chance d'être misérable ou le tort d'être puissant ? Les uns, dans leurs cités débordantes de vie, au milieu d'un joyeux brouhaha, enivrés d'odeurs orientales, malaxant des pauvretés plurielles et diversifiées, les autres obligés de s'enfermer dans leur aisance silencieuse, sinistre et uniforme. Sous prétexte qu'ils reçoivent le montant du SMIC non pas par mois mais par jour, ne traite-t-on pas les citoyens coupables du crime de non-pauvreté en véritables parias politiques ?

Les riches du XVIe arrondissement et ceux de Neuilly avaient leurs députés. Ceux-ci n'avaient jamais trahi les intérêts de classe de leurs électeurs. Et voilà qu'on leur intimait l'ordre de déguerpir.

Eût-on traité de cette manière des parlementaires élus par une majorité de déshérités qu'on eût légitimement stigmatisé un tel mépris du prolétariat. Hélas, madame d'Harcourt à Neuilly et monsieur Gantier dans le XVIe avaient été élus par d'affreux possédants et on vivait à une époque où n'étaient respectés que ceux qui ne possédaient rien.

Trente-cinq ans plus tôt, Griotteray et Hersant, l'évadé de Charenton et le naufragé de l'Oise, eussent cherché à se faire élire dans quelques principautés coloniales. Désormais, pour ne pas aller se faire voir chez les Grecs, il fallait se faire élire chez les riches. Les pauvres choisissaient leurs élus, les riches devaient se contenter de les repêcher. Les pauvres envoyaient au Parlement leurs députés, les riches n'avaient droit que de rattraper ceux dont les pauvres ne voulaient plus. Abusant de leur majorité, les pauvres forçaient les fils de familles riches à fréquenter les écoles pour enfants de riches. Déjà, les congés payés étendant leur impérialisme à La Baule ou au Touquet, obligeaient les damnés de la plus-value à se replier sur Saint-Martin et l'île Maurice.

Et, maintenant, on leur confisquait leur circonscription pour en faire des lieux de relégation de luxe !

Finalement, que se passa-t-il ? Griotteray et Hersant, malgré leur trésor de guerre et leurs gros bataillons médiatiques (et les sondages truqués) furent nettement battus. D'Harcourt et Gantier réélus. Même chez les riches les caves se rebiffèrent et firent savoir que leur oseille ne faisait pas nécessairement d'eux des blaireaux. Échec au racisme.

L'épisode eût mérité qu'on lui consacrât une somme sociologique, un livre, un film. On préféra tourner discrètement la page.

Ma provocation fit à peine grincer quelques dents.

Chapitre 69

Il peut le dire ou le « bon choix »

Il y eut, à la mi-temps de cette ultime campagne électorale à l'ancienne, un grand moment qui témoigna de cette imprégnation monarchique dont les institutions de la Ve République ont gorgé nos pratiques politico-médiatiques. Imprégnation que l'on devait payer, au cours des décennies suivantes, d'une totale désarticulation du peuple réel d'avec sa représentation.

Le roi allait s'exprimer. Depuis quinze jours, il n'était question que de ce qu'il dirait. Qu'allait-il dire ? Allait-il le dire ? Oserait-il le dire ? Était-il dans son intérêt de le dire ? Sous quelle forme choisirait-il de le dire ? Avait-il le droit de le dire ?

Puis, d'heure en heure, on faisait monter des interrogations d'un cran. Et s'il ne le disait pas, et s'il le disait mal, et s'il ne le disait pas clairement et s'il se contentait de le suggérer... ?

Les commentateurs, spéculant sur l'évidence transformée par eux en incertitude, roucoulaient d'aise. Ils disposaient de la partition, ils n'avaient qu'à broder : il le dira sans le dire, il ne le dira pas tout en le disant, il le dira mais *a contrario*, il le dira plutôt deux fois qu'une, il le dira en passant, il le dira sans ambiguïté, il le dira avec d'infinies nuances, c'est son devoir sacré de la dire, il n'a absolument rien à gagner à le dire... Et puis, ajoutaient les plus malins, il y a tellement de façons de le dire sans donner l'impression de l'avoir dit...

Et vint le jour où il allait le dire.

Battements de tambours, déchirements de cuivres, explosions d'Alléluias : approchez, approchez mesdames et messieurs, le spectacle va commencer, il est gratuit, il n'y aura pas d'autre séance, un numéro exceptionnel, jamais vu, pour la première fois devant vous, aujourd'hui, et sans aucun trucage, il peut le dire, il va le dire !

Il va dire quoi ? Surprise totale : que le « bon choix » est celui qui consistera à voter pour les candidats qui le soutiennent et contre ceux qui le combattent. À donner la préférence à sa politique plutôt qu'à celle de ses adversaires !

Et ça redémarre : enfin il l'a dit. Il est d'une importance majeure qu'il l'ait dit. Tout a changé depuis qu'il l'a dit. On ne pouvait le dire plus clairement. Il a trouvé le ton pour le dire.

Le ton ?

Je le revois : il est là, droit, poncé, comme encaustiqué, ripoliné jusqu'au bout des ongles, les yeux fixés sur ce qui semble, à ses pieds, être une foule et qui n'est qu'un immense miroir qui lui renvoie l'image de son désir d'être là. Il est heureux... Cela se lit sur son visage qu'inonde une clarté indicible ; se devine à sa manière de plonger son regard dans le reflet des regards qu'il regarde. Bien empaquetés pour le voyage, les mots s'échappent en bulles légères de sa bouche arrondie comme pour en gober l'ultime saveur. Et quand, verbe après complément, sujet après adjectif, la phrase, impeccablement cousue et ourlée, vole vers sa destination, l'orateur esquisse un sourire si angélique qu'on y devine, en effet, la fierté d'être l'auteur de cet enfantement-là.

Giscard parlait comme David peignait avant de se découvrir jacobin. Sa manière évoque un meuble Directoire que l'on aurait juste un peu trafiqué pour lui donner un petit air Régence. De ses discours, on pouvait dire qu'ils étaient « bons », comme on dit d'une femme qu'elle est bien coiffée. Lenteur presque cérémonieuse du débit que justifiait le fait que le président ne prononçât jamais une phrase nouvelle sans avoir reçu préalablement le retour de la phrase précédente arrivée à bon port.

Et c'est ainsi que fut délivrée au pays l'idée clé : « Sachez que la majorité qui sortira des urnes sera bien celle qui arrêtera la politique de la France. Si la gauche gagne, elle gouvernera. »

Et c'est cette vérité de La Palice, cette simple invocation de la légalité constitutionnelle qui, pendant plusieurs jours, devait fournir un thème inépuisable à tous les blablaismes éditorialisants. Comme si on faisait d'énormes titres après que l'archevêque de Paris eut rappelé qu'il croyait en Dieu et réprouvait le péché ; après que le patron de la CGT eut précisé qu'il était hostile à une baisse générale du pouvoir d'achat des travailleurs !

Le président élu de la République venait de rappeler qu'il respecterait le suffrage universel et aucun adjectif n'était trop fort pour saluer l'importance d'une déclaration aussi considérable. Il est vrai que cette belle profession de foi démocratique signifiait : « Attention, vous vous apprêtez à voter pour des gens dont vous savez qu'ils sont méchants, sadiques, vicieux et incapables. Tant pis pour vous... Si vous ne changez pas d'avis, je les laisserais vous mordre, vous rosser, vous voler vos affaires, violer vos filles, cela vous fera les pieds ! »

Il aurait pu se contenter de souligner qu'une gauche en folie – tous pour soi, soi contre tous –, maladivement divisée et ne contrôlant pas le pouvoir exécutif aurait été dans l'impossibilité de gouverner !

Georges Marchais, ce bouledogue que certains s'extasiaient à voir, à la télévision, moduler ses aboiements entre deux graillons dialectiques, n'avait-il pas été jusqu'à déclarer, comme comble assumé du cynisme, que si on ne lui donnait pas suffisamment de voix au premier tour, il ferait perdre la gauche au second !

Le « Parti », comme on disait encore, ne martelait-il pas, en signe de refus assumé de tout rapport au réel (ce qui finira par le tuer), que plus le PS s'ancrait à gauche plus il virait à droite, que plus il captait de suffrages ouvriers plus il démasquait son ancrage dans la bourgeoisie.

Le PS tel qu'on le parlait

Quant au PS, devenu un grand fleuve vers lequel avait convergé une multitude d'affluents, il était visible, déjà, que ce qui allait faire sa force conquérante et même dominatrice constituait les prémices de ce qui finirait par le faire voler en éclats. Un peuple exemplaire, des élus disparates, le meilleur et le pire, des apparatchiks décourageants. Conglomérat à l'hétérogénéité réjouissante que ce PS-là, au sein duquel des grands seigneurs féodaux, sénateurs inamovibles, héritiers cooptés de fiefs affermés, côtoyaient des Pierrot lunaires du songe autogestionnaire, quelques laborantins constipés du scientisme trotsko-marxiste, des paroissiens repentis du diocèse d'en face passés directement de la laïcisation de Dieu à la déification du peuple. Des militants généreux, intellectuellement riches, émouvants d'humanité, mais aussi des notables ventrus plus faits pour brandir la grappe que la rose, des gestionnaires assoupis que des envolées de garnements étaient venues réveiller après vingt ans de sieste, le tout s'acoquinant avec les rescapés de toutes les mésaventures groupusculaires, des amateurs de pêche miraculeuse dans les étangs chimériques et des transfuges des franc-maçonneries gauchistes un temps reconvertis, en Mai 68, dans la maçonnerie franche.

Ici, le PS façon Gaston Defferre lequel, convaincu que les communistes telles les piles Wonder ne s'usent que si l'on s'en sert, considérait qu'il faut s'en servir pour les user, non en user pour s'en servir. La social-démocratie méridionale dans son jus au pastis. Un pluralisme démocratique à lui tout seul : à Marseille, il était propriétaire du journal de gauche et du journal de droite. Deux fers au feu. Gagnait à être connu.

Façon Michel Rocard, le chéri des dîners en ville, le seul collectiviste que l'on pouvait fréquenter sans attraper la varicelle, la tête d'œuf dont même les poules bien-pensantes estimaient qu'on avait bien raison de ne pas le mettre dans le même panier. Il n'y avait qu'à gauche qu'il conservait, apparemment, des contempteurs.

J'avais suivi son parachutage électoral dans les Yvelines où il avait battu Couve de Murville. C'était Tintin en campagne, mais il était son propre Milou. Quand il parlait comme une mitraillette, je ne comprenais pas tout, n'ayant jamais eu l'occasion d'apprendre sa langue, mais je devinais.

Façon Pierre Mauroy : le pas lourd de celui qui, d'angélus laïques en vêpres républicaines, creuse sans se décourager, en un incessant labour, le même éternel sillon. Un socialisme pour calendrier des Postes.

Façon Charles Hernu : c'est-à-dire socialiste par hasard. A vu de la lumière. Jacobin de cœur, girondin de raison, thermidorien de tempérament.

Façon Laurent Fabius : c'est-à-dire façon Giscard, mais de l'autre pied.

Façon CERES (le club chevènementiste) : c'est-à-dire façon bernard-l'hermite, petite bête de la famille des Paguridae dont la spécialité est d'aller se nicher dans les coquilles des autres. Mieux vaut être chef d'une minorité à Rome que leader d'une majorité à Romorantin. Les cérésiens avaient donc décidé d'être un Parti communiste, mais au sein du PS. Que vaut-il mieux : agiter dans le vide le couteau du parti qui vous fascine ou brandir votre propre poignard dans le dos du parti qui vous accueille ?

Il y avait même une façon Jean Poperen. Celui-là ne savait pas ce qu'il me devait. En 1973, François Mitterrand m'avait proposé d'être candidat aux élections dans une circonscription nouvelle du Rhône, donc *terra incognita*. Je déclinai l'offre en lui précisant que je n'étais pas socialiste et n'avais pas l'intention de le devenir. C'est donc Poperen qui s'y colla. Il fut élu.

Donc, il y avait ceux qui voulaient changer de métier, ceux qui voulaient changer de gouvernement, ceux qui voulaient changer la société, ceux qui voulaient changer la vie, ceux qui voulaient changer le monde, et tout cela faisait d'excellents « socialos ».

En vérité, à cette époque, cet attelage improbable, doublé d'une cohorte de talents complémentaires même dans le contradictoire, entraînait des wagons encore remplis de militants et de sympathisants avec lesquels cela restait un bonheur de faire une partie du voyage.

Le gaullo-chiraquisme tel qu'on le causait

Si le PS était une famille potentiellement éclatée que soudait une commune volonté de conquête, le néo-gaullisme constituait, lui, un patchwork d'individualismes hétéroclites qu'avaient cimenté les anciennes conquêtes. Une meute où chaque loup était sa propre meute.

Je m'étais rendu, dans l'immense hall de la Villette, au dernier grand barnum organisé par les chiraquiens déchaînés avec l'état d'esprit d'un collectionneur qui pique différents types de coléoptères sur des planches d'exposition.

Foule populiste plus que populaire, mais formidablement française. C'était, à terme, son drame, car la France l'était de moins en moins. Française. Une foule qui tressaillait à chaque poussée de verbes éperons dans ses flancs, qui s'ébrouait quand la caressait une main de fer dans un gant de crin car on n'aimait pas le velours au pays de ce peuple-là. Foule à la fois virile et féminine qui bousculait les pruderies des princes tout en se donnant tout entière au volontarisme du maître. Marie-Chantal était giscardo-centriste, le grand « rouquin » plutôt RPR. Moins compacte qu'une foule communiste, mais soudée dans le refus, cohérente dans le rejet, toute approbation positive non personnalisée étant susceptible de la briser. Ce n'étaient pas des projets que cette foule applaudissait, c'était des morceaux d'éternité. Comme si elle s'intéressait moins à ce dont demain serait fait, qu'aux vérités d'hier qui perçaient encore sous les masques de l'instant. Elle ne déchiffrait pas, elle relisait sans cesse. La délimiter historiquement était aussi malaisé que la définir socialement : elle portait en elle la résistance et la soumission. À la fois versaillaise et communarde. Elle fut ligueuse sous Henri III, frondeuse sous Mazarin, sans-culotte sous Robespierre, mi-réactionnaire mi-jacobine sous le Directoire, bonapartiste sous les deux empires et veuve de l'Empire sous les deux monarchies, boulangiste sous la République, cherchant sa voie entre Barrès et Déroulède, croyant la trouver du côté du colonel de La Rocque, plaçant si haut l'honneur de la patrie qu'elle lui sacrifia un temps le capitaine Dreyfus, mais aussi, après quelques instants d'hésitation, le maréchal Pétain, elle applaudit tour à tour la France coloniale, massacrante par refus de laisser interpeller sa gloire, puis la France décolonisatrice par refus de laisser hypothéquer sa grandeur. Nationaliste, elle n'a jamais rien compris au nationalisme des autres, sauf quand ils furent Québécois. Aussi avait-elle moins consenti à rétrocéder l'Algérie aux Algériens qu'à rendre la France à elle-même. Mais cela, au moins, elle s'y était résolue. Si bien qu'après avoir attendu de de Gaulle qu'il sauvât l'empire, elle sauva de Gaulle lorsqu'il abandonna l'empire. Elle adorait la poigne, cette foule, au point où cela en devenait poignant.

Les confectionneurs de vaudevilles savent que, lorsque l'attention du spectateur risque de faiblir, il suffit de glisser dans les dialogues le mot « cocu » pour la réveiller. De même, lorsqu'un orateur RPR sentait que le public lui échappait, il suffisait de glisser dans son discours quelques mots grigris - ordre, patrie, redressement, grandeur, honneur, discipline –, il lui restait, ensuite, à hurler « Vive la France ! » et les carottes étaient cuites.

Gaulliste, donc, cette foule. Mais, à la tribune, de la légende à la brocante, combien de manières de l'être ? Combien, parmi tous ceux que j'eus l'occasion de fréquenter et de jauger ? Un Lucien Neuwirth, le gaullisme de cœur, un Michel Debré, le gaullisme shakespearien, un Jacques Chaban-Delmas ou le gaullisme à la carte, un Maurice Schumann ou le gaullisme à la demande, un Maurice Druon ou le gaullisme grosse caisse, un Achille Peretti ou le gaullisme tiroir-caisse (celui-là, alors maire de Neuilly, éclaboussé par je ne sais quelle affaire de fric, m'invita chez lui, me tendit sa clé et me lança : « Fouillez partout, vous ne trouverez rien contre moi ! »), un Robert-André Vivien ou le gaullisme de corps – fût-il de garde –, un Charles Pasqua ou le gaullisme parallèle, un Jean Foyer ou le gaullisme féodal, un Alexandre Sanguinetti ou le gaullisme baroudeur, un André Fanton ou le gaullisme interrupteur, un Maurice Couve de Murville ou le gaullisme à mi-voix, un Edgar Faure ou le gaullisme à mi-temps, un Jacques Debû-Bridel ou le gaullisme de la première heure, un Jérôme Monod ou le gaullisme de la dernière minute, un André Frossard ou le gaullisme papal, un Philippe de Saint-Robert ou le gaullisme fleurdelysé, un Olivier Guichard ou le gaullisme popote, une Line Renaud ou le gaullisme fleur bleue... Ici des gaullismes de paille, là des gaullismes de poutre, ici une maille de gaullisme à l'endroit et là une maille de gaullisme à l'envers, des gaullistes qui auraient siégé à gauche de François Hollande et d'autres à la droite de Gengis khan, des gaullistes immobiles et des gaullistes immobiliers, fidéistes et fiduciaires.

Macédoine de cent « grosses légumes ».

C'était la République en marche – arrière parfois –, mais avec une histoire et une boussole.

Cette campagne électorale, la dernière de l'ancien temps donc, me parut tellement emblématique que j'en fis un livre. D'où ces souvenirs. J'ai eu tort. Je ne sais à quelle éditoriale pression j'ai cédé. Ou succombé. Inutile !

Mais j'eus une raison, cachée sinon inavouable, de commettre ce pensum. C'est que, depuis plus d'une dizaine d'années, je l'ai dit, j'investissais toute mon énergie non purement journalistique dans un travail de réflexion autour des thématiques que m'inspirait, que m'imposait même, mon expérience du rapport au réel. À la vérité et au mensonge. À l'évolution et à la régression. Je noircissais des pages et des pages. Mais quelque chose, une intuition, une peur, me terrorisait, me paralysait. Je sentais que cette excursion hors du domaine qui m'était imparti ne serait pas acceptée. Je ne faisais partie ni de la famille ni de la corporation. Je m'abstenais donc de publier quoi que ce fût. Et je me contentais d'extras de diversion.

Chapitre 70

Les Nouvelles littéraires

Philippe Tesson avait racheté *Les Nouvelles littéraires*, institution vénérable mais en voie de disparition. Il ne l'avait pas payée une fortune puisque la diffusion de cet hebdomadaire culturel, qui fut prestigieux, était tombée à moins de deux mille exemplaires. Il me proposa d'en prendre la direction. C'était une gageure. *Les Lettres françaises*, *Arts*, avaient disparu. Personne autour de moi n'imaginait qu'un hebdo littéraire fût encore viable. Au début, donc, je ne pris pas cette offre en considération. Puis, il y eut comme un déclic. Chiche !

Les hebdos de type news, assez semblables (j'avais collaboré à deux d'entre eux), se voulaient magazines d'actualité ouverts sur la culture. Pourquoi ne pas renverser les termes et concevoir un magazine, en rupture avec la forme « news » à l'américaine, d'essence culturelle mais ouvert sur l'actualité ? Ou, plus exactement, un magazine qui aborderait tous les aspects de l'actualité politique, sociale, sociétale, économique, à travers un prisme spécifiquement culturel ; qui oserait affronter toutes les formes d'actualités, politique internationale et faits divers compris, en s'appuyant sur le socle d'une approche culturo-artistico-littéraire.

Quand je le proposai à la rédaction, au sein de laquelle des individualités, installées chacune sur son créneau, s'additionnaient sans vraiment se coaguler ou même intellectuellement et journalistiquement se croiser, ce fut un choc. Comme si on demandait à une flottille de canoës de se lancer dans l'océan. On s'était replié dans un square et on proposait d'aller occuper la place de la Concorde ! On squattait un domaine protégé, à l'abri d'une culture barbelée, verrouillée, et on invitait à en sortir pour aborder et investir tous les autres domaines... Les têtes tournaient un peu. Le grand large excitait et terrorisait en même temps.

On sait ce qu'il en advint. *Les Nouvelles littéraires*, tout en conservant cet épouvantail à moineaux que constituait, d'un point de vue commercial, le qualificatif « littéraires », assises au départ sur une diffusion au numéro de mille six cents exemplaires à quoi s'ajoutaient quelques abonnés accros, des bibliothèques et des établissements éducatifs, atteignirent, au top, une diffusion globale de plus de soixante-dix mille exemplaires, soit une multiplication par cinquante et une progression de 2 000 % ! Quoi que j'aie pu tenter ou réaliser par la suite, y compris créer deux grands journaux sans disposer du moindre sou, je n'ai jamais pu réaliser une aussi spectaculaire multiplication des pains.

Ce bond en avant, ce changement de dimension, à la fois cimenta et dopa l'équipe rédactionnelle devenue réellement « équipe ».

Nous étions installés dans un petit hôtel particulier, à la Bastille, situé - c'était bon signe - face à la statue de Beaumarchais. Une atmosphère mi-balzacienne mi-proustienne. Ce que devaient être le siège et les locaux d'un journal en 1890. Et la montée obsédante, à heure fixe, d'odeurs culinaires fortes, à dominante très méditerranéenne, qui rappelait la Fête de l'Huma et la Foire du Trône.

L'équipe, riche de talents divers qui essaimèrent par la suite, était exclusivement culturelle, c'est-à-dire qu'elle additionnait, sans les intégrer réellement, les spécialistes pointus, et *a priori* fort sourcilleux de leur particularisme, des différentes expressions littéraires, théâtrales, musicales, artistiques, avec une certaine prédilection pour le cinéma d'auteur, le théâtre d'avant-garde, la littérature de laboratoire. Le défi était donc double : ouvrir la culture sur des espaces moins confinés, plus peuplés aussi (Philippe Manœuvre et Yann Plougastel traiteront des nouvelles formes populaires des expressions musicales), et ouvrir, aussi largement que possible, notre blockhaus intellectuel sur les soubresauts du monde, les mugissements et roucoulements de la société, le tourbillon de la vie.

Comment ?

Ce fut l'aspect le plus improbable de notre aventure : en démontrant qu'on pouvait être critique littéraire ou musical, chroniqueur théâtral, cinéphile, spécialiste de l'art pictural ou de l'expression poétique et couvrir avec pertinence, acuité, intelligence et, surtout, avec d'autant plus d'originalité, les grands et petits événements qui infusent les différentes formes que peut prendre, sous tous les horizons, l'actualité humaine individuelle ou collective.

C'est ainsi, qu'à l'occasion de l'élection présidentielle de 1981, le spécialiste de la musique lyrique Alain Duault suivit le Premier ministre Raymond Barre dont il analysa les performances oratoires comme s'il s'agissait d'un chanteur d'opéra particulièrement doué, qui jouait des dissonances et des déraillements chromatiques contrôlés pour les ascensions rapides dans les aigus ; ou que notre spécialiste de la musique baroque et de la danse, Pierre Combescot, couvrit les ballets Chirac, dit « Chichi », dont il décortiqua en expert les pointes, les jetés et les entrechats.

C'est ce même Combescot (qui devait obtenir le prix Goncourt) qui nous avait décrit l'assassinat de Sadate au Caire comme s'il s'était dissimulé sous la tribune officielle d'où le Raïs égyptien présidait un défilé. L'idée nous avait été soufflée par Alexandre Dumas qui, dans *Vingt ans après*, raconte de cette façon l'exécution du roi Charles Ier d'Angleterre.

Pierre Combescot, puits de culture à l'écriture ciselée (baroquement ciselée précisément), poussait la conscience professionnelle jusqu'à se prêter lui-même aux exercices de danse classique (école Marius Petipa) dont le journaliste qu'il était rendait compte. Mais il n'interprétait que les rôles féminins.

Un jour, alors que nous étions tous en conférence, sauf lui, une musique soudain retentit, les deux battants de la porte de la salle de conférences s'ouvrirent et il apparut, ou plutôt il surgit, en tutu, jambes nues, justaucorps blanc, chaussons adéquats et entreprit de nous interpréter *Giselle* - dont je ne précise que pour les auditeurs de NRJ que c'est un ballet du dénommé Alphonse Adam (l'auteur, accessoirement, de la musique de *Minuit, chrétiens*). L'assistance, pétrifiée, ne manifestant pas l'enthousiasme que sa prestation lui paraissait mériter, il se mit à pleurer et le rimmel coula doucement sur ses joues. On eût dit une de ces scènes douloureusement pathétiques qui marquèrent presque tous les grands films de Charlie Chaplin.

Je ne sais plus qui, lors de la campagne présidentielle de 1981, avait pris en charge François Mitterrand. Peut-être le personnage était-il assez romanesque pour que chacun, en en escaladant un versant, y promût un pan de son roman personnel.

Peut-être notre critique d'art, Jean-Jacques Lévêque, brossa-t-il un portrait tout en clair-obscur de Georges

Marchais, à moins que Brigitte Salino, qui commençait à officier dans le domaine du théâtre en s'aventurant (ce qui était une nouveauté) dans des salles de plus de deux cents places, ait mis en scène la commedia dell'arte que nous offrit le candidat du peuple qui était en train de perdre le sien.

Jérôme Garcin, lui, qui, à 22 ans, était déjà notre aîné, visa au sommet : il fit de Valéry Giscard d'Estaing le héros d'un roman stendhalien.

Gilles Anquetil, notre préposé à la philosophie (je me suis toujours demandé s'il ne se faisait pas parfois remplacer par son frère jumeau qui avait également épousé la sœur iranienne de sa propre épouse), qui était fort versé, et pour cause, dans le chiisme et le soufisme perses, couvrit pour nous, en faisant preuve d'une savante lucidité, la révolution khomeyniste en Iran. J'appris, à l'occasion, que son père se prénommait Jacques et s'intéressait au cyclisme. Je demandai donc à celui-ci, que cela amusa, de chroniquer, en cette même année 1981, le Tour de France, ce qui fit enrager les grands médias qui avaient mobilisé Poulidor !

Michel Boujut, notre très élégant et compétent spécialiste de cinéma, proposa, lui, de se rendre dans un camion de transport en Pologne, sous état de siège, après le semi-coup d'État du général Jaruzelski. Notre avant-gardiste « théâtreuse », Annie Daubenton, prit en charge les diverses expressions dissidentes qui subvertissaient en profondeur l'univers soviétique et elle en devint plus tard, en particulier pour Radio France, l'authentique experte.

Parallèlement, notre ô combien talentueux poète Patrice Delbourg, le roi compulsif du calembour, à qui revenait l'examen des livres dont on était certain qu'ils ne dépasseraient pas mille cinq cents exemplaires (au-delà, ils devenaient « commerciaux »), se plongea dans le monde de la chanson, tous genres confondus, et y excella avec, parfois, comme Patrick Bruel ou Jean-Jacques Goldmann l'apprirent plus tard à leurs dépends, une mauvaise foi punique.

Gilles Pudlowski s'était réservé, lui, un domaine qui mettait à l'abri de toutes les compromissions : la poésie. Or c'était, accessoirement, une fine gueule. Cela cessa d'être accessoire car je lui demandai d'assurer une chronique gastronomique. Quelques années plus tard, il en devint le pape.

Jean-Louis Ezine, qu'une série de catastrophes épouvantables (sa grand-mère qui mourut à plusieurs reprises, son fils qui ne cessa de s'ébouillanter en buvant son bol de lait, sa cuisine en feu...) empêchaient régulièrement de rendre son article de critique littéraire à l'heure, ou de le rendre tout court (une fois, c'est une vache qui l'avait avalé alors qu'il l'avait déposé sur le bord de sa fenêtre à Pontault-Combault), le brillantissime, drolatique et truqueur Jean-Louis Ezine, donc, avait peut-être, finalement, été chargé de coller aux basques de François Mitterrand, mais cela aurait-il été le cas qu'il aurait couvert tous ces meetings avec panache sans jamais quitter Pontault-Combault (dont j'ai longtemps cru, d'ailleurs, que c'était une bourgade imaginaire !).

Quant à Pierre Enckell, chargé des sciences humaines et en particulier de l'histoire, personnalité hors du commun à la sensibilité très organiquement anarchisante, qui avait été capitaine de navires marchands et inspecteur adjoint de la navigation du port autonome d'Alger (dans l'Algérie indépendante), à qui rien n'échappait du sens des mots, de leur cheminement et de leur origine, il faisait profiter toutes ses intrusions dans les domaines les plus divers de l'alacrité de son esprit cruellement décapant, sans la moindre tendresse, sans la moindre indulgence.

Pour renforcer cette équipe, j'avais fait appel, entre autres, à celle qui couvrait le cinéma à *L'Aurore* (elle avait précédemment été mannequin et chroniqueuse mondaine), la géniale Odile Grand, que je lançai sans préparation et sans filet dans le monde de la politique dite « politicienne », dont elle ignorait tout (ce fut la raison de mon choix) et qu'elle disséqua avec la précision et la férocité faussement joyeuse d'une entomologiste qui aurait été formée par Desproges. Faussement joyeuse, car sa jeunesse juive sous l'Occupation avait fait d'elle, en vieillissant, une angoissée chronique, qui ne parvenait à dominer sa paralysie, chaque fois qu'elle était confrontée à une enquête, que par un surcroît d'hilarité scripturale. Je lui enjoignis la lumineuse et fondante Liliane Sichler, venue de *L'Express*, le très fin Alain Rémond, en provenance de *Télérama*, plus deux jeunes recrues stagiaires, Jean-Claude Raspiengeas, qui devait ensuite s'imposer lui aussi à *Télérama* et Sylvie Milhaud, que j'envoyai d'emblée interviewer Jeanne Calment, âgée de plus de 105 ans à cette époque, et qui lui avait décoché cette formule mémorable : « Je n'ai qu'une seule ride et je suis assise dessus. »

J'avais également récupéré, venant du *Quotidien de Paris*, un personnage inouï, une sorte d'homme-enfant qui osait tout, qui s'infiltrait partout, qui résistait à tout, ce Luc Bernard qui s'était arrangé pour n'être absolument pas grand sans être vraiment petit, en équilibre sur deux dimensions, sur deux âges. On l'envoyait sur une manifestation, les policiers en chargeant lui passaient dessus, les manifestants réagissant le piétinaient à leur tour et, hop, il rebondissait et ressuscitait. En compagnie de notre photographe, Maurice Rougemont, il avait survécu à un terrible accident de voiture. Il avait fallu quasiment le rafistoler, car il était en morceaux et il avait, du coup, nettement rapetissé.

En 1981, il avait choisi deux immeubles, l'un dans un quartier riche, le XVIe, l'autre dans un quartier populaire, le XIXe, il avait sélectionné vingt locataires dans chacun d'entre eux et il avait suivi l'évolution de leurs intentions de vote. D'abord certains rechignèrent, mais comme il ne les lâchait jamais, ils finirent tous par craquer.

L'enquête était illustrée par une représentation en coupe des deux immeubles sur lesquels figuraient les emplacements de nos cobayes.

Nous fîmes un jour une expérience : comme il ne payait pas de mine, s'habillant comme un gosse pauvre sorti d'un roman de Dickens et ne se séparant jamais d'un vieux cartable élimé, je l'envoyai au Crillon pour louer une suite royale. L'accueil en référa à la haute direction qui refusa de l'enregistrer. Mais, comme il était accrocheur, les prétextes qu'elle invoqua pour justifier ce cas typique de discrimination sociale, valaient leur pesant de moutarde.

Nous nous étions adjoint aussi la collaboration d'un jeune homme très propre sur lui, ressemblant à monsieur Tout-le-Monde, en fonction de quoi nous l'infiltrions dans tous les organismes existants, de gauche et de droite, un jour au Parti communiste, un autre chez les giscardiens ou au RPR, régulièrement il s'y imposait, y compris au PS, et parvint même à intégrer le staff qui coordonnait la campagne médiatique de Giscard. Ses comptes rendus étaient aussi lisses que son apparence.

Nous avions constitué un panel d'intellectuels, philosophes, sociologues, économistes, historiens, qui représentaient chacune ou chacun une sensibilité idéologique particulière, de la droite plus ou moins libérale ou plus ou moins musclée à l'extrême gauche la plus affirmée, celle-ci étant, entre autres, représentée par un certain Denis Kessler, campant à la gauche du Parti communiste et qui deviendra, en tant qu'entrepreneur, l'un des penseurs les plus charpentés de la droite patronale. Ensuite, outre ses fonctions de chef d'entreprise dans l'assurance, il s'imposa comme éditeur.

À quoi s'ajoutaient les « amis de la maison », beaucoup rabattus vers nous par Jérôme Garcin, panel très éclectique comprenant aussi bien Jacques Chessex que Patrick Grainville, Robert Sabatier, Michel Déon, Rafaël Pividal, Gérard Guégan, Gilles Perrault, qui chroniquaient, mais aussi, de plus loin, Frédéric Dard ou Georges Simenon. Françoise Giroud accepta d'assurer le bloc-notes de dernière page.

Certains collaborateurs historiques et emblématiques n'étant pas des pigeons de l'année, je fus, dès ma prise de commandes, proposé à un certain nombre d'enterrements, y compris de personnages que je n'avais jamais rencontrés.

J'eus le temps, en revanche, d'évoquer, avec l'un de nos chroniqueurs « cinéma », Georges Charensol, vedette du *Masque et la Plume* sur France Inter où il se fritait jouissivement avec Jean-Louis Bory, un temps que même les moins de 70 ans ne pouvaient pas connaître : égrenant ses souvenirs de l'horrible Belle Époque sur laquelle il jetait un regard très décalé, il m'entretint de ses rencontres avec Monet qu'il allait voir peindre à Giverny, de ses conversations avec Braque ou René Clair, et de ses souvenirs de La Goulue au Moulin-Rouge.

Quant au poète André Laude, collaborateur intermittent, qui, un peu comme le si attachant Bernard Dimey, avait trop étalé son inspiration sur les zincs des bistrots de quartier, il se plaisait à évoquer ceux, Prévert, Jorge Amado, Fernando Pessoa, Nâzim Hikmet, André

Hardellet, René Fallet qu'il avait installé dans sa mémoire devenue Panthéon.

Outre mes fonctions directoriales, j'éditorialisais ; mais, de façon à élargir notre rédaction pour pas cher, j'avais créé un double en la personne de ce même Jean-Christian Harvet qui m'avait secondé, sinon remplacé, au *Nouvel Obs.* Il couvrait, aux *Nouvelles*, l'actualité politique et sociale au sens large, et mon assistante à *Avec tambours et trompettes* le trouvait meilleur que moi (ou, plus exactement, pensant mieux et plus juste que moi). Nous avions, je ne sais à quelle occasion, pris et publié une photo de groupe. Que faire avec Jean-Christian Harvet ? Il ne pouvait pas être absent. Nous conservâmes donc un vide à côté de moi, en bout de table, puis je m'affublai d'une perruque et d'une fausse moustache, j'enlevai mes lunettes et, ressemblant de la sorte à Mesrine, je figurai Jean-Christian Harvet cet autre moi. Mon épouse, Rachel, m'intima l'ordre de ne plus recommencer arguant du fait que, à ce jeu-là, j'allais devenir fou.

Chapitre 71

Sortie de tour d'ivoire

Comment cette radicale transformation d'un journal totalement replié sur son pré-carré culturel et même, pour l'essentiel, littéraire, en un hebdo généraliste qui prit peu à peu l'offensive sur presque tous les autres fronts, fut-elle ressentie ? Les résistances en interne, les frilosités autoprotectrices s'estompèrent assez rapidement : une rédaction talentueuse mais marginalisée, injustement ignorée, fit soudain irruption dans l'univers médiatique et y brilla. La plupart de celles et ceux qui l'animèrent firent, par la suite, des carrières enviables dans des médias prestigieux.

Un tout petit noyau de lecteurs rechigna cependant. Leurs lettres disaient, en substance : « De grâce, laissez tomber l'affreuse actualité. Détournez-vous résolument de la sale politique. Négligez le monde débilitant qui nous entoure. Repliez-vous sur la littérature pure, cet ultime refuge ! »

Ce serait si simple, en effet, leur répondis-je, si le Voltaire de *Zaïre*, tragédie en vers que les contemporains prirent pour un chef-d'œuvre, pouvait définitivement effacer le Voltaire de l'affaire Calas ; si un Rémy Belleau, élégiaque, pouvait, une fois pour toutes, faire oublier un Agrippa d'Aubigné tonnant dans ses *Tragiques* contre les forfaitures de son temps ; si le *Psyché* de Molière pouvait éclipser *Tartuffe* et les belles manières de Madeleine de Scudéry effacer les insupportables réalités décrites par

La Bruyère ; si, succédant à un André Chénier mort dans son lit, le Victor Hugo des *Orientales* s'était éteint avant d'écrire *Les Châtiments* ou *Histoire d'un crime* ; si George Sand ne s'était préoccupée que de ses choix de cigares et Eugène Sue de ses droits d'auteur. Ce serait si simple si Émile Zola avait snobé l'affaire Dreyfus et si Barrès s'était désintéressé de la campagne boulangiste ; si Céline et Malraux n'avaient pas eu à choisir leur camp ; si les anthologies poétiques pouvaient se contenter d'empiler « Mon âme est une infante en robe de parade » ou « Mon âme à son secret, ma vie à son mystère » ; si Drieu la Rochelle n'avait pas rencontré Hitler ni Aragon Staline ; si Romain Rolland n'était pas resté au-dessus de la mêlée qui vit s'affirmer Maurice Genevoix et périr Charles Péguy. Ce serait si simple si Gervaise gagnait sagement sa vie en faisant de la tapisserie ; si Nucingen, secondé par un Rastignac sans ambition, s'enrichissait en jouant au loto ; si Fabrice s'était contenté d'être la coqueluche des salons de Parme ; si l'usurier Lheureux avait accepté de faire plus longtemps crédit à Madame Bovary...

Qui aurait eu l'idée de purger, de nettoyer, *Boule de suif* de Maupassant, *Les affaires sont les affaires* d'Octave Mirbeau, *Les Diaboliques* de Jules Barbey d'Aurevilly, *Le Feu* d'Henri Barbusse, *La Garçonne* de Victor Margueritte, *L'Île des pingouins* d'Anatole France, *L'Étranger* de Camus... de tout ce que l'actualité y déposa ou y infusa ?

C'est Jean d'Ormesson qui rappelait, dans *Le Figaro Magazine*, que Théophile Gautier se vantait d'avoir fermé ses fenêtres à l'ouragan qui soufflait sur la société française à la fin des années 1840 afin d'écrire tranquillement *Émaux et camées*. Mais qui lit encore *Émaux et camées* ?

« Je me suis toujours efforcé, affirmait François Mauriac cité par Jean Lacouture, à donner autant d'importance à un article de journal qu'à la page d'un livre. La valeur de l'engagement m'importe ici (dans son *Bloc notes*) au même titre que la valeur littéraire. Je ne les sépare pas ».

Aurait-on l'idée d'évoquer l'œuvre de Helvétius, de D'Holbach, de Diderot, de l'abbé Raynal, sans faire la moindre allusion à l'échec des velléités de Turgot, ou fiascos de Calonne ou allers et retours de Necker ?

Aurait-on l'idée de dresser un mur infranchissable entre la profusion de faits divers réels qui défrayèrent la chronique et les innombrables romans qui s'en inspirèrent ? Combien Alexandre Dumas, Balzac ou Stendhal doivent-ils aux rubriques dites « des chiens écrasés », qui sont surtout celles des hommes écrasés ?

Quand ce n'est pas l'actualité qui s'immisce dans la culture (*De sang-froid* de Truman Capote, *Kaputt* de Curzio Malaparte), c'est la culture qui s'immisce dans l'actualité (le *Génie du christianisme* de Chateaubriand, l'*Histoire des Girondins* de Lamartine).

****

L'importance prise par *Les Nouvelles littéraires* nous permit, à l'issue d'un combat acharné (et bien que nous fussions d'abord assez isolés), de remporter une solide victoire en faisant abroger la catastrophique « loi Monory » et voter le principe du « prix unique » du livre, qui sauva la librairie indépendante française. Non seulement c'est sur notre pression que Jack Lang, d'abord hésitant, prit cette décision salvatrice, mais, surtout, lorsque, avec Jérôme Garcin à l'occasion d'une rencontre-interview, nous interrogeâmes Jacques Chirac sur le sujet, après qu'il nous eut confié qu'il trouvait Verlaine « un peu court des pattes de derrière », il nous répondit qu'il n'avait pas une connaissance suffisante du sujet mais que, ayant été sensible à notre combat, il nous faisait confiance pour rédiger sa réponse. Il n'exigea même pas de la relire. Il s'y est toujours tenu par la suite, en particulier lorsqu'il fut élu président.

Un autre de nos exploits consista, lorsque la nouvelle tomba de la mort de Jean-Paul Sartre, à réaliser en vingt-quatre heures un copieux numéro spécial qui s'arracha. Succès de ventes dont nous fûmes tout de suite conscients car la couverture, avec le titre « C'était Sartre », était toute en noir. Or, à l'époque, outre que nous étions imprimés, contrairement aux « news magazines », sur du papier journal ordinaire, nous ne disposions pas de « sécheurs », si bien que, dans la rue, les acheteurs des *Nouvelles*, le jour de sa sortie, se reconnurent à leurs mains maculées.

Patriotisme lyrique

C'est aux *Nouvelles* que nous avons esquissé la campagne, que nous devions poursuivre à *L'Événement du jeudi* puis à *Marianne*, en faveur d'une redécouverte et d'une réhabilitation de ce répertoire lyrique français produit entre la fin du XVIIIe siècle et le début du XXe siècle, de Spontini, Cherubini ou même Boieldieu à Dukas, d'Indy, Chausson ou Honegger, que la prégnance d'un terrorisme de mode, camouflé comme toujours en exigence de « modernité », avait contribué à faire jeter par-dessus bord au profit, paradoxalement, d'un hyper-conservatisme, mais - ce qui changeait tout - de facture étrangère !

On conçoit difficilement, avec le recul, avec quelle fureur, quelle fanatique intolérance (quel accès de masochisme antinational aussi), avait été mené ce processus d'exclusion de tout ce qui ne rentrait pas dans le moule idéologico-esthétique imposé par une secte médiatiquement ultra-dominante et, donc, de quelle persévérance, de quel acharnement il fallut faire preuve pour ébranler ce mur de béton.

Des chefs-d'œuvres comme *Ariane et Barbe-Bleue* de Paul Dukas, *Le Roi d'Ys* d'Édouard Lalo, *Le Roi Arthur* d'Ernest Chausson, les opéras naturalistes d'Alfred Bruneau, ce sommet de « socialisme » musical qu'est le *Louise* de Gustave Charpentier, avaient été purement et simplement biffés. Encore s'agissait-il d'œuvres difficiles, mais de véritables bijoux, longtemps ultra-populaires, comme *La Dame blanche* de Boieldieu, *Le Domino noir* ou *Fra Diavolo* d'Auber, *Mignon* d'Ambroise Thomas, *Le Toréador* d'Adolphe Adam, *L'Étoile* d'Emmanuel Chabrier, *Fortunio* d'André Messager avaient bêtement été enfouis dans les caves de notre oubli. On ne jouait plus le sublime *Samson et Dalila* de Camille Saint-Saëns. Jules Massenet, y compris son magnifique *Don Quichotte* et son torride *Thaïs*, avait été jeté aux oubliettes. Il fallait aller à Londres pour voir ce monument que sont *Les Troyens* d'Hector Berlioz, le chef-d'œuvre absolu de l'art lyrique français. Il était inconcevable de plaider que *La Juive* de Fromental Halévy, *Le Prophète* ou *L'Africaine* de Giacomo Meyerbeer, *La Muette de Portici* d'Auber méritaient largement d'être redécouverts. *La Muette* parce qu'elle fut à l'origine d'une double révolution, musicale et politique, la révolution belge (je faillis réussir, malgré l'opposition flamande, à la faire remonter à Bruxelles, mais je ne parvins pas à mettre d'accord le théâtre de la Monnaie et l'opéra de Liège), *Le Prophète* parce qu'il anticipe une évocation terrifiante de ce que sera le « stalinisme », le révolutionnaire qui se transforme en oppresseur, et qu'il contient, à l'occasion de la confrontation entre le tyran et sa mère, l'un des plus beaux et des plus poignants duos de l'art lyrique.

Le directeur, à l'époque, de l'opéra de Genève, que m'avait présenté Alain Duault, Hugues Gall, sensible à notre militantisme, me souffla l'idée de concevoir un opéra qui réutiliserait des airs, duos, trios ou quatuors, de ces œuvres injustement délaissées. Manuel Rosenthal devait écrire les musiques de liaison. Il me rapporta, lors de notre rencontre, qu'au début du mois d'août 1944, il tenta de convaincre Olivier Messiaen de s'engager en faveur de la résistance, mais que celui-ci lui répondit que « ce n'[était] pas mûr ! ».

J'avais travaillé intensément la sélection des morceaux. J'imaginais une troupe française répétant, pour la énième fois, le *Cosi fan tutte* de Mozart, puis décidant, le thème nous étant très familier, d'en imaginer une version tricolore. Hélas, interrogé par un journal suisse, je commis l'erreur de prétendre que le titre serait la traduction française de *Cosi fan tutte* : « Toutes des putes ! ». Cela coula le projet, mais je ne suis pas certain que j'aurais été capable de le mener à bien.

Des Pol Pot de l'orthodoxie musicale avaient donc fait tomber un véritable couperet sur un répertoire, qui avait fait longtemps de Paris un centre universel de la vie musicale : oui à Donizetti, à Bellini, à Giuseppe Verdi, à Richard Wagner, à Richard Strauss, mais, côté français, avec une tolérance pour *Carmen*, c'était *Pelléas* ou rien.

Nos campagnes contribuèrent, à la longue, à la reprise en compte de cet héritage. De même qu'à une « restauration » de ce véhicule spécifique du génie français de la légèreté haut de gamme que fut l'opérette, de Hervé à Maurice Yvain, de Charles Lecocq à Reynaldo Hahn.

Sur tous les fronts

Ce que *Les Nouvelles littéraires*, rendues au monde réel, réussirent (elles le devaient à l'indépendance et au soutien que Philippe Tesson, vrai libéral en l'occurrence, leur assura), c'est à se porter sur presque tous les fronts tout en restant solidement ancrées à leur soubassement culturel.

Il arriva souvent que nous nous retrouvassions du bon côté, assumant tout à fait cette « bien-pensance ».

Nous nous mobilisâmes en faveur des protestataires polonais de Solidarność sans prévoir, évidemment, que, vainqueurs dans un premier temps, ils seraient, en fin de compte, Lech Walesa en tête, marginalisés par une droite religieuse ultra-réactionnaire ; nous accompagnâmes la ferveur libératrice du « printemps kabyle » d'août 1979 en Algérie, tout en déplorant que le poids spécifique du berbérisme empêchât l'unification d'une opposition démocratique unifiée ; nous dénonçâmes, sur tous les modes, l'intervention soviétique en Afghanistan, quitte à sous-estimer, dans un premier temps (on se rattrapa ensuite), la radicalité islamiste d'une très large fraction des moudjahidin ; nous exprimâmes notre effroi devant le massacre d'un millier de Palestiniens, dans le camp de Sabra et Chatila, par les milices chrétiennes libanaises à l'issue de la catastrophique intervention israélienne ; nous anticipâmes, dans des analyses que nous pourrions republier aujourd'hui telles quelles (ce qui étonnerait venant d'un hebdomadaire culturel), les conséquences économiques et sociales dévastatrices qu'il fallait attendre des orientations initiées par Margaret Thatcher en Grande-Bretagne et Ronald Reagan aux États-Unis.

Nous eûmes, en outre, l'occasion de montrer, par exemple à l'occasion de la tuerie d'Auriol, dans les Bouches-du-Rhône, commise par les activistes du SAC (règlement de comptes interne en réalité), qu'une équipe de « cultureux » pouvait, en matière d'investigation, se montrer au moins aussi performante que celle des grands news magazines.

Mais, ce que je mettrais plus volontiers à notre actif, ce sont les cas où nous fûmes les rares, sinon les seuls, à nous démarquer d'une forme d'orthodoxie qui découlait, déjà, d'une insuffisance de pluralisme médiatique : ainsi, en soulignant, au-delà de notre admiration pour la puissance et le courage du démiurge, ce qu'avait d'intrinsèquement réactionnaire et d'anti-démocratique la pensée d'Alexandre Soljenitsyne (qui a triomphé sous Poutine). J'eus l'occasion, invité par Claude Durand, de déjeuner face à lui en compagnie du philosophe Claude Lefort, longtemps chef de file, avec Cornelius Castoriadis, d'une gauche résolument antitotalitaire. Or, aux questions fort pertinentes de ce dernier, sachant sans doute qu'il était issu d'une mouvance socialisante, il répondit avec une virulence méprisante absolument terrifiante.

On pouvait trouver quelque chose de pervers dans la tendance qu'avait la gauche à « gauchiser », fût-ce à mauvais escient, tous ceux dont elle défendait la liberté d'expression. Était-ce à dire que, de droite, on pouvait légitimement être privé de cette liberté ?

Nous nous étions distingués, également, en critiquant frontalement le contenu de l'ouvrage de Bernard-Henri Lévy *Le Testament de Dieu*, mécaniquement applaudi par la sphère médiatique, en montrant, ce dont nul ne s'était avisé, qu'il était en contradiction flagrante avec ce qui avait fait la célébrité du philosophe : son ouvrage *La Barbarie à visage humain*.

Nous fûmes également à contre-courant en stigmatisant la flagrante guerre d'agression déclenchée par le tyran irakien Saddam Hussein contre l'Iran. (Un certain discours politico-médiatique était alors très favorable à celui contre lequel on déclenchera, par la suite, deux interventions, dont la dernière eut des conséquences calamiteuses.)

Surtout, il y eut ce psychodrame provoqué par l'initiative du maire communiste de Vitry qui envoya un bulldozer détruire un foyer en construction destiné à loger des immigrés chassés de la ville bourgeoise de Saint-Maur, parce que leur place était dans une banlieue rouge, donc populaire. La misère vers la misère, à bas la mixité ! Ce fut une levée générale de boucliers médiatiques. Or, si je condamnai la méthode du bulldozer, sur le fond je soutins la position du Parti communiste. Pourquoi fallait-il que les villes riches se défaussassent et condamnassent la pauvreté venue d'ailleurs à abonder la pauvreté restée ici ? Pourquoi fallait-il accepter cette dynamique d'apartheid social et ethnique ? D'où devait résulter une dramatique généralisation de la ghettoïsation ethnico-sociale ?

Sous le choc, ébranlés par la violence des condamnations sans nuance venant, en particulier, de la gauche petite-bourgeoise, les communistes, qui étaient les seuls, à gauche, à pouvoir se faire l'écho des pulsions populaires sécuritaires et identitaires pour les recycler dans l'espace démocratique, finirent par céder. La conséquence en fut leur effondrement et le basculement d'une grande partie de leur électorat dans le camp lepéniste.

De ces quelques prises de position à contre-pied, dont les suites démontrèrent la pertinence, je garde une certaine fierté.

Nous passâmes, en revanche, à côté de deux révolutions qui devaient bouleverser totalement le paysage culturel :

l'apparition en juillet 1979 du premier Walkman et, en août 1981, du premier ordinateur personnel portable.

Il y eut, en outre, une analyse dont, *a posteriori*, je nous reproche d'avoir faite, ne serait-ce que sociologiquement, l'économie : dans la foulée de sa double victoire à la présidentielle et aux législatives de 1981, la gauche gouvernementale, qui comprenait des ministres communistes, entre autres avancées sociales augmenta fortement le SMIC, accorda une cinquième semaine de congés payés, passa à la semaine des trente-neuf heures, instaura le principe de la retraite à 60 ans, vota d'importantes lois décentralisatrices faisant élire les conseils régionaux au suffrage universel, abolit la peine de mort, supprima la justice d'exception, dépénalisa l'homosexualité, instaura les lois Auroux dans l'entreprise, et j'en passe... Or, toutes les élections partielles qui suivirent, elle les perdit nettement au profit de la droite. Comme si d'autres aspirations, d'autres attentes, d'autres frustrations sécuritaires, identitaires, avaient été occultées. Comme si aucun « front de classe » n'était, en fait, majoritaire.

Il était prévisible qu'une presse de gauche classique s'interdît d'analyser en profondeur les causes de ces contre-performances à répétition dans le sillage d'un réformisme sociétal et social qui, selon la théorie, aurait dû favoriser le camp « progressiste ».

Hélas, nous nous le sommes interdit également.

Un ultime regret : si nous avons mené, pour l'essentiel, de bons combats, nous en avons raté un – de taille – plus par refoulement que par autocensure.

Notre désir – la nécessité, plus exactement – d'être admis à occuper une place dans le champ idéologique nous fit faire preuve d'une forme de révérence non point coupable mais pusillanime, à l'endroit de cette pensée frimeuse – je pense aux Deleuze, Guattari, Derrida –, souvent brillante, toujours intelligente, parfois profonde – mais parfois seulement –, très « mode » plus que moderne, qui surinfusait – qui projetait – une logomachie admirative d'elle-même, bordée d'une obscurité protectrice et bercée d'un jargon qui se voulait musique, dans un espace qui ouvrait à toutes les artificialités satisfaites sa quasi-vacuité.

Pourquoi notre légitime fascination pour l'énormité érudite de l'œuvre de Foucault nous interdit-elle d'affronter ce versant de son discours assimilant, au nom d'une diabolisation philosophique de l'État en tant que pouvoir oppresseur, tout marginalisme, fût-il le plus asocial, le plus délinquant, le plus pervers, à une dissidence émancipatrice : discours qui fit des dégâts irréparables dans les rangs de la gauche intellectuelle (et médiatique) et, par voie de conséquence, de la gauche radicale et libertaire ?

Dans certains plats mitonnés par l'intelligentsia de droite, nous sautâmes à pieds joints. Nous dévorâmes, à l'occasion, la « nouvelle philosophie » à belles dents. Mais certaines funestes dérives cuisinées par une fraction des cuistots de l'intelligentsia de gauche, nous nous sommes contentés de ne pas les mettre à notre carte.

Chapitre 72

Le choc du 10 mai 1981

Au premier tour de l'élection présidentielle de mai 1981, je n'avais pas voté Mitterrand, ne fût-ce que pour cette raison : la conviction que l'on ne se dépatouillerait pas du passage démagogique à la retraite à 60 ans.

Les votes de la rédaction étaient d'ailleurs assez éclatés : une majorité pour Mitterrand, mais certains ne se remettaient pas de la non-candidature de Michel Rocard, tandis que d'autres, minoritaires, en pinçaient pour Jacques Chirac.

Au second tour, en revanche, on fit le forcing en faveur de celui qui n'était pas encore « Tonton ».

Comment ? En suscitant et en publiant de nombreuses prises de position, non évidentes, en sa faveur, en particulier celle de Françoise Giroud, de Françoise Sagan et de Marguerite Duras. Surtout, Coluche étant venu, avec l'ami Paul Ledermann, nous rendre visite dans nos locaux, on le persuada, dans une interview, de se prononcer clairement pour le « candidat du changement ».

Deux quotidiens étaient à l'époque à l'arrêt, *Libération* et *L'Aurore* : on leur offrit chacun deux pages pour acter un minimum de présence.

Le soir du 10 mai, nous avions l'intention d'inviter quelques « amis du journal » à une soirée électorale. Où ? Si François Mitterrand était élu, l'événement historique méritait un cadre un peu plus vaste que notre charmant, désuet, mais quelque peu exigu repère. Qui sait : nous serions peut-être cent, voire cent cinquante !

Il se trouvait que le patron de la brasserie Bofinger, toute proche, était un Basque de tendance nationaliste, qui était d'autant plus favorable à Mitterrand qu'il était convaincu que celui-ci se prononcerait en faveur de l'indépendance du Pays basque !

Je vais le voir. Je lui explique : vers dix-huit heures, les sondages nous donneront sans doute le nom du vainqueur. Si c'est Mitterrand, accepteriez-vous que nous organisions, dans vos locaux, une soirée électorale à laquelle nous inviterions des personnalités du monde de la culture ? Il me demande : combien seriez-vous ? Je lui réponds cent ou cent cinquante, peut-être deux cent, qui sait ?

Il accepte de mettre les deux étages de son établissement à notre disposition et nous offre un buffet. À dix-huit heures, en effet, nous disposons d'une indication laissant entrevoir la victoire quasi certaine de François Mitterrand. Je réunis toute la rédaction et je demande à chacun de contacter ses relations et connaissances dans les domaines qui le concernent (littérature, théâtre, cinéma, musique, arts, variétés, sciences humaines, etc.) pour les convier à cette soirée improvisée.

À vingt heures trente, nous rejoignons tous la brasserie Bofinger. Que se passe-t-il alors ? Je ne sais trop. Phénomène de bouche à oreille. Une rumeur se répand selon laquelle c'est là que ça se passe. C'est là qu'il faut être. Ça afflue. Peu à peu, on remplit les deux étages à s'étouffer. Ça déborde. On fait la queue, tandis que des dizaines de milliers de militants commencent à se déverser, eux, à trois cents mètres, sur la place de la Bastille.

Tout le monde est là. De droite et de gauche. De Jean Dutourd à Marguerite Duras, de Jean d'Ormesson à Françoise Sagan. De Michel Piccoli à Maria Pacôme.

Scène croquignolette : Bernard Dimey, le génial poète pilier de bar, dans les bras de la distinction pétillante incarnée Suzy Delair.

Vers une heure du matin, Aragon, qui était venu lui aussi, l'immense Aragon, prit congé et demanda à Jérôme Garcin je crois, ou à Jean-Louis Ezine : « On fêtait quoi exactement ? »

****

Quelques jours après le 10 mai, je participais à l'inauguration du Salon du Livre au Grand Palais quand fut rendue publique la composition du premier gouvernement Mauroy. Consternation ! Mauroy ? La classe intellectuelle présente, toutes sensibilités confondues, eut comme un haut-le-cœur. Et pourquoi pas un employé des Postes, un vendeur de cravates, un paysan du Danube ?

Ce ne fut d'emblée, parmi ce public d'intellos, d'écrivains majoritairement de gauche, qu'affirmation spontanée de la nécessité d'une prise de distance à l'égard de ce nouveau pouvoir, qui avait, de toute façon, le grand tort, l'énorme tort, d'être un pouvoir (l'intellectuel, surtout de gauche, se doit d'être dans l'opposition au pouvoir), le tort aussi d'être formé de ministres qui n'étaient finalement que des gens ordinaires, de se plier à la médiocrité d'un « institutionnalisme » démocratique et – fatalitas ! – d'être condamné à la trahison bien que, à décrypter ces jérémiades, rester fidèle au programme eût été encore pire.

Du côté des vainqueurs, on eut droit à un effarant déferlement d'exaltation lyrico-manichéenne : on était passé de l'ombre à la lumière, de la dictature larvée à la démocratie véritable, on n'avait pas répudié une politique mais un régime, on exigeait une épuration.

Aux élections législatives, la gauche unie - PS-PC-Radicaux - rassembla, au premier tour, 43 % des suffrages, 47 % en y adjoignant les divers gauches et l'extrême gauche. La victoire relative était surtout due à l'abstention massive des électeurs de droite démoralisés. Qu'importe... Elle gouvernerait seule, cette gauche, comme une grande, pas question de s'ouvrir, de s'élargir, camp contre camp et application du programme, de tout le programme (en l'occurrence, quoi qu'on en ait dit, jamais un gouvernement n'avait à ce point tenu ses promesses, presque toutes ses promesses), sans nécessairement prendre en compte certaines réalités dont on n'avait évidemment pas pris, dans l'opposition, toute la mesure. Lesquelles réalités, moins de deux ans plus tard, imposeront brutalement, en matière économique et sociale, la répudiation de l'orientation induite par le programme.

Ils sont devenus fous

Mais, ce qu'on a surtout du mal à concevoir, aujourd'hui, c'est la virulence quasi paranoïaque de l'hystérie qui s'empara, tout de suite (Chirac excepté dans un premier temps), des oppositions de droite. Le père de l'une de mes collaboratrices, riche médecin affilié au RPR, possédait deux voitures de marque française. Il les vendit et acheta deux voitures allemandes pour contribuer à l'échec économique du « pouvoir socialiste ».

Quelques mois après l'élection, un certain Claude Labbé, alors patron du groupe RPR à l'Assemblée nationale, exigea la démission immédiate du président de la République.

Pourquoi ? Parce que, expliquèrent les médias conservateurs, il était illégitime. La gauche, par définition, représentant l'opposition, il était contre-nature qu'elle devînt la majorité.

Un certain Charles Rebois, dans *Le Figaro*, précisait sa pensée : « La légalité est une chose, la légitimité en est une autre. Elle est de nature plus subjective. Elle se vérifie, quand il y a convergence des aspirations du pays avec les objectifs du pouvoir. Qui osera soutenir que cette condition est remplie quand on supprime la peine de mort ou qu'on remet en cause la liberté d'enseignement ! »

Le député RPR Georges Tranchant, roi des machines à sous, celui qui était allé saluer le général Pinochet pour avoir « sauvé la démocratie dans son pays », c'est-à-dire au Chili (celui que nous parvînmes plus tard, du temps de *L'Événement du jeudi*, à faire battre aux élections législatives), lança à la face du gouvernement : « Vous avez, par un accident de l'Histoire, pris le pouvoir d'une grande nation, vous voici à la remorque des puissances étrangères. Vous êtes le bienveillant complice de la revanche CGT-communiste dont le seul but est de créer les conditions nécessaires à l'avènement du collectivisme. Vous entendez imposer une solidarité sociale obligatoire qui consiste à prélever la substance du plus sérieux pour la donner à des laxistes irresponsables. Partez monsieur le Premier ministre, pour le bien de la France avant qu'elle ne sombre dans le chaos où vous la conduisez ! »

Le contrôle des prix ? Un certain Jean Brocard, député UDF, s'écria : « Les gendarmes ont honte de contrôler les étiquettes, alors que deux policiers viennent d'être tués. Les mesures que vous prenez détournent la gendarmerie de ses missions normales. » « Cette loi, surenchérit Jacques Toubon – Jacques Toubon ! – vous permettra, ensuite (horreur !), de lutter contre ceux que vous appelez les privilégiés. » Michel Poniatowski : « Vos remaniements ministériels consistent à remplacer des ratés par des ratés. Ce gouvernement est composé de débiles et de séniles. » Et d'en appeler à un coup de force militaire salvateur comme en 1958. La création d'« offices agricoles d'intervention par produits », que la FNSEA fera peu à peu vider de leur substance ? Pour le député UDF Alain Mayoud, c'est « le début, en matière agricole, du collectivisme totalitaire ». Les lois Auroux, très timorées, reprises du rapport Sudreau demandé par Giscard d'Estaing, et applaudies, plus tard, par le patronat : selon Bernard Pons, « c'est déjà le collectivisme. La possibilité donnée à quatre mille apparatchiks communistes de déstabiliser à leur gré les entreprises, une véritable révolution ».

Un cosmonaute français participe, pour la première fois, à un vol spatial soviétique, affaire négociée par Giscard d'Estaing : « Grave faute politique, affirme Alain Madelin, qui va permettre à l'URSS d'avoir accès à une haute technologie française. »

La décentralisation ? Selon le RPR Michel Aurillac : « Elle dissimule un moteur secret, c'est le centralisme démocratique (à la soviétique)... le pouvoir en France glisse insensiblement de la souveraineté nationale à la souveraineté populaire et de la souveraineté populaire à l'absolutisme. »

Pour Alain Griotteray, l'homme de l'attentat au bazooka, « l'ordre communiste règne désormais » et nous allons « vers une fermeture des frontières qui ne laissera place qu'à des échanges commerciaux avec l'Union soviétique ».

Le ministre socialiste Louis Le Pensec entreprend une action contre les plages privées illégales qui prolifèrent sur la Côte d'Azur : « En cas de tempête, explique *Le Quotidien de Paris*, les pêcheurs ne disposeront plus d'abris salutaires. » Gaston Defferre déclare que ce n'est pas l'extrême droite qui a commis l'attentat de la rue des Rosiers, donc, rétorque Philippe Tesson, cela signifie que « ça aurait pu être elle », « ce par quoi Defferre obéit à sa coutumière grossièreté d'âme et d'esprit ».

Le PS a pris l'ascendant sur le Parti communiste qui recule ? « Pas du tout, tranche Bernard Pons (RPR), je ne vois aucun recul du PC en France. Le Parti socialiste est en train d'appliquer la politique des communistes. Marchais perd peut-être des voix, mais c'est sa politique qui est appliquée. Peu leur importent les élections, ce qui les intéresse c'est la prise révolutionnaire du pouvoir. C'est ce qu'ils sont en train d'appliquer » (l'interview en question avait été accordée au journal chilien pro-Pinochet *El Mercurio*).

Louis Pauwels, qui dirige *Le Figaro Magazine*, revenant des États-Unis, exhale son ressenti, quand il atterrit en France : « Un resserrement de poitrine. Il me semble entrer dans une province prétentieuse, hargneuse, verbeuse, aux volets clos. »

En juin 1982, tout en prétendant « garder le cap », le gouvernement Mauroy, confronté à une situation économique de plus en plus rude, change de direction et instaure « le tournant de la rigueur ».

« Aveu d'échec », « retour à la raison mais trop tard », aurait pu claironner l'opposition de droite. Mais non : « La nouvelle phase de la politique du gouvernement, explique Alain Madelin, est une phase de radicalisation économique, politique et sociale. Il est désolant de voir le Premier ministre reprendre la phraséologie communiste. Monsieur Delors lui-même a expliqué la situation économique dans des termes de dissimulation que ne renierait pas le Parti communiste. »

De toute façon, comme l'annonce l'UDF Jacques Blanc (qui fera alliance avec le Front national), en campagne dans l'île de Beauté : « Comme en 1943, les Corses seront les premiers à annoncer la libération de notre pays. » Et le plus tôt sera le mieux car, à en croire l'ancien ministre Philippe Malaud, « le gouvernement prône la fainéantise, ouvre les frontières à la pègre étrangère et au terrorisme international et les portes des prisons devant les gangsters. Il tolère la multiplicité des attentats, agressions et crimes ».

Le déroulé, parfois délirant, de ces fureurs me marqua durablement et me conduisit à théoriser (comme un pendant au concept de « dictature libérale ») l'émergence possible, au plan non point d'une pratique mais d'un enfermement idéologique, d'un « stalinisme de droite ». Je devais y consacrer un ouvrage intitulé *La Guerre civile*.

Ce qui émergea du monde politique ou journalistique ne fut, d'ailleurs, pas le plus démentiel. Toutes les bornes de l'incontinence logomachique furent franchies (comme, plus tard, par certains philosophes d'extrême gauche tel Alain Badiou) par un certain nombre d'intellectuels droitiers dont nul ne saurait nier, à les relire aujourd'hui, qu'ils se haussassent au niveau des pires insanités verbales staliniennes.

Ainsi Jean Cau, Prix Goncourt et chroniqueur vedette de *Paris Match*, dont le cas devint clinique. Extrait de son livre *La Barbe et la Rose* :

> Bien qu'animés d'une haine glacée, beaucoup de socialistes écrivent des livres qui ne peuvent être qu'exécrables car comment surgirait la musique d'un style dans une cervelle socialiste ? Certains écrivent même des livres scolaires rédigés dans un seul but : fabriquer une jeunesse illettrée et ricanante qui désertera en cas de guerre. L'épouse du député socialiste qui ronfle a des réveils inquiets : est-ce que son parlementaire de mari ne va pas la tromper, à Paris, avec une militante ? Ne se convertira-t-il point à l'homosexualité à force de fréquenter maître Gisèle Halimi ? Qu'est-ce qu'un enseignant socialiste

et barbu, en 1981, sinon un parfait crétin, un flémard invétéré nourrissant la peur de la responsabilité et, partant, dépourvu de menton. « Au secours ! sonne l'olifant de Roland, ils m'ont volé ma France ! Comment ton ventre étrange a-t-il pu porter dans la chaleur de tes entrailles Andromaque et Édith Cresson, Chateaubriand et Charles Hernu ? Quel malheur, quelle sécheresse a tordu et fripé tes ovaires pour que tu couves pareils nabots dont t'aurait engraissé, par surprise, un gros Jean Jaurès. » Qu'est-ce qu'un socialiste ? C'est une chauve-souris au ventre bombé qui grouillasse de vers et qui, à chaque couinement, éjacule des fientes puantes sur le jardin des Tuileries et le Tombeau des Rois.

Et tout ça finira mal, car « le chauffeur de taxi et le camionneur écraseront tous ceux qui portent barbe. Des intellectuels seront roués de coups par des nègres tout nus ».

C'eût été presque calomnier Léon Bloy et Céline que de comparer.

Jean-Marie Benoît, lui, était philosophe tendance nouvelle philosophie, version pile. Et ça donnait :

S'il fallait résumer d'un mot le régime social-démocrate qui s'est emparé de notre peuple, ce serait celui de « thanatocratie », gouvernement de la pulsion de mort mise à nu, gouvernement de la mort pour et dans l'horizon de la mort. C'est par le suicide que se trouvent frappés ceux que l'on peut à bon droit considérer comme les premières victimes expiatoires de ce socialisme que Lévy a eu raison de nommer « Barbarie à visage humain » [...]. Exsangues et privés d'enfants les peuples asservis (à la grisaille social-démocrate) n'ont même plus le courage de s'ouvrir les veines. Ils regardent hébétés la mort faire son œuvre : égalitarisme abstrait et guillotineur, avortement stérilisé, banalisé et remboursé, euthanasie préconisée : partout triomphe la pulsion de mort qui mène à cet imaginatif répétitif.

Sortant de l'aventure des *Nouvelles littéraires*, cet affaissement intellectuel et moral me traumatisa.

On se plaît, même dans les manuels d'histoire, à citer les horreurs écrites et proférées en cascade à la fin des années 1930. Mais, au début des années 1980, on put dire et écrire ça et on s'est bien gardé de s'en souvenir.

Si on veut prendre la dimension du retournement d'extravagances dogmatiques intervenu après 2017, il convient de citer ces lignes commises en 1982 par Louis Pauwels, gourou de la fraction la plus réactionnaire de la droite, dans *Le Figaro Magazine* : « La justice sociale mène nécessairement à la dictature. » Pourquoi ?

> Parce qu'une société où les individus exercent librement leurs facultés ou leur activité ne peut répondre aux exigences exorbitantes de cette justice sociale. Ainsi, plus nous croyons à la « justice sociale », plus nous nous disposons à remettre aux autorités le revenu de nos efforts, de nos chances et de nos talents personnels, l'arrangement de notre condition. Cela nous entraîne insensiblement mais sûrement à renoncer aux valeurs qui fondèrent nos sociétés. Et, bien entendu, à la valeur cruciale, la valeur de l'homme libre. J'accepte que le produit de mon travail aille à des gens que je n'estime pas et qu'il finance des dépenses qui me répugnent. La justice sociale ne peut avoir de signification que dans des sociétés fermées comme le monastère ou l'armée. Mais aucun système où le droit est le droit ne peut répondre à ses exigences.

Ce fut écrit, ce fut publié, ce fut lu.

****

L'arrivée de la gauche au pouvoir eut une autre conséquence, la droitisation du *Quotidien de Paris* (qui organisa un débat public entre Jean-Marie Le Pen et moi et conclut à un « match nul », alors que les militants FN présents eux-mêmes admettaient que j'avais pris l'avantage).

Nous étions donc amenés, au nom des *Nouvelles littéraires*, non seulement à nous différencier de plus en plus nettement de ce journal, mais, en outre, à polémiquer avec lui. Ça ne dérangeait pas particulièrement Philippe Tesson qui était, dans ce domaine, d'une tolérance sans rivages. Mais cette situation m'était insupportable. *Les Nouvelles*, en effet, dépourvues de publicité, ne gagnaient pas d'argent. Comment pouvais-je m'affronter à celui grâce auquel nous existions ?

Je lui donnai donc ma démission. Ce fut la fin d'une belle aventure. Pas d'une amitié.

****

François Mitterrand, quelques semaines après son élection, me convia à un déjeuner d'écrivains et d'artistes à l'Élysée. Je ne me souviens que de la présence de Nicole Garcia et... d'Alice Sapritch.

Au cours des agapes, j'insistai sur le fait que Paris était l'une des rares grandes capitales européennes qui ne disposait que d'un seul opéra, presque toujours surbooké, et qu'il conviendrait d'ouvrir au public une seconde salle dévolue à l'art lyrique, mais moins chère, moins élitiste et plus spécialisée dans les œuvres en français.

Quinze jours plus tard, Jack Lang me fit savoir que j'avais convaincu le chef de l'État, dont la musique n'était cependant pas la tasse de thé, et que décision avait été prise de créer ce nouvel établissement.

François Mitterrand lui-même, ensuite, me le confirma. En fonction de quoi, effectivement, on créa l'opéra Bastille, mais, confié à Pierre Bergé, il fut tout aussi cher, aussi élitiste, on y joua, au début, relativement peu d'œuvres françaises et l'opéra Garnier fut, un temps, délaissé si bien qu'il n'y avait toujours qu'une seule salle d'opéra.

Il reste que l'opéra Bastille, aussi critiquable que soit son architecture extérieure, fut à l'origine d'une révolution urbanistique : le basculement du Paris « in », du Paris à la mode de l'ouest à l'est, ce qui déclencha un processus de boboïsation accéléré non seulement du Marais, mais de l'espace situé entre la Nation et la République.

Chapitre 73

Coup de blues

Ce matin-là – c'était quelques jours avant ma démission des *Nouvelles* –, il faisait mi-chèvre mi-chou, mi-floréal mi-ventôse, on eût dit que la nature buvait le ciel, que, faute d'éclat, la lumière s'imprégnait d'ombre pour se satisfaire du contraste.

Donc, en ce petit matin de février, après lecture d'un journal aussi mal embouché que le temps, je remontai, comme chaque jour, la rue Saint-Antoine, l'esprit hésitant entre fureurs feintes et démission assumée.

Lorsque j'arrivai à mon bureau, qui dominait la statue d'un Beaumarchais au scepticisme pétrifié, je me surpris à déborder d'amertume et d'aigreur. Le temps peut-être ? Mais pas seulement... Sa grisaille nous est extérieure. Celle-là me pénétrait. Ces déchirures. Ces rages surfaites. Ces cynismes banalisés.

Quelques jours plus tard, après un débat radiophonique, nous nous étions retrouvés quelques-uns dans un restaurant des beaux quartiers. Il y avait Jean-Louis Peninou, journaliste à *Libération*, Stéphane Denis du *Quotidien de Paris* (que je devais intégrer à *L'Événement du jeudi*), Jacques Paoli qui officiait à Radio Monte Carlo et un confrère, fleuron d'un journal conservateur, dont les éditoriaux au vitriol ne se caractérisaient ni par la nuance ni par l'impartialité. J'en vins à l'interroger sur certains excès dont sa plume s'était rendue coupable, à lui reprocher, fort courtoisement au demeurant, telle approximation, telle contre-vérité ou tel silence. J'attendais qu'il se justifiât ou tentât de me retourner le compliment. Point ! « C'est vrai, reconnut-il, j'écris parfois n'importe quoi et, bien souvent, je n'en crois pas un mot. C'est ce qu'attendent mes lecteurs et je leur donne. D'une certaine manière, je fais œuvre sociale puisque je contribue à les conforter dans leurs croyances. Mes articles devraient être remboursés par la Sécu. D'ailleurs, je m'en fous. Ça n'a, pour moi, aucune importance. J'y consacre deux heures par jour et ça me permet de gagner correctement ma vie. Je m'assume autrement. C'est vous qui faites fausse route à vous projeter ainsi, à vivre vos engagements professionnels, à vouloir absolument moraliser votre fonction. »

Ma première réaction fut de trouver le numéro plaisant. Puis scandaleux. Et l'idée me vint, enfin, que, cyniquement parlant, il n'avait pas nécessairement tort.

Il serait plus simple, effectivement, de tirer un rideau de fer qui séparerait ce que nous vivons, ce que nous pensons, ce que nous écrivons et de récupérer ainsi, côté jardin, le bonheur de l'illusion, tandis que l'on traquerait, côté cour, l'illusion du bonheur.

S'investir dans ses engagements au point de ne pas se distancier de leur destin sans pour autant se défausser des constats de fausse route, quelle folie ! Cela écorche, cela meurtrit. Facile de croire, facile de ne pas croire : difficile, en revanche, de continuer à croire à la nécessité de sans cesse interpeller tant nos croyances que nos non-croyances. De sans cesse les confronter. Ce n'est jamais agréable de rompre avec une certitude les dentelles dont on ourle le mouchoir des adieux. Ce n'est pas très douillet non plus de porter en sautoir une intuition que l'air du temps disqualifie.

J'écris alors ces mots, dans mon dernier article des *Nouvelles*, qui me poursuivront jusqu'à m'inspirer un ouvrage en 2020 :

> Et nous, vestiges anachroniques, nous continuons à nous accrocher à ce vieux et poussiéreux dilemme : avoir tort ou avoir raison ! Approcher le réel ou s'en éloigner ! [...]
>
> Dérisoire. [...]
>
> Sur le champ de bataille où gisent, couverts du sang qu'ils ont versé, les deux grands dogmes rivaux, ce sont de nouveaux dogmes qui, spontanément, naissent, poussent et fleurissent. Comme si les pistils de ces fleurs vénéneuses devaient grandir à mesure que le vent de l'Histoire leur arrache leurs pétales. Comme si la débâcle des sectarismes institutionnels excitait l'appétit des sectarismes revanchards. Objets que nous sommes des pressions d'un environnement qui, de plus en plus, nous isole, nous marginalise, tiendrons-nous le coup ? Là où les meilleurs ont succombé, il n'est malheureusement pas très probable que nous résistions jusqu'au bout. Nous tiendrons le temps que nous pourrons. Ça durera ce que ça durera, car nous sommes mal armés face à la force de frappe des éternelles dominances, leurs Panzers et les Stukas.
>
> En attendant, nous nous battrons.

Il y avait, ce matin-là, de l'humidité dans l'air. Des nuages au ventre fauve raturaient le ciel de longues traînées de cendre.

Ce n'est que vers midi qu'un mince rayon de soleil vint éclairer, quelques instants, le sourire énigmatique de Beaumarchais !

Maison de la Poésie

Une semaine après l'élection de François Mitterrand, j'eus envie de sonder Jacques Chirac pour évaluer son état d'esprit. Je lui demandai alors un rendez-vous. Il me reçut à l'Hôtel de Ville d'autant plus immédiatement qu'en vérité, en cette époque, étant arrivé bon troisième aux différentes élections (il ne fera jamais un bon score), il n'intéressait pratiquement personne.

Il me demanda quel type de bonhomme était ce François Mitterrand en faveur duquel il m'avoua avoir voté au second tour (beaucoup de ses amis également). Mitterrand, lui, fera voter pour lui contre Balladur.

J'avais précédemment réussi à le convaincre de créer une maison de la poésie à Paris. J'en serai un court temps, à ses côtés, le vice-président, ce qui me donnera l'occasion d'échanges goûteux avec Pierre Seghers, Pierre Emmanuel, Luc Bérimont, Yves Bonnefoy et Kenneth White dont Chirac s'était entiché.

Je me souviens de ce jour où, comme il affichait une tronche d'enterrement, je lui en demandai la raison. Il m'expliqua qu'il était très fier d'avoir fait inscrire sur les panneaux de la mairie de Paris des extraits de poèmes de Jacques Prévert. Or, il avait reçu de la veuve de l'écrivain une lettre comminatoire intimant, au « fasciste » qu'il était, de cesser d'exploiter les œuvres de son époux.

C'est au cours de l'une de ces réunions qu'il me confia que, puisqu'il n'entendait rien à la musique, il préférait prétendre qu'il en pinçait pour Pierre Boulez.

Affaire d'appart

Ma visite, en 1981, eut une conséquence : à l'époque, naquit notre fils Julien. Or, je devais quitter mon appartement de la rue de Thorigny, le propriétaire refusant de renouveler le bail, puisqu'il voulait le vendre. Au cours de la conversation, Chirac m'interrogea sur mes projets : je lui confiai que je ne pourrais sans doute pas rester à la tête des *Nouvelles littéraires* pour cause de droitisation de la maison mère. Ce qui l'amusa fort (il me demanda cyniquement si le journal avait besoin d'argent !). J'ajoutai, incidemment, que ma priorité était de trouver un appartement. À ce moment-là, il appela Denis Baudoin et lui demanda si un appartement de la rue de Seine, que la ville ne parvenait pas à louer parce qu'il n'y avait pas d'ascenseur et que, ce qui le rendait très sombre, toutes les fenêtres donnaient sur la cour, était toujours libre (j'ignorais alors que la Ville de Paris était propriétaire d'appartements !). Baudoin lui répondit qu'il était toujours disponible et me fit une proposition : ces appartements bénéficiant de loyers bloqués très bas et les occupants (des hommes politiques ou des hauts fonctionnaires) refusant obstinément toute réévaluation, accepterais-je, si on me le proposait, une forte augmentation du loyer qui permettrait de faire pression sur les autres locataires du gotha... Malgré un quasi-quadruplement du prix de location, compte tenu de l'emplacement (le siège de *L'Événement du jeudi* devait se situer à cinq cents mètres de là), l'offre restait intéressante. J'acceptai le deal.

À l'époque, Rachel était la collaboratrice de l'architecte Fernand Pouillon. C'était un ami. Celui-ci nous concocta un nouvel agencement des pièces de l'appartement, qui nous permit de bénéficier de deux fenêtres sur rue et même presque sur Seine. Objectivement, j'étais donc tombé sur un bon coup. Quelques années plus tard, *L'Événement du jeudi* réalisant une enquête sur les logements de la Ville de Paris, j'insistai pour que soit dûment signalé que j'en occupais un. En conséquence, alors que « l'affaire » « Apparts de la Ville », défrayait la chronique (c'était l'époque où Chirac était redevenu Premier ministre et où *L'Événement du jeudi*, que je dirigeais, lui menait une vie très dure)... je fus montré du doigt, ainsi que le pauvre Serge July, « privilégiés » que nous étions, sans qu'il fût évidemment précisé que lui habitait quasiment une piaule et que je payais, moi, un loyer largement renchéri.

Quand cet appartement fut mis en vente, je dus déguerpir, ce qui me permit de m'installer près de la place de la République, quartier que je préfère de beaucoup, et qui me permit de devenir un expert en manifs.

Élection de Dreux

La radicalisation de la droite, qui se « dégaullisa » dans l'opposition, eut une conséquence sous-estimée sur l'instant : la montée en puissance du Front national, fondé en 1972. Même lorsque Jean-Marie Le Pen atteignit 10 % des suffrages à l'occasion d'une occasion partielle dans le XXe arrondissement de Paris, en 1983, on s'en alarma à peine. Lors d'un débat avec Alain Duhamel, sur TF1, alors que je m'en inquiétais, celui-ci affirma, qu'au plan national, l'extrême droite ne dépasserait jamais 2 %.

C'est le 11 septembre 1983 qu'intervint un événement, un coup de gong, dont les conséquences s'avéreront calamiteuses, en particulier pour la droite républicaine qui se tira une balle dans le pied. À l'occasion d'une élection municipale à Dreux, dont la maire sortante était une socialiste tendance social-libertaire, la liste de droite RPR obtint 42,6 % des suffrages au premier tour et une liste FN, menée par Jean-Pierre Stirbois, 16,7 % : un record. Or, pour battre la gauche au second tour, les deux listes fusionnèrent. Séisme ! Au centre droit, Simone Veil et Bernard Stasi émirent des protestations très isolées. Michel Poniatowski proclama que le seul danger fasciste en France ne venait pas de l'extrême droite mais du « fascisme de gauche ». Yvan Blot, du « Club de l'Horloge », trancha : « On ne doit pas accepter qu'une fraction de notre camp soit mise à l'index parce qu'elle serait jugée fasciste. » Le centriste Jean Colin tint à faire remarquer que « Le Pen était quand même un bon Français ». Jean-Claude Gaudin, le Marseillais, mit en avant la nécessité de s'adapter aux réalités locales « au nom du pragmatisme de terrain ».

Les intellectuels de gauche, dont André Glucksmann (à l'époque !), signèrent un texte collectif appelant au « sursaut antifasciste ». Certains allèrent tenir meeting sur place : cela ne fit qu'amplifier le succès de la liste de droite unitaire au second tour.

Alors, on passa d'un extrême à l'autre. À gauche, on n'avait pas perçu le danger (il est vrai qu'on se complaisait à évoquer « facho-Chirac »), dès lors, pour des raisons purement tactiques, on l'instrumentalisa jusqu'à plus soif sans s'interroger un seul instant sur ce qui le nourrissait. On refusa d'admettre, car ça ne rentrait pas dans le schéma, qu'une fraction de l'électorat populaire, qui votait communiste, commençait à basculer de l'autre côté. On se fit même plaisir en faisant du pauvre Alain de Benoist, enfermé dans sa tour d'ivoire livresque, instrumentalisé lui aussi, mais par *Le Figaro Magazine* cette fois, et qui votera plus souvent communiste qu'extrême droite, l'archétype de la bête immonde.

Parce que j'avais pointé, dans *Le Matin*, la réactualisation de certains invariants de la rhétorique fascisante dans le discours du Front national, Le Pen me fit un procès que je gagnai, ce qui nous donnait, en matière de jurisprudence, le droit de le dire.

Au moins la gauche, à moyen terme (car, ensuite, elle en mourut), défendait ses intérêts. La droite républicaine, elle, tressait la corde qui permettra de la pendre.

Chapitre 74

L'espace d'un matin

En 1983, je fis une dernière et courte expérience.

Claude Perdriel (mais, en réalité, ce n'était pas de son fait) me proposa de prendre la direction de la rédaction du *Matin de Paris* dont la diffusion glissait sur un toboggan.

Le journal s'affirmait clairement quotidien de gauche. En conséquence, la rédaction reflétait toutes les spécificités idéologiques et caractérielles - idéologico-caractérielles parfois - de la gauche. Pour le meilleur comme pour le pire. Les talents collectifs cohabitaient avec les individualismes, pour ne pas dire les égocentrismes les plus confinés, le « basisme » avec le vedétarisme, le bordélisme avec le clanisme. Surtout, tous les sédiments constitutifs de la gauche plurielle, très plurielle, dont l'extension arrivait à être négatrice de son propre espace, y avaient déposé leur limon : trotskisme, anarchisme, libertarisme, social-démocratisme, réformisme, social-libéralisme, opportunisme. À mon arrivée, Jean Bothorel, qui venait du nationalisme breton, démissionna, parce que je n'étais « pas de gauche ». En fonction de quoi, ensuite, il bascula presque à l'extrême droite.

J'avais indiqué à Claude Perdriel que, ne me définissant pas comme « de gauche » en effet, je pouvais tenter de relancer son journal à partir d'un socle d'affirmation de valeurs et de principes, à quoi devait s'ajouter un véritable différentiel en matière d'acuité informative, d'angles analytiques et de vigueur non partisane dans la conduite de la controverse, mais qu'un journal « de gauche », en revanche (quelle gauche d'ailleurs ?), pas plus au demeurant qu'un journal de droite ou du centre, je ne savais pas faire. Un journal engagé, oui, mais à partir de ses propres références.

Il me répondit que cela lui convenait tout à fait. Je compris très vite pourquoi. Il me fit faire, en effet, le tour de la rédaction et, me désignant tel ou tel, il me mit en garde contre celui-là qui était trop proche de la CFDT, contre celle-là qui soutenait systématiquement les locataires contre les bailleurs ou contre cet autre qui, horreur, dénonçait l'existence de pratiques privées au sein de l'hôpital public.

Plus tard, à l'occasion d'une grève chez Citroën, il insista auprès de moi sur la légitimité et la nécessité des syndicats « maison ».

Au fond, ce que je découvris (et cela ne fait que rendre plus estimable le fait qu'il ait consacré une partie de sa fortune à soutenir une presse de gauche) c'est, qu'en matière économique et sociale, c'était un vrai libéral de droite qui se vivait sincèrement de gauche dans la mesure où son libéralisme s'exprimait également, sans complexe, dans le domaine sociétal.

Je devais, un jour, écrire méchamment qu'il se pensait de gauche parce qu'il aimait les juifs et qu'il n'était pas, *a priori*, hostile aux partouzes.

C'est alors que j'officiais au *Matin* qu'il poussa d'un cran l'art de truquer les chiffres d'abonnements, ce qui permit au journal d'afficher des niveaux de diffusion qui avaient peu de rapport avec la réalité.

La gauche pourrait - et devrait - élever à Perdriel une statue. Et même un temple. Il lui permit de se doter d'une presse qui lui fit honneur (*Le Nouvel Obs* avant *Le Matin*), grâce à laquelle elle perça dans le milieu de la haute fonction publique qui lui avait été longtemps fermé et devint, un temps, hégémonique au sein de l'intelligentsia. Mais, en même temps, il contribua largement à l'évolution qui engluera cette gauche dans un néoconformisme élitisto-bourgeois qui la déconnecta, peu à peu, de son soubassement populaire.

Le monde médiatique devrait, lui aussi, lui rendre grâce. Il porta à bout de bras des organes de presse qui, à leur manière, illuminèrent de leur brillance stylistique et réflexive un journalisme qui, auparavant, privilégiait le ras de terre.

Mais, à ce pouvoir médiatique, il porta également un double coup en poussant hors de raison, je l'ai dit, au détriment de ventes réelles, les méthodes de gonflement artificiel des diffusions et, surtout, en systématisant les unes dites « marketing », répétitives (« Immobilier », « Le salaire des cadres », « Le mal au dos », « Les francs-maçons ») qui, à la longue, finirent par décrédibiliser la presse magazine.

À deux reprises l'aile très à gauche du journal s'alarma : la première fois parce que j'avais, dans un éditorial, la veille d'élections municipales, noté, en passant, qu'au-delà du vote partisan il n'était nullement illicite de réélire un très bon maire ou d'en éliminer un très mauvais quelle que soit leur étiquette.

J'avais ainsi, comme on dit, « mordu le trait ».

La deuxième fois, ce fut quand, le second tour de ces mêmes municipales ayant corrigé en partie le premier qui avait été catastrophique pour la gauche, je titrai sur « le miracle ». Ce qui, m'objecta-t-on, revenait à dévaloriser la mobilisation militante.

En fait, c'était injouable. Les ventes remontèrent très sensiblement, mais cela ne faisait que renforcer Perdriel dans la sensation absurde qu'on lui volait son journal. Il cherchait donc à la conjurer, cette crainte, en passant d'une lubie à l'autre au rythme de ses engouements pour les derniers favoris venus. Un jour, il m'annonça qu'il avait décidé de consacrer six pages régulières... aux courses de chevaux ! Un autre, que presque un quart de la rédaction devait aller couvrir les diverses festivités du Festival de Cannes.

Au bout de quatre mois, je rendis mon tablier.

L'expérience me fut cependant très profitable : les meilleurs éléments du *Matin*, ceux précisément contre lesquels Claude Perdriel m'avait mis en garde, Andrée Mazzolini, Marie-Ange d'Adler, Jean-Paul Kauffmann, Nicolas Domenach, Frédéric Ploquin, Marie-Dominique Lelièvre, Maurice Szafran, Blandine Grosjean, me rejoignirent quand je créai *L'Événement du jeudi*.

Surtout, un court-circuit provoqua une étincelle dans ma petite tête. Mes départs de *L'Express*, d'Europe 1, des *Nouvelles littéraires*, du *Matin* avaient tous pour origine une incompatibilité de ligne. Je pris donc conscience que je ne trouverais, dans aucun des médias existants, une dominante en adéquation avec ma propre sensibilité, bien que j'eusse la conviction qu'elle était assez largement partagée. En conséquence, s'imposa lentement, mais sûrement, à moi, cette évidence que cette sensibilité-là, non réductible, non intégrable au clivage journalistique binairement installé, devait pouvoir s'exprimer : ce qui nécessitait, bien que ce ne fût nullement une vocation et qu'aucune pulsion ne me poussât à devenir patron de presse, bien, surtout, que je ne disposasse d'aucun moyen financier, fût-il minime, et que je ne connusse personne, ni banque ni industriel, susceptible d'investir dans un tel projet, bien, qu'en conséquence, cette décision velléitaire fût totalement déraisonnable, d'autant que tout le monde me décourageait en arguant que le marché était saturé et qu'il fallait disposer de sommes énormes, malgré toutes ces démoralisantes réserves, donc, s'imposa à moi, disais-je, l'évidence qu'il me fallait lancer un journal différent.

J'allais, dès lors, inaugurer une autre vie qui constituera la trame du second tome de ces mémoires.

Je changeais de statut. Je devenais ce que je n'avais jamais souhaité être, un chef d'entreprise et, pire, un patron de presse. Je basculais, en quelque sorte, dans une autre dimension.

Ces « instruments » que furent les deux journaux que je devais créer (car je les concevais comme tels) me permettront – nous permettront – de mener des combats homériques. D'ouvrir un espace d'intervention médiatique qui était jusqu'alors verrouillé. De réveiller une presse « news magazine » confite alors dans ses automatismes. Mais, en même temps, mon existence prit un autre tour. Ce fut cauchemardesque. Conçoit-on ce que représente, quand on n'a soi-même pas un sou de réserve et qu'on n'est soutenu par aucune puissance capitalistique ou financière, la création et la direction d'un journal condamné à se heurter à l'establishment médiatique installé (à l'establishment tout court) et à susciter des réactions hostiles à la fois dans les rangs de la gauche bon genre et de la droite bon chic, de la fausse gauche et de la vraie droite, à affronter leurs exécrations jumelées et cela tout en gérant, au nom du pluralisme des sensibilités et de l'ouverture aux différences, la présence en interne d'excellents éléments se réclamant de ces deux forces que l'on combat et qui vous combattent ? Un sacerdoce. Ou, plutôt, un enfer qu'il faudra transcender en extériorisant nos moments de jubilation. D'où l'usage de la fête et la ritualisation de nos *Te Deum* : transformer en épopée le moindre but atteint à l'issue de nos exténuants crapahutages dans la mélasse.

Mon itinéraire dont je relaterai, dans la suite de ces souvenirs, le déroulement, se transforma en parcours du combattant. À découvert. Semé de mines. Sous balles réelles. Nous aurons - à regarder en arrière - incroyablement souvent raison, ce qui nous vaudra d'être incroyablement souvent détestés.

À partir de ce moment, que je le voulusse ou pas (et je ne pouvais le vouloir tout le temps), je luttais et les conditions matérielles d'organisation de cette lutte devenaient désespérément obsessionnelles. Les succès, même flatteurs, même inespérés, ne furent plus que des intermèdes, des voies de passage.

Bref, vous l'avez compris, la cause étant belle, y sacrifier étant absolument, absolument nécessaire : ce fut formidable !

Chapitre 75

Du rapport à l'autre au rapport à l'objet

Avec le recul, je dois assumer un déficit. Un manque d'anticipation. Ce fut ma carence.

Certes, j'avais intégré l'expression « révolution technologique » et je devais évoquer, dans mes ouvrages, l'impact du phénomène informatique, puis numérique. Mais, pour être franc, j'avais considérablement sous-estimé la radicalité de la chose elle-même.

Je n'avais pas compris - ou, peut-être, pas voulu comprendre - qu'il ne s'agissait pas d'une simple démultiplication de potentialités, mais, à terme, d'une totale métamorphose des modes d'expression, d'apparition, de déplacement, de diffusion et d'amplification de ces potentialités.

Pas simplement aller plus loin, plus vite, plus haut, plus fort, plus puissamment, mais autre part, ailleurs, différemment.

Ce que ne je n'avais pas suffisamment perçu, c'est le complet chamboulement de la question de l'altérité. L'étouffement progressif du rapport à l'autre sous toutes les excroissances du rapport à soi. Ce que la logique amorcée annonçait, quatre décennies plus tard, c'était l'homme seul dans la foule, connecté à une autre foule devenue sa façon de se reconnecter à lui-même. Moi et l'écran faisant écran entre moi et nous. La touche sur laquelle on appuie se substituant aux mots que l'on prononce, le mot étant destiné à quelqu'un, la touche nous ouvrant sur quelque part. L'autre effacé. L'en-face se réduisant à un distributeur. La personne éclipsée par un chiffre. On se libérait des appareils en devenant esclave d'un appareil.

Je n'avais pas imaginé, c'est-à-dire pas à temps, que le journal écrit disparaîtrait ou presque, que la centralité du papier laisserait place à la centralité de l'écran, qu'Internet rendrait encyclopédies et dictionnaires inutiles, que les réseaux sociaux, ou plutôt asociaux, déchaînés, finiraient par représenter un danger plus considérable que la bombe atomique, que la calomnie serait banalisée et que les mensonges les plus éhontés disputeraient victorieusement les espaces encore passablement occupés par les rapports différenciés au réel.

Tout cela, plus tard, je le constaterai, je l'analyserai, j'en montrerai, à l'occasion, la perversité, mais, au moment où je vais déboucher sur une autre existence, je n'anticipe pas ce basculement, déjà technologiquement gribouillé sinon écrit, dans un autre monde.

Il y a, en revanche, une angoisse qui, dès cette époque, ne cessa de m'accompagner. Non pas, donc, le phénomène de radicale destruction du rapport à l'autre, mais celui de la tout aussi radicale déconstruction du rapport à l'objet.

Je me suis toujours fait un devoir, partout où je passais, y compris dans les recoins les plus improbables, les plus enclavés, les plus exotiques, de tout visiter, tout : musées d'art, des sciences et des techniques, d'ethnologie et d'ethnographie, parcs zoologiques, parcs floraux, lieux de mémoire et de vie, champs de bataille... Espaces étranges, magiques, irréels souvent, infusés d'histoire et de sens, où, à l'exception de quelques hauts lieux emblématiques (musée de Berlin, pinacothèque de Munich, National Gallery, le Louvre, le musée du Caire, fausses ruines de

Knossos), on ne croise le plus souvent personne ou pas grand monde : musée de Kaboul, de Bagdad, de Haiphong, d'Erevan, de Nairobi, d'Iquitos (en Amazonie péruvienne exposant un anaconda géant qui vient d'avaler un veau), du batik à Jakarta, du papier mâché au Cachemire, de l'or à Bogota, des orientalistes à Alger, des naïfs à Noyers, de la machine à calculer à Montmorillon, des aventures du son à Saint-Fargeau, des paquebots à Saint-Nazaire, zoo du Caire, de Rangoon, de Perth en Australie, aquarium de Gênes...

Ce fut une visite, donc, en 1978, du musée de la Vie wallonne à Liège qui me bouleversa et m'amena à me pencher sur les retombées, à mes yeux redoutables, de l'évanescence, de la désépaisseur, de l'« éphémérisation » de la chose et de la déréalisation (de la dé-réification) du monde des choses.

Il témoignait, ce musée, d'un temps, que j'avais vécu – ah, les antiques moulins à café ! –, où l'homme était en communion avec les objets qu'il servait et qui le servaient. Ils étaient là. Vibrants et étincelants, ronronnants, triomphants, ces ustensiles et outils qui savaient si bien ce qu'ils devaient faire de ce que l'homme avait fait d'eux.

J'ai retrouvé les notes prises au fil de cette visite : rang de cougnoles – moules de terre cuite destinés à couronner le pain de Noël modelé comme le chef-d'œuvre d'un compagnon –, boîtes à quêter au couvercle en marqueterie qui donnait envie de donner cent sous moins à Dieu qu'à l'artiste, chope d'étain ronde comme des ventres de moines, pots en grès aux hanches de vierges flamandes, verres au tronc torsadé comme des pieds de vigne, bocaux de faïence aux transparences de rêveries enfantines, presse sarraus, pannetons, boudinières, écorçoirs, affiquets de tricoteuses, égrugeoirs à sel, marques à beurre travaillées comme des sceaux d'archiduc, bougies ciselées comme des clochetons de chapelle, mouchettes en cuivre, râbles de foyer en fer forgé destinés à racler les braises, clenches de porte et entrées de serrures aux inutilités flamboyantes, gaufriers qui semblaient des tapisseries de métal et ces moulins à café, enfin, sculptés comme un réceptacle de Madone baroque : autant d'objets évanouis dont l'absence devrait figurer au musée de nos remords.

Il y avait dans chacune de ces « quelques choses » comme l'investissement affiché de « quelqu'un ». La matière vibrait encore du dialogue qu'elle avait noué avec l'artisan et qui se poursuivait avec l'utilisateur. L'amour de la chose bien faite éclairait le sourire de la chose bien vendue. Et nous murmurait, à l'inverse de ce que déclamait Cyrano : « Oui, mais c'est bien plus beau quand ça peut être utile. »

Chapitre 76

Castagne éditoriale

L'après-1981 constitua une césure pour une autre raison. Quelque chose, ai-je confessé, me paralysait, me retenait de me plonger dans le grand bain de l'expression dite emphatiquement « philosophique » des thématiques qui mobilisait ma réflexion hors médias. Comme une sourde trouille qui m'envahissait. Je n'étais pas un universitaire, je n'étais nullement un « philosophe » étiqueté pour tribunes libres du *Monde*, je n'étais qu'un « journaleux » qui, circonstance aggravante, avait animé des émissions dont la chanson constituait la trame (et qui devait récidiver à la télévision). Et, facteur aggravant, je n'étais intégrable ni aux espaces intellectuels du clanisme « de gauche » ni aux territoires idéologiques du clanisme « de droite ».

Je savais donc, car on était en France où chacun est assigné à sa case, que je me heurterais, si je franchissais la ligne, soit à un mur de silence, soit à un tir de barrage assassin. Je publiai donc deux livres politico-journalistiques, ce dont, en vérité, il eût été préférable que je m'abstinsse. Puis, après avoir respiré un bon coup, je décidai de sauter le pas. De m'introduire dans le pré interdit.

Mes appréhensions se vérifièrent. En 1989, je publiais - qu'on me permette, ici, d'anticiper quelque peu - mon *Esquisse d'une philosophie du mensonge*. Je l'avais *a priori* promise aux éditions Flammarion. Mais j'avais soumis mon manuscrit à Jean-Paul Enthoven qui officiait chez

Grasset. Il se montra, à la lecture, particulièrement élogieux et insista beaucoup pour que je publiasse l'ouvrage chez lui. Pensant que Flammarion avait oublié, je me laissai convaincre, sauf que la grande prêtresse de Flammarion, Françoise Verny, lorsqu'elle l'apprit, fit une crise. Je réintégrai donc *illico* le bercail.

Quand le livre sortit, une semaine avant, ce qui est rare, j'eus droit, en ouverture du *Nouvel Obs*, à une critique d'une bonne page qui, tout en me renvoyant en passant à la « chansonnette », tendait à me délégitimer sous une couche bien tartinée de mépris mondain. Et c'était signé... Jean-Paul Enthoven ! Le petit marquis poussa la perversité jusqu'à communiquer à Jérôme Garcin un double de l'article pour m'inviter à y faire... des corrections ! Je m'en abstins évidemment : c'était trop beau.

Mieux : je convainquis l'éditeur de faire de cet article, et de quelques autres de la même eau, un argument promotionnel qui contribua au succès tout à fait inespéré de l'ouvrage, qui fut ensuite repris en Livre de Poche.

J'avais aussi parlé de ce projet à Serge July qui avait insisté pour que je lui envoyasse l'ouvrage afin que *Libération* en rende compte. Quelques mois plus tard, il m'avoua, pour le regretter, que leur chroniqueur en matière philosophique, Robert Maggiori, avait tout simplement refusé de lire un livre « écrit par un journaliste » !

Mon éditeur avait envoyé un exemplaire de ce livre (à moins que ça ne fût de *Tout change parce que rien ne change*, je ne sais plus) à un célèbre philosophe aujourd'hui disparu. Il se trouve qu'il téléphona à ma chargée de presse tandis que je me trouvais dans son bureau. Elle crut bien faire en lui demandant sa réaction. Je vis alors la tête de la dame se décomposer. Je compris qu'il lui demandait si ce Jean-François Kahn avait un rapport avec le journaliste du même nom. Et comme elle lui confirmait que c'était, en effet, le même, il lui fit savoir en termes indignés qu'il était inconcevable, pour ne pas dire indécent, qu'on pût croire qu'il avait lu ou qu'il allait lire un livre « de journaliste ».

Plus tard, l'ouvrage *Tout change parce que rien ne change*, consacré à une théorie de l'évolution par recomposition des invariances, me valut, certes, de la part de scientifiques, d'ethnologues, y compris Claude Lévi-Strauss dans une longue lettre, d'épistémologues, de philosophes politiques (mais pas de philosophes tout court, sauf à l'étranger), des réactions élogieusement argumentées (l'ouvrage fut plusieurs fois réédité), ce qui n'empêcha pas le même Jean-Paul Enthoven, vexé par ma première réaction, d'écrire, dans *Le Point*, qu'il était inconcevable et pour tout dire scandaleux qu'il se fût trouvé un éditeur pour publier un tel livre. Le critique comme on les aime !

Les deux stalinismes

L'année 1956, ai-je montré, fut pour moi fondatrice : trahison social-démocrate, déchaînement impérialisto-colonialiste, mais aussi, et surtout, prise de conscience, qui gagna de plus en plus en ampleur au fil de ce que je découvrais et vivais, de l'aberration criminelle communisto-stalinienne sous sa forme canonique ou sous ses formes renouvelées (en 2020, on fut servi !).

Dès lors, une interrogation m'obséda : comment cela fut-il possible ? Quoi ? Que des dizaines de millions d'individus de par le monde, et parmi eux tant d'esprits aiguisés et d'âmes fortes, tant d'intelligences de haut vol, d'artistes émérites, de savants de premier plan, de personnages qui, en tant d'occasions, surent se montrer généreux, inspirés, désintéressés et héroïques même jusqu'au sacrifice suprême, aient pu participer de la fascination qu'exercèrent le discours stalinien, la dialectique stalinienne, la mystique stalinienne ; complices, en cela, d'une dialectique, d'une pratique, d'une dogmatique intrinsèquement criminelles. Comment certains d'entre eux avaient-ils pu, ensuite, devenir maoïstes ?

J'avais envisagé de consacrer un essai à la source du mal. Aux prémices mêmes de cette colossale dérive qui se donna comme religion de remplacement. J'avais profité d'un reportage à Moscou pour consulter certaines archives nouvellement ouvertes, en particulier photographiques, et j'avais pu constater avec stupéfaction l'ampleur de l'entreprise de trucage des images, la rage avec laquelle tout personnage épuré était raturé de l'Histoire, non seulement liquidé judiciairement, mais rayé de sa propre existence, c'est-à-dire interdit à la fois d'être et d'avoir été, tué deux fois en tant qu'existant et en tant qu'ayant existé.

Ce livre, j'y renonçai, mais, acharné à décrypter la spécificité d'une idéologie - ou plus exactement du dérapage programmé, inévitable, d'une « idéologie » qui contenait toutes les prémices de sa criminalisation -, je me plongeai dans certains ouvrages signés Staline et j'en extrayai des passages éloquents, terrifiants parfois, qui permettaient de repérer l'essence même de la démence pseudothéorique à travers la structure de la rhétorique qui la portait. J'intitulais ce petit livre *Staline, le communisme et la Russie*.

Or, un soupçon me vint, puis m'envahit : ce type de mécanisme intellectuel articulé à un manichéisme d'airain, à un binarisme de plomb, la phraséologie, la logomachie qui lui servait de musique envoûtante, tout cela était-il spécifique au stalinisme dûment circonscrit et daté ? Si oui, le phénomène était temporellement et spatialement limité - vingt ans ! - et non transposable. Dire que Honecker était « stalinien » devenait inadéquat. Or, on trouve déjà, en France même, dans la fureur imprécatrice des agitateurs « ligueurs » sous le règne d'Henri III, ou des ultras sans-culottes de 1793 et 1794, ainsi que chez les contre-révolutionnaires à la De Maistre ou à la Bonald, chez Blanqui aussi au mitan du XIXe siècle, comme dans les incandescences verbales des antidreyfusards dont Maurras sera l'héritier, ou les rages déclamatoirement assassines qui s'investiront, à la fin des années 1930, dans des expériences infernales, tous les ingrédients constitutifs de la structure, de l'ossature, de la grammaire et de la musique, de la pratique rhétorique et idéologique stalinienne. Le stalinisme, en tant que mode de raisonnement et d'expression, n'était pas un « moment » mais un « état ». Il avait ses formes de gauche, comme ses formes de droite ou religieuse ou écologiste. Il était intemporel. Spatialement universel. Irréductible à ses réalisations. Latent même si le crime de masse n'est plus possible. Ce n'était pas Staline qui avait inventé le stalinisme (déjà des envolées glaçantes de Trotski), c'était le stalinisme qui avait accouché de Staline.

Cela m'amena à publier un livre, à mes yeux essentiel, intitulé *La Guerre civile. Essai sur les stalinismes de gauche et de droite* qui élargissait le concept de stalinisme pour en démontrer, précisément, l'intemporalité et l'universalité, sous toutes les formes possibles, laïques ou cléricales, internationalistes ou nationalistes, révolutionnaires ou contre-révolutionnaires, néolibérales même ou néo-socialistes.

C'est la radicalisation de la droite, cette « stalinisation » stylistique et argumentaire dont j'ai donné plus haut quelques effarants exemples, qui m'inspira en partie ce livre, mais les phénomènes « intégristes d'aujourd'hui », le délire rhétorique d'un islamisme révolutionnaire aussi massacreur que le fut sa matrice, la folie « khmer rouge », la normalisation délirante de certains discours des gauches extrêmes, aujourd'hui encore, aujourd'hui surtout, l'illustreraient tout aussi éloquemment. (Le livre eut du succès, mais me valut de furieuses attaques venues des deux bords. Logique !)

Chapitre 77

Ce dont Hugo fut la synthèse

Une ultime hantise m'a poursuivi depuis 1959. L'instauration d'un mode de scrutin dit « majoritaire » par circonscription et à deux tours (la France est quasiment le seul pays d'Europe qui l'ait instauré, et pour cause) déboucha, cette année-là, sur l'élection d'une Chambre introuvable déconnectée de tout rapport à la réalité plurielle du pays. Les communistes, qui atteignaient encore à cette époque presque 20 % des suffrages, s'étaient retrouvés avec dix députés seulement, soit 1,8 %, pas de quoi constituer même un groupe. Pierre Mendès France, François Mitterrand, Edgar Faure avaient été battus. La gauche avait été éradiquée, comme la droite républicaine, un jour, le sera. Plus tard, ce sont les centristes qui, même avec les 19 % de Bayrou à l'élection présidentielle de 2007, disparaîtront, tandis que le Front national, malgré les 20 % (et 26 % aux Européennes de 2019) de Marine Le Pen, n'aura même pas droit à un groupe parlementaire. Longtemps, écologistes et extrême gauche, malgré leur omniprésence sur la place publique, n'auront aucune représentation. En 2017, on verra un président, « fort » de 24 % des suffrages au premier tour, obtenir une majorité de près de 60 % des députés, ce qui débouchera, entre autres, sur l'explosion dite « des Gilets jaunes ». Trois des mouvances sur les quatre arrivées en tête à l'élection présidentielle n'avaient pas de représentation au Parlement.

Ce qui me stupéfia, à l'époque, et qui n'a cessé de me sidérer, c'est que cela fut accepté, banalisé, normalisé par tous les grands médias. Le pays « légal » devint, effectivement, une caricature du pays réel : normal !

Or, quelles en seront les conséquences ? Un Parlement formé de « professionnels » cumulards aux ordres de leurs partis, plus super-conseillers généraux que véritables législateurs, d'une médiocrité de plus en plus affligeante (même un Michel Debré dut se faire élire à la Réunion), aucun savant, aucun grand intellectuel, artiste, écrivain ou penseur, pas de représentant de minorités ethnico-culturelles, très peu de femmes, disparition des ouvriers et des employés, des paysans, la dissolution de l'art oratoire, l'absentéisme endémique, des débats parlementaires dormitifs, sans ardeur, sans flamme, sans fulgurance, qui se heurtent à un inintérêt général et, *in fine*, là où représentèrent leur groupe respectif des Gambetta, des Clemenceau, des Jean Jaurès, des Maurice Barrès, des Raymond Poincaré, la promotion honteuse de tâcherons au front bas à la Christian Jacob, porte-parole de la droite, ou à la Bruno Le Roux porte-parole du PS.

Résultat : le compte rendu des débats parlementaires disparut des colonnes des journaux et les manifestants passèrent devant l'Assemblée sans y prêter la moindre attention. Ce qui n'était plus exprimé au Palais-Bourbon, ce qui ne sortait plus de ce lieu clos, devenu un étouffoir de la parole collective, ne résonnait plus que dans les rues ou sur les places publiques. Pour ne plus être intellectuelles et oratoires, les confrontations se résumaient à des cris, à des hurlements, à des slogans, à des affrontements physiques et à des voies de fait !

C'est ce qui me conduisit à me replonger dans les grands débats parlementaires d'antan, quand siégeaient sur les bancs de l'Assemblée nationale non seulement Ledru-Rollin, Louis Blanc, François Guizot, Alexis de Tocqueville, Montalembert ou Adolphe Thiers, mais aussi Victor Hugo, Lamartine, Eugène Sue, Arago, Edgar Quinet, Proudhon...

J'en extrayai un livre de sélection de ces grands moments de bouillonnements maîtrisés qui firent honneur à la République. Je l'intitulai *Ainsi parlait la France*.

Comment avait-on pu opiner à ce sabordage de la démocratie parlementaire, c'est-à-dire « représentative », à cet étouffement de la pluralité sonore des voix qui l'exprimaient, qui la portaient, qui l'ornaient, qui la magnifiaient ? Car, là où se déployait l'éventail phonique de ces performances tribunitiennes, de leur tonalité, de leur rythmique, de leur fulgurance, la nation grondait, grinçait, exaltait, exhalait et exultait, jetait à la face des pouvoirs ses humeurs et ses rages, ses espoirs et ses joies, projetait dans l'espace national l'écho des aspirations, fussent-elles contradictoires, de ses composantes, en civilisait les fureurs, en humanisait les haines, en rationnalisait les rêves, en argumentait les rejets et les replis, en désenclavait, enfin, les utopies.

Dans cette bouilloire parlementaire, le pays sentait frémir ses propres effervescences, ce qui l'incitait à les discipliner pour se les réapproprier. Les antagonismes se « réalisaient » par la parole, ce qui revenait à en déréaliser des éternels ferments de guerre civile. L'arme de la voix délégitimait la voix des armes. Même les petitesses d'en bas effectuaient leur catalyse par la bouche des tribuns d'en haut. Ces Assemblées nationales là, celles qu'illustrèrent un Mirabeau, un Danton, un Condorcet, mais aussi un Thiers, un Guizot, un Tocqueville, constituaient le cœur et les poumons de la patrie vivante dont elles relayaient les battements et les respirations.

Tout cela avait été liquidé, désavoué. Le livre que je leur consacrais prenait figure de tombeau.

Ces hantises : les grandes heures de la démocratie parlementaire, de ses chants, de ses hymnes, de ses *Miserere* qui constituèrent son enveloppe, la République, ce culte qui me laïcisa, les « Lumières » qui en constituèrent l'auréole et la « raison » le tabernacle, ces moments magiques de la Révolution française qui avaient pris, peu à peu, une place prépondérante dans les bagages de ma scolarité, le modèle Condorcet, le contre-modèle Robespierre (encore qu'à 16 ans, je faillis y succomber), le rejet des stalinismes et de leurs enfermements maladifs, la pesanteur refusée des dogmes, cette autre musique, celle dont la poésie est l'instrument, qui ne cessa de sonoriser mes méandres, le lyrisme comme contrepoison du scepticisme, le théâtre comme opéra avant l'opéra comme théâtre, l'engagement comme prophylaxie, la polémique considérée comme un sport de combat désarmé, le surinvestissement en toutes les sensualités, toutes ces hantises, donc, en générèrent une autre, qui en fut la synthèse et à laquelle je consacrai mon dernier travail avant de plonger dans une autre vie dont les aléas constitueront la matière de la suite de cet ouvrage : la galaxie « Victor Hugo ».

Chapitre 78

Au bord du volcan

J'ai raconté comment, au cours de la courte guerre inter-wilayas en Algérie, en 1962, avec le reporter du *Figaro* Gérard Marin, nous faillîmes y rester.

En fait, je frôlai la fin de parcours une autre fois mais, bien que cela faillît être très chaud, brûlant même, cela n'avait aucun rapport avec l'actualité, fût-elle tiède.

Je m'étais rendu aux Nouvelles-Hébrides, devenues Vanuatu. Une histoire rocambolesque m'y avait attiré.

Certaines des îles qui constituaient cet archipel (qui fut un condominium franco-britannique), pratiquaient une manière de religion intitulée le « culte du Cargo » : l'attente mystico-réaliste d'un grand bateau blanc sacralisé qui viendrait déverser l'abondance. Le souvenir des débarquements américains lors de la guerre du Pacifique n'y était pas étranger.

Le mythe avait donné une idée à un Corse, armurier dans la région lyonnaise, que de grandes truanderies supposées avaient conduit, d'abord en cabane, puis à la relégation aux Nouvelles-Hébrides. Bientôt, il repéra une île, adepte du « culte du Cargo », y aborda dans un petit bateau blanc, y distribua force marchandises, y imposa peu à peu son autorité, forma une mini-milice constituée de natifs (armés surtout d'arcs et de lances) et, finalement, en proclama, sous sa férule, l'indépendance. Il en imposait à ses sujets en décrochant l'unique téléphone du cru et – « Allô, Ronald ! » – en laissant croire qu'il discutait en direct avec son grand copain, le président des États-Unis, Ronald Reagan.

D'abord, nul ne prit l'entreprise au sérieux. Puis, il fallut bien réagir. Mais, comme les Nouvelles-Hébrides était un condominium franco-britannique, il fut nécessaire, pour soumettre cette « sécession », de mettre sur pied un corps expéditionnaire binational constitué d'une trentaine de gendarmes de chaque pays.

C'est l'épouse du Corse (ou sa fille, je ne me souviens plus très bien), dont le mari (ou le père) se morfondait dans son cachot, qui avait attiré mon attention sur cet ubuesque imbroglio.

La plupart des petites îles qui constituaient le Vanuatu (pays où, dans la capitale, à l'époque, les natifs mélanésiens anglophones ressemblaient au major Thomson et les francophones à Prosper yop la boum !) s'illustraient chacune par une spécificité naturelle ou ethnologique remarquable. La terre tremblait tout le temps ou bien des bandes de chevaux sauvages sillonnaient le territoire, des natifs étaient divisés en porteurs de petits ou de grands étuis péniens ou pratiquaient une manière de saut à l'élastique, c'est-à-dire se jetaient dans le vide, du haut d'un arbre, une liane attachée à leurs pieds les arrêtant à moins d'un mètre du sol (l'un de ces sauteurs téméraires s'écrasa devant la reine d'Angleterre qui resta impassible).

Une de ces îles était dominée par un volcan qui rentrait en éruption tous les quarts d'heure, mais déversait ses éclats de rocs et sa lave d'un seul côté, si bien qu'il était possible d'assister au phénomène éruptif depuis le bord d'en face du cratère.

C'est là que je me rendis avec Rachel. Un jeune garçon, le fils du chef local, nous conduisit jusqu'au volcan en question que nous commençâmes à escalader. On s'enfonçait dans la cendre chaude et, comme le vent en rabattait la poussière, j'entrepris de progresser à reculons. Soudain, le fils du chef poussa un grand cri. Je me retournai. J'étais à un mètre du cratère !

Le parcours que je viens de relater faillit s'interrompre là, alors que je me consumais dans les flammes.

Table des matières

Du même auteur *(suite)*

Le Retour de terre de Djid Andrew. Critique de la raison capitaliste, Fayard, 1997.

On prend les mêmes et on recommence ?, Éditions Grasset, 1997.

Poèmes politiques, Fayard, 1990.

La Pensée unique, Fayard, 1995.

Tout change parce que rien ne change. Introduction à une théorie de l'évolution sociale, Fayard, 1994, rééd. 2006.

Esquisse d'une philosophie du mensonge, Flammarion, 1989, Le Livre de Poche, 1990.

Les Français sont formidables, Balland, 1987.

L'Extraordinaire métamorphose ou cinq ans de la vie de Victor Hugo : 1847-1851, Le Seuil, 1984.

Et si on essayait autre chose ? Essai sur une autre voie, Seuil, 1983.

La Guerre civile. Essai sur les stalinismes de gauche et de droite, Seuil, 1982.

Complot contre la démocratie, Flammarion, 1977, Denoël, 1982.

Chacun son tour, Stock, 1975.

Histoire du progrès social, Rencontre, 1974.

Composition et mise en pages
Nord Compo à Villeneuve-d'Ascq

Achevé d'imprimer en avril 2021
sur les presses de Normandie Roto Impression s.a.s.
61250 Lonrai
N° d'impression : 2101331

Imprimé en France

PEFC
10-31-2541

Certifié PEFC

Ce produit est issu de forêts gérées durablement et de sources contrôlées

www.pefc-france.org